Polecamy również autobiografię
jednej z autorek *Córek Dzieci Boga*

INSPIRUJĄCY DZIENNIK PODRÓŻY I PRZEWODNIK PO ŻYCIU

DROGA, KTÓRĄ JADĘ

Bez przygotowania. Bez pieniędzy. Samotnie.
Okrążyłam świat na rowerze w 152 dni.
Nie byłam sportsmenką ani kolarką.
Nie miałam żadnych kwalifikacji do tak wielkiego wyczynu.
Wyruszyłam, żeby udowodnić, że wszystko jest możliwe,
że jesteśmy zdolni do rzeczy znacznie nas przerastających.

JULIANA BUHRING

D1664496

AMBER

Najnowsze autobiografie
z serii *Moja historia*

Córki Dzieci Boga

JULIANA BUHRING
KRISTINA JONES
CELESTE JONES

Przekład
AGATA KOWALCZYK

AMBER

Redaktor serii
Małgorzata Cebo-Foniok

Korekta
Hanna Lachowska
Anna Raczyńska

Projekt graficzny okładki
Małgorzata Cebo-Foniok

Zdjęcie na okładce
ze zbiorów autorek

Tytuł oryginału
Not Without My Sister

Druk
Drukarnia ReadMe

ISBN 978-83-241-5706-8

Warszawa 2016. Wydanie 1

Wydawnictwo AMBER Sp. z o.o.
02-954 Warszawa, ul. Królowej Marysieńki 68

www.wydawnictwoamber.pl

Naszej siostrze, Davidzie

Do mojej siostry w smutku:
Aż za dobrze rozumiałam
Spojrzenie w twoich znękanych oczach;
Ból i rozczarowanie.
Walczyłaś w z góry przegranej bitwie.
I przegrałaś.
I umarłaś.
Wyleję za Ciebie łzy
Całego życia, którego Ty już nigdy nie przeżyjesz,
Łzy, których Ty już nigdy nie wylejesz.
Madonno cierpienia,
Okryta zimnym całunem śmierci.
Płakałam z Tobą.
Płaczę nad Tobą.
Bo jeszcze mogę płakać.
Przypływ łez się odwrócił.
Śpij, siostro,
I nie płacz więcej.

(Napis na nagrobku Davidy, Juliana 2005)

*Kłamstwa zapisane atramentem
nigdy nie ukryją faktów zapisanych krwią.*

Lu Xun (1881–1936)

Prolog

W styczniu 2005 roku nasza siostra Davida zmarła z przedawkowania narkotyków. Miała dwadzieścia trzy lata. Jej śmierć straszliwie nami wstrząsnęła, choć rozumiałyśmy jej ból i rozpacz. Każda z nas na własny sposób walczyła z bolesnymi wspomnieniami porzucenia, zaniedbania, dręczenia i molestowania, jakie były udziałem dzieci urodzonych i wychowanych w złowrogim świecie religijnej sekty Dzieci Boga.

Od najmłodszych lat byłyśmy regularnie wykorzystywane – fizycznie, psychicznie, emocjonalnie i seksualnie. Oddzielone od siebie nawzajem, oderwane od rodziców, byłyśmy kolektywnie wychowywane w tej organizacji, znanej również pod nazwą Rodziny.

Nasi rodzice z własnej woli spalili za sobą mosty i porzucili wcześniejsze życie; nam nigdy nie dano wyboru, jaką życiową ścieżką mamy iść. Odizolowane od społeczeństwa żyłyśmy w terrorze strachu – strachu przed rządem, policją, lekarzami i opieką społeczną, i największego strachu przed gniewem bożym, gdybyśmy kiedykolwiek uciekły spod skrzydeł Rodziny.

Naszym dzieciństwem rządził jeden człowiek: David Berg – człowiek, którego nigdy nie poznałyśmy, a który jak niewidzialny duch był przy nas cały czas. To jego chore, manipulanckie ego stworzyło Dzieci Boga. David Berg lubił przedstawiać siebie jako dobrodusznego ojca, a nas, jego wyznawców, nazywał Dziećmi Dawida. Uważał się za spadkobiercę króla Dawida i proroka Mojżesza – kazał się nazywać Mosesem Davidem, w skrócie Mo. Dzieci uczono, by nazywały go Dziadkiem. To on był głową naszej rodziny, prorokiem, przywódcą, naszym „światłem pośród ciemności". To on dyktował zasady, których przestrzegaliśmy. Czytaliśmy o każdym szczególe jego życia, jego snów, o tym, co lubił, a czego nie, o kobietach, z którymi sypiał, i o dzieciach, które molestował. Od najmłodszych lat uczyłyśmy się jego słów na pamięć; codziennie wiele godzin przeznaczone było na studiowanie jego pism, zwanych Listami Mo. „Czas Słowa" – czyli czas spędzany na czytaniu Listów i Biblii – był ważnym elementem codzienności. Nie sposób byłoby pisać o naszym życiu bez podkreślenia, jak wielki wpływ miał na nie David Berg.

Od urodzenia byłyśmy tresowane do posłuszeństwa i przestrzegania zasad sekty. Nie miałyśmy wyboru i nie znałyśmy niczego innego. Nigdy nie słyszałyśmy, by nasz ojciec wypowiedział własną opinię. Zawsze było to: „Dziadek powiedział..." Jeśli byłyśmy karane, to za nieposłuszeństwo zasadom Mo; jeśli byłyśmy nagradzane, to za to, że byłyśmy „wiernymi wyznawcami". Oddanie naszego ojca Bergowi, wiara w jego proroctwa i objawienia były niezachwiane. Nawet jeśli kiedykolwiek zastanawiał się, czy są prawdą, czy tylko złudą, oszustwem, nie okazał tego w żaden sposób, nawet za zamkniętymi drzwiami.

Berg nauczał, że kontrola urodzin jest buntem przeciw Bogu, więc w ciągu kilku lat w sekcie urodziły się tysiące dzieci. Chwalił się, że jesteśmy „nadzieją przyszłości" – czystym drugim pokoleniem, nieskażonym przez świat zewnętrzny. Mówiono nam, że to największy przywilej urodzić się i wychowywać w Rodzinie, poza kajdanami Sytemu, jak nazywana była reszta świata. Naszym przeznaczeniem było zostać bożymi żołnierzami Końca Czasów i oddać życie dla sprawy.

Berg przepowiadał, że koniec świata nastąpi w 1993 roku, a my staniemy się przywódcami Nowego Milenium. A skoro nasze ziemskie życie miało być krótkie, nigdy nie pozwolono nam być po prostu dziećmi. Tłumiono naszą osobowość, byłyśmy tylko narzędziami używanymi dla przyszłych wspólnych celów wspólnoty.

Przykazaniem, które wyrządziło nam najwięcej krzywdy, było głoszone przez Berga Prawo Miłości. Bóg jest miłością, a miłość równa się seks. Dzielenie się ciałem z drugim człowiekiem było uważane za najwyższy wyraz miłości. Wiek nie był barierą dla bergowskiego Prawa Miłości, a dzieci Rodziny musiały uczestniczyć w jego pokręconej, pedofilskiej wizji świata. Jego dzieci i wnuki cierpiały przez jego kazirodcze skłonności.

W naszej książce opisujemy emocjonalną podróż od wczesnego dzieciństwa poprzez lata dorastania, kiedy potajemnie, a potem coraz bardziej otwarcie, kwestionowałyśmy doktrynę Berga, aż po dorosłość, kiedy szarpałyśmy się jak motyle w lepkiej sieci pająka, by wreszcie wyrwać się na wolność. To opowieść o mroku i świetle, o zniewoleniu duszy, o ocaleniu i wolności. My przetrwałyśmy – nie wszystkim się udało. Tysiące ludzi z drugiego pokolenia Rodziny musiało radzić sobie z niszczycielskimi konsekwencjami ślepej wiary rodziców w idola, który twierdził, że jest głosem Boga na ziemi. Ci, którzy odważnie opowiadali o swoich cierpieniach, byli piętnowani i szkalowani przez dawnych dręczycieli. Mamy nadzieję, że w naszej opowieści usłyszycie głosy wszystkich dzieci, które Rodzina próbowała uciszyć.

Juliana Buhring, Celeste Jones, Kristina Jones
Anglia 2007

Wprowadzenie

Historia Dzieci Boga zaczyna się w południowej Kalifornii pod koniec lat 60. XX wieku, wśród hippisów i wyrzutków z Huntington Beach. Założyciel grupy, David Berg, urodził się w 1919 roku w Oakland w Kalifornii. Jego matka, Virginia Lee Brandt Berg, była znaną ewangelistką z Chrześcijańskiego Sojuszu Misyjnego. W 1944 roku Berg poślubił Jane Miller, młodą baptystkę pracującą z młodzieżą. Po narodzinach ich drugiego dziecka Berg został pastorem Kościoła Chrześcijańskiego Sojuszu Misyjnego w Arizonie, został jednak usunięty ze stanowiska po zaledwie trzech latach, rzekomo za skandal seksualny. Doprowadziło to do gorzkiego rozczarowania zorganizowaną religią, które naznaczyło całe jego życie.

W grudniu 1967 roku Berg przeniósł się z rodziną – żoną Jane (znaną później jako Matka Eve) i czwórką dzieci: Deborą, Faithy, Aaronem i Hoseą – do Huntington Beach w Kalifornii, gdzie zamieszkał u swojej osiemdziesięcioletniej matki. Virginia założyła niewielką misję w kawiarni o nazwie Light Club, gdzie rozdawała kanapki hippisom, surferom i włóczęgom gromadzącym się na nabrzeżu. Kiedy jednak okazało się, że grzeczny wizerunek Light Club nic przyciąga długowłosych hippisów, pani Berg dostrzegła okazję dla swojego syna i wnuków, by do głoszenia Słowa Bożego wśród młodych wykorzystać muzykę i zapał ich pokolenia. W niedługim czasie David Berg i jego rodzina zaczęli przyciągać tłumy młodzieży darmowym jedzeniem i anarchistycznymi, antywojennymi hasłami, które głosili.

Grupa podróżowała po USA, gromadząc po drodze coraz więcej młodych wyznawców, i po niedługim czasie miała już komuny w całym kraju. Budzili niemałe zainteresowanie mediów, a w kilku artykułach gazetowych zostali określeni przez autorów jako Dzieci Boga – kiełkująca sekta ostatecznie przyjęła tę nazwę jako swoje oficjalne miano.

Po wielu pozamałżeńskich romansach z młodymi wyznawczyniami Berg znalazł oddaną towarzyszkę w osobie swojej młodej i ambitnej sekretarki, Karen Zerby, vel Maria. Po publicznym napiętnowaniu odepchniętej żony Jane i zmarłej matki mianem Starego Kościoła, Marię i Dzieci Boga nazwał Nowym Kościołem, a sam ogłosił się ostatnim prorokiem Końca Czasów. Zaczął też używać pseudonimu Mojżesz Dawid, identyfikując się z biblijnym królem Dawidem i prorokiem Mojżeszem, który wyprowadził Dzieci Izraela z egipskiej niewoli (Systemu) do Ziemi Obiecanej. Berg postanowił założyć dynastię królewską. Jego kolejne rezydencje nazywane były Domami Królewskimi, sam koronował się na króla, a Marię na królową.

Przez wiele lat sektą kierowała rada duchownych, głównie członków licznej rodziny Berga, nazywanej Rodziną Królewską. Od członków sekty wymagał ślepego posłuszeństwa wobec siebie i pozostałych przywódców. Kontakt z wiernymi utrzymywał wyłącznie za pomocą licznych pism, w których przekazywał zalecenia, przekonania i szczegółowe instrukcje dotyczące prowadzenia komun, a także proroctwa i objawienia, które, jak twierdził, pochodziły wprost od Boga.

Na początku lat 70. Dzieci Boga znalazły się na cenzurowanym w mediach i u organów ścigania, ponieważ rodzice zwerbowanych dzieci zaczęli zauważać u swoich latorośli ogromne zmiany osobowości po wstąpieniu do sekty. Jeszcze bardziej niepokojący był fakt, że urywał się wszelki kontakt z nimi; niektóre dzieci znikały nocą, by nie pojawić się przez wiele lat.

By uniknąć negatywnego rozgłosu i pozwów sądowych, Berg uciekł do Europy i zalecił wiernym wyjazd ze Stanów. Nastąpił masowy exodus Dzieci Boga z USA do innych krajów, gdzie członkowie znów zaczęli ewangelizację i rekrutację. Berg i Maria przylecieli do Anglii w 1972 roku.

Berg, ogarnięty coraz silniejszą paranoją na punkcie własnego bezpieczeństwa, stopniowo odsuwał się od wiernych i utrzymywał w tajemnicy miejsce swojego pobytu. Bezpiecznie ukryta „para królewska" zaczęła eksperymentować z nową, kontrowersyjną metodą pozyskiwania wiernych i sponsorów, zwaną Połowem na Podryw. Berg stopniowo oswoił wiernych z ideą Połowu na Podryw poprzez serię listów opisujących „połowy" członków rodziny. Ogłosił również nowe objawienie zwane Prawem Miłości. Oznajmił wiernym, że Dziesięć Przykazań to przeżytek. Wszystko, co czyni się z miłości (włącznie z seksem, jest usankcjonowane w oczach Boga. Cudzołóstwo, kazirodztwo, seks pozamałżeński i seks z dziećmi nie były już grzechem, pod warunkiem że uprawiało się je „w miłości". Żądał wierności swoim radykalnym doktrynom – Prawu Miłości i Połowom na Podryw – i każdy członek sekty miał aktywnie wcielać je w życie albo odejść. W konsekwencji tych zarządzeń dwie trzecie członków opuściły sektę, co wyznaczyło koniec ery Dzieci Boga i początek Rodziny Miłości.

W 1979 roku Berg napisał list zatytułowany „Seks mojego dzieciństwa", w którym wyjawiał, że niania zaspokajała go oralnie, kiedy jeszcze był niemowlakiem, i że mu się to podobało. Oznajmił, że to normalne, naturalne i zdrowe i nie ma w tym nic złego; tym samym członkowie sekty ze skłonnościami pedofilskimi dostali carte blanche i skwapliwie z niej skorzystali. W kolejnych latach następne Listy Mo i publikacje Rodziny wzmacniały przekaz, że dzieciom powinno się pozwolić czerpać radość z kontaktów seksualnych zarówno z rówieśnikami, jak i z dorosłymi – i wielu dorosłych wiernych z radością przyjęło i krzewiło te przekonania.

Christopher Jones urodził się w grudniu 1951 roku w miasteczku niedaleko Hamelin w Niemczech; był synem Glena, oficera armii brytyjskiej, i Krystyny, młodej Polki, którą Glen poznał, kiedy stacjonował w Palestynie. Christopher kształcił się w szkole publicznej w Cheltenham i zaczął studia teatralne w Rose Bruford College. Odpadł po drugim roku i w 1973 roku dołączył do Dzieci Boga. Spłodził piętnaścioro dzieci (w tym Celeste, Kristinę i Julianę) z siedmioma różnymi kobietami i wciąż pozostaje członkiem sekty.

Rebecca Jones urodziła się w marcu 1957 roku i otrzymała porządne mieszczańskie wychowanie na południu Anglii. Jej ojciec, Bill, był inżynierem, a matka, Margaret, oddaną gospodynią domową. Rodzice nie byli religijni, ale posłali córkę do miejscowej szkółki niedzielnej już jako pięciolatkę. W wieku dwunastu lat Rebecca została nauczycielką w tejże szkółce, a dwa lata później przyjęła chrzest. Została skaptowana przez Dzieci Boga jako szesnastoletnia dziewczyna; naszego ojca poznała i poślubiła w 1974 roku. Mieli trójkę wspólnych dzieci, w tym Celeste i Kristinę, zanim ich rozdzielono. Rebecca odeszła z sekty w 1987 roku.

Serena Buhring urodziła się pod Hanowerem w Niemczech w październiku 1956 roku. Jej ojciec był architektem, a matka odnoszącą sukcesy instrumentalistką, grającą na fortepianie, skrzypcach i wiolonczeli. Serena jako hippiska wybrała się w podróż do Indii i tam dołączyła do Dzieci Boga. Naszego ojca poznała po jego rozstaniu z Rebeccą i urodziła mu trójkę dzieci, w tym Julianę. Serena wciąż jest członkinią sekty.

Część 1

Historia Celeste

Rozdział 1

Córeczka tatusia

Bawiłam się sama w ogrodzie przed naszym białym domem niedaleko małej rybackiej wioski Rafina w Grecji. Rosły w nim trzy drzewka oliwne, morela, figowiec i brzoskwinia – wszystkie obsypane dojrzałymi owocami. Siedziałam pod dużą, wiekową pinią, która rzucała plamy głębokiego cienia. Ziemia była wybielona i wysuszona na pieprz przez słońce; bawiłam się, rysując białym kamykiem na jej spieczonej powierzchni. Miałam pięć lat.

Słabo pamiętałam matkę; pozostało mi jedno krótkie wspomnienie, jak gra na gitarze i śpiewa „Dobrze wiem, że Pan jest obok i że mnie kocha, tak mówi Słowo", a ja bawię się z moją siostrą Kristiną na piętrowym łóżku w małym pokoju, w innym kraju. Byłam całym sercem wierna mamie, choć nie widziałam jej od dwóch lat. Wciąż tęskniłam za nią i za siostrą. Mojego małego braciszka, Davida, ledwie pamiętałam. Rozpaczliwie czepiałam się nadziei, że mama wróci. Jak zacięta płyta w kółko pytałam tatę:

– Dlaczego nas zostawiła?

Tata obejmował mnie i tłumaczył:

– Mama postanowiła być z kimś innym, a ja nie mogłem się z tobą rozstać. Byłaś najstarsza i zawsze byliśmy sobie bliscy, prawda?

Kiwałam głową. Kochałam tatę równie mocno jak mamę, ale uważałam, że to nie fair musieć wybierać między nimi.

– A Kristina i David? – pytałam.

– Byli za mali. Jeszcze potrzebowali mamy.

Tata spędzał długie godziny w prowizorycznym studiu radiowym urządzonym w piwnicy naszego domu, pracował jako producent i DJ programu *Muzyka z przesłaniem*. Dlatego miałam nianię, Serenę, młodą Niemkę. Nie cierpiałam jej i utrudniałam jej życie, jak tylko mogłam; nie słuchałam poleceń i udawałam, że jej nie widzę. Serena miała długie, proste ciemne włosy i brązowe oczy powiększone przez grube okulary. Biedna Serena. Stawała na głowie, żeby zdobyć moją sympatię, ale ja zawzięłam się, że jej nie polubię. Uważałam, że jej niemiecki akcent brzmi śmiesznie, a poza tym ciągle próbowała mnie karmić kiełkami pszenicy z naturalnym jogurtem i kazała pić z łyżki tran, którego smaku i zapachu nie cierpiałam.

Należeliśmy do kościoła Dzieci Boga, bardzo tajemniczej i religijnej organizacji, której macki sięgały na cały świat. Jej przywódca i prorok nazywał się David Berg. Znaliśmy go pod imieniem Mojżesz Dawid; tata nazywał go Mo, a ja znałam go jako naszego Dziadka. Zarządzał naszymi słowami, czynami, a nawet snami. Wszystko w naszym życiu, nawet najdrobniejszy, najmniej znaczący szczegół – łącznie z jedzeniem, które spożywaliśmy – podlegało zasadom wyznaczonym przez niego. Mo orzekł, że nasza dieta powinna składać się ze zdrowych produktów i nie może zawierać białego cukru, a Serena z entuzjazmem stosowała się do tej polityki żywieniowej.

– Będziesz miała zdrowe kości i zęby – mówiła, ale to nie poprawiało smaku potraw. Nigdy nie była okrutna, ale była surowa, a ja postrzegałam ją jako intruza w moim życiu. Z początku tata powiedział mi, że Serena zostanie z nami przez trzy miesiące, i nie mogłam się doczekać jej odejścia.

Tego słonecznego dnia, kiedy bawiłam się pod pinią, uniosłam głowę i zobaczyłam, że tata i Serena wyszli na werandę od frontu. Stali bardzo blisko siebie i natychmiast wyczułam, że między nimi iskrzy.

– Kochanie, mam dla ciebie radosną wiadomość! – zawołał do mnie ojciec. I nagle mój wysoki, przystojny tata, którego uwielbiałam najbardziej na świecie, odwrócił się i objął Serenę.

Idąc w ich stronę, widziałam ich rozpromienione twarze. O nie, jęknęłam w duchu. To nie wyglądało dobrze.

– Postanowiliśmy być razem, skarbie – oznajmił tata radosnym tonem. Zbyt radosnym, jak na mój gust. – Serena będzie twoją nową mamą.

– Tylko nie ona! – krzyknęłam. – Nienawidzę jej! – Nie byłam w stanie nawet wymówić jej imienia. – Chcę moją mamę. Dlaczego nie może wrócić i mieszkać z nami? To nie w porządku! – szlochałam. Odwróciłam się i uciekłam w kąt ogrodu. Stanęłam tyłem do nich.

Tata poszedł za mną i pochylił się, zatroskany. Położył dłoń na moim ramieniu.

– Skarbie, wiesz, że twoja mama odeszła na zawsze. Już nie wróci.

– Ale ja chcę, żeby tu byli mój brat i siostra. To nie fair. – Nadąsana wysunęłam dolną wargę.

– Przecież masz tu mnóstwo braci i sióstr, z którymi możesz się bawić – odparł tata.

– To nie to samo – marudziłam dalej.

– Kochanie, wszyscy jesteśmy jedną rodziną. Oj, schowaj tę wargę... bo się o nią potkniesz, jak nie będziesz uważać.

Uśmiechnęłam się półgębkiem, ale tylko po to, żeby tata poczuł się lepiej.

Mo powiedział, że nie możemy mieć indywidualnych rodzin. Naszą prawdziwą rodziną są bracia i siostry z grupy Dzieci Boga. Nawet nazywaliśmy się Rodziną. Ale ja nie chciałam zapomnieć mamy, Kristiny i małego Davida, choć zauważałam z przerażeniem, że zaczynam zapominać, jak wyglądają.

Na jedynym zdjęciu, jakie miał tata, mama stała za podwójnym wózkiem, na którym siedziałam obok mojej małej siostrzyczki. Uważnie studiowałam to zdjęcie. Mama miała długie piaskowe włosy do pasa, niebieskie oczy i szeroki uśmiech.

– Jest piękna – powiedziałam. – A to moja siostra? – Z powodu złej jakości zdjęcia nie widziałam wyraźnie jej twarzy. Kristina była jeszcze berbeciem, miała około roku i dwa małe warkoczyki. Ja byłam półtora roku starsza i bardzo podobna do niej. Obie byłyśmy ubrane w ładne bawełniane sukienki i kapelusze słoneczne. I choć wpatrywałam się w zdjęcie z całych sił, w ogóle nie potrafiłam sobie przypomnieć mamy i siostry i opłakiwałam je z wielką, ziejącą dziurą w sercu.

Tata opowiadał, jak razem z mamą brali nas ze sobą, kiedy szli „dawać świadectwo" na ulicach.

– Zajeżdżałem wózkiem drogę komuś, kto szedł w przeciwnym kierunku, wręczałem mu ulotkę i dawałem świadectwo, opowiadając o Jezusie i zbawieniu. Hindusi uwielbiają dzieci, a wy byłyście takie urocze i śliczne. Szczypali was po policzkach i zagadywali. Nie mogli być nieuprzejmi, kiedy wy dwie siedziałyście tak i patrzyłyście na nich jak dwa aniołki.

– A masz zdjęcie Davida? – spytałam kiedyś.

– On miał wtedy dopiero trzy miesiące – odparł tata i wyjął małą czarno-białą fotografię.

– Jaki śliczny. Popatrz na te policzki! – powiedziałam z dumą. David leżał na brzuszku i unosił głowę, oparty na pulchnych rączkach, a na buzi miał szeroki uśmiech.

Ja z tych wczesnych lat miałam ledwie urywki wspomnień, jakby one same były serią zdjęć, szeregiem okien otwierających się w mojej pamięci. Większość z tego, co wiedziałam, opowiedział mi ojciec w nielicznych spokojnych chwilach, jakie spędzaliśmy razem. Przytulałam się, siedząc na jego kolanach, a on pokazywał mi pojedyncze slajdy, które stopniowo składałam w większy obraz. Ale to zawsze było pół obrazu. Bardzo niewiele mówił mi o mamie.

Być może był to dla mnie sposób zachowania jej wspomnienia i żałosne czepianie się resztek rodzinnego życia, ale często prosiłam ojca, by opowiadał mi, jak się poznali, pobrali i jak przyszłam na świat. Nie mówił mi o tym dużo; dopiero kiedy dorosłam, poznałam całą historię.

– Twoja mama była młoda i piękna, miała zaledwie siedemnaście lat, kiedy się pobraliśmy. Ja miałem dwadzieścia dwa.

Wiecznie miałam mnóstwo pytań.

– A jaki był twój tata?

Powiedział mi, że jego ojciec był prawnikiem i sędzią wojskowym w armii brytyjskiej. Matki nie pamiętał, bo umarła, kiedy miał cztery lata, i wkrótce po jej śmierci ojciec ożenił się powtórnie. Tata i jego przyrodni brat zostali posłani do szkoły z internatem w Cheltenham.

– W szkole byłem buntownikiem. Nawet mnie wyrzucono, kiedy poprowadziłem protest i razem z grupą chłopaków zamknąłem się w auli.

– Dlaczego? Przeciwko czemu protestowaliście? – spytałam.

– Szkolni prefekci bili nas z byle powodu i nie było zmiłuj. Przychodzili w nocy z latarkami i świecili nam w twarze, żeby nas obudzić. W końcu mieliśmy dość niesprawiedliwości i stawiliśmy jej czoło.

Kiedy go wyrzucono, zapisał się do szkoły teatralnej w Londynie, a w wakacje podróżował po całej Europie.

– Szukałem sensu życia – wyjaśnił mi.

Słuchałam więc gorliwie jego opowieści, jak w poszukiwaniu sensu życia czytał książki o duchowości, bawił się w okultyzm i medytację.

Zadrżałam. Mo bezustannie kładł nam do głów, że narkotyki i tablice Ouija są niebezpieczne, bo mogą otworzyć drzwi umysłu dla diabła.

Opowiadając mi o tych latach, ojciec wyznał:

– Skończyło się to wszystko depresją i rozczarowaniem życiem.

– Szkoła teatralna to nie było to, czego chciałeś?

– Wszystko było puste. Bez Pana wszystko jest bez znaczenia. Tylko plewy, skarbie.

I właśnie w takim dołku odebrał telefon od kolegi, który wrócił ze Stambułu. Zamierzał dojść pieszo do Indii, ale po drodze został nawrócony przez Dzieci Boga i wrócił do Anglii głosić Słowo.

Tatę zdumiała ogromna zmiana, jaka zaszła w jego przyjacielu, wiecznie niespokojnym i naćpanym. Teraz wydawał się pewny siebie, miał poczucie celu i sensu.

– Powiedział mi, że to wszystko dzięki Dzieciom Boga. Zaciekawił mnie.

W hippisowskiej erze pokoju i miłości przekaz Dzieci Boga wydawał się atrakcyjny: odnaleźć nowe życie dzięki Chrystusowi, oderwać się od społeczeństwa, żyć w komunach, odrzucić materializm i dzielić się wszystkim, tak jak pierwsi uczniowie Jezusa. Ale to nie była po prostu jeszcze jedna gorliwa, ewangelizująca grupa z Ameryki – to była Boża Armia Końca Czasów, elita, która miała przeprowadzić stracony, łaknący zbawienia świat przez najczarniejszą godzinę.

Dzieci Boga wierzyły, że – skoro koniec świata jest tuż – zajmowanie się w życiu czymkolwiek innym jest bezcelowe. Tata dał się przekonać. Rozdał prawie wszystko, co miał, i stanął w progu komuny w Hollingbourne w hrabstwie Kent z jedną małą walizką, gotów do nowego życia jako uczeń Berga.

Oczy mu błyszczały, kiedy to wspominał.

– To było niesamowite. Wszyscy mieszkali pod jednym dachem i dzielili się wszystkim tak jak pierwsi chrześcijanie w Dziejach Apostolskich. To była rodzina, której szukałem. Nowym członkom przykazywano, by wybrali sobie biblijne imię, odzwierciedlające ich nowe życie. Tata wybrał imię Simon Peter. Teraz jego pełnoetatowym zajęciem było wychodzenie na ulice i dawanie świadectwa – bo tak nazywano nawracanie nowych członków. Rozdawano również ulotki i traktaty, tak zwaną literaturę.

Tata, zawsze pełen pomysłów, wynalazł nowy sposób dawania świadectwa. Roześmiał się, kiedy mi to opisywał.

– Przebierałem się za klauna z jaskrawoczerwonym nosem i w zabawnym kapeluszu, który miał na czubku podskakującego plastikowego ptaszka.

Szybko poruszył palcami nad głową, a ja zachichotałam.

– Założę się, że wyglądałeś głupio!

– O tak, ale przecież byłem klaunem. Klaunom wolno wyglądać głupio. Wskakiwałem przed przechodniów i rozśmieszałem ich, a potem wręczałem traktat i prosiłem o datek. Zostałem gwiazdą. Rozdawałem najwięcej literatury i dostawałem najwięcej pieniędzy. Zbierałem dla Rodziny setki funtów tygodniowo.

Roześmiałam się, próbując wyobrazić sobie mojego tatę, jak wygłupia się w Londynie, mieście, którego nie pamiętałam, choć się w nim urodziłam. Ale zbieranie datków na ulicy było niezgodne z prawem i tata miewał kłopoty z policją. On oczywiście nie widział nic złego w tym, co robił. Wypełniał polecenia Boga.

Powiedział mi, że poznał mamę w Hollingbourne; oboje tego samego dnia dołączyli do tej samej komuny jako nowi wyznawcy. Mama miała ledwie szesnaście lat i została zwerbowana prosto ze szkoły. Była młodą idealistką i uważała, że Dzieci Boga to bona fide towarzystwo misyjne. Rodzice zostali „zaślubieni" przez grupę i dopiero potem wzięli prawomocny ślub w kościele. Po trzydniowym miesiącu miodowym w Lake District zamieszkali w dużym squacie w Hampstead, nielegalnie zajętym przez Dzieci Boga.

Tata wykorzystywał swoje doświadczenie aktorskie, by urządzać sceniczne występy, i malowniczo recytował całe partie Listów Mo – posłań od proroka, które regularnie przychodziły pocztą do każdej komuny jako przewodnik życia w zgodzie z wiarą. Uwielbiał dreszczyk, jaki dawały mu te występy, i jego talent szybko wyróżnił go w grupie – został kimś w rodzaju celebryty. Zachęcony sukcesem zaczął nagrywać Listy Mo na kasety pod wspólnym tytułem *Dziki wiatr*; taśmy te były rozpowszechniane we wszystkich komunach, by wyznawcy mogli słuchać słów proroka. Gdy tata był zajęty i spełniony, mama strasznie odchorowywała ciążę i musiała poczuć ogromną ulgę, kiedy wreszcie, 29 stycznia 1975 roku, po ciężkim, trzydniowym porodzie, przyszłam na świat w małym pokoju na poddaszu Domu Hampstead.

Bycie rodzicami nie powstrzymało mamy i taty przed wypełnianiem ich nowej misji zbawiania świata. Komuny zaczęły wysyłać ekipy misjonarskie i rodzice otrzymali „objawienie", że mają jechać do Indii. Wierny nie miał prawa mieć własnej woli, ale musiał wypełniać wolę Boga poprzez modlitwę i słuchanie Jego poleceń otrzymanych w „objawieniach". Objawienia te były jak pieczątka zatwierdzająca wszelkie plany i decyzje.

Prawda była taka, że brytyjskie władze zaczęły interesować się działalnością Rodziny; a szczególnie ich agresywnym prozelityzmem i zbiórkami datków i Mo nakazał wszystkim wynieść się ze Zjednoczonego Królestwa na zieleńsze pastwiska, takie jak Indie, Ameryka Południowa i Daleki Wschód: w miejsca, gdzie było mniejsze prawdopodobieństwo, że władze przyjrzą się poczynaniom przybłędów z Zachodu.

Po przyjeździe do Indii nasza mała rodzina trafiła do mieszkania w bloku w Bombaju, pomyślanego dla klasy średniej, choć było mniej więcej wielkości angielskiego mieszkania komunalnego. Miało cztery pokoje, które dzieliliśmy z dwiema innymi parami i dwoma kawalerami. Po kilku tygodniach rodzice znaleźli trzypokojowe, parterowe mieszkanie w Khar, przedmieściu Bombaju. Pomieszkiwało w nim tyle osób – wiernych wpadających przelotem z innych części Indii – że było wiecznie zatłoczone. Rodzice mieli bardzo mało mebli: dwa pojedyncze łóżka w sypialniach, stół i krzesła w salonie.

Mama znów była w zaawansowanej ciąży, ale aż do porodu ona i tata spali na prześcieradle na podłodze tego małego mieszkanka, bo materace roiły się od pluskiew. W mieszkaniu często przebywało nawet i dwadzieścia osób i mama próbowała ukrywać ich przed właścicielem. Moja mała siostra urodziła się w prywatnym domu opieki nieopodal i dostała na imię Kristina, po mamie ojca. Miałam ledwie półtora roku, ale uwielbiałam ją od pierwszej chwili, kiedy ją ujrzałam. Kładłam się koło niej na podłodze, na prześcieradle mamy, obejmowałam ją i zasypywałam mokrymi całusami. Stałam się oddaną starszą siostrą; uwielbiałam ją przytulać i patrzeć, jak mama zmienia jej pieluszki i karmi ją piersią. Byłyśmy tak zbliżone wiekiem, że połączyła nas nierozerwalna więź. Nazywałam ją Nina.

Dla taty wiele zjawisk w Indiach było potężnym szokiem kulturowym. Choć jako hippis podróżował na Cypr i do Izraela i zjeździł całą Europę, nie cierpiał upału, brudu i chorób, które zastał w Bombaju. Zaliczył nawet ciężkie zapalenie wątroby i przez kilka tygodni po narodzinach Kristiny leżał w szpitalu.

– Chorowałem od wody i jedzenia, miałem tak straszną biegunkę, że schudłem jak szkielet. Poza tym czułem się upokorzony. Choć byłem obcokrajowcem, musiałem sprzedawać traktaty na ulicy jak żebrak, chociaż dookoła było tylu prawdziwych żebraków, tyle dzieci bez dachu nad głową, bez jedzenia – powiedział.

Dieta taty, jak zresztą całej komuny, była wiecznym źródłem trosk. Z początku mieli bardzo mało pieniędzy, jako że zarobek mógł pochodzić wyłącznie ze sprzedaży pism na ulicy za mikroskopijne sumy. Czasem przez wiele dni było ich stać tylko na ryż i soczewicę; bywało, że żebrali o odrzucone owoce i warzywa na straganach. Oczywiście Dzieci Boga nie nazywały tego żebraniną; to była aprowizacja – jako wybrańcy Boga mieli prawo do dóbr tego świata za darmo. Proszenie ubogich rolników o darmowe reszki było upokarzające dla taty, wierzył jednak, że jego niechęć do powierzonego zadania – dawania świadectwa wśród biednych – była głosem Szatana kuszącym go, by się poddał i porzucił powołanie.

Kiedy tak ze stoickim podejściem walczył z indyjskim upałem, starał się z całych sił wymyślić dla siebie jakąś bardziej sensowną rolę. Był inteligentny, otrzymał dobre wykształcenie, a sprzedawanie pism wydawało mu się zbyt powolną metodą zdobywania dusz przed Końcem Czasów. Według Mo Ostateczna Bitwa Armageddonu była tuż i tata próbował się jakoś pogodzić z faktem, że w samych Indiach tak ogromne rzesze nie dostąpią zbawienia.

Któregoś dnia przypomniał sobie stare kasety *Dziki wiatr*, które tak chwalono w Londynie. Była też mowa o potencjalnym wykorzystaniu radia jako medium do głoszenia Słowa. Wpadł na pomysł nagrania serii półgodzinnych audycji, które chciał nazwać *Muzyka z przesłaniem*. Program ten miałby być nadawany przez lokalne stacje radiowe. Tata był w stanie zrobić to praktycznie sam, pracując jednocześnie jako scenarzysta, prowadzący i DJ.

Od samego początku Dzieci Boga używały muzyki jako przynęty, by wzbudzić zainteresowanie. Grupowe śpiewy wielbiące Jezusa nazywane były inspiracjami i stanowiły codzienny element życia wiernych. Rodzina przyciągnęła wielu utalentowanych artystów i muzyków, w tym byłego gitarzystę Fleetwood Mac, Jeremy'ego Spencera, który pewnego dnia został dosłownie nawrócony na ulicy i porzucił trasę koncertową, by przyłączyć się do komuny w San Francisco. Muzycy ci zamiast rocka pisali piosenki oparte na Biblii i Listach Mo. Tata postanowił, że wykorzysta swój talent przy tworzeniu własnej audycji, by pomagać w szerzeniu wiary. Praca nad czymś, dzięki czemu czuł się spełniony, dała mu siłę do pozostania w Indiach.

Z dumą opisywał mi swoje przedsięwzięcie.

– Proponowaliśmy *Muzykę z przesłaniem* stacjom radiowym za darmo. Wiedziałem, że lekka audycja muzyczna będzie głosić przesłanie w fajnej oprawie i przyciągnie młodych słuchaczy. I nagle zamiast męczyć się w upale i dawać świadectwo garstce ludzi dziennie, i być może nawracać ledwie jedną czy dwie dusze, mogłem dotrzeć do milionów!

– To było genialne, tato! – wykrzyknęłam. W moich oczach był wspaniały.

Kiedy Mo usłyszał o audycji, pochwalił pionierskiego ducha taty i pomógł sfinansować projekt. Tata nie poznał osobiście naszego proroka, bardzo niewielu wiernych dostąpiło tego zaszczytu, ale jego wskazówki i przekazy były spisywane w Listach Mo i rozpowszechniane przez liderów zwanych pasterzami. Tata dzień i noc pracował przy audycji, a mama musiała sama opiekować się mną i moją siostrą. W tym czasie była już po raz trzeci w ciąży i znów strasznie chorowała. Ale chora czy nie, i tak musiała zarabiać; sprzedawała pisma w upale i wędrowała wiele kilometrów każdego dnia, pchając przed sobą nasz wózek.

Wielu wyznawców Mo – tak jak moi rodzice – przestrzegało wierności małżeńskiej i żyło jak rodzina, mimo że w zatłoczonych komunach praktycznie nie było prywatności. Ale w 1976 roku, krótko po narodzinach Kristiny, Mo wydał dekret, że wszyscy jesteśmy Jedną Żoną i w Bożej

Rodzinie nie ma czegoś takiego jak cudzołóstwo. Seks był najwyższym wyrazem miłości i szczodrości i nazywany był „dzieleniem". Dzieci Boga stały się Rodziną Miłości w każdym sensie tego słowa.

Niektórym wiernym trudno było przywyknąć do tych nowych swobód, inni skwapliwie skorzystali z możliwości uprawiania seksu z wieloma partnerami. Moi rodzice też zaczęli się dzielić z innymi, choć wydaje mi się, że tata zabrał się do tego chętniej niż mama. Miała dwójkę malutkich dzieci i trzecie w drodze, więc seks nie był zbyt wysoko na liście jej priorytetów. Była jednak głęboko wierzącą uczennicą Mo i chciała być posłuszna prorokowi, choć z trudem radziła sobie z zazdrością o tatę. Po narodzinach mojego brata Davida w kwietniu 1978 roku czuła się coraz bardziej samotna i niekochana, popadała w coraz głębszą depresję. Miejscowa pasterka zauważyła, że mama jest milcząca i smutna i zapytała, co się dzieje. Mama, wychowana w szkole, w której musiała uczyć się faktów i pojęć na pamięć, nie była przyzwyczajona do dyskusji, debat i głębokich rozmów, odparła więc po prostu: „Jestem nieszczęśliwa". Zamiast współczucia dostała sugestię, że powinna sobie zrobić przerwę. I pstryk, jednego dnia była tutaj, a następnego w komunie w Madrasie, do której zabrała tylko małego Davida.

Kiedy po sześciu tygodniach wróciła ze swojej „przerwy" w Madrasie, przyjechał z nią młody człowiek. Miał na imię Joshua, był bratem z Australii i był w niej zakochany. To doprowadziło do kolejnych problemów w związku rodziców, a w końcu do separacji.

Aż któregoś ranka, niespodziewanie, w drzwiach komuny pojawiła się bombajska policja i zapowiedziała, że wszyscy obcokrajowcy mają natychmiast opuścić Indie. Prawdopodobnie niektórzy ze zwerbowanych hinduskich członków byli zszokowani i zaniepokojeni promiskuityzmem, którego byli świadkami. Wśród nowo nawróconych były też piękne

Hinduski; taka swoboda obyczajowa po prostu nie mieściła się w miejscowej kulturze i rodziny zaczęły zgłaszać się do władz. W akcję zaangażował się również Interpol w wyniku żądań zachodnich rodziców, którzy usiłowali wytropić zaginione dzieci. Nastąpiło gorączkowe pakowanie, pasterze zamykali komuny.

Mama i Joshua zdecydowali się wrócić do Anglii z Kristiną i Davidem.

– Ale ja się uparłem, że ciebie zatrzymam – powiedział tata. – Jesteś moją córeczką.

Mój młody tata był przystojny i nie potrafiłam sobie wyobrazić, jak ktoś mógłby chcieć go rzucić. Ale choć wybrał mnie, byłam zdruzgotana, że straciłam mamę.

Tata uściskał mnie i powiedział:

– Byłaś takim nieszczęśliwym, smutnym szkrabem. Tęskniłaś tak mocno, że nic nie mogło cię pocieszyć. W końcu obiecałem ci, że poczekam, zanim wezmę sobie nową partnerkę, na wypadek gdyby mama zmieniła zdanie.

Wierzyłam w jego zapewnienia, czy były prawdą, czy nie, a jego słowa dały mi nadzieję, że rozpad naszej rodziny jest tymczasowy – i tę żałosną nadzieję niosłam w sercu przez następne dwa lata i dwa kontynenty.

Dwa tygodnie później polecieliśmy z tatą do Dubaju. Tata był zdruzgotany, bo zdążył pokochać Indie, a przyszłość była niepewna. W Dubaju niespodziewanie zadzwoniła do niego Faithy, najmłodsza córka Mo. Robiła rekonesans w Grecji – szukała nowego miejsca, w którym mogłaby realizować nowe przedsięwzięcie. Faithy miała talent i charyzmę, potrafiła mówić tak, że przekonałaby każdego. Postanowiła zgromadzić w jednym miejscu najbardziej utalentowanych muzyków, piosenkarzy, tekściarzy i kompozytorów i wykorzystać ich do uatrakcyjnienia przekazu, przedstawienia go światu tak, by zdobyć jak najwięcej wiernych.

– Simonie – zaczęła – Mo jest bardzo zadowolony ze wszystkiego, co osiągnąłeś. Postanowił wesprzeć produkcję *Muzyki z przesłaniem* i rozpowszechnianie jej na całym świecie.

Audycja miała być prowadzona z większym rozmachem i być bardziej komercyjna. Miała być wabikiem dla słuchaczy, by przyłączali się do lokalnych „klubów" *Muzyki z przesłaniem* w swojej okolicy. Planowano regularne biuletyny, czasopismo przyjazne zloty. Osobisty telefon od Faithy był wielkim zaszczytem. Tata był zachwycony, że otrzymuje tak wielkie wsparcie dla swojej audycji. Jego celem zawsze było zdobywanie dusz i podchodził do tego z wielką gorliwością. A że nie był szczególnie praktycznym człowiekiem, z radością oddał górze sprawy organizacyjne, by móc się skupić na samej audycji.

Tym sposobem pod koniec 1979 roku przylecieliśmy do Aten. Malowniczy widok wysokich, jasnych gór wznoszących się na tle jaskrawobłękitnego nieba zapierał mi dech, kiedy jechaliśmy przez starożytny półwysep, by po kilku godzinach dotrzeć na wybrzeże po drugiej stronie. Zjeżdżając z gór między zagajnikami z ciemnozielonych pinii, dostrzegliśmy migotanie morza, rybackie łodzie podskakujące na falach i przystań w starym porcie w Rafinie.

Nasz dom był typową, nowoczesną grecką willą pomalowaną na biało, krytą czerwoną dachówką. W otaczającym ją ogrodzie były drzewa owocowe, trochę szorstkiej trawy, żółta mimoza i drzewka oliwne. Byliśmy w odległości spaceru od wielkiego kempingu nad morzem o nazwie Coco Camp. Połowę zajmowali zwykli urlopowicze, druga połowa była zarezerwowana dla nas, Rodziny. Ludzie zaczęli się zjeżdżać przyczepami kempingowymi i domkami na kółkach, aż dołączyło do nas około dwustu osób. Wszystko to byli muzycy i technicy specjalnie wybrani do współpracy przy audycji taty.

W ciągu dnia biegałam, gdzie chciałam, bawiłam się z dzieciakami na kempingu i na plaży. Zbierałam kolorowe kamyki, martwe rozgwiazdy, muszle i jeżowce. Było tyle do zobaczenia, bawiłam się od rana do wieczora. Włosy miałam nieczesane całymi dniami. Pamiętam, jak Amerykanka o imieniu Windy, piosenkarka i tekściarka pracująca przy audycji, sadzała mnie przed sobą i mozolnie rozczesywała moją gęstą, kręconą czuprynę.

Czasami wieczorem godzinami leżałam w łóżku, znudzona, podczas gdy tata do późnej nocy nagrywał w studiu z Faithy Berg i Jeremym Spencerem, którego sława przyjechała wraz z nim do Rafiny. Faithy postanowiła go wykorzystać jako wabik przy reklamowaniu audycji nadawcom.

By rozwiązać problem małego dzikiego mustanga, którym się stawałam, Faithy przysyłała kolejne nianie do opieki nade mną. Pierwszą była zamężna kobieta o imieniu Rosa. Zastąpiła ją Crystal, Amerykanka o wybuchowym temperamencie. Była drobną kobietą z zaciśniętymi wargami i sięgającą ramion szopą jasnokasztanowych włosów. Nie miała w sobie ani krzty matczynego ciepła i klęła jak szewc – z pewnością nie był to język, jakiego powinna używać dobra chrześcijanka – i wiecznie miała kłopoty przez nadużywanie alkoholu. Crystal często mówiła o mnie „dziewczynka z lokiem na czole". Kiedy była dobra, była bardzo dobra, ale kiedy się rozzłościła, była koszmarna. Przyznaję, że byłam dosyć krnąbrna, szczególnie przy niej. Nienawidziłam jej, bo wiedziałam, że chce złapać tatę na męża, i byłam zdeterminowana zrobić wszystko, co mogę, by zdusić wszelkie uczucie między nimi. Nie udało mi się. Tata miał z nią romans, ale związek nie przetrwał długo.

Jedynym człowiekiem, którego słuchałam, był tata. Kochałam go bardziej niż kogokolwiek na świecie i robiłam, co w mojej mocy, żeby go zadowolić. Nie zwracałam uwagi na nikogo innego, bo spodziewałam się, że moja matka wróci lada chwila, choć pożegnałyśmy się i nie było jej już całe wieki.

Ale dlaczego, dlaczego jej nie pamiętałam? Dlaczego nie pamiętałam nawet tej strasznej chwili rozstania w Bombaju?

Tęskniłam tak rozpaczliwie, że w końcu tata załatwił mi międzynarodową rozmowę z mamą w Londynie.

Trzęsąc się z emocji, wzięłam słuchawkę i ledwie mogłam uwierzyć, że znów słyszę jej głos.

– Kiedy przyjedziesz, mamusiu? – spytałam z niepokojem. W moim głosie słychać było lata tęsknoty.

– Kocham cię, Celeste. Postaram się przyjechać jak najszybciej. – Usłyszałam w słuchawce głos, którego nie rozpoznawałam. – Twoja siostra Kristina i braciszek David też cię kochają i chcą cię zobaczyć.

Powiedziała, że wróci i znów z nami zamieszka! Byłam taka szczęśliwa.

– Wszystko już ustalone – powiedział mi tata po tej rozmowie. – Nawet bilety są już zabukowane. Już niedługo, kochanie.

Spojrzałam na Crystal, która siedziała obok, i oznajmiłam triumfalnie:

– Już nie musisz tu przychodzić. Moja mamusia wraca.

Crystal spojrzała na mnie wilkiem. Kilka tygodni wcześniej przywódcy, którzy mieli ostatnie słowo we wszystkim, nawet w miłości, przerwali ich związek. Ich zdaniem nie była dość dobra dla mojego ojca, ich nowej gwiazdy medialnej. Ja też tak uważałam. Obchodziło mnie tylko to, że mama niedługo przyjedzie i znów będę z nią, z siostrą i bratem. Tak bardzo chciałam mieć ją tutaj, żeby mnie przytulała, czesała włosy i znowu była moją mamą. Ale czas mijał i nie było żadnych wieści. Byłam nieznośnie niecierpliwa. Każdego dnia pytałam o matkę i myślałam o niej. Kiedy, kiedy, kiedy?

Któregoś dnia, gdy setny raz spytałam tatę „Kiedy wróci mama?", nie mógł już dłużej zwlekać. Musiał powiedzieć mi prawdę, chociaż wiedział, że to zniszczy mój świat.

– Zmieniła zdanie. Postanowiła zostać z Joshuą. Patrzyłam na niego w szoku, a serce trzepotało mi panicznie w piersi jak przestraszony ptak. Nie rozumiałam. Dlaczego zmieniła zdanie? Kim był ten człowiek, Joshua, który nam ją odebrał? Nie mogłam tego pojąć i nie potrafiłam się pogodzić z faktem, że to ostateczna decyzja. Moje wspomnienia matki były już wtedy wyblakłe, nie pamiętałam nawet, jak wygląda, ale była moją matką i tej myśli czepiałam się kurczowo przez pół życia. Byłam gotowa z całą zaciętością walczyć o to, by nikt nie zajął jej miejsca.

Rozdział 2

Loveville

Mieliśmy mały, rozklekotany samochód, który ledwie telepał się po drogach. Tylne siedzenia zostały wyjęte przez poprzednich właścicieli (dlatego kupiliśmy go tanio), więc trzeba było siedzieć na podłodze. Któregoś dnia siedziałam z tyłu z moim kolegą, Nickim, i z chichotem eksperymentowaliśmy, jak to jest z tym seksem. Naśladowaliśmy dorosłych, których widywaliśmy: ze spuszczonymi majtkami kładliśmy się na sobie i „seksiliśmy się" w najlepsze. Oboje mieliśmy ledwie po pięć lat. Oczywiście nic nie wychodziło jak trzeba i to była tylko zabawa.

– Łaskoczesz!

– Wcale że nie...

– Wcale że tak. Au! Noga mi się zaczepiła.

Usłyszałam stłumiony śmiech; spojrzałam w górę i zobaczyłam mamę Nickiego, Patience, podglądającą nas przez okno samochodu z ubawioną miną. Błyskawicznie usiadłam i odepchnęłam Nickiego.

Nicki zobaczył matkę i zaczerwienił się jak burak.

– W porządku, dzieciaki, nie przeszkadzajcie sobie – powiedziała.

Ale ja czułam się bardzo zawstydzona i było mi głupio. To, co jeszcze przed chwilą było zabawą, przestało nią być. I nie chodziło o poczucie winy. Mieliśmy unikać najróżniejszych grzechów, ale seks nie był jednym z nich. Zdaniem Mo Bóg chciał, by wszyscy, nawet niemowlęta, mogli się cieszyć pełnią seksualnych doznań.

Gdyby ktoś włączył radio i posłuchał którejś z audycji *Muzyka z przesłaniem*, usłyszałby idylliczny przekaz: miłość jest lekarstwem na wszystkie problemy świata – dzielenie się miłością, życie w miłości i uprawianie miłości. Mo poinstruował mojego ojca, żeby nie używał na antenie słowa Jezus. Była to ważna strategia, bo dzięki niej wielu słuchaczy nie miało pojęcia, czego słucha i że audycja ma w ogóle jakieś religijne konotacje, nie mówiąc już o jawnej ewangelizacji. Ale niektóre piosenki trudno było nazwać subtelnymi. Jeremy Spencer zaśpiewał kawałek pod tytułem *Zbyt młoda, by kochać*, oparty na Liście Mo *Małe narzeczone*, w którym nasz prorok wykładał swoje przekonanie, że nawet jedenasto- czy dwunastolatki są gotowe na małżeństwo, seks i dzieci.

Elementem planu Mo było stworzenie całego pokolenia dzieci takich jak ja, urodzonych w Rodzinie Miłości, które nigdy nie poznały świata Systemitów. Dzieci nieskażonych grzechami poprzedniego życia. By pokazać, jaką wiarę pokłada w ten ziemski raj, który nazwał Loveville, przysłał członków własnej rodziny, by żyli z nami.

A więc, oczywiście, Faithy, swoją najmłodszą i najbardziej lojalną córkę, tak gorliwą, że jej niebieskie oczy błyszczały fanatyzmem. Mo przysłał też swoją wnuczkę, dziewięcioletnią Mene, która została gwiazdą audycji. Kiedy zobaczyłam ją po raz pierwszy, pomyślałam, że wygląda jak anioł z tymi swoimi błękitnymi oczami, mlecznobiałą skórą i jasnymi kosmykami włosów. Miała łagodny, słodki głos i rozmarzone spojrzenie. Zachowywała się jak idealne dziecko Rodziny, zawsze posłuszna i uśmiechnięta, kiedy czytała i cytowała Słowo.

Rzadko spędzałyśmy czas razem poza studiem nagraniowym czy na próbach. Nigdy nie bawiłam się z Mene na dworze, jak to robią normalne dzieci – jej chyba nie wolno było się bawić.

Każdy miał jakiś wkład w *Muzykę z przesłaniem*, czy to w audycje, czy w nagrania wideo. To była świetna zabawa, a ja, jak każde dziecko, lubiłam popisywać się talentem. Potrzebni byli muzycy, wykonawcy, technicy, szwaczki i sekretarki. Wśród najbardziej znanych postaci byli Peter Pioneer i Rachel, śpiewający duet z Danii, a także Joan i Windy, dwie piosenkarki i tekściarki, obie otwarcie biseksualne. Zack Lightman z Norwegii był oświetleniowcem i operatorem kamery, a jego żona Lydia projektowała kostiumy i scenografię. Sue, łagodna Amerykanka o brązowych oczach i czarującym uśmiechu, była „naczelną sekretarką". Żona Jeremy'ego Spencera, Fiona, była Królową Matką obozu, a szefem kuchni był ognisty Włoch o imieniu Antonio. Ci troje żyli w trójkącie i Fiona urodziła swoim dwóm mężczyznom siedmioro dzieci.

Stojący w centrum obozu wielki płócienny namiot służył za miejsce zebrań i jadalnię w zimie, kiedy noce były chłodne. Wnętrze ogrzewały dwa wielkie gazowe grzejniki, a jako oświetlenia używaliśmy lamp naftowych. By wyżywić tak wielu ludzi, potrzebna była cała ekipa, której zadaniem była „aprowizacja", czyli zdobywanie darmowego jedzenia na targach i od miejscowych firm.

Kiedy było ciepło, jadaliśmy przy rzędach ław i stołów pod drzewami. Jedzenie było świeże i zwykle przepyszne. Śniadanie składało się z semoliny słodzonej brązowym cukrem, miodem albo melasą. Antonio najchętniej gotował włoskie potrawy, które można było szybko przygotować dla dwustu głodnych osób. Wielkie miski spaghetti z gęstym sosem pomidorowym albo gulasze z karkówką, ziemniakami i marchewką.

Dzieci obowiązywała dyscyplina – miały być grzeczne. Nawet najmłodsze musiały spokojnie siedzieć na twardych drewnianych ławach w wielkim namiocie podczas długich zebrań, które odbywały się co wieczór. Te spotkania były nieprawdopodobnie nudne, więc prędzej czy później uciekałam od nich do własnych marzeń i wymyślonego świata. Najtrudniej było mi utrzymać zamknięte oczy podczas długich modlitw, zakrywałam je więc rękami i podglądałam między palcami, żeby nikt mnie nie przyłapał.

Kiedy Faithy ustaliła już sposób funkcjonowania obozu, oddała zarząd nad Loveville Paulowi Peloquinowi, kanadyjskiemu Francuzowi z Quebecu, i jego żonie Marianne, i pojechała na kolejną misję, by rozkręcić hiszpańskojęzyczną wersję programu, *Musica Con Vida*, w Puerto Rico. Paul i Marianne podeszli do zadania poważnie – a nawet zbyt poważnie. Byli bezdzietną parą i przez wiele lat rozpaczliwie modlili się o syna. Paul miał kruczoczarne włosy i mówił po angielsku z silnym francuskim akcentem. Był prawdziwym czarusiem, ale miał też gwałtowny charakter i potrafił wybuchnąć bez przyczyny. Marianne była Francuzką – mocną, grubokościstą kobietą; miała prawie metr osiemdziesiąt wzrostu, głęboko osadzone oczy i duży nos. Do obowiązków tej pary należało między innymi ustalanie rozkładu dnia i przydzielanie wszystkim zadań na dzień następny.

Pobudka była o 7.30, a po śniadaniu szłam do pobliskiego domu zwanego Błękitnym Domem, bo miał piękny odcień wyblakłego błękitu – ten sam kolor, na jaki pomalowane było wiele rybackich łodzi. To była nasza komunalna szkoła, gdzie mieliśmy Czas Słowa i Scholastykę. Naszymi nauczycielami byli Johnny Appleseed, Fiona – żona Jeremy'ego Spencera – i Patience, mama Nickiego. Oglądaliśmy historyjki układane na flanelowych tablicach i czytaliśmy *Prawdziwy komiks*: ilustrowane Listy Mo dla dzieci. Pocztą, zwykle raz na dwa tygodnie, przychodził do obozu nieprzerwany strumień Listów i książek od Mo i Marii. Każdy Dom musiał założyć skrytkę pocztową i tylko pasterz każdego z Domów znał jej adres i miał do niej klucz. Wszystko odbywało się jak w wojskowych służbach wywiadowczych: tajne przez poufne.

W słoneczne dni Czas Słowa odbywał się w cienistym zagajniku piniowym na kempingu. Nauczyciele szkółek niedzielnych w zewnętrznym świecie zemdleliby, gdyby otworzyli *Prawdziwy komiks*. Wiele zeszytów zawierało dosłowne sceny seksu, nagość, a także straszliwe demony i dziwaczne sny, które zdaniem Mo zawsze miały jakieś znaczenie: były wiadomościami od Boga.

– Mo jest bożym prorokiem naszych czasów, Jego tubą, która przekazuje Jego nowe Słowo – mówili nam nauczyciele. – Systemowi chrześcijanie nie mają Ducha, są „starymi dzbanami", które nie mogą przyjąć nowego wina.

Bóg, Jezus, aniołowie i diabeł byli prawdziwymi postaciami i częścią naszego codziennego życia. Jezus nas nagrodzi, jeśli będziemy dobrzy, diabeł nas ukarze, jeśli będziemy źli. Indoktrynacja trwała nieustannie, a kwestionowanie czegokolwiek otwierało nasze umysły na diabelskie wątpliwości. Został mi w pamięci obrazek z jednego z *Prawdziwych komiksów*. Stolik z zastawą do herbaty, przy którym siedzi diabeł przedstawiony jako mały elf z rogami i widłami. Na krześle obok niego siedzi dziewczynka, a cztery małe „wątpliwostki" do spółki z diabłem nalewają jej herbaty do filiżanki. W następnej scenie dziewczynka uwięziona w ruchomych piaskach jest wsysana z powrotem do Systemu, bo diabeł i wątpliwostki dobrali jej się do skóry. „Niebezpiecznie jest pić herbatę z diabłem i jego wątpliwościami", głosił podpis.

Niektóre historyjki z *Prawdziwego komiksu* oparte były na przygodach dzieci z Rodziny Królewskiej: Davidita, Davidy i Techi. Znaliśmy już ich wszystkich z Listów Davidita – służyli za przykład, jak należy wychowywać „rewolucyjne" dzieci po bożemu. Sekretarka i druga żona Mo, Maria, miała dwójkę dzieci: Davidita i Techi. Davidito urodził się w 1975 roku w wyniku Połowu na Podryw, jako owoc spotkania z hotelowym kelnerem na Teneryfie. Był zaledwie trzy dni starszy ode mnie i byłam bardzo dumna z tego faktu. Kochanek Marii i prawa ręka Mo, Timothy, był ojcem Techi.

Mo pisał, że Timothy został tylko „wynajęty dla nasienia" i że Techi to jego córka. Twierdził, że niezwykłe imię Techi otrzymał podczas wizji, kiedy to dusza małej dziewczynki przyszła do niego w chorobie (tuż przed narodzinami Techi w 1979 roku). Uznał, że Techi to jej inkarnacja i usiłował wpasować to buddyjskie pojęcie w chrześcijańskie doktryny.

Davida była córką Sary Kelley, pełnoetatowej niani Davidita, która nadała sobie nazwisko Sarah Davidito. Cała trójka dzieci należała do Rodziny Królewskiej i mieszkała w ukryciu w Domu Mo. Dzieci Rodziny Królewskiej miały mieć wielki wpływ na moje życie. Były idolami, na których się wzorowaliśmy i śledziliśmy ich życie w Listach Mo, które czytaliśmy z wielkim zainteresowaniem i ciekawością.

Po sjeście wolno nam było się bawić. Moimi stałymi towarzyszkami zabaw były Renee i Daniella. Lubiłam ich matkę, Endureth; przylgnęłam do niej jak do drugiej mamy. Wciąż nie akceptowałam Sereny jako macochy i często ją ignorowałam. Pewnie po dziecinnemu wyobrażałam sobie, że jeśli nie będę jej widzieć, to nie będzie istniała. Poza tym Serena miała pełne ręce roboty przy swojej sześciomiesięcznej córeczce Marianie i znów była w ciąży z moim ojcem. Było jej łatwiej, kiedy cały czas przesiadywałam u Endureth i jej męża Silasa. Moja siostra Kristina była mniej więcej w wieku Danielli i mówiłam o niej, jakbym ją znała, tyle tylko, że „mieszkała w Indiach z moją mamą i braciszkiem Davidem". Pomieszkiwanie z przyjaciółkami w ich domu z rodzinną atmosferą pomagało mi udawać, że mam sióstr na pęczki. W ciągu dnia bawiłyśmy się razem, a nocami spałyśmy w wielkim podwójnym łóżku na tyłach przyczepy kempingowej.

Moją kolejną przyjaciółką była Armi. Z wyglądu nie mogłybyśmy się bardziej różnić. Armi miała ciemne, proste, czarne włosy i brązowe oczy, tak jak jej mama, w połowie rdzenna Amerykanka. Była jednym z pierwszych dzieci, jakie urodziły się we wspólnocie Dzieci Boga, w lutym 1972 roku.

Jej ojciec, Jeremiah Russel, był wśród pierwszych wyznawców, którzy dołączyli do ekipy Mo w Huntington Beach, kiedy wspólnota liczyła zaledwie piętnastu członków. Był muzykiem i pisał piosenki, które grano w *Muzyce z przesłaniem*. Armi odziedziczyła po ojcu talent muzyczny i była gwiazdą, a ja chciałam być jak ona, śpiewać jak ona i należeć do jej grupy przyjaciółek. Śmiałyśmy się z tych samych żartów, zwierzałyśmy się z sekretów; Armi pomagała mi i uczyła różnych rzeczy – na przykład jak rysować proporcjonalne postacie, a nie trójkąt zamiast szyi i kółka zamiast dłoni. To ona pomogła mi też pozbyć się twardego wyspiarskiego akcentu i mówić po „amerykańsku", jak większość pozostałych dzieci.

Armi i Mene, wnuczkę Mo, połączyła wspólna niedola. Na prośbę Mo ich rodzice wysłali córki do Loveville z zapewnieniem, że wrócą po sześciu miesiącach. To nigdy nie nastąpiło. Ich opiekunami zostali Paul Peloquin i Marianne.

Nikt nie ośmielał się sprzeciwiać prośbom Mo, których słuchano jak rozkazów. Przecież był prorokiem. Tresurą wbijano nam do głowy przekonanie, że wypełnianie zaleceń Mo to wypełnianie woli Boga. Teraz, kiedy spoglądam wstecz, jest dla mnie oczywiste, że byliśmy tylko jego zabawkami, wiernymi wyznawcami używanymi do zaspokajania jego ambicji, żądz i fantazji. Kiedy Mo zażyczył sobie wideo z nagraniem tańczących nagich kobiet, Paul zwołał nas wszystkie, nawet trzyletnie dziewczynki, na specjalne zebranie, by przeczytać Listy Mo *Chwalmy Pana poprzez taniec* i *Nagie może być piękne*.

– Chwała Panu! Czy to nie wspaniały przywilej, móc zatańczyć dla Króla?

Dorosłe kobiety, podekscytowane, odpowiedziały licznymi „Chwała Panu!" i „Amen!"

Paul mówił dalej.

– Król przysłał nam w tych Listach szczegółowe wskazówki, jak to zrobić. Chwalmy Pana.

Patrzyłam, jak kobiety wybierają muzykę i przejrzyste chusty, a potem wykonują nagie tańce. Kiedy przyszła kolej na dziewczynki, Paul powiedział:

– A to jest dla Davidita, więc uśmiechajcie się do niego.

Armi, Mene, Renee i Daniella wykonały swoje tańce dla małego księcia, a potem przyszła moja kolej. Paul wybrał dla mnie dwie piosenki, zawiązał mi na szyi białą, przejrzystą chustę, którą miałam zdjąć w trakcie tańca. Dawał mi wskazówki zza kamery.

– Wij się! – Pokazał mi to osobiście. – Wij się ładnie i kręć tyłeczkiem, kotku.

Po prostu imitowałam ruchy, które widziałam wcześniej, gdy tańczyły kobiety.

– Dobrze, bardzo dobrze! Teraz poślij Daviditowi parę całusów, by wiedział, że naprawdę go kochasz.

Bardzo starałam, się uśmiechać, a jednocześnie słuchać, co mi mówił zza kamery. Ten film wciąż istnieje i jako dorosła kobieta spoglądam w przeszłość na tę słodko uśmiechniętą sześciolatkę, która była mną. Patrzę w kamerę, uwodzę ją, i najbardziej uderza mnie niewinne, a zarazem świadome spojrzenie moich oczu. Wspomnienie jest tym boleśniejsze, że teraz, po latach, wiem, że Davidito sam miał wtedy sześć lat; ta prośba była tylko chorym pomysłem Mo, by jego imiennik stał się równie skrzywiony jak on, gdy tymczasem obleśny staruch sam czerpał przyjemność z tych tańców.

Od tej pory regularnie robiono nagie zdjęcia nam, dziewczynkom, i wysyłano Mo. Prorok oznajmił, że porozwiesza je w swoim pokoju, by co dzień czerpać z nich inspirację – tak eufemistycznie nazywał masturbację. Teraz jest dla mnie oczywiste, że Mo rajcowało oglądactwo. Nie zdawałyśmy sobie sprawy, że coraz bardziej zbliżał się do etapu, kiedy wybierał sobie ulubione dziewczynki, które przysyłano mu dla jego chorej przyjemności. Ich rodzice wierzyli naiwnie, że dzieci są w dobrych rękach, choć nie znali miejsca ich pobytu i nie mieli z nimi żadnego kontaktu. Ale to wszystko miało się wydarzyć w przyszłości, a ja, na swoje szczęście, nie wiedziałam jeszcze, jaki los czeka niektóre moje przyjaciółki.

W naszym świecie seks był całkowicie otwarty i jawny. Dorośli bez zahamowań kochali się przy nas, zachęcali nas do masturbacji i eksplorowania własnych ciał. W wyniku tego nasza dziecięca ciekawość była wykorzystywana, choć powtarzano nam, żeby nigdy, przenigdy nie robić tego przy obcych ani nie rozmawiać o tym w miejscach, gdzie mogliby nas usłyszeć. „Systemici nienawidzą seksu" ostrzegano nas. „Uważają, że jest brudny i grzeszny". Kiedy było gorąco, wszyscy chodzili w bikini i w szortach. Nie miałam żadnych oporów przed bieganiem w samych majtkach jak inne dzieci. W wieku pięciu, sześciu lat byłam już mocno zseksualizowana i ekstrawertyczna.

Ojciec nigdy nie zrobił mi niczego w seksualnym sensie, w tamtych czasach nie widziałam też, by robił coś niestosownego z moimi rówieśnicami, ale zakładam, że wiedział, co się dzieje. Jego najlepszym kumplem był perkusista, Solomon Touchstone, który często chodził z nami na niedzielny lunch do miasta, do małej tawerny z widokiem na zatokę. Solomon tak jak tata pochodził z Londynu i dla żartu rozmawiali ze sobą z udawanym cockneyskim akcentem. Solomon był niski – miał niecały metr siedemdziesiąt wzrostu – przystojny i wszystkie kobiety go lubiły. Ja też go lubiłam, bo był zabawny i zauważał mnie.

Seksualne wychowanie było dla nas normalne i odbywało się wszędzie. Wszyscy wiecznie się obejmowali i całowali, okazywali sobie uczucia. Dla mnie to była tylko zabawa, ale moja otwartość i chęć zyskania uwagi, miłości i aprobaty były koszmarnie wykorzystywane. Zabawny, przyjacielski Solomon, przyjaciel mojego ojca, był tylko jednym z wielu mężczyzn, którzy korzystali z mojego naturalnego, dziecinnego przywiązania. Kiedy bywaliśmy sami w jego sypialni,

prosił mnie, żebym dla niego tańczyła, a sam masturbował
się na łóżku.

– Jesteś taka sexy! – jęczał.

Nic dziwnego, że na filmie nakręconym dla Mo moje
spojrzenie jest takie niewinno-świadome. Byłam niewinna,
ale uczyłam się, co podnieca mężczyzn. Przyjazną uwagę
dorosłych zdobywałyśmy tylko wtedy, kiedy robiłyśmy to,
co chcieli: zachowywałyśmy się flirciarsko albo sexy. Dzieci
nade wszystko pragną akceptacji i ja nie byłam inna. Nagra-
dzano nas za bycie „uległymi", „potulnymi" i za okazywanie miłości Bogu. Upór, odmowa czy wstyd pochodziły od
diabła, były złe i karcono nas za nie. Szybko nauczyłam się
flirtować, żeby zyskać uwagę, i przy mężczyznach nie umiałam się zachowywać inaczej.

Kolejnym mężczyzną, który czepiał się małych dziewczynek, był Peruwiańczyk Manuel. On i jego niemiecka żona,
Maria, uczyli nas układów choreograficznych. Byli kolejną
bezdzietną parą. Manuel miał ciemne oczy i przeszywające
spojrzenie, które wprawiało mnie w zakłopotanie. Zawsze
zwracał uwagę na nas, dziewczynki, a szczególnie na Mene
i Armi. Maria lubiła seks z kobietami i oboje uczyli dziewczynki imitować swoje ekscesy ku uciesze oglądających to
mężczyzn. Ja byłam młodsza, więc nie brałam udziału w wielu
aktach seksualnych, do których nakłaniano moje starsze ko-
leżanki. Zawsze uważałam się za szczęściarę w porównaniu
z nimi. Ale nie upiekło mi się tak do końca.

Któregoś popołudnia Peruwiańczyk Manuel przyszedł do
przyczepy Silasa i Endureth, w której, w tylnym pomieszczeniu, spałyśmy razem ja, Renee i Daniella. Dobrze znałam tę
przyczepę i traktowałam ją jak swój drugi dom. Czerwone
zasłony były zaciągnięte. Manuel kazał mi się położyć, a potem ściągnął mi majtki i długo mnie całował.

– Tak to robią dorosłe kobiety – wyjaśnił, klękając nade mną. Zaczął się o mnie ocierać i był to kompletny akt

seksualny, tyle że bez pełnej penetracji. Przestał, dopiero kiedy osiągnął orgazm.

Kiedy poczułam na sobie lepką, białą substancję, ogarnęło mnie obrzydzenie. Nigdy wcześniej nie widziałam nasienia. Było obrzydliwe i wszystko upaprało. Manuel wziął chusteczki higieniczne i starł to ze mnie, a potem poszedł do małej toalety w przyczepie i sam się umył. Leżałam na łóżku oszołomiona i zdezorientowana. Takie uczucie ma się czasem w sennym koszmarze: chcesz krzyczeć albo coś powiedzieć, ale nic nie wychodzi z ust. Miałam tyle myśli, pytań i odczuć, ale nie byłam w stanie ich wyrazić. Nawet gdy dorośli pytali mnie wprost, co myślę, sztywniałam, a język przyklejał mi się do podniebienia.

Kiedy patrzyłam na dorosłych uprawiających seks, wyglądało na to, że sprawia im to przyjemność, więc dlaczego mnie nie sprawiało? Ci mężczyźni próbowali wpoić mi, że taka mała dziewczynka jak ja jest tak samo atrakcyjna seksualnie i wywołuje takie samo podniecenie jak dorosła kobieta. Moje postrzeganie samej siebie było wypaczone, nie miałam pojęcia, że jestem bezbronna i że różnię się od dorosłych kobiet.

Choć pod wieloma względami oczekiwano od nas dorosłych zachowań, wciąż byłyśmy po prostu małymi dziećmi. Przynajmniej raz w tygodniu całe Loveville zbierało się na zabawę z tańcami, która kończyła się orgią. Nam jak zwykle pozwalano robić, co chcemy, podczas gdy dorośli – czyli wszyscy powyżej dwunastego roku życia – dobierali się w pary na seks.

Któregoś wieczoru Renee, Daniella i ja patrzyłyśmy, jak dorośli tańczą nago i obściskują się. Postanowiłyśmy zrobić im psikusa: po kolei zakradałyśmy się za jakąś zajętą parkę i szczypałyśmy ich w tyłki. To było przezabawne, kiedy podskakiwali z zaskoczenia. Zanim się odwrócili, żeby złapać winowajczynię, my już dawno chichotałyśmy w kącie.

Nie wolno nam było mówić nikomu spoza Rodziny o tej seksualnej wolności, jak nazywali to dorośli. Nauczona, że Systemici nie zrozumieją tej prawdy i tej swobody, nauczyłam się prowadzić podwójne życie.

Pamiętam, jak któregoś ranka śpiewaliśmy w sierocińcu, a potem mieliśmy sjestę w naszym kamperze przed wyjazdem do studia telewizyjnego w Atenach, gdzie mieliśmy zaśpiewać świąteczną piosenkę w lokalnej telewizji. Zaparkowaliśmy na ulicy, zasłoniliśmy marne zasłonki, a potem było to, co dorośli nazywali Kochaniem albo Przytulankami.

Wielki, obcesowy Johnny Appleseed położył się koło mnie i zaczął mnie pieścić i całować w usta. Rozpiął spodnie, poprowadził moją dłoń do swojego penisa i pomógł mi go masturbować. Ostatecznie dokończył sam, a ja leżałam obok niego. Wiedziałam, że inni dookoła uprawiają seks. Johnny miał zamknięte oczy, otwarte usta, sapał i jęczał. Kiedy skończył, odmówił modlitwę.

– Dziękuję ci, Panie, że możemy dzielić się ze sobą Twoją miłością – powiedział, po czym odwrócił się na drugi bok i zasnął.

Przez cały czas się bałam, bo Johnny był moim nauczycielem, a poza tym w zasłonach były szpary. Słyszałam kroki ludzi przechodzących obok i myślałam, że lada chwila ktoś zajrzy i zobaczy, co robimy.

Gdy przyszła pora na występ, dorośli poprawili nam fryzury jak gdyby nigdy nic i urządzili pogadankę.

– Kiedy tam wejdziemy, pamiętajcie, że macie się uśmiechać i okazywać boską miłość. Nie przejmujcie się kamerami. Tak jak przykazał Dziadek, po prostu śpiewajcie z głębi serca i myślcie o zagubionych duszach, które będą was oglądać.

Wysypaliśmy się z kampera i poszliśmy do studia. Prezenter telewizyjny był nami zachwycony, gdy daliśmy świetnie przećwiczony występ. Oczywiście nikomu z widzów nawet by do głowy nie przyszło, co działo się ledwie godzinę wcześniej za czerwonymi zasłonkami kampera.

Kiedy do obozu przyjeżdżali goście i spędzali z nami czas, wszyscy ubierali się bardziej konserwatywnie i szybko nauczyłam się, że są tematy, na które nie rozmawia się przy „obcych" – takie jak seks czy prorok Mo – a Listy Mo, Listy Davidita i inne publikacje Rodziny były chowane.

– Skarbie, babcia i dziadek, moi rodzice, przyjeżdżają z Anglii w odwiedziny – powiedział tata któregoś ranka; właśnie dostał od nich list.

– Ale Dziadek to jest Mo – odparłam. – Jest jeszcze jakiś inny dziadek?

– Tak, ma na imię Glen i jest moim tatą.

– Aha. Może mi się pomylić, jeśli na niego też będę mówić Dziadek – powiedziałam. Po chwili wymyśliłam, jak rozwiązać problem. – Może będę go nazywać Dziadziusiem, wtedy mi się nie pomyli. Widziałam go już kiedyś? – spytałam.

– Tak, poznali cię, kiedy byłaś malutka, jeszcze w Londynie – wyjaśnił tata. – Od dawna chciałem dać im świadectwo. Mój ojciec nie jest jeszcze zbawiony, jest uparty, ale może tym razem się pomodli.

Tata wiecznie gadał o zbawianiu ludzi. Szczerze wierzył, że bez Jezusa w sercu są skazani na piekło, i nie chciał, żeby jego rodziców spotkał tak straszny los na tamtym świecie.

Kiedy ich poznałam, natychmiast zauważyłam, że wyglądają i zachowują się zupełnie inaczej: byli pełni rezerwy, a stroje Penny, macochy taty, były zupełnie inne niż stroje kobiet z Rodziny. Miała krótkie włosy z trwałą ondulacją i nosiła bluzkę z długimi rękawami i spodnie. Pocałowała mnie w policzek, ale nie było uścisków, chociaż oboje chyba się ucieszyli na mój widok.

– O rety, ale urosłaś! Kiedy widzieliśmy cię ostatnio, byłaś malutka – powiedziała Penny.

W wieczór ich przyjazdu Antonio przygotował pyszne spaghetti; usiedliśmy razem przy jednym ze stołów pod drzewami. Faithy Berg, która akurat przyjechała z wizytą, przedstawiła im się i opowiedziała w superlatywach o programie radiowym. Windy, Peter i Rachel grali na gitarach i śpiewali piosenki z programu. Tata siedział, promieniejąc z dumy, jakby znów był małym chłopcem, który może się rodzicom pochwalić osiągnięciami.

Następnego dnia pojechaliśmy z nimi na wycieczkę po mieście, ale z całej ich wizyty najlepiej pamiętam historie, które dziadziuś opowiadał o swojej młodości. Mówił o swoich eskapadach w Palestynie w czasie wojny, kiedy był oficerem armii brytyjskiej.

– Któregoś dnia obudziłem się rano i zobaczyłem, że ukradli mi łóżko – opowiadał ze śmiechem.

Dzięki opowieściom taty o jego prawdziwej matce i dzięki tej wizycie dziadków czułam się wyjątkowa. Byłam zachwycona, że mam inną rodzinę, najprawdziwszą i rodzoną, zupełnie osobną od Rodziny. Kiedy dziadziuś Glen i babcia Penny wyjechali, wysyłałam do nich listy, rysunki i różne drobiazgi, które sama zrobiłam. Pisałam im, że mam nadzieję jeszcze ich kiedyś zobaczyć.

Być może wszystkie te rodzinne historie poruszyły coś w tacie. Zapragnął dowiedzieć się więcej o swojej matce i dostał pozwolenie od Mo, by pojechać do Polski i odszukać jej krewnych. Udało mu się wytropić jednego żyjącego krewnego w Krakowie; wrócił z opowieściami i zdjęciami mojej babci, Krystyny. Była taka młoda i piękna na ślubnej fotografii. Miała brązowe oczy i piękne, ciemne włosy. Tata powiedział mi z dumą, że po niej mam głos i talent muzyczny. Jej historia miała smutne zakończenie. Babcia zapadła na degeneracyjną chorobę mózgu, coś jak choroba wściekłych krów, i umarła w ciągu paru miesięcy w wieku zaledwie dwudziestu czterech lat. Tata miał wtedy trzy i pół roku i zupełnie jej nie pamiętał, ale uwielbiał ją tak jak ja moją mamę.

Wtedy zrozumiałam, że tatę i mnie łączy głęboka więź; zrozumiałam też, dlaczego nigdy mnie nie zmuszał, żebym związała się emocjonalnie z moją macochą, Sereną. Wciąż mówiłam o tym, że chcę odwiedzić mamę w Indiach, ale tata powiedział, że to zbyt droga podróż, a poza tym jest potrzebny przy produkcji programu. Zaproponował, żebym zamiast tego nagrała kasetę dla niej i rodzeństwa. Zaśpiewałam moje ulubione piosenki i dżingle z *Muzyki z przesłaniem*, potrząsając tamburynem. Kiedy zapominałam słów, Solomon Touchstone mi podpowiadał. Oczywiście były też cytaty z Listów Mo i wersety z Biblii. Na końcu powiedziałam Kristinie i Davidowi, że ich kocham, i poleciłam, by byli „dobrymi świadkami Jezusa".

Nim się pożegnałam, dodałam jeszcze:

– Jeśli nie zobaczymy się tutaj, to zobaczymy się w Milenium.

To było ulubione zdanie taty, kiedy mówiłam, że tęsknię za rodziną. Powtarzał:

– Niedługo znów ich zobaczysz, jeśli nie tu, na ziemi, to w Milenium.

Koniec świata miał nastąpić lada dzień i już wkrótce mieliśmy wszyscy znów być razem. A co mówił tata, było prawdą. On wiedział wszystko. Był też bardzo ważną postacią, jak przekonałam się któregoś wieczoru, gdy wszyscy zebraliśmy się na jakąś wielką fetę. Była to rocznica powstania *Muzyki z przesłaniem* i mało nie pękłam z dumy, kiedy się dowiedziałam, że będziemy fetować Simona Petera – mojego tatę! – który był twórcą audycji. Mo ogłosił ten dzień Dniem Simona Petera. Ojciec chyba sam nie wierzył, że to się dzieje naprawdę – że jego praca została tak uhonorowana przez proroka. W pochwalnym liście Mo nazwał go nawet Świętym Simonem Peterem.

Pełna uwielbienia siedziałam u boku taty przez cały wieczór. Kiedy przyniesiono tort „urodzinowy", Paul wręczył tacie kopertę z dużą sumą pieniędzy.

– Simonie, to dla ciebie, możesz to wydać, na co zechcesz, w czasie tygodniowego urlopu. To twoja nagroda za ciężką pracę w służbie Pana. Jak posiejesz, tak zbierzesz. Chwała Panu.

To doniosłe wydarzenie zostało zaakcentowane jeszcze jedną nagrodą. Wszyscy dostali trzy dni wolnego. Oczywiście wszyscy byli zachwyceni tatą i tłoczyli się dookoła, by mu pogratulować i podziękować. Tata promieniał od ich pochwał, a ja, ozłocona blaskiem jego sławy, stałam obok niego, trzymałam go za rękę i patrzyłam w górę – na mojego tatę.

Po trzydniowych rodzinnych wakacjach Tata wykorzystał swój tygodniowy urlop, by zabrać Serenę, która była w ósmym miesiącu ciąży, na wyspę Patmos. Ja w tym czasie mieszkałam u Silasa i Endureth z moimi przyjaciółkami, Renee i Daniellą. Po powrocie tata pokazał mi zdjęcia z podróży.

– Jeździliśmy na ośle. Strasznie trzęsło i przez parę dni byłem po tym obolały – opowiedział ze śmiechem.

– Co jeszcze robiliście? – spytałam; chciałam wiedzieć ze szczegółami o wszystkim, co robił beze mnie.

– Poszliśmy do jaskini, w której Apostoł Jan otrzymał swoją wizję Apokalipsy. Pomyśl tylko, dokładnie w tym miejscu objawiły mu się wizje ostatnich wydarzeń przed Końcem Świata!

Kilka tygodni później, 2 czerwca 1981 roku, w małym greckim szpitalu w Rafinie urodziła się moja siostra Juliana. Nie mogłam się doczekać, kiedy ją zobaczę. Solomon Touchstone podjechał pod dom z tatą i Sereną na pace samochodu. Drzwiczki otworzyły się i ujrzałam w ramionach Sereny śliczną, maleńką dziewczynkę z zamkniętymi oczkami.

Podekscytowana zapytałam:

– Mogę ją potrzymać?

– Jasne – odparła Serena. – Tylko ostrożnie.

Delikatnie ułożyła małą w moich ramionach. Pomyślałam, że jest jak laleczka, ale gdy ją podniosłam, jej główka uderzyła o drzwi samochodu i biedactwo rozpłakało się w nieboglosy.

– Ups – powiedziałam zdenerwowana. Serena szybko wyjęła mi ją z rąk i zaczęła pocieszać. Ale nie zbeształa mnie, co było miłe z jej strony.

Tata uścisnął mnie i wszyscy weszliśmy do domu.

– Jak ma na imię? – spytałam.

– Nazwaliśmy ją Juliana Faithful – powiedział tata. Byłam przeszczęśliwa, że mam małą siostrzyczkę. Patrzyłam, jak Serena zmienia jej pieluszki, jak karmi piersią. Nawet sama tego próbowałam i dorobiłam się paru fioletowych malinek. Ale z powodu różnicy wieku po pierwszych dniach ekscytacji nową siostrzyczką widywałam ją i Marianę raczej rzadko, właściwie tylko w niedziele. Wolałam spędzać czas z Renee i Daniellą. Nigdy nie byłam zazdrosna o tego nowego członka rodziny. Byłam pierworodnym dzieckiem taty, który zapewnił mnie, że nikt nigdy nie zajmie mojego miejsca.

Niedziele były wolnym dniem i właściwie jedynym, który spędzałam z tatą i naszą małą rodziną. Czekałam na te dni, ale z niechęcią myślałam o tradycyjnym niedzielnym Brataniu. Przy okazji jednego z takich zgromadzeń wszyscy weszli do wielkiego wspólnego namiotu i usiedli w rzędach ławek ustawionych przed telewizorem.

Paul zainicjował modlitwę, po czym oznajmił radośnie:

– To bardzo wyjątkowy przywilej. Mam w rękach serię pod tytułem *Rajski ogród*. Mo pozwolił nam, tu, w Loveville, obejrzeć te taśmy, ale nie wolno nam o nich rozmawiać z nikim spoza wspólnoty ani opowiadać, jak wygląda nasz prorok.

Zapadła kompletna, osłupiała cisza, a potem rozległ się szum podekscytowanych rozmów, kiedy włączono pierwszą kasetę. Oprócz kilku zaufanych przywódców nikt nie wiedział, jak wygląda David Berg. Jego nazwisko nigdy nie było wymieniane w wewnętrznych publikacjach, a na zdjęciach, na których widniał Moses David, jego twarz zasłonięta była artystycznym rysunkiem lwiej głowy. To wszystko służyło chronieniu jego tożsamości i miejsca pobytu, ponieważ już wtedy uciekał przed prawem. W prasie regularnie pojawiały się artykuły na jego temat – wszystkie negatywne – które ostrzegały społeczeństwo przed sektą i alarmowały władze na całym świecie. Wszystko to razem doprowadziło do tego, że David Berg – Dziadek Mo – wiódł sekretne życie, strzeżony przez wtajemniczonych, i przemykał się z kraju do kraju dzięki fałszywym paszportom.

Byłam bardzo ciekawa, jak naprawdę wygląda Dziadek, i wpatrywałam się w ekran, kiedy pojawiła się jego postać. Miał głęboko osadzone oczy, łysiejącą głowę i długą, jasną brodę. Ubrany był ciemnobrązową szatę, a na jego szyi wisiało na łańcuchu wielkie, drewniane jarzmo, w jakie zaprzęga się woły. Idealnie pasował do wizerunku proroka z mojej wyobraźni.

To było, jakby sam Jezus pojawił się na ziemi. Wszyscy wstrzymali oddech, potem rozległy się ochy i achy.

– Taki przywilej...

– Co za honor...

– Chwała Panu!

Wszyscy natychmiast ucichli, gdy Mo otworzył usta. Kiedy „mówił językami"*, wszyscy się przyłączali. Unosili

---

* „Mówienie językami" jest współcześnie nazywane mową automatyczną lub bezwiedną; często jest to mówienie w obcym lub wymyślonym języku lub dziecinne gaworzenie. Występuje po zażyciu niektórych narkotyków, w hipnotycznym lub religijnym transie (wszystkie przypisy pochodzą od tłumaczki).

ręce w górę, gdy on to robił, naśladowali każdy ruch. A ja rozglądałam się dookoła i zastanawiałam się, co się dzieje. Nie rozumiałam, co mówią. Ja nie umiałam mówić językami. Kiedy wszyscy zaczęli płakać i szlochać, nie rozumiałam, dlaczego na mnie to nie działa. Czasami podczas wspólnych śpiewów atmosfera robiła się naładowana emocjonalnie i czułam lekki dreszcz, gęsią skórkę – czy Jezus mnie dotknął? Ludzie mówili, że to właśnie takie uczucie. I tego dnia, przy oglądaniu tych kaset, wszyscy wyglądali, jakby dotknął ich Jezus, i ja też chciałam, żeby mnie się to przydarzyło – ale nic z tego.

Przez kolejne tygodnie spędzaliśmy wiele godzin dziennie na oglądaniu tych nagrań. Mo nauczał o Końcu Czasów, interpretował ustępy z Księgi Daniela i Apokalipsy i wyjaśniał, że wkrótce powstanie światowy dyktator zwany Antychrystem i wprowadzi nas w ostatnie siedem lat ziemskiego życia. Według jego obliczeń Chrystus miał wrócić na ziemię w 1993 roku.

Wszyscy chwalili Pana. Nikt nie wydawał się przerażony czy choćby zmartwiony nadchodzącym Końcem Świata. Mo powiedział, że Antychryst pojawi się w połowie 1986 roku – już za pięć lat. Ja miałam niecałe siedem. Dla mnie pięć lat to było bardzo długo.

Seria *Rajski ogród* wyznaczyła wielki exodus z Europy. Mo kazał nam się przenieść na półkulę południową, byśmy mogli uniknąć opadu radioaktywnego, który wkrótce zniszczy Zachód. Paul Peloquin oznajmił, że Loveville wkrótce będzie zwijać obóz i przenosić się na Sri Lankę. Wtedy nam tego nie powiedziano, ale dowiedziałam się później, że Mo i jego ekipa przeniosła się z Francji, gdzie nakręcono *Rajski ogród*, do RPA, a potem na Sri Lankę. My mieliśmy po prostu iść śladami naszego proroka.

Kilka dni później tata powiedział mi, że poproszono go, by z ekipą „zwiadowczą" pojechał na miejsce przed wszystkimi; mieli znaleźć odpowiednią siedzibę dla Loveville.

– Tato, nie chcę, żebyś jechał – błagałam. – Będę tęsknić.

– Nie martw się, kotku. To tylko parę miesięcy – próbował mnie pocieszać.

Kiedy się żegnaliśmy, przylgnęłam do niego jak małe dziecko i Serena musiała mnie oderwać siłą.

Rozdział 3

Komunia znaczy jedność

Gdzie będziemy mieszkać na Sri Lance? – spytałam.

– Zobaczysz. To niespodzianka – odparł tata z błyskiem w oku. – Wiedziałaś, że to właśnie tamtejsza stacja radiowa pierwsza nadawała *Muzykę z przesłaniem*? To piękny kraj, a ludzie są otwarci na słowo Pana.

Kiedy przesiadaliśmy się na Międzynarodowym Lotnisku w Karaczi, wiedziałam, że Pakistan leży blisko Indii, i zachłannie wpatrywałam się przez okna lotniska w rozgrzaną mgiełkę nad Morzem Arabskim. Powietrze pachniało jakby znajomo, mieszaniną egzotycznych przypraw i spalin; nieobce były mi też upał i wilgoć. Byłam tak blisko, a zarazem tak daleko od miejsca, w którym ostatni raz widziałam matkę. Myślałam o swojej siostrze Kristinie. Szkoda, że nie możemy przesiadać się w Bombaju i zobaczyć się z nimi, dumałam. Ale potem trzeba było wsiadać do samolotu do Colombo, stolicy Sri Lanki, i smutne myśli przegoniła ekscytacja przybyciem na wyspę na Oceanie Indyjskim.

Po długiej podróży przez pierwsze dwa dni mieszkaliśmy w ośrodku wczasowym w stolicy, by odpocząć przed kolejnym etapem. Powietrze było gorące i wilgotne, przesycone zapachem fangipani, świętych kwiatów używanych podczas ceremonii w buddyjskich świątyniach. Drzewa fangipani były wszędzie, ich kolorowe kwiaty zwisały kiśćmi, ziemia pod nimi zasłana była pachnącymi dywanami w barwach żółcieni, bieli, fioletu i czerwieni. Mój pierwszy dzień w tym pięknym, egzotycznym kraju był niezapomniany. Pierwszym, co zauważyłam, były czarne, głośno kraczące ptaki. Były wszędzie. Kiedy szłam pod jedną z palm bananowych na terenie ośrodka, poczułam, że coś ciepłego spadło mi na głowę. Ku swojemu przerażeniu stwierdziłam, że narobiła na mnie wrona. Podróż do naszego nowego domu była ekscytująca. Tata w kółko powtarzał: „Poczekaj, zaraz sama zobaczysz". Oczekiwanie mnie wykańczało. Wpakowaliśmy wszystkie nasze rzeczy do klimatyzowanego busa, którego wynajęliśmy na trzygodzinną jazdę w góry. Wszystko tu było zupełnie inne niż nagie skały i skąpa roślinność Grecji. Tu widziałam palmy i żyzną, czerwoną ziemię pól, na których trudziły się czarne bawoły; wyżej pola ustępowały miejsca falistym stokom pokrytym plantacjami herbaty. Przy takich ilościach deszczu – wyspa leży na drodze tropikalnych monsunów i roczna suma opadów jest bardzo wysoka – tworzyły się liczne spokojne jeziora, w których odbijało się morze i wysokie góry. Wszystko wydawało się tak spokojne, a zarazem bujne. Pożerałam ten krajobraz wzrokiem, wchłaniałam widoki i dźwięki.

W końcu dojechaliśmy do nowej siedziby, którą znalazł dla nas tata. Była to farma z dużym kolonialnym domem i kilkoma mniejszymi w pobliżu. Tata oprowadził mnie i pokazał ogromne pole trzciny cukrowej w najdalszym końcu posiadłości, rzędy truskawek i krzewów zielonego i czerwonego chilli.

Główny budynek był duży, z ogromnym, wysokim salonem, w którym była posadzka z białego marmuru. Nasza rodzina dostała jeden z najlepszych pokoi – dużą, przewiewną sypialnię z własną łazienką, która służyła nam pięciorgu. W ogrodzie za domem zbudowaliśmy basen i w kilka miesięcy nauczyłam się pływać żabką i kraulem. Tata urządził studio tak szybko, jak się dało, by móc kontynuować pracę bez dłuższych przerw.

W wolny dzień ja i tata zawsze robiliśmy razem coś fajnego. Czasami schodziliśmy z góry do pobliskiego miasteczka, oddalonego o dwadzieścia minut marszu. Droga w dół była łatwa, ale z powrotem, pod górę, trzeba się było namęczyć. Wszystkie kobiety ubierały się w kolorowe sari, a mężczyźni w lungis, coś w rodzaju bawełnianej spódnicy związanej na supeł w talii. Nagie męskie klaty błyszczały od potu w upale i wilgoci. Starałam się nie gapić, ale zdumiał mnie widok uszu kobiet z płatkami zwisającymi niemal do ramion. Szepnęłam do taty:

– Co się im stało w uszy?

– A, mają zwyczaj nosić bardzo ciężkie złote kolczyki na specjalne okazje – wyjaśnił. – Ciężar rozciąga płatki uszu. To dość powszechne w wielu miejscach na świecie.

Lubiłam, kiedy ja i tata byliśmy tylko we dwoje, bo wtedy zachowywał się inaczej; był rozluźniony, nie trzeba było przestrzegać zasad. Chodziliśmy „szukać przygód", jak nazywał to dla żartu. Pakowaliśmy lekki lunch na piknik i ruszaliśmy na górskie szlaki. Widoki zapierały dech: wodospady spływające z pionowych ścian skalnych, kamieniste rzeczki, gęsta roślinność pełna ptaków i wielkich motyli i niesamowitych, prastarych drzew wysokich na dziesiątki metrów.

Przerażały mnie tylko pijawki. Włażiły mi w skarpetki i po wycieczce znajdowałam przynajmniej trzy na każdej nodze, wysysające mi krew. Tata pokazał mi, jak się ich pozbyć za pomocą soli; posypane odlepiały się i kurczyły. Nie cierpiałam wracać do domu, bo to oznaczało powrót do rutyny życia naszej komuny. Po prysznicu dołączaliśmy do wszystkich w głównym salonie na niedzielne Bratanie prowadzone przez Paula Peloquina i Marianne. Bratanie zawsze kończyliśmy chrześcijańską tradycją komunii.

Którejś niedzieli Paul przeczytał nam List Mo pod tytułem *Komunia znaczy jedność*. Mo otrzymał objawienie, że nasza ceremonia Bratania ma znaczenie seksualne. Według niego wszyscy byliśmy jednością, częścią siebie nawzajem, zarówno ciałem, jak i duchem.

Komunia znaczy jedność. Wspólność. Czy mamy kompletną, pełną komunię? Prawdziwą unię? Prawdziwe zjednoczenie? Wszystko wspólne, zjednoczone – jedno ciało i duszę? Ile czasu minęło, od kiedy podarowaliście komuś swoje ciało, bratu albo siostrze – czy choćby rybie? Jezus oddał swe ciało nawet niezbawionym. A wy? Może potrzebujecie się wyzwolić od egoizmu i lęków – lęku przed miłością, lęku przed seksem, lęku przed ciążą, lęku przed chorobą, lęku przed zaangażowaniem, lęku przed przyszłością, lęku przed nieznanym, lęku przed ciałem!

Paul przerwał czytanie i rozebrał się. Wszyscy, włącznie z dziećmi, posłusznie zrobili to samo. Zaczął mówić językami.

– Haddeda, Szedebeda, Hadaraba, Szadbrada. Chwalmy Pana. Dzięki Ci, Jezu. Cała sala wybuchnęła nagle głośnymi pieśniami i bełkotem; chwalili Pana z uniesionymi rękami.

Rozglądałam się, zdumiona i oszołomiona widokiem dorosłych, którym łzy ciekły strumieniami po twarzach. Nie potrafiłam zrozumieć tego nagłego wybuchu emocji i euforii.

Byłam młoda, ale miałam dociekliwy umysł. Nie potrafiłam znaleźć w tym sensu. Co rozbieranie się do naga miało wspólnego z okazywaniem oddania Jezusowi, naszemu Zbawicielowi? Wszyscy usiedli razem, nadzy, a Paul dokończył czytanie listu *Komunia znaczy jedność*. Ale miało się zrobić jeszcze gorzej, gdy Paul zaczął demonstrować nowy sposób na dzielenie się winem.

– Skoro już zaznaczyliśmy, że wszyscy jesteśmy jednym ciałem – przeczytał – przejdźmy do chleba i tożsamego z nim duchowo wina. Dlatego lubię pić z jednego kielicha, bo tak robili apostołowie. Te protestanckie kościoły, które używają wielu malutkich naczyń, nigdy nie zrozumiały sedna sprawy. Łamią się też chlebem przed rozdaniem, więc nie rozumieją i tego, że trzeba być jednym ciałem. Rety, oto kręcący kąsek dla naszej Rodziny! Jedność cielesna, jedno ciało, jeden duch! Również seksualnie, prawdziwie jedna Oblubienica Chrystusa, Jedna Żona, Jedno Ciało!

Wszyscy dobrali się parami i mężczyzn poinstruowano, by wypili łyczek ze wspólnego kielicha i przekazali go wprost do ust partnerki. Kiedy kielich dotarł do nas, mój dorosły partner pociągnął łyk i przyłożył usta do moich. Ciepłe, czerwone wino pomieszane z jego śliną smakowało okropnie. Dla siedmiolatki był to szczyt obrzydlistwa i połknęłam tak mało, jak się tylko dało.

Ponieważ w Ewangelii Świętego Jana Jezus zamienił wodę w wino Mo twierdził zawsze, że picie alkoholu jest dozwolone i w Grecji wino podawane było do posiłków i pite wieczorem dla przyjemności. Teraz, w *Liście spowiedzi*, przyznał, że jest alkoholikiem i nadmierne picie zniszczyło mu przełyk i żołądek, ale o swoje pijackie ekscesy obwiniał tych, którzy go opuścili i zdradzili.

Widzicie, nie jestem jak inni kapłani, którzy ukrywają swe grzechy – pisał w swojej spowiedzi. – *Jestem straszliwym grzesznikiem, ale Bóg wybrał mnie, bym was poprowadził. Bóg dalej nazywał Dawida, Króla Izraela, „człowiekiem po swojej myśli" nawet po tym, jak Dawid kazał zamordować Uriasza, by móc poślubić jego żonę. Ja jestem tylko człowiekiem pełnym wad, ale kiedy jest we mnie duch, jestem prorokiem Boga i Królem.*

Ten popis otwartości i fałszywej pokory został połknięty razem z haczykiem, żyłką i spławikiem. Tata mawiał do mnie: „On jest taki pokorny! Gdybyśmy mogli być bardziej podobni do niego!" Ale ja powoli zaczynałam dostrzegać bijące w oczy podwójne standardy i to, że dorośli skwapliwie usprawiedliwiali jego wybryki, bo był „bożym pomazańcem".

Maria wiecznie słała w świat prośby o modlitwy za jego zdrowie i obwiniała nas o brak żarliwości w modlitwie, kiedy poważnie chorował i nie mógł jeść stałych pokarmów. Wielokrotnie musieliśmy pościć i modlić się o uzdrowienie proroka. Podczas takich trzydniowych postów zabronione były stałe pokarmy, seks i alkohol. Dzieci jak ja, poniżej dwunastego roku życia, dostawały minimalne racje jedzenia, zwykle rzadkiej zupy, a bóle głodowe były równie trudne do zniesienia jak długie modlitwy i słuchanie proroctw.

Do tej pory nasz kucharz, Antonio, wyrabiał wino, fermentując winogrona w dużych baniakach. To oznaczało, że alkohol płynął jak rzeka. Niektórzy z braci i sióstr ewidentnie nie znali umiaru. Któregoś ranka po nocnej orgii zostaliśmy wszyscy wezwani do salonu. Zauważyłam, że dorośli są zdenerwowani. Paul Peloquin wpadł do pokoju z twarzą jak chmura burzowa.

– W obozie jest grzech! Wpuszczono tu diabła! – ryknął.

Wiedziałam, że coś musiało się stać, skoro tak się wściekł, więc słuchałam uważnie. Z jego gniewnej tyrady wyłowiłam, że jeden z mężczyzn, Paul Michael, dopuścił się jakiejś „perwersji" w sypialni z Endureth, matką Renee i Danielli. Próbowałam sobie wyobrazić, co by to mogło być. Kiedy zaczął toczyć pianę z ust i wymachiwać rękami, siedziałam przerażona, nie wiedząc, co będzie dalej. Nie rozumiałam, dlaczego dzieci też są obwiniane. Ja nie piłam wina. Spałam we własnym łóżku.

– Do diabła, za dużo tego imprezowania i picia! – krzyczał Paul. – Antonio, masz w tej chwili przynieść tu wszystkie naczynia z winem i ustawić je na tym stole – rozkazał.

Antonio zaczął biegać w tę i z powrotem, aż przyniósł wszystkie butelki i balony ze składziku. Było ich chyba z piętnaście.

– To wszystkie?! – wrzasnął Paul.

– Tak jest – odparł Antonio i usiadł.

Paul podniósł pierwszy duży baniak. Ledwie dźwignął go ze stołu.

– Nie będzie więcej picia. Koniec, kropka! Jeśli to wino powoduje zatrucie obozu, to go nie będzie. A jeśli myślicie, że nie mówię poważnie, to...

Jak na filmie w zwolnionym tempie unosił ramiona w górę i do tyłu i jeden po drugim wyrzucał baniaki na patio. Dźwięk tłuczonego szkła nie cichł przez dziesięć minut; wyrzucił wszystko, do ostatniej butelki.

Patrzyłam z przerażeniem na potłuczone szkło i kałuże wina ściekającego do ogrodu. Byłam ciekawa, czy pomyślał o tym, że ktoś będzie musiał to potem posprzątać i że tłuczone szkło jest niebezpieczne.

– Teraz będziemy się żarliwie modlić i pościć – krzyknął – i żadnego alkoholu przez trzy miesiące!

Wszyscy gorliwie padli na czworaka i kolejno modlili się o wybaczenie. Trwało to dwie godziny. Podłoga była z twardego, zimnego marmuru; kolana mnie rozbolały, zdrętwiały mi nogi. Poczułam ulgę, kiedy mówienie językami i zawodzenie wreszcie ustało; myślałam, że może wreszcie będziemy mogli podnieść się z podłogi i usiąść. Ale potem zaczęły się objawienia. Próbowałam przybrać inną pozycję, żeby było mi wygodniej, ale bałam się, że Paul to zauważy i wyznaczy mi karę.

A miałam powody się bać. Podczas innego publicznego łajania Paul uznał, że byłam nieposłuszna. Pod poduszką Armi znaleziono list, który napisała dla żartu i podpisała cudzym imieniem. To miało być zabawne, ale takie żarty były brane poważnie. Wszystkie dzieci zostały zwołane do salonu na połajankę. Paul kazał nam zamknąć oczy, kiedy się modlił, i nie otwierać ich, gdy czytał List Mo. Kiedy na końcu modlitwy powiedział „amen", odruchowo otworzyłam oczy.

– Celeste, jak śmiesz być nieposłuszna! Jesteś zbuntowana i niegrzeczna! – krzyczał. W pierwszej chwili nie wiedziałam, czym zawiniłam, ale przypomniałam sobie, że zabronił otwierać oczu przez całe czytanie Listu. Próbowałam się wytłumaczyć.

– Przestań pyskować! Idź na zewnątrz i stań pod ścianą. W tej chwili! – wrzasnął.

Trzęsąc się jak osika, wyszłam z pokoju i stanęłam obok Renee, która została odesłana wcześniej za wiercenie się. Po półgodzinie zawołał nas z powrotem i kazał mi stać i słuchać, bo pożałuję. Robiłam, co mogłam, żeby wypełnić polecenie, ale stałam już tak długo, że nogi zaczęły mi się męczyć. Oparłam łydkę o kanapę, która była za mną.

– Znowu to samo! Nie słuchasz poleceń! – Ten człowiek miał oczy z tyłu głowy. – Sama się o to prosiłaś, Celeste. Niech to będzie nauczka dla was wszystkich. – Kazał mi wyciągnąć rękę i zaczął bić, cios za ciosem. Ból był tak koszmarny, że przez tydzień ledwie mogłam ruszać nadgarstkiem. Tego wieczoru zasnęłam wykończona płaczem, urażona i wściekła za tę niesłuszną karę i upokorzenie na oczach rówieśników.

Nienawidziłam niesprawiedliwego traktowania, a moja nauczycielka, Patience, tak jak i Paul, wybuchała z byle powodu; miała w sobie bardzo niewiele z przymiotu, którego imię nosiła*. Przeklinała nas i rzucała mięsem, kiedy robiliśmy błędy, biła nas po twarzach, gdy próbowaliśmy się tłumaczyć.

– Przestań pyskować! – krzyczała.

Któregoś razu, kiedy uczyła nas pisać kursywą, miałam trudności z wypełnianiem jej wskazówek. Zatrzasnęła mi książkę i wrzasnęła:

– Do cholery, jesteś głupia czy jaka? Idź w tej chwili do kąta, skoro nie chcesz słuchać i zrobić tego jak należy.

Moja mama nigdy by mnie tak nie traktowała, myślałam ze złością, stojąc pod ścianą przez następne pół godziny. Często myślałam o mamie...

Wiedziałam, że Sri Lanka to wyspa na południe od Indii, i miałam nadzieję, że kiedyś pojedziemy odwiedzić mamę, Kristinę i Davida, albo że oni będą mogli przyjechać do nas

---

* Patience (ang.) – cierpliwość.

z wizytą. Życie w kraju o podobnej kulturze jakoś mnie do nich zbliżało. Wyobrażałam sobie, że mama jest taka jak tata. On nigdy nie był nieprzewidywalny, zły czy brutalny. Za to kochałam go jeszcze bardziej. Nigdy nie chciałam go zranić czy rozczarować i bardzo się starałam być posłuszną córką. Zdarzało się czasem, że dawał mi klapsa za jakąś przewinę, zwykle dlatego, że oczekiwał tego od niego inny rodzic – na przykład kiedy podczas kłótni zamierzyłam się na koleżankę kołkiem od namiotu, albo kiedy przemyciłam dla Koa, mojego przyjaciela, szklane kulki, chociaż matka zabroniła mu się nimi bawić. Tata wymierzał najwyżej sześć uderzeń gołą ręką albo klapkiem.

– Skarbie, te klapsy bolą bardziej mnie niż ciebie – mówił z westchnieniem. I mówił to takim tonem i z taką miną, że mu wierzyłam.

– Kotku, wiesz, że Jezus umarł na krzyżu za twoje grzechy – tłumaczył. – Zbawił cię, więc teraz nie chcesz go rozczarować, prawda?

Kręciłam głową, wyobrażając sobie Jezusa wiszącego na drewnianym krzyżu, z dłońmi krwawiącymi od gwoździ. Oglądałam *Jezusa z Nazaretu* i scena śmierci mnie przeraziła. Ale bardziej mnie bolało to, że tata był zawiedziony. Po takiej rozmowie przechylał mnie przez kolano i odliczał klapsy.

– Jeden... dwa... trzy... cztery... pięć... sześć.

Starałam się nie płakać. Zwykle brałam głęboki wdech i zamykałam oczy, bo miałam swoją dumę i nie chciałam, żeby widział mnie zapłakaną. Tata nigdy nie chował urazy. Kiedy tylko było po wszystkim, było też po sprawie. Gdyby wszyscy dorośli byli tacy jak on, myślałam z żalem. Był moim bohaterem. Nikt i nic nie mogło podważyć tej wiary. Ale przez to było mi trudniej uznać jakikolwiek inny autorytet.

Pora monsunów w górzystej Prowincji Środkowej, gdzie mieszkaliśmy, trwa od września do października, więc by uciec przed deszczem i zimnem spakowaliśmy się i przenieśliśmy na północno-wschodnie wybrzeże wyspy, gdzie było cieplej. Ośrodek wypoczynkowy, do którego się wprowadziliśmy, składał się z osobnych bungalowów i basenu; do plaży mieliśmy pięć minut. Nasza mała rodzina dostała własny mały domek. Juliana, która miała już dwa lata, źle znosiła upały i miała okropne, swędzące potówki. Wiecznie się drapała, aż do krwi. Serena smarowała ją różowym balsamem kalaminowym, by złagodzić swędzenie. Było mi jej bardzo żal, bo do tego miała też wyjątkowo uciążliwą ciemieniuchę. Nic dziwnego, że wcześnie nauczyła się pływać.

Trzyletnia Mariana bała się wody i nie chciała do niej wchodzić, ale Juliana uwielbiała basen. Żartowałam często, że jest jak mała rybka, kiedy tak się pluskała.

Każdy dzień był jak wakacje – nawet szkoła była fajna, gdy siedzieliśmy na werandzie bungalowu Patience, która pokazywała nam kolaże z muszelek pozbieranych na plaży. Nie mieliśmy jednak szansy zadomowić się w tej nowej kryjówce. Kilka miesięcy wcześniej rozeszła się wieść, że jakiś członek Rodziny zauważył Mo siedzącego przy basenie hotelu w Colombo. Kryjówka była spalona; Mo i jego osobista świta natychmiast opuścili wyspę. W płynących niewyczerpaną rzeką rozwlekłych listach, które do nas pisał, powtarzał wielokrotnie, że Rodzina to największe zagrożenie dla jego bezpieczeństwa, bo członkowie nie potrafią trzymać języka za zębami. Miał być naszym pasterzem, prorokiem, który nas kochał, a okazywał tak wielki brak zaufania i uciekał przed swoimi wyznawcami. Nie rozumiałam tego.

Mo często zmieniał też poglądy i opinie, a my mieliśmy być posłuszni każdemu słowu. Uciekliśmy z Zachodu, by uniknąć wojny atomowej, i nagle, ledwie rok później, Mo oświadczył, że jego interpretacja Pisma była błędna. Wojna atomowa nie wybuchnie, dopóki Antychryst nie urośnie w siłę. Wręcz przeciwnie, Jezus przyjdzie pierwszy, by uratować zbawionych, zabierając ich do nieba. Mimo to wciąż niepokoiłam się na myśl, co będziemy musieli wycierpieć w czasach Wielkiej Udręki.

– Nie chcę umierać jako męczennica, tato, ani być torturowana.

Tata próbował mnie pocieszać.

– Spokojnie, kochanie, Bóg da nam moc, byśmy pokonali wroga.

Puścił do mnie oczko, jakby to była wielka państwowa tajemnica, po czym otworzył szufladę i wyjął skarpetkę.

– Popatrz, to są pieniądze na ucieczkę, gdyby zagroziło nam niebezpieczeństwo – powiedział i pokazał mi dwie złote monety ukryte w skarpecie. Każda rodzina dostała na przechowanie trochę złota i kategoryczny przykaz, że wolno je wydać wyłącznie w chwili nagłego zagrożenia.

Tuż po moich ósmych urodzinach w styczniu 1983 roku wybuchła wojna domowa między Syngalezami a Tamilskimi Tygrysami, którzy walczyli o niepodległość. Nasz ośrodek znajdował się w samym środku strefy działań wojennych, musieliśmy więc w parę dni spakować obóz i ewakuować się. Ponad setka osób została podzielona na małe grupy i przewieziona ośmioosobowym wojskowym samolotem na lotnisko, gdzie wszystkim kupiono bilety. Nasze złote monety zostały spieniężone, by wydostać nas z kraju w bezpieczne miejsce. Osoby niezbędne przy produkcji *Muzyki z przesłaniem* miały jechać na Filipiny. Reszta została rozesłana do Indii i sąsiednich krajów. Nie miałam pojęcia, dokąd jadę – nigdy nie słyszałam o Filipinach – ale byłam szczęśliwa, że nie muszę się żegnać z przyjaciółkami: Armi i Mene, Renee i Daniellą. Cokolwiek się działo, byłyśmy w tym razem i dzięki temu podróż w nieznane była odrobinę mniej przerażająca.

Rozdział 4

Za murami

Nasz nowy dom nie był niczym niezwykłym w zamożnych dzielnicach Manili; miał dwanaście pokoi, basen i boisko do koszykówki i tenisa. Wynajętą posiadłość otaczał dwuipółmetrowy mur zwieńczony tłuczonym szkłem, by odstraszyć złodziei, ale ten mur trzymał również mnie w zamknięciu, odciętą od świata zewnętrznego, jak w klasztorze. Przywykłam bawić się na otwartych przestrzeniach – na kempingu, farmie i na plaży. Ale tutaj, na obrzeżach zanieczyszczonego miasta, czułam się jak w klatce; nie miałam dokąd uciec przed nieustającym hałasem i bandą ludzi żyjących jedno na drugim.

Kiedy wprowadziliśmy się do wielkiego domu, nasza pięcioosobowa rodzina dostała jeden pokój na piętrze. Tata i Serena spali na dwuosobowym łóżku, a ja i dziewczynki miałyśmy trzypiętrowe łóżko. Ledwie się zadomowiliśmy, nasi pasterze, Paul i Marianne, oznajmili:

– Jesteśmy teraz oficjalnie Domem Światowej Posługi, a to oznacza wzmożone środki ostrożności. Wszyscy muszą zmienić imiona.

Później zapytałam tatę dlaczego. Nie wyobrażałam sobie, że mogłabym mieć na imię inaczej niż Celeste.

– To środek ostrożności – wyjaśnił. – Członkowie rodziny mogą nas rozpoznać na ulicy. Nowe imiona zmylą każdego, jeśli przypadkiem ktoś nas zobaczy na zewnątrz albo usłyszy, o czym rozmawiamy. Mamy do wykonania ważną pracę i gdyby nasi wrogowie dowiedzieli się, gdzie jesteśmy, zaszkodziłoby to boskiemu dziełu.

Więc teraz musieliśmy się ukrywać tak jak Mo, nawet przed Rodziną, której podobno mieliśmy służyć.

– To może Rebecca, moje drugie imię? – zasugerowałam.

Tata był zadowolony.

– Imię Rebecca wybrali moi rodzice.

– A ty? Jak się teraz będziesz nazywał?

– Wybrałem imię Happy.

Pomyślałam, że tata wybrał dosyć dziwne imię, ale, co gorsza, zapuścił podkręcane wąsy. Powiedziałam mu, że wygląda okropnie, i ku mojej uldze szybko je zgolił.

Jako Dom Światowej Posługi podlegaliśmy bezpośrednio Mo i Marii. Te centra operacyjne pomagały nadzorować komuny i powielać Listy Mo, filmy i publikacje dla Rodziny. Były oddzielone od zwyczajnych komun i finansowane z danin od szeregowych członków. Już na początku lat 70. Mo wprowadził dziesięcioprocentową daninę od wszystkich dochodów ze sprzedaży pism, spadków i Połowów na Podryw. Procent powoli rósł i w pewnym momencie zarządzono dodatkowe 3 procent na koszta administracyjne. Jeśli któraś komuna nie zapłaciła na czas swojej miesięcznej daniny, karą była ekskomunika, dopóki dług nie został spłacony.

Zasady w Światowej Posłudze były bardziej restrykcyjne, a nasza wolność podlegała licznym ograniczeniom. Nie wolno nam było podawać nikomu naszego numeru telefonu i adresu czy nawet zdradzać, w jakim kraju mieszkamy. Wszelka osobista korespondencja musiała być czytana przez pasterzy przed wysłaniem, a wszystkie listy z zewnątrz były otwierane, zanim je nam oddano. Nigdy nie poznałam naszego adresu, a jedyny aparat telefoniczny znajdował się w pokoju Paula i Marianne.

Wcześniej, choć miałam bardzo sporadyczny kontakt z matką, dzięki nagraniom wideo rozprowadzanym po Domach na całym świecie wiedziała przynajmniej, że jestem w Grecji, a potem na Sri Lance. Teraz nie mogłam jej zdradzić niczego. Nie wolno nam było rozmawiać o pogodzie ani nawet o tym, co jedliśmy, bo to mogłoby zdradzić miejsce naszego pobytu. Napisałam do niej list – kolejne smutne wołanie wysłane w nieznane – ale mogłam napisać tylko tyle, że mam się dobrze i dużo się uczę. Razem z listem posłałam mamie, siostrze i bratu kilka własnoręcznie zrobionych prezentów, które z miłością i cierpliwością wykonałam na lekcjach. Ku mojemu zachwytowi parę miesięcy później dostałam list od siostry. Niewiele w nim było szczegółów, ale było zdjęcie Kristiny, mniej więcej siedmioletniej, stojącej na werandzie z bananowcami w tle.

Nie umiem wyrazić, co czułam, patrząc na tę fotografię. Jej ostatnim zdjęciem, jakie widziałam, było to, które tata pokazał mi w Grecji: ja i Kristina w wózku. A tutaj była całkiem duża dziewczynka z ciemnobrązowymi włosami do ramion i pięknymi niebieskimi oczami.

Traktowałam to zdjęcie jak skarb i trzymałam razem z innymi pamiątkami w małym pudełku. Ale dlaczego mama nie przysłała mi własnego zdjęcia i nie napisała listu? To wszystko było bardzo tajemnicze, ale całe moje życie było wiecznie podszyte tajemnicami.

Manila spływała potem w tropikalnym słońcu i wszyscy chodzili w samej bieliźnie albo w sarongu przewiązanym w talii, również po ogrodzie. Mimo naszych wysiłków, by nie zwracać na siebie uwagi, po okolicy rozeszła się wieść, że do wielkiego domu wprowadziła się grupa obcokrajowców. Obok naszej posiadłości był gaj kokosowy i któregoś dnia miejscowy mężczyzna wdrapał się na drzewo, żeby zajrzeć do „ogrodu zagraniczniaków". Wynagrodził go widok kobiet chodzących topless, w seksownej bieliźnie. Zanim się obejrzeliśmy, wszyscy mężczyźni zdolni wspiąć się na palmę postanowili zobaczyć to na własne oczy. Ten rozgłos był fatalny dla naszego bezpieczeństwa. Najprościej byłoby się ubrać, ale ktoś wpadł na genialny pomysł wykonania tabliczek z napisem „podglądacz". Kiedy na palmie zauważano człowieka, tabliczka pojawiała przy każdych drzwiach wyjściowych. Równała się zakazowi wychodzenia na zewnątrz. Po odwołanym alarmie tabliczki zdejmowano i wszystko wracało do normy – czy też takiej normy, jaka obowiązywała u nas: seksu w basenie, wieszania prania i grania w badmintona w samych majtkach.

Muzyka z przesłaniem była sposobem na nawracanie przez pięć lat, ale gdy media i państwowe urzędy zaczęły odkrywać, że audycja jest przykrywką Dzieci Boga, stacje radiowe zaczęły z niej rezygnować. Rodzina musiała się zaadaptować, by przetrwać. To był smutny dzień, kiedy tata skończył nagrywanie ostatniej *Muzyki z przesłaniem*. Zabrał mnie na dół, do studia, gdzie zaczął już pakować swoje taśmy. Wiedziałam, że jest bardzo rozczarowany, że musi zrezygnować z nagrań, a poza tym, tak jak ja, nie cierpiał siedzieć zamknięty w domu. Powiedział mi jednak, że pogodził się z tym, bo było to poświęcenie dla Pana.

– Przydzielono mi nowe zadanie – wyjaśnił. – Dziadek poprosił, żebym pisał historie dla dzieci o życiu w jego Domu, o Davidicie, Davidzie i Techi. Ta seria będzie się nazywać *Życie z Dziadkiem*. Nigdy nie pisałem historyjek dla dzieci, ale spróbuję. – Zawsze starał się zachowywać pogodę ducha, ale przyznał, że będzie mu brakowało nagrywania.

– A jak będziesz je pisał, skoro nie znasz Dziadka i dzieci? – spytałam.

– Przyślą mi wszystkie potrzebne informacje, a poza tym w Listach Mo jest mnóstwo materiału; szczególnie w tych, które nie zostały opublikowane.

Ostatecznie *Życie z Dziadkiem* stało się serią komiksów zebranych w siedmiu zeszytach.

Kiedy epoka *Muzyki z przesłaniem* oficjalnie dobiegła końca, nasz cały Dom również dostał nowe zadanie: nagrać serię przeznaczonych na sprzedaż kaset z piosenkami pod wspólną nazwą *Magia Nieba*. Całymi godzinami uczyłam się z Windy śpiewać na głosy i nagrywałam z Armi i Mene w studiu. Nie mogłam się doczekać tych sesji nagraniowych, bo przerywały monotonię moich dni.

Jednocześnie Dom dostał zadanie produkcji kolorowych posterów do rozdawania ludziom z zewnątrz i do pracy przy tym zleceniu dokooptowano do nas członków z innych Domów Światowej Posługi. Jednym z nich był Eman Artist. Mo zlecił mu ilustrowanie plakatów i serii komiksów pod tytułem *Niebiańska Dziewczyna*. Mo napisał nam o swoim śnie, w którym przyśniła mu się nastolatka, Niebiańska Dziewczyna, obdarzona supermocami do walki z wrogami Boga i policją Antychrysta, kiedy nadejdzie Koniec Czasów. Była też mistrzynią Połowu na Podryw. Mo oznajmił, że Niebiańska Dziewczyna ma być dla nas wzorcem. Mówił, że tak jak ona staniemy się superbohaterami Boga i tak jak ona będziemy umieli przywoływać boskie promienie laserowe, by oślepiać i niszczyć wrogów. Ale z drugiej strony niektórzy z nas będą musieli zginąć w walce jako męczennicy. Nie wątpiłam, że to się stanie, i to już niedługo.

Eman potrzebował modelki, która pasowałaby do podanego przez Mo opisu Niebiańskiej Dziewczyny. Wszystkie kobiety w Domu pozowały mu kolejno na wpół rozebrane, a ich zdjęcia wysłano Mo do zatwierdzenia. Ostatecznie Mo wybrał własną wnuczkę, Mene. Powiedział nawet, że być może to ona wypełni wizję i poprowadzi nas ku Końcowi Czasów. Na jednym z obrazków Eman Artist narysował Mene – Niebiańską Dziewczynę – stojącą z wyciągniętą ręką, z różdżką w dłoni, gdy ziemia pochłaniała żołnierzy i czołgi Antychrysta.

Mene, miała w tym czasie dwanaście lat. Miesiąc po wyborze na modelkę zniknęła. Nikomu nie powiedziano, dokąd pojechała. Kiedy ktoś „znikał", zwykle oznaczało to, że pojechał w jakieś utajnione miejsce – do innego Domu Światowej Posługi albo do Domu Dziadka.

Któregoś wieczoru spytałam Armi:

– Wiesz, dokąd pojechała Mene?

Armi kiwnęła głową.

– Teraz mieszka z Dziadkiem.

Mniej więcej w tym czasie wszystkie większe rodziny z naszego Domu zostały poproszone o przeniesienie się do innych, zwykłych komun. Fiona i Antonio wyprowadzili się ze wszystkimi swoimi dziećmi, by założyć komunę w Manili. Musiałam się też pożegnać z przyjaciółkami, Renee i Daniellą, które wyprowadziły się z rodzicami, Silasem i Endureth. I choć były w tym samym mieście, równie dobrze mogły się wynieść na drugi koniec świata. Wszelki kontakt między elitą ze Światowej Posługi a szeregowymi członkami Rodziny był zakazany. W mojej grupie wiekowej została tylko czwórka dzieci: ja, Armi i synowie Michaela i Patience, Patrick i Nicki.

Chociaż miałam dopiero dziewięć lat, często powierzano mi opiekę nad młodszymi dziećmi, czy to samej, czy z Armi, kiedy dorośli mieli zebrania albo siedzieli w kinie – w sobotni wieczór wolno im było obejrzeć jeden film. Któregoś wieczoru czytałam *Prawdziwy komiks* moim małym siostrom, Marianie i Julianie; potem miały pójść do łóżka. Wymyśliłam, że dla zabawy zrobię im psikusa. Zatrzasnęłam książkę i powiedziałam surowym tonem:

– Stańcie pod ścianą. Obie byłyście bardzo niegrzeczne i należy wam się lanie.

Były grzecznymi dziewczynkami, więc posłusznie wykonały polecenie. Wzięłam czteroletnią Marianę do łazienki, przełożyłam przez kolano, położyłam na jej siedzeniu prawą dłoń i klasnęłam w nią lewą dłonią. Mariana natychmiast złapała dowcip i przekonała się, że wcale jej nie biję. Zaczęła się śmiać. Pośmiałyśmy się razem, a potem poprosiłam ją, żeby nie zdradziła się przed drugą siostrą, która została na zewnątrz.

– Okej – szepnęła.

Kiedy wyszłam, żeby zawołać do łazienki Julianę, mała już szlochała. Spodziewałam się, że ona też zrozumie żart, choć miała dopiero trzy lata. Przyprowadziłam ją do łazienki.

– Teraz twoja kolej – powiedziałam najsurowszym głosem, na jaki było mnie stać.

– Nie, nie, proszę, nie... – Zaczęła wpadać w histerię i cała się spociła.

Przełożyłam ją przez kolano i zrobiłam to samo co wcześniej. Ale ona nie załapała. Wrzasnęła i zaczęła błagać, żebym przestała. Natychmiast ją postawiłam i powiedziałam, że uderzyłam tylko we własną dłoń, a nie w jej siedzenie. Ale ona nie przestawała płakać, potówki jej się zaogniły, była cała mokra. Widywałam już, jak wpada w taką histerię i oblewa się potem, kiedy dostawała lanie, ale dopiero tego dnia ujrzałam panikę i bezradność w jej oczach. Była przerażona na samą myśl o kolejnym biciu.

Zawstydzona własną bezmyślnością ochłodziłam ją pod prysznicem, a potem zrobiłam, co się dało, żeby ją rozweselić i uspokoić. Mariana wyjaśniła jej, że też nie dostała lania, i Juliana w końcu ochłonęła. Czułam się okropnie przez to, co zrobiłam, i tego wieczoru przyrzekłam sobie, że gdy dorosnę, nigdy nie będę stosować przemocy wobec dzieci, choćby nie wiem co. Tego dnia zrozumiałam, że nawet dziecko ma prawo do godności i szacunku; zrozumiałam, jak spaczone i brutalne było traktowanie, które fundowali nam pasterze. Bicie nie miało żadnego efektu poza niszczeniem kruchego zaufania dziecka do osób, od których oczekiwało miłości i troski. Nienawidziłam, kiedy bito mnie w twarz, pukano kostkami palców w głowę czy wymierzano klapsy i przysięgłam sobie, że nigdy tego nie zapomnę.

Niedługo po tym incydencie nasza mała rodzina została rozdzielona. Po urodzeniu syna, Victora, Serena została przeniesiona razem z dwiema córkami do innego Domu Światowej Posługi w sąsiedniej dzielnicy Manili. Victor miał ledwie trzy miesiące, ale nie pojechał z nią. Został adoptowany przez bezdzietną parę z naszego domu.

Nigdy się nie dowiedziałam, dlaczego Victor został oddany ani dlaczego tata i Serena pozwolili sobie odebrać synka. Zadawanie pytań nie było dobrze widziane, ale byłam przez to wszystko kompletnie zdezorientowana. Miałam wrażenie, że tata i Serena coś przeskrobali, i to był jakiś rodzaj kary. Myślałam, że skoro Serena wyjechała, znów będę sama z tatą, ale Marianne oznajmiła:

– Będziesz mieszkać z Michaelem i Patience w ich pokoju.

– Ale dlaczego nie mogę zostać z tatą? – pytałam rozpaczliwie.

– Będzie ci lepiej z Patience, która może się tobą zająć jak należy.

Wszystko się we mnie buntowało przed tą zmianą. Patience była ostatnią osobą, z którą chciałabym mieszkać, i bałam się rozłąki z ojcem, który był moim jedynym obrońcą. Ale rozdzielono nas i widywałam go tylko raz na tydzień, kiedy w niedzielę chodziliśmy odwiedzać Serenę i dziewczynki.

Którejś niedzieli oglądaliśmy z tatą kompilację odcinków *Benny Hill Show*. W jednej ze scen Benny Hill był prezenterem telewizyjnym i oparł cały skecz na zdaniu „ryba z frytkami".

– Mmm, ryba z frytkami! – jęknął tata, oblizując wargi. – Ryba z frytkami z octem, owinięta w gazetę. To jedyna rzecz w Anglii, za którą tęsknię.

– Fuj! – wykrzyknęłam. – Tato, gazety są brudne. Cały tusz zostaje na palcach..

Tata uśmiechnął się i pokręcił głową.

– To tylko poprawia smak. Któregoś dnia pojedziemy do Anglii i kupię ci angielską rybę z frytkami – obiecał.

Po raz pierwszy słyszałam, by tata wspominał Anglię i mówił o niej cokolwiek pozytywnego. Mo często wypisywał gniewne tyrady na temat Ameryki i Zachodu, „kloaki nieprawości", a tata wierzył, że Bóg wkrótce osądzi Anglię za „odrzucenie Dzieci Boga".

Każde słowo wypowiedziane przez Mo było traktowane śmiertelnie poważnie, nawet jeśli dotyczyło tego, co lubił, a czego nie. Jednym z moich obowiązków było nakrywanie stołu do kolacji i któregoś dnia kazano mi rozłożyć łyżki zamiast noży i widelców. Po posiłku zapytałam tatę dlaczego.

– No cóż, Dziadek powiedział, że każdemu wystarczy łyżka. – Zaczął demonstrację. – Możesz nią nabierać pokarm, a krawędzią kroić różne rzeczy. Naprawdę nie potrzebujesz widelca. Jedzenie i tak przelatuje na wylot.

– Ale ja lubię widelce – odparłam.

Uważałam, że to idiotyczne. Nie mogliśmy używać czarnego pieprzu, kobiety nie mogły nosić dżinsów, a mężczyźni musieli powymieniać majtki na bokserki tylko dlatego, że Mo wyraził swoją niechęć do majtek. Owoce i warzywa musiały być przez dwadzieścia minut moczone w słonej wodzie, przez co smakowały ohydnie; sól miała zabijać zarazki. Mo wiecznie się chwalił, jaki jest oszczędny – dzieciństwo przeżyte podczas Wielkiego Kryzysu lat 30. odcisnęło na nim piętno. Potrafił się wykąpać w misce wody, oszczędzał znaczki i wykorzystywał serwetki do ostatka – najpierw do wytarcia ust, potem szklanek, potem do wydmuchania nosa, a w końcu do wytarcia tyłka.

Fuuuj, pomyślałam, kiedy o tym przeczytałam. Obrzydlistwo.

Zarządził też, że trzy listki papieru toaletowego wystarczają w zupełności przy wizycie w toalecie. To stało się zasadą Rodziny. Wiecznie grożono nam Pismem: „Oczy Pana są w każdym miejscu, patrzą na dobre i na złe uczynki",

więc robiłam, co w mojej mocy, by starannie składać te trzy
listki i wykorzystać je do maksimum. Byłam przekonana, że
Jezus jest ze mną w w toalecie i pilnuje, żebym nie zużyła
więcej, niż było wolno. W tym czasie zaczęłam podejrzewać,
że Mo mieszka gdzieś niedaleko. Miejsce jego pobytu miało
być tajemnicą, ale zauważyłam, że Paul Peloquin i Marianne
znikają często na parę dni, by wrócić z nowymi zasadami,
projektami i „nowinami od Dziadka". Paul często opowiadał o tym, jak jest w Domu Mo, i wprowadzał nowe zasady,
które tam podpatrzył.

Któregoś wieczoru oznajmił na spotkaniu:

– Chcę, żeby każdy napisał listę, począwszy od najbardziej
lubianych osób, z kim chciałby być umawiany na randki. Nie
daję gwarancji, że każdy otrzyma osobę, o którą prosił, więc
zapiszcie swój pierwszy, drugi i trzeci wybór.

Dorośli dostali wybór, ale ja i Armi dostałyśmy terminarz
randkowy ustalony arbitralnie przez Paula. Raz w tygodniu
miałyśmy mieć randki – czyli po prostu uprawiać seks –
z dwunastoletnim Patrickiem i dziewięcioletnim Nickim.

Pamiętam, że kiedy ja i Nicki mieliśmy po pięć lat, wy-
głupialiśmy się na kempingu, udając seks, który podpatrzy-
liśmy u dorosłych, i było nawet fajnie. Lubiłam go. Ale przy-
musowe robienie tego zgodnie z rozkładem, kiedy musiałam
się zgadzać, czy tego chciałam, czy nie, szybko zmieniło się
w obowiązek. Nie cierpiałam, gdy dysponowano mną jak
jakimś przedmiotem bez żadnych względów dla moich uczuć
czy chęci.

Oprócz randek z chłopcami Armi i mnie przydzielano
też randki z dorosłymi mężczyznami. Paul Peloquin prosił,
żebym go masturbowała aż do orgazmu. Mówił, że podnieca go patrzenie na mnie. Nienawidziłam tego, tym bardziej
że się go bałam. Wykonywałam właściwe ruchy, jak mnie
nauczono, ale czułam wyłącznie strach, że jeśli go nie zadowolę, wścieknie się na mnie.

Uczono mnie wypaczonego świata i moje pojęcie normalności było wywrócone do góry nogami, ale gdzieś głęboko we mnie zawsze tkwił moralny kompas, który wskazywał mi, co tak naprawdę jest w porządku, a co nie. Seks z mężczyzną, który mógłby być moim ojcem, czy też z kimkolwiek, kogo sama nie wybrałam, był absolutnie nie w porządku. Dotyk budził dyskomfort i zażenowanie. Było to nadużycie mojego ciała, które musiałam znosić z uśmiechem; nie miałam możliwości się temu sprzeciwić. Byłam w pułapce. Powinien mnie uratować ojciec, ale tego nie zrobił.

Jeremy Spencer pracował z tatą przy komiksach *Życie z Dziadkiem* jako rysownik. Mieszkał w małej przybudówce na dziedzińcu przeznaczonej dla służącej. Na naszych randkach puszczał taśmę z saksofonem. Znałam tę polkę na pamięć: rozebrać się, pomodlić, pocałować go, a potem zrobić mu laskę ręką. Jeremy próbował mnie masturbować, ale kończyło się tylko tym, że byłam obolała. Zmieniałam pozycję, żeby pocierał inne miejsce, ale nie rozumiałam, dlaczego i on, i inni mężczyźni, masują i masują. Gdybym powiedziała, że nie sprawia mi to przyjemności, zostałabym oskarżona o pruderię albo dumę, więc po prostu udawałam orgazm, żeby wreszcie przestali.

Ponieważ wszyscy mieliśmy być „pełni miłości" i chętnie „dzielić się ciałem", moje protesty były uznawane za bunt z podpuszczenia diabła. Eman Artist pracował bezpośrednio z Mo, co zapewniało mu specjalne traktowanie – mógł sobie wybrać każdą kobietę czy dziewczynkę, której zapragnął. Był niski, miał nadwagę, nosił okulary i zdążył już prawie całkiem wyłysieć, chociaż był ledwie po trzydziestce. Mnie akurat zaczęły rosnąć piersi i były bardzo obolałe. Eman lubił zachodzić mnie od tyłu i obmacywać albo obejmować mnie i mocno ściskać. Czułam się, jakby mnie dusił.

– To boli – mówiłam, odpychając go.

– Królewna z ciebie, co? – odgryzał się. – Za dumna jesteś, Królewno – drwił ze mnie, podkreślając słowo „Królewna". Nie cierpiałam tego przezwiska.

Przez jakiś czas udawało mi się go unikać, ale w końcu nadszedł koszmarny wieczór, kiedy Eman poprosił mnie, żebym przyszła do jego pokoju na randkę. Nie mogłam znieść myśli, że będę z nim sam na sam. Zdesperowana poszłam do mojej nauczycielki, Sally, i powiedziałam, że nie mogę tego zrobić.

– On jest niemiły, namolny i obrzydliwy – powiedziałam.

– Skarbie, dzielenie się czasem bywa trudne, ale Bóg daje nam siłę, by to robić. Może pomodlimy się razem?

Położyła dłoń na moim ramieniu.

Przybita słuchałam jej modlitwy. Czułam się zdradzona i bezradna. Jeśli ona nie miała zamiaru tego powstrzymać, to nikt tego nie zrobi. Wręczyła mi swój magnetofon i zasugerowała, żebym puściła jakąś muzykę i zatańczyła dla tego obleśnego faceta. Nawet odprowadziła mnie do jego pokoju. Nienawidziłam jej. Nienawidziłam tego, że jestem zmuszana wyssać kutasa zboczonemu grubasowi, który bez przerwy mi się narzucał, chociaż wiedział, że tego nie cierpię. A najgorsze było to, jak się pysznił. Miał nade mną władzę i nic nie mogłam na to poradzić.

Obnażył się z drwiącym uśmiechem.

– Wyssij mnie – rozkazał. Siłą zbliżył moją twarz do swojego penisa, aż zaczęłam się dławić. Ale choć sapał i jęczał, nic się nie stało. Poprosił mnie więc, żebym dla niego zatańczyła; udzielał mi wskazówek, jak mam się wić i sugestywnie kręcić pupą, a sam próbował zrobić sobie dobrze. Nie udało mu się osiągnąć orgazmu i ta niemoc sprawiła, że zrobił się pobudzony i bardziej wymagający. Miałam wrażenie, że minęło wiele godzin, kiedy wreszcie wypadłam z jego pokoju i uśpiłam się płaczem na własnym łóżku. Napastowanie się skończyło, ale koszmar prześladował mnie przez wiele lat.

Nigdy nie pomyślałam, żeby powiedzieć tacie, jak na mnie wpłynął ten incydent, szczególnie po tym, jak któregoś wieczoru przyłapałam go na wpół ubranego w łóżku z Armi. Wytrącona z równowagi i potwornie zażenowana szybko wyszłam z pokoju. Myśl, że mój tata miał randkę z moją najlepszą przyjaciółką, wstrząsnęła mną. On też to robił, tak jak oni wszyscy. Było oczywiste, że mnie nie uratuje. Nigdy nie rozmawiałam z nim o żadnym z moich seksualnych doświadczeń, a on mnie nie pytał. W ogóle rzadko go widywałam. Został całkowicie zwolniony z rodzicielskich obowiązków, był moim ojcem tylko z nazwy. Większość czasu spędzałam z Michaelem i Patience, którzy byli moimi zastępczymi rodzicami.

Ale dla Michaela byłam kimś więcej niż córką. Jak wszystkie dziewczynki w ciągu dnia chodziłam w majtkach. Kiedyś po partii badmintona Michael podszedł do mnie i żartobliwie strzelił mi gumką od majtek.

– Byłaś ostatnio bardzo grzeczna. W nagrodę powinnaś mieć ze mną randkę – powiedział.

Uśmiechnęłam się blado, ale w duchu krzyczałam: Dlaczego? Co to za nagroda? Twój penis w moim gardle to dla mnie żadna nagroda. To była ostatnia rzecz, jakiej chciałam. To była ostatnia kropla. Miałam dość wszystkiego, co wiązało się z seksem. Miałam dość tego niekończącego się piekła. Postanowiłam zaryzykować, bo czułam, że i tak nie mam nic do stracenia, i poszłam do Paula Peloquina.

– Nie chcę mieć więcej randek. To nie jest dla mnie żadna przyjemność, mam tego dosyć – oznajmiłam.

Poczerwieniał jak burak.

– Przemawia przez ciebie duch buntu! – krzyknął. – Idź do mojego pokoju i zaczekaj tam.

Żołądek mi się wywrócił. Miałam przechlapane. Kiedy Paul godzinę później wszedł do pokoju, powiedział, że przeczyta mi List pod tytułem *Dziewczyna, która nie chciała*. Był to surowy, dyscyplinujący List Mo do kobiety, która odmówiła lesbijskiego seksu z Kedą, jedną z jego pasterek.

Po czytaniu Paul odniósł słowa listu do mnie.

– Wiesz, że to jest twój problem. Jesteś taka dumna i zadufana w sobie, wydaje ci się, że wiesz wszystko lepiej niż inni. Myślisz, że wiesz lepiej niż Bóg? – wściekał się. – Rolą kobiety jest ulegać mężczyźnie i dawać mu to, czego potrzebuje. Tu nie chodzi o ciebie. I, do cholery, lepiej żebyś była chętna do poświęceń i okazywała więcej miłości. Wiesz, że ulegasz diabłu? Bunt to czary.

Musiałam napisać list ze spowiedzią i wyrazami skruchy, ale w duszy nienawidziłam Paula. Nienawidziłam zmuszania do seksu, od którego nie było żadnej ucieczki. Zaczęłam snuć pełne przemocy fantazje na jego temat i życzyłam mu śmierci. Czułam, że wariuję od tych wszystkich stłumionych emocji, których nie mogłam wyrazić. Czasami wychodziłam wczesnym wieczorem, żeby pobyć w samotności przez parę chwil i pomarzyć. Któregoś wieczoru, po partii badmintona, kiedy słońce już zachodziło, usłyszałam zza wysokiego muru przejmującą muzykę. Stałam tam, patrząc na ćmy trzepoczące wokół lampy oświetlającej dziedziniec, i słuchałam słów.

Flashback warm nights... suitcases of memories... time after time... *

Byłam jak zahipnotyzowana. Wszystkie nasze piosenki musiały być inspirujące, dawać świadectwo, mówić o Jezusie, Biblii – słowa tej piosenki mnie oczarowały. Były wzruszające i wypełniały mi głowę marzeniami o romantycznej miłości, o cierpieniu.

---

* Wspomnienia letnich nocy... walizy wspomnień... wciąż od nowa... Wołasz mnie... Nie słyszę, co mówisz... Jeśli się zgubisz, poszukaj, znajdziesz mnie... wciąż od nowa... Jeśli upadniesz, złapię cię... będę czekać... wciąż od nowa... – Słowa piosenki Cyndi Lauper *Time after time* z 1984 roku.

You're calling to me... I can't hear what you've said...
Chciało mi się płakać z bólu, który we mnie wyzwoliła.
If you're lost you can look and you will find me... time after time...
Czułam, jakby wszystkie moje sny, nadzieje i aspiracje na przyszłość były w słowach tej piosenki – i poczucie straty, zagubienia w świecie, z którego pragnęłam się wyrwać.
If you fall I will catch you... I'll be waiting... time after time...
Przez wiele wieczorów czekałam o zmroku na dworze, aż ktoś znów puści to nagranie. A ten, kto je puszczał, nie mógł wiedzieć, że tuż, po drugiej stronie muru, słucham i marzę.

Zamknięte w czterech ścianach, w monotonnym otoczeniu, my, dzieciaki, szukaliśmy sobie sposobów na nudę, wymyślaliśmy zabawy. Armi i ja nauczyłyśmy się robić szpagat, gwiazdę i salto do tyłu. Ułożyłyśmy nawet z chłopakami półgodzinne przedstawienie cyrkowe, które z dumą zaprezentowaliśmy całemu Domowi.

W złych i dobrych chwilach Armi i ja byłyśmy nierozłączne; była moją najlepszą przyjaciółką i najbardziej zaufaną powiernicą, więc kiedy się dowiedziałam, że jedzie na Szkolenie Nastolatków w Królewskim Domu – Domu Dziadka – byłam zdruzgotana. Zaproszenie do jego domu było największym przywilejem i zaszczytem i zastanawiałam się, co takiego zrobiłam, że nie uznano mnie za godną. Wtedy nie miałam jeszcze pojęcia, że Szkolenie Nastolatków w Królewskim Domu to nie żaden zaszczyt, ale piekło.

Któregoś dnia Marianne wezwała mnie do swojego pokoju.

– Będzie u nas kilka zmian personalnych - powiedziała – i chyba będzie najlepiej, jeśli dołączysz do Sereny. Tutaj nie będziesz miała nikogo w swoim wieku. – Michael, Patience i chłopcy też wyprowadzali się do innej komuny w Manili.

– A co z moim tatą? – spytałam.

– On musi pisać tutaj *Życie z Dziadkiem* – odparła, nawet nie próbując złagodzić ciosu, gdy zobaczyła moją zrozpaczoną minę.

Wybuchnęłam płaczem. Za jednym zamachem odbierano mi ojca i przyjaciółkę. Nie zostało mi nic. Usiłując po dobroci namówić mnie do posłuszeństwa, Marianne wyjaśniła, że mały Victor musi wrócić do Sereny, a że minęło już pół roku i zapomniał mamę, ja muszę mu towarzyszyć.

– On cię zna i będzie mu łatwiej – powiedziała.

Victor był kochany, miał pulchne policzki i wielkie brązowe oczy. Nie mogłam zrozumieć, dlaczego w ogóle odebrano go Serenie. W tym momencie już w niczym nie widziałam sensu. Ale troszczyłam się o niego, a że tak czy inaczej nie miałam wyboru, zgodziłam się na to.

Nocą przed wyjazdem Armi i ja zawarłyśmy pakt. Było niewiele czasu do Wielkiej Udręki, umówiłyśmy się więc, że gdziekolwiek na świecie będziemy, spotkamy się na skraju dżungli pod Manilą. Byłam zapaloną czytelniczką komiksu *Traper Sam*, w którym opisywano, jak zastawiać pułapki, żyć z darów ziemi i zdobywać czystą wodę w dziczy. Ułożyłyśmy listę niezbędnych rzeczy, takich jak lina, zapałki, tabletki do uzdatniania wody i szwajcarski scyzoryk.

– Będę tam na ciebie czekać – oznajmiłam. – Obiecujesz, że tam będziesz, choćby nie wiem co?

– Obiecuję – przyrzekła mi Armi.

Może i była to dziecinna mrzonka, ale wierzyłam w nią całym sercem i dzięki niej poczułam się trochę lepiej.

Rozdział 5

Indoktrynacja

Późnym wieczorem dotarłam do nowego miejsca zamieszkania – Domu Dana i Tiny – z małym Victorem w ramionach. Byłam niepewna przyszłości, w brzuchu miałam supeł. Serena jak na skrzydłach przybiegła do salonu z Marianą i Julianą. Nie posiadała się z radości.

– Victor! Ależ on urósł! – wykrzyknęła. Podałam jej małego, ale nie rozpoznał własnej mamy; zaczął wrzeszczeć i bić ją małymi rączkami po twarzy. Wciąż się szamotał i odwracał do mnie z czerwoną i spuchniętą buzią, wyciągał ręce. Wzięłam go i zaczęłam kołysać. Serena była zrozpaczona. Ja byłam dla niego jedyną znajomą twarzą, ale i tak płakał i płakał do późna w nocy. Starałam się go pocieszyć, jak umiałam, ale on chciał do jedynej mamy, jaką znał: Claire.

W końcu pokazano mi miejsce do spania – górną pryczę na trzypiętrowym łóżku, na zamkniętej werandzie, którą przekształcono w sypialnię dla dzieci. Wyczerpana emocjonalnie leżałam w ciemnościach z pozostałymi dziećmi, zastanawiając się, za co zostałam ukarana tym zesłaniem. Jakby mnie wygnano. Żadnego kontaktu, żadnych telefonów, żadnych wizyt.

Dan i Tina mieli czwórkę dzieci: Petera, który miał dziesięć lat jak ja, dwóch młodszych synów i małą córeczkę. W domu były cztery sypialnie i oprócz Sereny i moich sióstr mieszkały w nim jeszcze dwie pary: Peter Pioneer i Rachel, których znałam z *Muzyki z przesłaniem*, i Joseph z Talithą, para Niemców, którzy mówili po angielsku z twardym akcentem. Juliana zaprzyjaźniła się z ich czteroletnią córką Verą i obie większą część dnia spędzały z Talithą.

Trudno mi było na nowo przywyknąć do mieszkania z Sereną po tylu miesiącach rozłąki. Była dla mnie zupełnie obcą osobą i z początku większość czasu opiekowałam się Victorem. Trzeba było dwóch tygodni, żeby przestał płakać, a po sześciu nie było już po nim widać tęsknoty za rodziną zastępczą.

Dopiero teraz zaczęłam współczuć Serenie, która przez wiele lat walczyła z odbierającą siły chorobą, sprawiającą, że chodzenie było dla niej bardzo bolesne, szczególnie w ciąży – a w tym czasie nosiła już w brzuchu czwarte dziecko taty. Kolana jej spuchły jak balony, a to utrudniało jej pomaganie w Domu. Potem Victor złapał gruźlicę, która wciąż występowała endemicznie w wielu miejscach na Wschodzie. Opieka medyczna była droga. W końcu zdecydowano, że oboje muszą pojechać do Niemiec, by otrzymać odpowiednią pomoc medyczną. Odesłanie na Zachód było hańbą, a konieczność uciekania się do pomocy lekarzy oznaczała, że Serena była słabej wiary i miała problemy duchowe. Wszystko odbyło się po cichu, Serena nawet się nie pożegnała. W dniu, kiedy wyjeżdżała, Tina poprosiła mnie, żebym zajęła czymś Julianę.

– Ona z nimi nie jedzie? – spytałam.

– Nie. To by było za wiele dla Sereny. Jest w ósmym miesiącu, a Victor jest chory. Mariana jest najstarsza, więc będzie mogła przy nim pomóc. – Mariana miała ledwie pięć lat.

Było mi strasznie żal Juliany, średniego dziecka, które zostało bez matki tak jak ja, tyle że ona nie miała przy sobie nawet taty. Natychmiast poczułam, że muszę ją chronić, być dla niej „matką". Dan i Tina zostali naszymi prawnymi opiekunami. Ja miałam dziesięć lat, Juliana cztery. Nie miałam nic przeciwko Tinie, ale Dana się bałam i robiłam, co w mojej mocy, żeby schodzić mu z drogi. Bił swoich synów metalową packą na muchy, czasami nawet po sto ciosów naraz. Ich wrzaski mroziły mi krew w żyłach. Po takim laniu przez wiele dni mieli czerwone i spuchnięte siedzenia. Wiecznie wisiał nade mną strach, że któregoś dnia Dan zleje i mnie, ale miałam szczęście – nigdy tego nie zrobił. Jego dwaj najmłodsi synowie dostawali najgorsze baty i sami czasem zachowywali się brutalnie; atakowali mnie, jakby chcieli przekazać swój ból dalej. Raz nawet próbowali mnie udusić. To przeraziło mnie jeszcze bardziej i zaczęłam zamykać się w sobie. Juliana wprowadziła się do Josepha i Talithy, ale jej nie udało się uciec przed wybuchami Dana. Niewiele mogłam zrobić, żeby zapobiec laniu, które dostawała codziennie, głównie za moczenie łóżka, co moim zdaniem było absolutnie nie fair. Kiedy ktoś dostawał lanie, krzyki rozlegały się po całym domu, a mnie przerażenie ściskało żołądek, dopóki nie było po wszystkim.

Zamykałam oczy, zagryzałam zęby i błagałam w duchu: Tato, proszę, przyjedź, proszę, przyjedź. Nadzieja, że tata jakimś cudem usłyszy moje bezgłośne modlitwy i niedługo nas stąd zabierze, pozwalała mi przetrwać kolejne dni.

Dopiero rok później, gdy miałam jedenaście lat, tata bez uprzedzenia zjawił się w progu naszego domu z Jeremym Spencerem. Teraz wiedziałam, co czuła Serena, kiedy znów zobaczyła małego Victora.

– Tata! – krzyknęłam i objęłam go mocno.

Uścisnął mnie serdecznie.

– Jak tam moja córcia?

– Och, tato, tęskniłam za tobą.

– Ale teraz jesteśmy razem. Będziemy mieszkać na farmie! – oznajmił.

– Na farmie? Gdzie?

– W Makau.

– A gdzie jest Makau?

– To portugalska kolonia niedaleko Hongkongu. Będziemy mieszkać na farmie Hosei. Wiesz, kto to jest Hosea, prawda? – Nie czekał, aż przytaknę. Wszyscy na pamięć znali imiona członków Rodziny Królewskiej.

Muszę przyznać, że byłam ciekawa, jaki jest Hosea, najmłodszy syn Mo. Czytałam o nim w Listach Mo, ale tak naprawdę było mi wszystko jedno, gdzie będę, bylebym była z tatą.

Farma Hosei mieściła się w małej chińskiej wiosce o nazwie Hac Sa. Posiadłość obejmowała piętnastopokojowy dom, dwa mniejsze domki, stajnie i ziemię uprawną; mieszkało w niej około czterdziestu pięciu osób. Hosea miał dwie żony, Esther i Ruth, i siedmioro dzieci – dwie dziewczynki i pięciu chłopców. Tego wieczoru, kiedy zajechaliśmy na miejsce, źle się czułam. Wymiotowałam cały dzień. Na dworze było 10 stopni, czyli zimno w porównaniu z Filipinami, gdzie jest gorąco przez okrągły rok. Esther natychmiast mnie opatuliła i kazała wymoczyć nogi w wiadrze z ciepłą wodą.

– Chyba masz gorączkę – powiedziała z niepokojem i zmierzyła mi temperaturę, która okazała się tylko lekko podwyższona. – Po prostu jutro porządnie wypocznij – zarządziła troskliwie.

Od dawna nikt się tak nade mną nie rozczulał, a Esther była ciepłą, serdeczną osobą, jaką w moich marzeniach była moja mama.

Tatę, Julianę i mnie zaprowadzono do naszego pokoju w jednym z mniejszych domków. Był przytulny i podobało mi się, że będziemy mieszkać w mniejszym domu, osobno od reszty komuny.

Następnego ranka rozejrzałam się dokładniej. Wokół domów nie było murów, jak na Filipinach. Chińskie rodziny mieszkały po sąsiedzku i widywałam, jak grają w tenisa albo w karty na dworze. Bariera językowa nie pozwalała mi z nimi porozmawiać. Spotkałam tu też Crystal i jej męża, Michaela. Crystal była moją nianią w Grecji wiele lat wcześniej.

– Witaj – powiedziała, uśmiechając się do mojego ojca. – Ciebie też pamiętam – dodała i puściła do mnie oczko. Ledwie się obejrzałam, tata miał już z nią romans na całego. Jej mąż nie miał nic przeciwko.

Choć Esther była najmilszą osobą, jaką kiedykolwiek znałam, przekonałam się szybko, że Hosea jest brutalny i wybuchowy. Widziałam, jak bije swoich synów; czasem chwytał ich za kark tak, że niemal ich dusił. David, drugi syn Hosei, miał piętnaście lat i byłam w szoku, kiedy się dowiedziałam, że nie umie czytać. Chłopcy nigdy nie chodzili do porządnej szkoły. David i jego starszy brat, Nehemiah, odpowiadali za farmę i zwierzęta. Byli doskonałymi rolnikami, ale nie mieli nawet podstawowego wykształcenia. David bardzo się tego wstydził, i to jeszcze bardziej obniżało jego samoocenę. Ja nauczyłam się czytać, nim skończyłam trzy lata, podobnie Juliana. Nie rozumiałam, dlaczego chłopcy w takim wieku są analfabetami.

Musieliśmy wstawać o piątej rano. Budzenie się przed świtem wymagało przyzwyczajenia. Synowie Hosei doili krowy, zbierali jajka z kurnika, karmili kozy i konie i sprzątali stajnię. Ja w tym czasie musiałam przygotować śniadanie, a niedługo potem lunch i kolację dla czterdziestu pięciu osób. Często byłam w kuchni sama i z trudem dźwigałam garnki i patelnie stołówkowych rozmiarów. Dorobiłam się też paru skaleczeń i oparzeń, ale na szczęście nie było to nic poważnego. Korzystałam z książek kucharskich i sama eksperymentowałam. Robiłam sałatki makaronowe, gulasze, piekłam wole serca i wołowinę.

Nie licząc dwóch córek Hosei, byłam jedyną dziewczynką przed trzynastym rokiem życia. Dowiedziałam się, że na

farmie chłopcy mieli regularne randki z dorosłymi kobietami, ale nie byłam przygotowana na widok trzynastoletniego
Aarona uprawiającego seks z Crystal, nastoletnią pasterką
młodzieży, w jej łóżku. Zawstydzona i zbita z tropu szybko
zamknęłam drzwi. Chłopcy rywalizowali o moje względy,
nieustannie mi dokuczali i nagabywali mnie, żebym poszła
z nimi do łóżka. Byłam oburzona ich zachowaniem. Robili
dziury w ścianach łazienki, żeby mnie podglądać. Nazywali
mnie pruderyjną sztywniarą. Miałam to gdzieś. Wszelka natu-
ralna ciekawość, jaką kiedykolwiek przejawiałam w związku
z seksem, dawno zmieniła się w obrzydzenie, dawałam więc
jasno do zrozumienia, że nie jestem zainteresowana.

Nigdy nie zapomnę pewnego ranka, kiedy David wszedł
do kuchni i zastał mnie przy gotowaniu lunchu.

– Czy dziewczyny bywają podniecone? – zapytał.

– Jak śmiesz mnie o to pytać? – wypaliłam. – Oczywiście że nie. – Nie miałam pojęcia, że dziewczyny mogą chcieć
seksu i że to może być przyjemne doświadczenie. Wzburzona
wypadłam z kuchni, a on tylko się śmiał.

Wszystko, co czytaliśmy, podkreślało rolę seksu. Wydano
nową książkę dla nastolatków i młodszych dzieci pod tytułem
Podręcznik szkolenia podstawowego. Dowiedziałam się z niej,
co robiła moja przyjaciółka Armi i inne nastolatki w Domu
Dziadka, które przeszły program szkoleniowy prowadzony
przez Sarę Davidito i Marię. Czytając o surowej dyscyplinie,
karach, randkach według rozkładu i spowiedziach przestałam żałować, że nie zostałam zaproszona.

W ciągu tygodnia tata pracował z Jeremym Spencerem
przy *Życiu z Dziadkiem*, ale w niedzielę chodziliśmy razem
na spacery na plażę. Tata nauczył mnie też jeździć na rowerze: trzymał mnie za siodełko i biegł obok. Przewróciłam się
i porządnie zdarłam skórę na nodze i kolanie – do dziś mam
blizny – ale on mnie zachęcał, nawet kiedy straciłam serce

do roweru i niemal się poddałam. Potrzeba było dwóch dni determinacji i mojej, i jego, ale ani się obejrzałam, umiałam pedałować bez chwiania się na boki. Po dwóch długich latach mogłam znów cieszyć się życiem z ojcem. Niestety, trzy miesiące po przyjeździe został z powrotem wezwany do Światowej Posługi. Kiedy mi o tym powiedział, poczułam pustkę w sercu.

– Nie! Tato... ale dlaczego?

– Jadę tylko z Jeremym – odparł przybity. – Ty i Julie musicie zostać tutaj, ale nie na długo, obiecuję, skarbie.

– Tato, przecież wiesz, że nie możesz niczego obiecać – powiedziałam równie przygnębiona.

Ostatni wspólny dzień spędziliśmy w hotelu w mieście. Makau było dziwną mieszaniną krzykliwej nowoczesności – jak Hongkong leżący po drugiej stronie zatoki – i zabytkowej zabudowy. Stare ceglane budowle opowiadały historię miasta jako portugalskiej kolonii jeszcze z początków siedemnastego wieku. Cieszyłam się chwilą, ale i smuciłam, że niedługo musimy się rozstać.

Kiedy jedliśmy lunch w małej kafejce na brukowanym placu, powiedziałam tacie, co o tym wszystkim myślę.

– Nie chcę tutaj być bez ciebie. Nie cierpię Hosei – wybuchnęłam. – Boję się go.

– Och, skarbie. – Tata urwał i przygnębiony spuścił wzrok. – Zobaczę, co się da zrobić.

Po lunchu mieliśmy sjestę w pokoju hotelowym. Gdy się obudziłam, taty nie było. Usłyszałam jakieś odgłosy z łazienki i uchyliłam drzwi. Tata szlochał z głową ukrytą w ramionach. Nigdy nie widziałam, żeby tak płakał. Nie chciałam go zawstydzać, więc zakradłam się z powrotem do pokoju i położyłam do łóżka. Widok płaczącego taty sprawił, że poczułam się trochę lepiej. Teraz wiedziałam przynajmniej, że rozstanie z nami było bolesne również dla niego.

Nie wiem, czy była to robota taty, ale miesiąc później zostałyśmy z Julianą odwiezione z powrotem na Filipiny do

Domu, który nazywał się teraz Domem Marianne. Wiele się zmieniło przez ten czas, kiedy mnie nie było. Marianne i Paul rozstali się. Paul dostał nowe stanowisko krajowego pasterza całego rejonu Filipin. Dom Marianne otrzymał nową misję Połowu na Podryw i nawracania oficerów z filipińskiej armii. Żadne zadanie nie było zbyt trudne ani zbyt skandaliczne; przecież Jezus był po ich stronie. Mo był świetny w używaniu kobiet i seksu do wpływania na mężczyzn mających jakąś władzę i przedstawicieli rządu.

Najlepsze w przeprowadzce do Domu Marianne było to, że zastałam w nim Armi. Tęskniłam za nią i mieszkając z nią pod jednym dachem, nie czułam się tak obco. Bardzo chciałam też usłyszeć, jak było w Królewskim Domu, ale musiała przysiąc milczenie i nie mogła mi powiedzieć zbyt wiele. Zauważyłam jednak złotą obrączkę na jej palcu.

– Skąd to masz? – spytałam, zaciekawiona. Armi nerwowo pokręciła obrączką i zdradziła mi swój sekret.

– Dziadek mi ją dał. To obrączka ślubna.

– Zostałaś jego żoną? – spytałam w kompletnym szoku.

Spojrzała mi w oczy i zobaczyłam w nich tyle bólu i nieszczęścia, że zachciało mi się płakać z wściekłości.

Powiedziała mi, że ceremonia odbyła się w łóżku Dziadka, w obecności Marii, która siedziała i patrzyła. Zatrzęsło mną. Armi miała ledwie trzynaście lat, kiedy odbył się ten tak zwany ślub.

– Wszystkie dziewczyny, które pojechały na szkolenie nastolatek, dostały takie obrączki.

– Nawet Mene? – szepnęłam.

– Tak – odparła Armi.

Przecież ona jest jego wnuczką, pomyślałam. Czułam obrzydzenie na tę myśl.

Widziałam, że Armi chciałaby mi powiedzieć więcej, ale wyjawianie jakichkolwiek tajemnic na temat Mo i Marii było uznawane za zdradę. Gdyby to się wydało, zostałaby surowo ukarana. Wiedziałam to i nie namawiałam jej na kolejne wyznania, ale teraz wiedziałam, dlaczego Krys, jeszcze jedna nastolatka mieszkająca w naszym pokoju, miała taką samą obrączkę.

Czasami, żeby się rozruszać, Armi i ja chodziłyśmy w tę i z powrotem po ogrodzie; wtedy mogłyśmy sobie pozwolić na parę krótkich wyznań poza zasięgiem słuchu domowników. Któregoś popołudnia opowiedziałam jej swój sen.

– Był naprawdę dziwaczny. Próbowałam ukraść wielkie jajko i zwiać z nim, a ty przeskoczyłaś przez mur i uciekłaś.

Spojrzała na mnie zaskoczona.

– Myślałam o tym, żeby uciec i odnaleźć rodziców. – Zatrzymała się i spojrzała za siebie; bała się, że ktoś nas słyszy.

Zwierzanie się z własnych myśli było niebezpieczne; dorośli powiedzieliby, że narzekamy i wątpimy. Tkwiłyśmy w tym świecie jak w pułapce i nie mogłyśmy nic na to poradzić. Czułam jej ból i choć nigdy więcej o tym nie rozmawiałyśmy, nadawałyśmy na tych samych falach i rozumiałyśmy się.

Krys i Armi dostały regularny grafik randek z dorosłymi mężczyznami, Johnem i Silasem. John był krajowym pasterzem, zanim Paul przejął jego stanowisko, a Silas i jego żona Endureth byli pasterzami siostrzanej komuny położonej niedaleko Domu Marianne.

Któregoś ranka obudził mnie odgłos wymiotowania w łazience. Była to Krys. Po kilku dniach Armi i ja zorientowałyśmy się, że to oznaki ciąży. Nasza nastoletnia pasterka, Windy, powiadomiła o tym Marianne i jedna z osób odpowiedzialnych za zakupy została wysłana po test ciążowy. Wynik był pozytywny.

– Kto jest ojcem? – spytałam Armi.

– Zdaje się, że John. Tak mi powiedziała Krys.

Pasterze wpadli w panikę. Krys miała ledwie czternaście lat. Nie było mowy o zabraniu jej do szpitala, by zapewnić jej opiekę prenatalną. Zabroniono nam rozmawiać z kimkolwiek o jej sytuacji i snuć domysły, kim jest ojciec dziecka. Krys dostała zakaz wychodzenia z domu i musiała nosić workowate ubrania, żeby ukryć rosnący brzuch.

Mdliło mnie od tego. John nie poczuwał się do obowiązków przyszłego ojca i było oczywiste, że Krys została rzucona wilkom na pożarcie jako kozioł ofiarny. Mo w swoich Listach często mówił o muzułmańskiej i hinduskiej kulturze dawnych czasów, gdy małe dziewczynki wychodziły za mąż, by usprawiedliwić seks z dziećmi jako dozwolony.

Pisał:

W Indiach mężczyźni często brali sobie młode żony, nawet siedmioletnie! Dziewczynki mogą zawierać śluby w takim wieku! A potem można się pieprzyć do woli i nie martwić o dzieci, dopóki żona nie ma dwunastu lat! W rodzinie mamy teraz młode dziewczęta, które są dość dorosłe, by wychodzić za mąż i rodzić dzieci. Więc dlaczego im nie wolno? Hę? Ach, bo mogą zaciążyć! I co z tego?

Najchętniej wyrzuciłabym te listy do kosza, ale zamiast tego musieliśmy siedzieć przez wiele godzin i czytać je bez szemrania. Rzeczywistość była taka, że w naszym świecie dziewczynki były używane do zaspokajania męskich żądz bez żadnego względu na przyszłe konsekwencje takich czynów. Krys miała zostać samotną matką, zanim zdążyła przeżyć własne dzieciństwo. Byłam zdecydowana zrobić wszystko, żeby mnie nie spotkał taki los.

Był rok 1987 i na każdym kontynencie istniały już Obozy Szkoleniowe Nastolatków, realizujące program podany w *Podręczniku szkolenia podstawowego*. Około dwustu młodych członków z całej południowo-wschodniej Azji przez dwa tygodnie uczestniczyło w obozie w Manili. Maria i Sarah Davidito wymyśliły te obozy dla młodszych i starszych nastolatków, bo stało się jasne, że dzieci wymagają indoktrynacji, by wbić im do głów przekonania Rodziny. Mówiono nam bez ogródek: tak, robimy wam pranie mózgów – pierzemy je z diabelskich wpływów, które zastępujemy Słowem.

Kiedy przyjechałam do obozu, zaprowadzono mnie do „pokoju dziewcząt"; moja mała grupa, mieszkająca ze mną, liczyła w sumie jedenaście dziewczyn. Nazywano nas Światełkami Miłości. Każda grupa miała własnego pasterza lub pasterkę, których zadaniem było nadzorowanie nastolatków dwadzieścia cztery godziny na dobę. Cieszyłam się, że poznam tylu młodych ludzi, ale mieliśmy mało czasu na rozmowy. Rano ustawialiśmy się gęsiego i maszerowaliśmy do jadalni na śniadanie. Nasze dni były wypełnione lekcjami, inspiracjami i nauką na pamięć. Skecze i piosenki gloryfikowały lojalność dla Rodziny i „naszego Króla Davida", musieliśmy też nauczyć się na pamięć i podpisać przysięgę oddania prorokowi i Marii. Co wieczór przed snem spisywaliśmy odczucia i wyznania w Raporcie Otwartego Serca. Gorliwość, pokora i uległość wobec przywódców były cechami, do których mieliśmy dążyć, co przygotowywało nas do roli przyszłych liderów świata. Kompletny surrealizm.

Wbijano nam do głów, że Rodzina to jest TO – najlepsze miejsce na Ziemi. Nigdy nie poznałam alternatywy, ale dorośli opowiadali nam koszmarne historie o tragediach, bólu i pustce, przeżytych, zanim dołączyli do Rodziny, doszłam więc do wniosku, że choćby było mi nie wiadomo jak źle, w Systemie byłoby dziesięć razy gorzej.

Przed wyjazdem wszyscy wypełniliśmy długi kwestionariusz ze szczegółowymi pytaniami na temat każdego aspektu naszego życia.

– Chcemy, żebyście byli absolutnie szczerzy, bo te kwestionariusze zostaną wysłane do przeczytania przez Mo i Marię – powiedziała nam nasza pasterka. To była nasza szansa, by powiedzieć, co czujemy, by ktoś nas wysłuchał.

Posłusznie i ufnie opisałam wszystkie swoje myśli i trauma-tyczne doświadczenia seksualne, które wycierpiałam, dołączając nazwiska i daty.

Niedługo po moim powrocie z obozu Marianne przeczytała wszystkim memorandum od Marii i Sary Davidito. Nie byłam jedyną dziewczynką, która pisała o fatalnych doświadczeniach seksualnych i to, łącznie z niemałą liczbą nastoletnich ciężarnych, zaalarmowało górę. Bardzo jednak uważano, by nie obwiniać Mo, proroka.

Powiedziano nam:

– Nie ma nic złego w Prawie Miłości, ale kontakty seksualne między dorosłymi i dziećmi są od teraz „źle widziane". – Nie zakazane, ale „źle widziane". Odetchnęłam z ulgą. Nie obchodziła mnie doktryna, bylebyśmy nie musiały już jej praktykować.

Ale myliłam się. Już wkrótce miałam się przekonać, że prawa są bez znaczenia.

Po raz pierwszy byłam molestowana jako sześcioletnie dziecko przez Peruwiańczyka Manuela w Grecji, w tylnym pokoju przyczepy kempingowej Silasa i Endureth. Manuel i jego żona Maria pojechali z nami na Sri Lankę podczas wielkiego exodusu. Teraz mieszkali w siostrzanym Domu prowadzonym przez Silasa i Endureth. Chodziliśmy tam co tydzień na niedzielne Bratanie; często odwiedzałam Renee i Daniellę, chodziłyśmy razem dawać występy uliczne. Kiedy byłam w tamtym Domu, Peruwiańczyk Manuel wciąż ze mną flirtował i przyglądał mi się, i było to dla mnie bardzo nieprzyjemne. Któregoś razu przyszedł do naszego domu i został na noc. Dostał dolną pryczę na moim łóżku, bo Armi wyjechała na parę dni. Byłam potwornie zdenerwowana. Wspomnienia z dzieciństwa wróciły jak fala, gdy wdrapywałam się na górną pryczę i zamknęłam oczy.

Kilka minut później Manuel wszedł do pokoju i zaczął mnie głaskać po plecach. Nie otwierałam oczu i udawałam, że śpię. Nie zrozumiał. Sięgnął do mojej waginy i wepchnął palec do środka.

– Jesteś bardzo seksowna, wiesz? – szepnął mi do ucha.

Sztywna jak kłoda otworzyłam oczy.

– Daj mi spokój. Nie możesz tego robić – powiedziałam, mając na myśli ostatnie memorandum.

Położył usta na moich i siłą wepchnął język, coraz bardziej natarczywie poruszając palcem. Byłam przerażona i nie cierpiałam konfrontacji, ale nie zamierzałam pozwolić, żeby mi to zrobił.

– Nie! Nie! Nie! – syknęłam przez zęby. – Wiesz, że to wbrew zasadom. – Odsunęłam się od niego i zacisnęłam usta. Po chwili wreszcie się wycofał.

– Okej... – powiedział, ale nie odchodził. Zesztywniałam jeszcze bardziej. Manuel westchnął i poszedł spać na dolnej pryczy. A ja leżałam, nie śpiąc do późnej nocy, i oddychałam z trudem, słuchając, jak się masturbuje. Kiedy miałam już pewność, że zasnął, zamknęłam oczy i też usnęłam niespokojnym snem.

Rano wstałam, złapałam ubranie i poszłam ubrać się w łazience. Później tego samego dnia znalazłam Marianne siedzącą przy basenie i poprosiłam ją o rozmowę. Naiwnie wierzyłam, że jeśli na niego doniosę, to zrobią z nim porządek. Ale Marianne nie była oburzona, nie wyraziła nawet dezaprobaty. Powiedziała tylko:

– Porozmawiam z nim o tym. – Nigdy więcej nie wspomniała przy mnie o tym incydencie, a ja nie miałam pojęcia, dlaczego i co się właściwie stało. Doszłam do wniosku, że nowe zasady nie mają żadnego znaczenia, bo pasterze nie mieli zamiaru ich egzekwować.

Wręcz przeciwnie, to ja zostałam za to ukarana. Niedługo po tamtej nocy Marianne wezwała mnie do swojego pokoju i kazała usiąść na krześle w kącie. Ona i jeszcze jeden pasterz, Zadok, usiedli naprzeciwko.

– Masz poważne problemy duchowe – zaczęła Marianne. – Bardzo się o ciebie martwimy i teraz musisz być absolutnie szczera. Często orbitujesz i bujasz w obłokach. A próżnowanie to praca dla diabła.

Nigdy nie wiedziałam, co znaczy „orbitowanie", ale było to słowo zapożyczone z żargonu hippisów i określało kogoś, kto się naćpał i miał pusty wyraz twarzy. Jeśli nie słyszałam, co ktoś do mnie mówił, nie byłam czymś zajęta albo nawet po prostu wyglądałam przez okno, jakiś dorosły krzyczał na mnie: – „Celeste! Przestań orbitować!"

– Co ci chodzi po głowie, kiedy się tak zamyślasz? – spytała Marianne.

Nie miałam pojęcia, jak odpowiedzieć na to pytanie.

– Nic. Właściwie nie myślę o niczym.

Zrobiła zdziwioną minę i zapytała jeszcze raz, o czym myślę. Ostrzegła mnie, że śnienie na jawie to poważne przestępstwo, i przypomniała mi List *Ostatnie stadium*, mówiący o Mene. List mówił, że była „marzycielką", co doprowadziło do złych myśli na temat Dziadka. Zawarta w nim przemoc przeraziła mnie nie na żarty. Opisano, jak Mene weszła do pokoju Dziadka, który przywitał ją pocałunkiem, a potem chwycił i zaczął gwałtownie potrząsać, przemawiając językami. Potem bił ją rózgą, by wypędzić diabły i demony. Jeszcze bardziej zszokowało mnie, kiedy oskarżył ją o zdradę i powiedział, że wziął ją do swojego łóżka, a mimo to Mene miała czelność go krytykować i odmawiać mu.

To jego krew, rodzina, i uprawiał z nią seks? – myślałam. Choć mówiono nam, że „wszystko jest nam dozwolone", kazirodztwo to było dla mnie trochę za wiele.

W Liście *Ostatnie stadium* Dziadek oskarżył też Mene o obłęd i dał Sarze Davidito i Peterowi Amsterdamowi, swojemu „trzeciemu po Bogu", pozwolenie na bicie jej, ilekroć miała złe myśli, i do przywiązywania jej na noc do łóżka. Nie mogłam zrozumieć, w jaki sposób ta idealna dziewczynka, nasza idolka, mogła tak drastycznie zmienić się w grzesznego potwora opętanego przez diabła, który wypełnił jej głowę morderczymi myślami.

Po historii z Mene pasterze byli przekonani, że w Rodzinie są inni potencjalni wątpiący i odstępcy. A ponieważ Mene była grzeczną dziewczynką, wszystkie grzeczne dzieci były podejrzane. Ciężko pracowałam i bardzo się starałam przestrzegać zasad, ale tego dnia Marianne zawzięła się na mnie i nie miała zamiaru odpuścić, dopóki nie przyznam się do jakiejś zbrodni.

Nie potrafiłam wymyślić niczego, z czego mogłabym się wyspowiadać.

– Ja nie orbituję – powiedziałam. – Niczego sobie nie wyobrażam i niczego nie widzę.

Sfrustrowana zamilkła na chwilę, po czym spojrzała na mnie ze złością.

– To jeszcze gorzej! Diabeł przemawia do ciebie, a ty nawet o tym nie wiesz.

Nie mogłam uwierzyć w te bzdury. Roześmiałam się, ale szybko stłumiłam śmiech. Nie dość szybko.

– Uważasz, że to śmieszne? – skarcił mnie Zadok. – To poważna sprawa, a diabeł czyha, żeby cię zniszczyć. Jeśli my cię nie złamiemy, będzie musiał to zrobić Bóg. A uwierz mi, to będzie o wiele gorsze.

Potem nadeszło to, co naprawdę było powodem tej połajanki. Marianne dostała raporty, które pisałam na obozie, a wynikało z nich, jak twierdziła, że chowam urazę do Boga i moich „braci w Panu". Powiedziała, że mam wybaczyć tym, którzy moim zdaniem mnie skrzywdzili. Oskarżyła też, że w sercu zrobiłam sobie idola z taty. Słyszała donosy od mieszkańców Domu, że mówiłam, jak bardzo za nim tęsknię. To miał być dowód, że zrobiłam sobie z niego bożka. Musiałam o nim zapomnieć i w jego miejsce przyjąć Boga.

– Bóg jest zazdrosny – beształa mnie – „Nie będziesz miał innych bogów przede mną".

Nieliczne listy od taty przechowywałam jak skarb i czytałam je w kółko, kiedy dopadała mnie tęsknota. Nadzieja, że go jeszcze zobaczę, trzymała mnie przy życiu. A teraz ona mówiła mi, że zrobiłam z niego bożka, którego muszę zniszczyć. Ten atak był ostatnią kroplą, uderzył w bolesne miejsce, którego nie można było tknąć. Rozpłakałam się. Jak mam zapomnieć o własnym ojcu? Wszystkie emocje: poczucie porzucenia i utraty człowieka, którego kochałam najbardziej na świecie, wybuchnęły ze mnie i nie byłam w stanie nad nimi zapanować. Rozpaczliwie próbowałam powstrzymać łzy, ale nie mogłam.

Ten wyraz uczuć zadowolił Marianne; przekonał ją, że wreszcie złamała moją dumę i buntowniczego ducha. Ogłosiła mój „wyrok": miałam następny miesiąc spędzić w izolacji, czytając Listy Mo na temat buntu, uległości, pokory i opętania przez diabła, i zapisywać odczucia, jakie we mnie budzą. Miałam mieć dorosłego „przyjaciela", który będzie czytał ze mną – nie wolno mi było rozmawiać z nikim innym.

Ale zmiana nastawienia nie wystarczyła. Poproszono mnie też, żebym zmieniła imię. Celeste była zbyt „orbitująca" (bo po hiszpańsku znaczy Niebiańska). Chodziłam z głową w chmurach, więc musiałam sobie wybrać bardziej przyziemne imię.

– Masz kilka dni na zastanowienie i modlitwę, a potem wrócisz do mnie i powiesz, co objawił ci Pan – powiedziała.

Przez trzy dni mogłam tylko jeść zupę i pić wodę. Miałam do towarzystwa tylko bóle głodowe, bo siedziałam zamknięta w osobnym pokoju. Pod koniec trzeciego dnia Marianne spytała:

– I co? Wybrałaś już swoje nowe imię?

Skinęłam głową.

– Joan, po Joannie d'Arc. Chcę być wojowniczką jak ona.

Marianne się to spodobało.

– Jezus potrzebuje wojowników do swojej armii Końca Czasów – stwierdziła. – Dobrze. Zawiadomię wszystkich.

Podczas miesiąca izolacji moje myśli i uczucia odrętwiały, jakby mój mózg przestał działać. Pamiętam ten czas jako zamazaną plamę, każdy dzień zlewał się z kolejnym. Po upływie miesiąca komuna zebrała się, by modlić się o moje zbawienie. Namaszczono mi głowę olejem i wszyscy kładli na niej dłonie, przemawiając językami. Demony dumy, zadufania i buntu rzekomo zostały ze mnie wygnane.

Byłam skołowana. Czy naprawdę w niebie toczyła się walka o moją duszę między Bogiem a diabłem? W takim razie dlaczego jej nie czułam? Wciąż nie miałam pojęcia, co złego zrobiłam i jaką część diabła Marianne zobaczyła we mnie, ale po prostu cieszyłam się i czułam ulgę, że już jest po wszystkim.

Później dowiedziałam się, że nie tylko ja zostałam złamana; z osłupieniem przeczytałam dwie Pisemne Spowiedzi opublikowane dla całej Rodziny, w których tata, w ramach publicznej samokrytyki i szkolenia poprawczego w Królewskim Domu, wyznawał swoje grzechy. Najpierw przyznał się, że jego sława zdobyta dzięki *Muzyce z przesłaniem* wbiła go w zbytnią dumę. Jeszcze w czasach studenckich amatorsko bawił się okultyzmem; wtedy demony widocznie przyczepiły się do niego, więc teraz prosił o oczyszczającą modlitwę, która pomoże mu się ich pozbyć. Poczułam się zraniona jego słowami, że kobietom jego życia jest lepiej, od kiedy zostawił je dla Pana.

Czy on naprawdę w to wierzył?

W drugiej Spowiedzi wyznał, ze uczynił sobie bożka ze swojej matki, Krystyny. Mo powiedział, że demony potrafią dostać się do domu na fotografiach, jak autostopowicze. By złamać jej wpływ i pozbyć się złych duchów, tata spalił wszystkie zdjęcia naszej babci. Przed śmiercią była katoliczką

i dobrą matką. Jak mogło w niej być cokolwiek demoniczne-
go? Byłam zrozpaczona, że zniszczył te cenne fotografie, które dostał od ojca i od krewnych podczas podróży do Polski,
kiedy szukał swoich korzeni. Jedynym zdjęciem, jakie zostało
po babci, było to, które dał mi po powrocie.

Na tyłach Obozów Szkoleniowych Nastolatków, w klu-
czowych lokalizacjach na całym świecie, powstawały „ośrodki
poprawcze", do których na dodatkowe szkolenie odsyłano
„zbuntowanych" nastolatków i dorosłych. W tym samym
czasie Mo przesadził z mieszaniem się w politykę i armię
Filipin i rodzina przestała być mile widziana w tym kraju.
Media podchwyciły temat, więc Mo ogłosił Filipiny „zżętym
polem". Marianne polecono przenieść cały Dom do Tokio.
Na okres przejściowy Armi, Krys, moja mała siostra Juliana
i ja zostałyśmy odesłane do pobliskiego kompleksu w Manili,
tak wielkiego, że znany był pod nazwą Jumbo. Krys wciąż
mieszkała z nami w pokoju dla nastolatek, chociaż właśnie
urodziła córeczkę. Nie potrafiła poczuć więzi z małą i zająć
się nią, jak należy, bo chciała brać udział w tych nielicznych
wesołych aktywnościach, na które pozwalano nam, nastolatkom, zamiast siedzieć cały czas w czterech ścianach i pil-
nować dziecka, którego nie chciała.

To w Jumbo znów spotkałam Paula Peloquina. Przyjechał nakręcić kolejny film ze striptizem dla Mo. Odciągnął
mnie na bok.

– Skarbie, Dziadek ma specjalną prośbę. Chce, żebyś
dla niego zatańczyła. Właściwie nie powinniśmy już kręcić
nieletnich dziewcząt tańczących nago, ale to będzie wyjątek.

Nowe zasady miały powstrzymać eksponowanie dziecię-
cej seksualności, ale pasterze chcieli go uszczęśliwić.

– Powiedział, że twój taniec na jego urodziny w zeszłym
roku był bardzo sexy. – Paul puścił do mnie oczko. Nie chciałam tańczyć, czułam się wykorzystana i wystawiona na pokaz

dla zabawy jakiegoś starucha. Ale Dziadkowi nie mówiło się „nie" bez poważnych konsekwencji, więc się zgodziłam. I tak jak przedtem Paul dawał mi wskazówki zza kamery. Kiedy piosenka się skończyła, zostałam pochwalona za pokorę i uległość wobec Pana. Wszystko wiecznie kręciło się wokół pokory i uległości, ale ja zaczynałam się zastanawiać, czy naprawdę poddajemy się Bogu, czy tylko kaprysom naszych przywódców.

W końcu nadszedł czas przeprowadzki naszej grupki do szkoły w Japonii. Gdy mi powiedziano, że Juliana ma zostać na Filipinach, zaczęłam się martwić, czy będzie bezpieczna bez opieki taty i mojej. Przez ostatnie lata starałam się nią opiekować, najlepiej jak umiałam, ale tak naprawdę niewiele mogłam zrobić.

Uparłam się, że nie wyjadę bez spotkania z ojcem. Chociaż lokalizacja Domu Światowej Posługi miała być tajemnicą, wiedziałam, ze tata wciąż jest na Filipinach. Dzień przed odlotem do Tokio pozwolono mi spędzić z nim dwie godziny w hotelu. Wsadzili mnie do vana i zawiązali oczy, żebym nie widziała, dokąd jadę. Po godzinnym jeżdżeniu w kółko van się zatrzymał. Kiedy zdjęto mi opaskę, przywitał mnie uśmiechnięty tata. Byłam niesamowicie szczęśliwa, że go widzę, nawet jeśli tylko przez parę godzin.

– Masz siwe włosy! – wykrzyknęłam. Postarzał się, odkąd widziałam go dwa lata temu. Pocałował mnie w czoło, tak jak robił to, kiedy byłam dzieckiem.

– Jak tam moja mała córeczka?

– Nie jestem już mała – powiedziałam, prostując się na całą wysokość.

– Nieważne, ile masz lat, ja zawsze będę o tyle samo starszy od ciebie, więc zawsze będziesz moim dzieckiem – zażartował tata. Uśmiechnęłam się, trochę zirytowana, a trochę ucieszona jego ojcowskimi gadkami. Pojechaliśmy do pięciogwiazdkowego hotelu.

– Skąd wiedziałaś, że jestem na Filipinach? – spytał.

– Po prostu wiedziałam, to jest oczywiste. – Nie wyjaśniłam, że Dziadek zawsze wiedział, co się dzieje w naszym domu, a jego listy mówiły o sytuacji politycznej na Filipinach. Po prostu dodałam dwa do dwóch. Tata był w szoku. Mo tworzył wokół siebie aurę ścisłej kontroli i tajemnicy i widziałam, że tata się martwi; gdybym niechcący się wygadała, wina spadłaby na niego.

– Nikomu ani słowa – przykazał mi.

– Oj, tato, znam zasady.

Poszliśmy do restauracji i zjedliśmy lunch.

– Jak się miewa Julie? – spytał tata.

– Chyba dobrze. Rzadko ją widuję, ale w szkole idzie jej nieźle.

– Ona jest jak mózg na patyku. – Roześmiał się. Strasznie był tego dnia dowcipny. – Obie jesteście prawdziwymi dziećmi Rodziny. I popatrz, jak świetnie sobie radzicie.

Ja nie byłam tego taka pewna. Przeżyłam okropny rok, ale nie chciałam rozczarować taty; nie chciałam, żeby pomyślał, że narzekam czy jestem negatywnie nastawiona. Nasz wspólny czas minął o wiele za szybko i łzy stanęły mi w oczach, kiedy przyszła pora rozstania. Tata powiedział, żebym była dzielna i że niedługo znów się zobaczymy, jeśli nie na tej Ziemi, to w Milenium. Pocałował mnie w czoło i pożegnał się. A mnie znów zasłonięto oczy i wywieziono w siną dal.

Rozdział 6

Rozdarta

Na początku grudnia 1987 roku grupa młodzieży, licząca około trzydziestu osób, w której byłam i ja, przyleciała z Filipin na tokijskie lotnisko. Kiedy samolot lądował, ujrzałam zapierający dech widok na Fudżi. Natychmiast rozpoznałam jej śniegową czapę. Wtłoczyliśmy się do wynajętego autobusu i pojechaliśmy do małego miasteczka Tateyama, pięć godzin drogi na południe. Leżało w górach, nad morzem. Japonia to szereg wydłużonych wysp i pory roku powoli wędrują z jednego końca w drugi; na jednym krańcu może być zima, gdy na drugim wciąż jeszcze jest lato. My byliśmy na środkowej wyspie, gdzie akurat dobiegała końca jesień. Wszystko było miniaturowe: drogi, sklepy, domy i świątynie buddyjskie.

Jechaliśmy do Szkoły Niebiańskiego Miasta. Był to duży budynek ufundowany dla Rodziny przez państwa Narita, starsze japońskie małżeństwo, które finansowo wspierało sektę. Dowiedziałam się, że pan Narita był właścicielem klubu nocnego o nazwie Charivari w dystrykcie Ginza, eleganckiej, pełnej drogich sklepów i klubów dzielnicy Tokio. Podrywaczki z Rodziny wzięły go na celownik i szybko poddał się ich wdziękom. Pewnie nawet sobie nie wyobrażał, ile pieniędzy wyda w kolejnych latach. Szybko dał się nawrócić.

Podobnie jak zbudowany na planie krzyża gmach szkoły, własnością państwa Narita były też mniejsze domy, oddalone o kilka minut marszu, w których mieszkała góra. Oczywiście w zamian za swoje finansowe wsparcie pan Narita mógł się cieszyć seksualnymi usługami kobiet z Rodziny. Jeśli celem Połowu na Podryw było zdobywanie dusz dla Chrystusa, to dusza pana Narity została zbawiona wielokrotnie. Połów na Podryw nie był już pochwalany, głównie z powodu strachu przed AIDS, ale czyniono wyjątki dla osób, których wsparcia i ochrony potrzebowała Rodzina.

Z gorącej Manili przyjechaliśmy w mroźną japońską zimę. Ta gwałtowna zmiana była szokiem dla mojego organizmu. W nocy spaliśmy na posłaniach na podłodze, prysznice też braliśmy po japońsku, w wielkiej *ofuro*, czyli wspólnej łaźni. Budynek szkoły był tak wielki, że trudno było go ogrzać. Przenośne grzejniki gazowe były używane oszczędnie, żeby zmniejszyć koszty, i rankiem wszyscy tłoczyliśmy się wokół jednego grzejnika w prawym skrzydle, gdzie spaliśmy, żeby nie zamarznąć przy ubieraniu.

Któregoś styczniowego ranka po przebudzeniu oślepił nas widok śniegu. Dopiero drugi raz w życiu widziałam śnieg i zachwyciło mnie rozmigotane piękno wszystkiego wokół; drzewa, budynki i ziemia były białe. Wybiegliśmy na dwór – banda nastolatków, tryskająca chęcią swobody i zabawy. To była moja pierwsza bitwa na śnieżki od wyjazdu z Grecji. Ado, główny pasterz nastolatków, wziął mnie na bok.

– Jest list do ciebie – zaczął. – Z Anglii.

O mało nie krzyknęłam z wrażenia, zrobiło mi się słabo. Anglia! Czy to od mamy? Za bardzo bałam się spytać.

Ado wręczył mi list.

– Pomódlmy się najpierw, żeby oczyścić ten list z podróżujących demonów.

Posłusznie, choć moje serce wciąż łomotało gorączkowo, zamknęłam oczy, gdy Ado się modlił. Koperta została otwarta już wcześniej; teraz wyjęłam list pod jego czujnym okiem. Już znał jego treść – żadna przychodząca poczta nie była prywatna i zawsze mocno ją cenzurowano. Spojrzałam na adres, potem na podpis. List nie był od mamy.

Napisała do mnie siostra mamy, ciotka, o której istnieniu nawet nie wiedziałam. Ciotka Caryn pisała, że mama, Kristina i David bardzo by chcieli, żebym ich odwiedziła w Anglii. Wspomniała też, że David chodzi do szkoły i jest świetny z matematyki.

Zdziwiona przeczytałam te słowa jeszcze raz, bo dzieci z Rodziny nie chodziły do systemowych szkół. Ogłuszyła mnie myśl, że naprawdę mogłabym pojechać tam z wizytą. Wszystkie moje dawne marzenia, nadzieje i pragnienia – wieczny ciężar tęsknoty za matką, który dźwigałam od dziesięciu lat – wróciły jak przypływ. Ale nie rozumiałam, dlaczego mama nie napisała sama, albo choćby Kristina.

– Bardzo bym chciała ich odwiedzić. Mogę jechać do Anglii? – spytałam z nadzieją.

– Damy ci znać – odparł Ado. Ośmieliłam się mieć nadzieję, że spełni się moje marzenie o spotkaniu z matką, ale nie było mi to dane. Minął tydzień i nikt o tym więcej nie wspomniał.

Tateyama była tak pięknym miejscem, że chwilami problemy i groźba zagłady, która wiecznie wisiała nad naszymi głowami, wydawały się bardzo odległe. Ale Koniec Czasów zawsze był w naszych głowach. Dziadek przepowiedział, że Wielka Udręka, czyli ostatnie trzy i pół roku przed powrotem Chrystusa, rozpocznie się w 1989 roku. Portfel państwa Narita był mocno drenowany. Zbudowali szkołę jako bezpieczne schronienie, z bunkrem głęboko pod ziemią, wyposażonym tak, by przetrwać wojnę atomową. Dopływ powietrza miał teoretycznie filtrować skażenie radioaktywne. Narita mieli też ogromny zapas whisky i innych alkoholi. Na podstawie swoich doświadczeń z Wielkiego Kryzysu w latach 30. Dziadek wierzył, że te rzeczy będą najbardziej chodliwe w przypadku krachu ekonomicznego.

Mo zinterpretował też wymiary Świętego Miasta podane w rozdziale 21 Apokalipsy według świętego Jana i uznał, że to opis piramidy. Najgorliwsi wyznawcy Mo będą mieszkać blisko szczytu, a reszta chrześcijan będzie obywatelami drugiej kategorii.

Któregoś popołudnia zebraliśmy się wszyscy w głównej jadalni. Osłupiałam, widząc, że do sali wchodzi Peter Amsterdam. Wszyscy umilkli, gdy usiadł na krześle umieszczonym na podwyższeniu we frontowej części sali. Miał dla nas ważną wiadomość.

Państwo Narita, zainspirowani objawieniem Mo, na szczycie wzgórza obok szkoły zbudowali piramidę, pomyślaną jako pokój modlitw. Teraz Mo postanowił zrobić z niej atrakcję turystyczną, by szerzyć Słowo.

– Przez najbliższe miesiące artyści ze Światowej Posługi będą pracować nad wnętrzem piramidy i tworzyć miniaturowe modele niebiańskich atrakcji – wyjaśnił Peter Amsterdam. – Macie tam nie chodzić pod żadnym pozorem ani nawet nie patrzeć na wzgórze, dopóki trwają prace. I pamiętajcie, oczy Pana są wszędzie, więc nie myślcie, że możecie być nieposłuszni, kiedy nikt nie patrzy – ostrzegł.

Rozejrzał się po sali, a my, przepełnieni bożą bojaźnią, patrzyliśmy na trzeciego najważniejszego człowieka w Rodzinie i mieliśmy wrażenie, że jego wzrok wwierca się w każdego z nas.

– Nie musicie wiedzieć, dlaczego nie wolno wam patrzeć. A jeśli ktoś zostanie przyłapany na nieposłuszeństwie, czeka go ekskomunika.

Gdy już zniknął i on, i pasterze, i zaczęliśmy się rozchodzić, słyszałam szum podekscytowanych rozmów; brzęczało jak w ulu. Byłam przerażona, że mogłabym złamać zasady. Później dowiedziałam się, jaki był prawdziwy powód tej całej tajemniczości; otóż Mo i Maria mieszkali w Domu Fontanny dziesięć minut spacerem od szkoły. Rzeczywiście już wtedy wydawało mi się dziwne, że o pewnych porach dnia ogłaszano zakaz wychodzenia na dwór i dlaczego nie wolno nam było chodzić do Białego Domu po drugiej stronie ulicy. Był to mały domek, również własność Naritów, w którym mieszkali przywódcy i do którego Dziadek w wielkiej tajemnicy często przychodził na spotkania.

Peter Amsterdam prowadził regularne wieczorne spotkania ze wszystkimi – to była pora reedukacji. Wyznaczył też rozkład Spotkań dla Słowa. Mieliśmy się dzielić bożą miłością i czytać Słowo Boże. W bunkrze wydzielono cztery prowizoryczne „pokoje miłości". W każdym było łóżko, mała szafka z chusteczkami i lubrykantem, a dla ozdoby malowidło z cytatem z Mo. Jedyną osobą, z jaką chciałam tam być, był Miguel. Mój pierwszy chłopak. Oboje mieliśmy po 13 lat, był między nami ledwie miesiąc różnicy i Miguel był spod Strzelca, jak mój tata. Był wesoły i lubiany, podobały mi się jego żarty i luzacki styl. Ale oczywiście bycie tylko z Miguelem zostałoby uznane za samolubstwo, więc pasterze nastolatków rozpisali nam grafik.

Nasz pasterz, Ricky, był naszym stałym „inspirującym" i kręciło go, gdy na jego polecenie dziewczyny zdejmowały bluzki, a on grał sobie na gitarze i śpiewał „Hej mamuśka, sfajcz ten stanik". Kiedy miał urodziny, jego partnerka Elaine zebrała nastoletnie dziewczyny, żeby zdjęły bluzki i stanęły rządkiem, a on wymacał wszystkie po kolei. To był nasz „prezent urodzinowy" dla niego. Tylko ja odmówiłam wzięcia w tym udziału i od tej pory Ricky zawziął się na mnie.

– Jesteś starym dzbanem – wyzywał mnie przy wszystkich. To zawstydzanie budziło we mnie tylko jeszcze większy upór. Presja grupy, żeby się podporządkować, była ogromna, ale ja się uparłam, że za nic nie zdejmę bluzki. W końcu jednak uległam. W kwietniu, na urodziny Petera Amsterdama, Elaine zasugerowała, żeby dziewczęta dały takie samo przedstawienie jak dla Ricky'ego. Z początku odmówiłam, ale w ostatniej chwili zdecydowałam się zatańczyć topless razem z Armi. Moim prawdziwym motywem była chęć zaimponowania

Miguelowi, który siedział z boku z resztą nastoletnich chłopaków i patrzył, ale pasterka uznała tę moją zmianę zdania za oznakę duchowego dojrzewania.

Peter zapowiedział, że po szkole będą się kręcić osoby ze Światowej Posługi i jeśli się natkniemy na kogoś takiego, mamy z nim nie rozmawiać. Ci ludzie zawsze podróżowali parami i niedługo potem zauważyłam nastolatka wykonującego w budynku szkoły drobne naprawy i towarzyszącego mu mężczyznę o skandynawskim wyglądzie. Widziałam zdjęcia Davidita tylko z czasów, kiedy był malcem, ale ten chłopak, choć o wiele starszy, wydawał mi się bardzo podobny. Zdradzały go ciemna karnacja i wyraźnie latynoskie rysy. Chciałam z nim porozmawiać, ale przeważnie patrzył w ziemię i wyczuwałam jego niepokój – był pod nieustannym nadzorem. Mimo to przyglądałam mu się z ciekawością, ilekroć go widziałam.

Kiedy piramida była już wykończona, pozwolono nam wreszcie wejść na wzgórze i obejrzeć ją. Wnętrze zostało przekształcone w makietę Niebiańskiego Miasta według wyobrażeń Mo, przeznaczoną do zwiedzania. Zaczęliśmy też częściej widywać Davidita – czy też Pete'a, jak się przedstawiał – i Davidę, córkę Sary Davidito. Pozwolono im brać udział w niektórych naszych zajęciach i lekcjach. Oboje byli niesamowicie nieśmiali, co było dla mnie zaskoczeniem. Spodziewałam się, że Davidito będzie pewnym siebie przywódcą, przykładem wszelkich cnót, do których mieliśmy dążyć. Ale biorąc pod uwagę miejsce, z którego pochodził, jego nieśmiałość była zrozumiała. Dzieci w Domu Dziadka żyły w szklanej klatce, jak w Big Brotherze, gdzie nic nie uchodziło uwagi. Przez lata czytaliśmy o każdym szczególe jego życia, o jego pierwszych krokach, o każdym laniu, każdej nagrodzie. Wiedzieliśmy wszystko o Davidicie, Davidzie i Techi, choć nigdy nie spotkaliśmy ich twarzą w twarz. Dorastali, nie znając żadnych innych dzieci prócz siebie nawzajem.

Kiedy poznałam Davidita, miał trzynaście lat. To był pierwszy raz, gdy znalazł się w dużej grupie nastolatków, i widziałam, że rozpaczliwie chce się w nią wpasować, ale bardzo trudno było mu z nami rozmawiać po latach izolacji i tłamszenia. Któregoś popołudnia nadarzyła się okazja, żeby porozmawiać z nim sam na sam. Siedział w sali nastolatków, więc usiadłam obok. Trochę się denerwowałam, bo nie wiedziałam, o co mogę go pytać i co jemu wolno mówić, ale kiedy zaczęliśmy rozmawiać, natychmiast go polubiłam. Był taki sam jak my wszyscy – nie był idolem, jakiego stworzono w Listach i *Życiu z Dziadkiem*.

– Jak to jest, po raz pierwszy poznać tylu młodych ludzi? – spytałam.

– Fajnie – odparł z lekkim wahaniem. – Zaprzyjaźniłem się z paroma osobami. Ale to trudne. Cały czas mam świecić przykładem. A ja po prostu chcę być taki jak wszyscy.

Wiedzieliśmy, że jego przeznaczeniem jest zostać jednym z dwójki Świadków Końca Czasów, razem z matką, Marią, która awansowała do statusu prorokini. Dziadek przepowiedział, że razem wypełnią tę rolę, o której jest mowa w Apokalipsie świętego Jana, i że przed ponownym przyjściem Chrystusa Davidito zginie jako męczennik z rąk wojsk Antychrysta. Ja sama miewałam koszmary, że kiedyś zginę męczeńską śmiercią, i nie wyobrażałam sobie, jak to jest wiedzieć na pewno, że twoim przeznaczeniem jest umrzeć na ulicach Jeruzalem. Chciałam go zapytać, jak się czuje ze świadomością tego straszliwego przeznaczenia, ale pomyślałam, że przypominanie mu o tym może być okrucieństwem. I tak dźwigał ciężkie brzemię: cały czas musiał być idealnym odbiciem rodziców, chociaż sam chciał tylko przebywać z rówieśnikami i cieszyć się życiem.

Któregoś razu zebrano nas wszystkich na połajankę. Nie wolno nam było się odezwać. Ja leżałam na posłaniu z tyłu sali, bo od miesiąca miałam spuchnięte węzły chłonne i gorączkę. Tego lata niemal cała nastoletnia grupa zachorowała na mononukleozę, zwaną chorobą pocałunków. Ale chorzy czy nie chorzy, wszyscy musieliśmy odbyć pokutę. Peter Amsterdam wszedł do sali z naszymi pasterzami u boków. Usiedli na wprost nas.

Po modlitwie Peter Amsterdam zagrzmiał surowo:

– Wieść o waszych grzechach głupoty i światowości dotarła do uszu samego Dziadka.

Spojrzeliśmy po sobie. O co mu chodziło?

Peter mówił dalej.

– Niektórych z was przyłapano na słuchaniu składanek muzyki z Systemu! Stwierdzam ze smutkiem, że Pete brał w tym udział. To go nie usprawiedliwia, ale wszyscy mieliście na niego zgubny wpływ i wpuściliście diabła.

Nie miałam pojęcia, o czym mówi Peter Amsterdam, ale znowu wszyscy mieliśmy przechlapane przez czyny niektórych. Lista naszych rzekomych grzechów była długa. Oddawaliśmy się głupim rozmowom i próżnowaniu, zamiast uczyć się Biblii na pamięć. Ubieraliśmy się światowo albo cool. Dziewczyny afiszowały się z długimi kolczykami albo krótkimi bluzkami na ramiączkach.

W końcu przywódcy gangu zostali wskazani palcem i kazano im wystąpić na przód sali. Peter Amsterdam wyjął skórzany pasek i winni zbrodni chłopcy dostali lanie na naszych oczach, dla przykładu. Wszyscy płakaliśmy i trzęśliśmy się ze strachu. Kiedy kara dobiegła końca, Peter huknął:

– Wszyscy na czworaki i modlić się o zmiłowanie!

To jeszcze nie był koniec – długa lista kar została wymierzona wszystkim za sprzeniewierzenie wartościom i swobodę obyczajów, która doprowadziła do tego przestępstwa. Czwórka z nas, która jeszcze nie czuła się dobrze, tego wieczoru została przeniesiona do domu chorych; cieszyliśmy się, że upiekło nam się choć kilka miesięcy kar, które mieli wycierpieć pozostali. Kilka tygodni później zachorowałam na krztusiec. Po dwóch okropnych miesiącach, gdy już miałam zostać wypuszczona z kwarantanny, zaraziłam się ospą wietrzną. Pasterze powiedzieli mi, że muszę pozostać na kwarantannie jeszcze miesiąc. Potrwało to do połowy listopada – siedziałam w zamknięciu pięć miesięcy. Dostawałam szału z braku ruchu, z nudy, odcięta od przyjaciół i sama rwałam się do jakiegokolwiek zajęcia, byle tylko coś robić. Dotarłam do dna depresji.

Nagle, zupełnie niespodziewanie, z Filipin przyjechał do szkoły tata.

– Tata! – Uściskałam go. – Tak strasznie tęskniłam. – Spodziewałam się współczucia, ale on, po raz pierwszy w moim życiu, stracił panowanie nad sobą. Moim zdaniem nie miał prawa mnie besztać. Od lat nie mieszkał ze mną. Zaczął na mnie krzyczeć.

– Słyszałem, że byłaś chora przez wiele miesięcy. Byłaś nieposłuszna! Nie wykorzystałaś swojego Czasu Wyrzutka z wiarą, jak rozkazał Dziadek! – List Mo pod tytułem *Wyrzutek* został napisany o moim tacie, kiedy śmiertelnie zachorował na zapalenie wątroby w Loveville w Grecji. Mo napisał: „nie możemy pozwolić, żeby program zależał od chorego człowieka" i nakazał tacie wykonywanie codziennych ćwiczeń, żeby pozostał zdrowy. Od tamtego dnia tata posłusznie trenował każdego dnia: biegał albo ćwiczył jogę.

Osłupiałam, łzy stanęły mi w oczach. Musiał dostać potępiający raport od pasterzy nastolatków, pomyślałam. Sądziłam, że mnie kocha; nigdy wcześniej się nie złościł, zawsze był sprawiedliwy. Ale teraz nie poznawałam człowieka, który stał przede mną. Co się z nim stało przez te lata, gdy byliśmy rozdzieleni? Czy naprawdę był taki jak oni wszyscy, nieracjonalny i wybuchowy?

Kiedy tak krzyczał i krzyczał, zamknęłam się, odcięłam od niego. Przez długie miesiące choroby dobijało mnie poczucie bezradności, ale jeszcze bardziej dobijało potępiające podejście wszystkich dookoła, jakby ta choroba była jakimś wykroczeniem. Teraz nawet własny ojciec zwrócił się przeciwko mnie. Nie mogłam w to uwierzyć.

Na nieszczęście znów się rozchorowałam. Dwa dni później dostałam gorączki i wysypki. Na całym ciele pojawiły się czerwone, spuchnięte bąble, a wargi i powieki zrobiły się trzy razy większe niż zwykle. Nie rozpoznawałam się w lustrze. Trzeciego dnia tata odwiedził mnie w Niebieskim Domu. Powiedział, że modlił się żarliwie, by poznać odpowiedź, dlaczego tak długo choruję.

– Pan pokazał mi, że rzucono na ciebie klątwę – oznajmił. – Twoja matka jest przeniewiercą. Opuściła Rodzinę.

Nie od razu do mnie dotarło. Mama opuściła Rodzinę! To była druzgocąca, szokująca wiadomość. Przez ostatni rok, od czasu listu od ciotki, czepiałam się nadziei, że pozwolą mi ją odwiedzić. Nie wiedziałam nawet, czy jeszcze jest w Anglii. Nie miałam pojęcia, gdzie mieszka i co porabia.

– Tak, wróciła do Systemu, do kloaki, znów tarza się w tym bagnie – powiedział tata z pogardą. – Pytała o ciebie i chce cię wyrwać z Rodziny...

Szczęka mi opadła z szoku, zakłębiły się we mnie szalone myśli i emocje. Pytała o mnie! Chciała mnie! Ale czy w ogóle mnie pamiętała? Minęło tyle czasu.

– Pan pokazał mi, że musisz modlić się przeciw niej i sprzeciwić się jej duchowi. Dziadek napisał List na ten temat, pod tytułem *Boże klątwy*. Powinnaś go przeczytać.

Cicha łza spłynęła mi po policzku. Wciąż czułam więzy miłości i lojalności łączące mnie z matką, której nikt nigdy nie zastąpił. Modlić się przeciwko niej? To było niewyobrażalne.

Tata się rozkręcał.

– Ona nie jest już twoją matką. Musisz zrezygnować z wszelkich myśli o niej i modlić się przeciwko jej wpływowi na twoje życie. To jest poważna duchowa wojna!

Byłam rozdarta między miłością do niego, pragnieniem jego aprobaty, i instynktowną odrazą do tego, o co mnie prosił.

Czy mama naprawdę zesłała na mnie klątwę? Tata wiedział, jak bardzo ją kocham. Teraz miał nade mną przewagę, której potrzebował, by na dobre zniszczyć we mnie pamięć o niej. Ogarnęła mnie fala czarnej rozpaczy. Wciąż jeszcze byłam chora, zmaltretowana i w depresji. Poczułam się pokonana. I poddałam się.

– Dobrze – powiedziałam, ale nie miałam najmniejszego zamiaru modlić się przeciwko mamie.

Tata położył na mnie ręce i pomodlił się żarliwie.

– Niechaj Pan zniszczy twoją matkę i usunie ją z drogi. Lepiej dla niej, by była martwa, niż działała jako narzędzie w rękach diabła. – Modlitwa trwała długą chwilę; w końcu tata zakończył ją zdaniem. – Panie, oczyść twoją córkę, Celeste, z jej buntowniczego ducha.

Poczułam się jak wdeptana w ziemię, słuchając, jak mój ojciec modli się do Boga o czyjąś śmierć, nawet jeśli ten ktoś był odstępcą. Dziadek często zanosił takie pełne jadu modły przeciwko swoim wrogom, ale moja matka? Tego dnia odcięłam się od niej i podjęłam świadomy wysiłek, żeby więcej o niej nie myśleć. To było zbyt bolesne.

Kiedy obudziłam się następnego ranka, opuchlizna zeszła. Do wieczora wysypka zniknęła bez śladu. To „cudowne" uzdrowienie kazało mi się zastanawiać, czy tata jednak nie miał racji. On sam oczywiście uznał to za znak, że zostałam zbawiona.

W końcu wypuszczono mnie z domu chorych i jak każdy uwolniony więzień nie posiadałam się z radości, że mogę wrócić do normalnego życia. Zaczęłam prowadzony przez Rodzinę fotograficzny kurs zawodowy, bo uwielbiałam fotografię. A że akurat przyszły święta, na nowo dołączyłam do chóru i wzięłam udział w bożonarodzeniowym przedstawieniu wystawionym w eleganckim hotelu dla wszystkich naszych japońskich przyjaciół, czyli ponad stu pięćdziesięciu osób. Podbudowało to moją samoocenę i pewność siebie i poczułam się lepiej po tylu miesiącach choroby i izolacji.

Ale zaledwie miesiąc później wygasła moja turystyczna wiza i musiałam pojechać do Korei; nazywało się to wycieczka wizowa i było powszechną praktyką – członkowie Rodziny bez przerwy jeździli w tę i z powrotem, by odnawiać swoje wizy. Nigdy nie było z tym problemu. Wyjechałam dzień przed czternastymi urodzinami z dorosłą opiekunką, Sue; wesoła rudowłosa kobieta była kiedyś naczelną sekretarką *Muzyki z przesłaniem*, jeszcze w czasach Loveville. Kiedy jednak próbowałyśmy wrócić do Japonii, urząd imigracyjny zatrzymał Sue i nam obu odmówiono prawa wjazdu. Po nocy spędzonej w areszcie wsadzono nas w samolot do Hongkongu. Byłam zdruzgotana; przepłakałam cały lot.

– Nie wierzę, że to się stało – szlochałam. – Miałam po powrocie iść z tatą na urodzinową kolację. – Sue też była zrozpaczona. Zostawiła w Tokio kochanka i pracę, a jej przyszłość była tak samo niepewna jak moja. W trakcie lotu były potężne turbulencje i to nie pomogło mi się uspokoić. Byłam pewna, że spadniemy do oceanu.

Na lotnisku w Hongkongu przywitali nas Zadok i człowiek ze Światowej Posługi o imieniu Isaac. Sue zniknęła z Isaakiem, który zabrał ją do miejscowego Domu, a Zadok oznajmił mi, że jadę do Makau.

Znów wybuchnęłam płaczem. Tylko nie farma! Wiedziałam, że znów będę musiała zaczynać wszystko od zera, z dala od taty i przyjaciół. To było tak nie fair, że mój smutek zmienił się w złość.

– Nie martw się – próbował mnie pocieszać Zadok. – Hosei już tam nie ma. Za to jest mnóstwo nastolatków. Teraz jest inaczej. – Ale jego słowa mnie nie uspokoiły. Płakałam przez wiele dni. Zadok i pasterze nastolatków z farmy zaniepokoili się moim stanem emocjonalnym i bardzo się starali podnieść mnie na duchu, ale bez skutku. Byłam fizycznym i emocjonalnym wrakiem.

W końcu jakoś się pozbierałam i zaczęłam się zaprzyjaźniać z nastoletnimi dziewczynami. Farmę przekształcono w centrum szkoleniowe podobne do naszego w Japonii – ale jej część funkcjonowała jak obóz dla zbłąkanych nastolatków. Po raz pierwszy od czasu, kiedy jako dwunastolatka na Filipinach pozowała do Niebiańskiej Dziewczyny, zobaczyłam Mene. Została w niełasce odesłana do Makau z Domu Królewskiego i była teraz w grupie Izolowanych Nastolatków, trzymanych osobno od reszty. Podstawową zbrodnią, za którą można było trafić do Izolowanych, było sianie wątpliwości, okazywanie krytycznego i analitycznego ducha i kwestionowanie słów proroka, jak to zrobiła Mene. Była pierwszą IN oddaną pod kuratelę Crystal i jej męża Michaela. A ci dwoje byli wyjątkowo surowi.

Widziałam, jak Mene razem z innymi IN wykonywała ciężkie fizyczne prace na farmie – głównie bezsensowne zajęcia, jak kopanie rowów i zasypywanie ich z powrotem albo malowanie w kółko od nowa starej stodoły, najpierw na brązowo, potem na zielono, i z powrotem na brązowo. Celem było wykończenie ich fizyczne, by złamać ich ducha. Moja przyjaciółka z dzieciństwa była blada i wychudzona, nie wolno nam było z nią rozmawiać ani nawet nawiązywać kontaktu wzrokowego. Miała nieustający zakaz odzywania się. Czasami znikała na całe tygodnie. Od dzieciaków, które były z nią w grupie IN, dowiedziałam się, że trafiała do karceru – małego pokoju na strychu – gdzie bito ją i nagą, z rozciągniętymi rękami i nogami, przywiązywano do łóżka; zamiast toalety miała do dyspozycji tylko wiadro, a do jedzenia chleb i wodę.

Myśl, że mogłabym trafić do IN, przerażała mnie tak bardzo, że robiłam, co w mojej mocy, by uchodzić za uległą i oddaną uczennicę. Po prostu chciałam się wydostać z farmy tak szybko, jak to możliwe.

Po trzech miesiącach braku wieści dostaliśmy pilną wiadomość z Japonii. Mój ojciec pojechał do ambasady brytyjskiej podpisać jakieś pełnomocnictwo. Nie spodziewał się, że będzie przesłuchiwany przez urzędników, ale kiedy konsul zobaczył papiery, zażądał udzielenia informacji o miejscu mojego pobytu. Brytyjskie Ministerstwo Spraw Wewnętrznych wydało ambasadzie polecenie szukania mnie, jako że stałam się osobą nieletnią pod kuratelą sądową w oczekiwaniu na sprawę o przyznanie prawa do opieki. Ojciec odmówił wyjawienia miejsca mojego pobytu, a konsulat nie miał uprawnień, by go zatrzymać. Natychmiast poleciał na Filipiny.

Zastrzeliły mnie te wieści. Miałam godzinę na spakowanie rzeczy. Zostałam przewieziona przez granicę do Kantonu i wsadzona na pokład samolotu lecącego do Manili, gdzie miałam dołączyć do ojca i mojej siostry Juliany w Obozie Szkoleniowym Jumbo. Byłam przeszczęśliwa, że znów widzę siostrę. Uściskałam ich oboje – nareszcie znów byliśmy razem. Zatoczyłam krąg i znów znalazłam się w Jumbo, z którego wyruszyłam dwa lata wcześniej. Chwilami miałam wrażenie, że była to podróż do piekła. Walczyłam z chorobą, samotnością, strachem i odrzuceniem. Ale daleko mi jeszcze było do emocjonalnej dojrzałości i pewności siebie.

Jumbo właśnie się zwijał i byliśmy częścią ekipy, która została, by posprzątać posiadłość przed oddaniem jej właścicielom. Przez kolejnych pięć miesięcy tata, Juliana i ja znów byliśmy rodziną. Wieczorami grywaliśmy w kosza albo Juliana urządzała nam pokazy hula-hoop. Nauczyłam ją grać w badmintona i słuchałyśmy opowieści taty o jego pierwszych krokach w Rodzinie.

Ale przez ostatnie lata spędziłam z tatą tak niewiele czasu, że tak naprawdę nie znaliśmy się już jak ojciec i córka. Nieustannie szokowało mnie jego zachowanie i komentarze pod moim adresem. Któregoś dnia rozmawiałam z kimś w jadalni, że chcę zostać fotografem, i tata usłyszał naszą rozmowę. Wciąż pamiętam zdumienie i pogardę na jego twarzy.

– Co? Będziesz misjonarką! – I koniec. Nie spodziewałam się tak ostrej reakcji. Zachowałam panowanie nad sobą i nie odezwałam się, ale myślałam: Jak on śmie mówić mi, co mam robić? Nie ma mowy, żebym została misjonarką Rodziny. To była przełomowa chwila.

Kolejnym wydarzeniem, które wytrąciło mnie z równowagi, była wizyta jednego z moich prześladowców z dzieciństwa, Emana Artista, który przyjechał z Japonii na wycieczkę wizową. Poprosił mnie o rozmowę. Na jego widok oblałam się potem.

– Chcę cię przeprosić – zaczął. – No wiesz, za przeszłość. Nie chciałem być natarczywy. – Uśmiechnął się.

No cóż, całkiem nieźle. Przeprosił. Może się zmienił i teraz wszystko wygląda inaczej, pomyślałam. Byłam gotowa mu wybaczyć, bo przecież całe życie mnie tego uczono.

– Nie ma sprawy – odparłam.

Ucieszony zaczął ze mną gawędzić, zaczął udawać kumpla. I nagle, ukradkiem, położył mi dłoń na udzie.

– Jesteś piękna – szepnął, pochylając się do mnie. – Urosłaś... jesteś taka seksowna. – Uśmiechnął się obleśnie.

Zobaczyłam w jego oczach dawną żądzę.

Nie! W ogóle się nie zmienił. Ledwie mogłam uwierzyć, że robi coś takiego chwilę po przeprosinach. Wykręciłam się pod pretekstem, że muszę gdzieś iść. Byłam roztrzęsiona. Robiłam, co się dało, żeby nie wchodzić mu w oczy przez kolejne dwa dni, dopóki nie wyjechał. Nie zdziwiłam się, gdy kilka lat później dowiedziałam się, że został oficjalnie ekskomunikowany. Nareszcie zrobili porządek z tym draniem. Ale dlaczego to tak długo trwało? Dlaczego pozwolono mu zostawiać po sobie ślad skrzywdzonych dziewczynek, gdziekolwiek się pojawiał? Przez lata płynął na niego strumień donosów i ode mnie, i od innych dziewczyn, więc czy przywódcy nie byli winni, że nie zareagowali wcześniej? Te pytania tłukły mi się po głowie.

Któregoś popołudnia tata pokazał mi list otwarty, który napisał do mojej matki, zatytułowany *W obronie naszej córki*. Oburzył mnie zadufany, pogardliwy ton, jakim się do niej zwracał. Zbył z lekceważeniem wszelkie oskarżenia o molestowanie w Rodzinie. Wiedziałam, że były prawdziwe, bo sama tego doświadczyłam, ale oczywiście całe życie mówiono mi, że to „miłość" – „miłość Boga". Tata nigdy mnie nawet nie spytał, czy byłam molestowana, zanim zaczął tak zajadle bronić „najlepszej możliwej opieki", jaką rzekomo otrzymałam. Jak on może tak mówić? – myślałam. Przecież w ogóle mnie nie zna.

Mnie też poprosił, żebym napisała do mamy, i zrobiłam to. Napisałam, że jestem szczęśliwa, służąc Bogu w Rodzinie, i że właśnie tutaj chcę być. Ale przecież to było jedyne życie, jakie znałam. Nie wolno mi było czytać listów od Kristiny i od matki; nie wiedziałam, co się dzieje, znałam tylko wersję taty: Diabeł używa mojej matki, żeby atakować Rodzinę i przeszkodzić nam w misji ratowania dusz dla Jezusa. Niech lepiej uważa, bo „dotyka źrenicy bożego oka".

To było bardzo niepokojące. W tacie było tyle gniewu i nienawiści do mamy. Ja w głębi duszy chciałam wiedzieć więcej: kim ona jest, jak wygląda i co sprawiło, że zdecydowała się odejść z Rodziny. Czy naprawdę była oszalałym potworem opętanym przez diabła, czy po prostu matką, pragnącą chronić córkę – córkę, której nie widziała przez dwanaście lat? Musiałam się tego dowiedzieć.

Część 2

Historia Juliany

Rozdział 7

Rozbita rodzina

Julie, słoneczko wstało! Wyskakuj z łóżka!

Nie byłam w stanie się ruszyć, paraliżował mnie strach. Jeśli wstanę, dowiedzą się, że zmoczyłam łóżko. Ale nic się nie dało poradzić. Musiałam wstać. Powoli zeszłam ze swojej pryczy.

– Co to jest? – Słyszałam krew dudniącą mi w głowie. Ktoś wziął mnie za rękę i prowadził... tylko nie to...

Znalazłam się przed pasterzem Domu, Wujkiem Danem: wielkim, przerażającym mężczyzną, który był moim opiekunem, kiedy mieszkałam w Manili. Miałam trzy lata.

– Słyszałem, że znowu zmoczyłaś łóżko, hę? To już czwarty raz z rzędu. Pamiętasz, co się dzieje, gdy sikasz w łóżko?

Cała drżąca kiwnęłam głową.

– Nie słyszę, jak ci mózg grzechocze. Co się mówi?

– Tak jest – szepnęłam ledwo dosłyszalnie, mając nadzieję wbrew nadziei, że tego dnia mi daruje. Ale nigdy nie miałam takiego szczęścia.

– Schyl się i ściągnij majtki.

Zrobiłam, co kazał, pocąc się koszmarnie, jak zawsze przed biciem. Moje potówki znów się zaogniły.

– Połóż dłonie na krześle.

Usłuchałam, szlochając:

– Przepraszam, Wujku Danie!

– Gdybyś naprawdę żałowała, nie robiłabyś tego. A teraz, jeśli będziesz krzyczeć, będę musiał wlać ci mocniej.

Zacisnęłam powieki, kiedy drewniana deseczka wielkości małego kija do krykieta uderzyła w moje nagie pośladki. I jeszcze raz. I jeszcze.

Uderzenia w końcu ustały. Wujek Dan odłożył deseczkę, a ja podciągnęłam majtki.

– Co się teraz mówi? – Nie musiał mnie poganiać. Znałam już ten rytuał na pamięć.

– Dz... dziękuję za karę! – odparłam posłusznie, nie przestając szlochać.

– Już dobrze, skarbie – zaczął gruchać, przytulając mnie jak dobrotliwy ojciec. Wszyscy popełniamy błędy. – Musiałam być śliska jak ślimak, nie wspominając już, że śmierdziałam siuśkami. Te przytulanki nigdy nie trwały długo. Ale z radością wyrywałam się z jego łap.

Moja historia zaczęła się 2 czerwca 1981 roku we wsi Rafina w Grecji, gdzie moja sześcioletnia siostra Celeste mieszkała w obozie Loveville ze swoim ojcem, Simonem Peterem. Moim ojcem.

Rodzice spotkali się niecały rok przed moimi narodzinami, kiedy matkę poproszono, by zaopiekowała się tatą, który chorował na zapalenie wątroby. To była miłość od pierwszego wejrzenia i choć rodzice nigdy oficjalnie nie wzięli ślubu, zaczęli żyć razem jako para.

Moja matka, Serena, była utalentowaną skrzypaczką i pochodziła z Niemiec, z rodziny muzyków i artystów. Wędrując po Indiach jako poszukująca prawdy hippiska, spotkała Dzieci Boga. Któregoś dnia zgubiła drogę; gdy się odwróciła, zobaczyła za sobą członków wspólnoty, których promienne uśmiechy oświetlały jej drogę do zbawienia i miejsca w Bożej Rodzinie. Uznała ich pojawienie się za znak. A że wyznawała poglądy swojego hippisowskiego pokolenia na temat wolnej miłości, całym sercem przyjęła doktrynę Połowu na Podryw.

Kobiety wierzyły swojemu guru, Mo, kiedy powiedział, że Bóg ochroni je przed „plemnikami i zarazkami", więc nie stosowały antykoncepcji. Naturalną koleją rzeczy zaczęły rodzić dzieci. Mo powiedział, że dzieci urodzone z Połowu na Podryw to specjalne dary od Boga i nazywał je Dziećmi Jezusa. Moja siostra Mariana została poczęta w wyniku jednego z Połowów mamy podczas pobytu w Turcji, więc była Dzieckiem Jezusa. Tata uznał ją za własną córkę i razem z Celeste staliśmy się rodziną.

Przy całym tym radosnym dzieleniu się ciałem choroby weneryczne były na porządku dziennym. Członkowie rodziny łapali nie tylko plemniki, ale i zarazki. Opryszczka stała się powszechnym problemem w komunie. Z początku Mo zalecał jedynie modlitwy o wyzdrowienie, ale kiedy opryszczka zaczęła się rozpleniać, zamiast znikać, zarażeni wierni coraz częściej szukali pomocy lekarskiej. Oboje rodzice zarazili się chorobą weneryczną już na początku związku i lekarz ostrzegł ich, by powstrzymali się od seksu aż do całkowitego wyzdrowienia. Niestety, miesiąc po rozpoczęciu postu ulegli pokusie.

Jako nastolatka zażądałam od ojca dowodu, że w ogóle jestem jego dzieckiem. Nie było testów DNA, które załatwiłyby sprawę; mógł mnie spłodzić ktokolwiek. Tata opowiedział mi więc historię mojego poczęcia. Spojrzał na mnie, uśmiechnął się z czułością i powiedział:

– Byliśmy tak zakochani, że nie mogliśmy się powstrzymać.

– Więc urodziłam się z wpadki przy okazji choroby wenerycznej! – Uznałam to za dowód, że jestem owocem grzesznego błędu, przez co poczułam się jeszcze bardziej bezwartościowa.

– Nie, kotku – zapewnił mnie szybko tata. – Nie byłaś wpadką. To pokazuje, że miałaś przyjść na świat wbrew wszelkim przeciwnościom.

Niedługo po moich narodzinach mama wróciła z kąpieli w Morzu Egejskim, skarżąc się na ostry ból kolan. W ciągu kolejnych tygodni ból pogorszył się i rozlał na inne stawy. Był to objaw nieuleczalnej, dziedzicznej choroby, która powoduje, że stawy wypełniają się płynem i puchną jak balony. Każdy jej ruch stał się potwornie bolesny.

Biedna mama. W nieustannym bólu kuśtykała po domu, opiekując się dwójką maluchów i Celeste. Byłam jeszcze bardzo malutka podczas wielkiego exodusu, gdy wszyscy wyjechaliśmy z Grecji na Daleki Wschód. Kiedy na Filipinach urodził się mój brat Victor, stan mamy jeszcze się pogorszył. Tata został wybrany do bożego dzieła – osobiście wybrany przez proroka do pracy w Światowej Posłudze. Chora żona i czwórka dzieci nie pasowały do tego obrazka. Staliśmy się zawadą dla Boga i Jego Rodziny. Po narodzinach Victora góra rozdzieliła moich rodziców i wysłała mamę razem ze mną i moją siostrą Marianą do innej, mniejszej komuny w Manili, gdzie pasterzami Domu byli Dan i jego żona Tina. A Wujkowi Danowi bicie nas sprawiało wielką przyjemność.

Miałam wtedy trzy lata. Tata i Celeste zostali w głównym Domu, a mój mały braciszek Victor został oddany innej parze. Tata odwiedzał nas w niedziele i nie mogłam się doczekać tych jego wizyt. Tata i mama wylegiwali się na wielkim łóżku z żółtą pościelą, która zdawała się wchłaniać poranne słońce wpadające przez duże okna. I kiedy tak nie spieszyli się ze wstawaniem, Mariana i ja bawiłyśmy się w chowanego w szafach, wiedząc, że potem całą rodziną pójdziemy do zoo, będziemy pływać łódką po jeziorze i karmić kaczki. Podczas jednej z tych wizyt została poczęta moja siostra Lily.

Mniej więcej w tym czasie Mo napisał parę Listów na temat poważnie chorych członków Rodziny, twierdząc, że choroba jest wynikiem grzechu. Jeśli byłeś chory, to albo brakowało ci woli bożej, albo miałeś jakąś duchową bolączkę, która manifestowała się chorobą fizyczną. Przez te wierzenia niektórzy członkowie nie otrzymywali właściwej pomocy medycznej i umierali. Jedną z takich ofiar był Peter Puppet, producent telewizyjnego teatrzyku kukiełkowego pod tytułem *Luvvetowie*, emitowanego na Filipinach. Dostał guza na szyi, którego postanowił nie leczyć, kiedy Mo powiedział mu, że guz zniknie, gdy tylko znikną duchowe grzechy Petera. Guz zabił go dość szybko, ale jego śmierć została uznana za awans i Peter dołączył do rosnących szeregów Pomocników Ducha – wyróżnienie to było nagrodą dla członków, którzy zmarli.

Kiedy choroba mamy zaczęła utrudniać jej każdy ruch, i ona została oskarżona o duchowy bunt i narzekanie, a to, zdaniem Mo, należało do najcięższych grzechów. Mimo to pasterze zdecydowali, że mały Victor powinien do nas wrócić. Przyjechał z Celeste sześć miesięcy po tym, jak nam go zabrano. Nie pamiętał własnej matki i płakał przez wiele dni za swoimi rodzicami zastępczymi.

Kiedy Victor zachorował na gruźlicę, mama na wiele miesięcy trafiła z nim na kwarantannę. Choroba jej dziecka była postrzegana jako jeszcze jedna oznaka jej duchowych grzechów, bo „dzieci karane będą za grzechy ojców". A gdy mama była na kwarantannie, ja mieszkałam z parą Niemców, Josephem i Talithą. Ich córka Vera i ja byłyśmy w tym samym wieku i w ciągu dnia razem chodziłyśmy na lekcje. Mariana, Vera i ja jednocześnie zachorowałyśmy na odrę i parę tygodni leżałyśmy w łóżkach. Płakałam za mamą, ale nie wolno jej było mnie odwiedzać.

Ledwie wyzdrowiałyśmy z odry, zachorowałyśmy na świnkę. Nie było mowy o wizytach u lekarza, nigdy nie dostałam ani jednej szczepionki. Dorośli powierzali nasze zdrowie Bogu. Zamiast lekarstw codziennie pakowali w nas łyżkę mieszaniny tranu, czosnku, melasy i miodu. Jedynym lekarstwem, jakie wolno nam było zażywać, był środek na robaki; pamiętam, że robaczyca zdarzała mi się bardzo często.

Niedługo po wyjściu z kwarantanny z Victorem mamie kazano wrócić do Niemiec, gdzie miała być leczona i urodzić kolejne dziecko, jako że była uprawniona do darmowej opieki medycznej. Błagała, by pozwolono jej zostać i przynajmniej być blisko męża, ale bezdyskusyjnie doradzono jej wyjazd, jeśli nie chciała wypaść z łaski Boga i narazić się na Jego gniew.

Był jeszcze jeden warunek. Mamie powiedziano, że musi zostawić ojcu jedno z dzieci. Ostatnie dwa tygodnie przed wyjazdem były dla niej nie do zniesienia; siedziała przy moim łóżku przez całe noce, patrzyła na mnie i płakała.

– Kocham cię, Julie – powtarzała, usypiając mnie głaskaniem po włosach. Podejrzewała, że więcej mnie nie zobaczy. Byłam ich pierwszym dzieckiem, jej ulubienicą, jej córeczką.

Ja miałam o niczym nie wiedzieć. Założyli, że byłam zbyt mała, żeby zrozumieć, co się dzieje. Ale mój młody mózg przeżuwał to przez wiele lat, aż w końcu wypluł własny wniosek: matka mnie nie chciała. Dorastałam z tą myślą zakorzenioną w mojej psychice.

Tego strasznego dnia Celeste dostała zadanie odwracania mojej uwagi zabawą, żebym nie zauważyła, jak wyjeżdżają. Udało się, dopóki nie usłyszałam samochodu na podjeździe pod oknem. Miałam świra na punkcie wszelkich automobili, a ten samochód był ulubieńcem wszystkich dzieciaków. Nazywaliśmy to autko awokado, bo miał bladozielony kolor. Słysząc zapalany silnik, pobiegłam do okna, żeby popatrzeć, jak odjeżdża. Nie spodziewałam się zobaczyć matki wsiadającej do auta z moim bratem i siostrą.

– Wyjeżdżają beze mnie! – krzyknęłam. – Zapomnieli o mnie!

– Nie, Julie, oni jadą na wycieczkę. A ty zostajesz ze mną – powiedziała Celeste, próbując mnie zatrzymać.

Ale ja się wywinęłam, pobiegłam do frontowych drzwi i otworzyłam je w porę, by zobaczyć, jak samochód się wycofuje z podjazdu. Mama nie spodziewała się zobaczyć mnie w drzwiach, ale dzielnie pomachała mi na pożegnanie, chociaż łzy płynęły jej po policzkach. Właśnie tak zapamiętałam ją na zawsze.

Celeste zbiegła za mną na dół i próbowała wciągnąć mnie z powrotem na piętro, żeby mnie zająć zabawą.

– Chodź, Julie! Pobawimy się lego. Zbuduję z tobą zamek!

– Nie, ja nie chcę! Chcę jechać z mamą autkiem awokado! – Tupiąc ze złością na schodach, weszłam na górę i nadąsana rzuciłam się na łóżko. Żadne miłe słówka nie mogły mnie pocieszyć, do wieczora byłam wściekła i nie w sosie. Co dziwne, ani razu nie zapłakałam. A może nie takie dziwne, skoro nie zdawałam sobie sprawy ze znaczenia tego, co się właśnie stało. Dopiero po jakimś czasie, kiedy mama nie wracała, zrozumiałam, że nie wróci już nigdy. Dotarło to do mnie któregoś dnia, kiedy obudziłam się z drzemki zlana potem. Zamiast wstać, leżałam otępiała w męczącym upale. Drzwi do pokoju były otwarte i widziałam resztę dzieciaków, które oglądały w salonie film ze Świadectwem Rodziny.

Ci, którzy kochają Boga, nigdy nie żegnają się na zawsze,
To życie nie jest kresem, spotkamy się znów.

Nagle zorientowałam się, zdziwiona, że moja poduszka jest mokra od łez, nie od potu. Płakałam, tylko kiedy dostawałam lanie, i to był pierwszy raz, gdy doświadczyłam zupełnie innego rodzaju bólu. Myśl, że mogę już nie zobaczyć mamy i taty w tym życiu, bolała, jakby ktoś wbił mi nóż w serce, i nie mogłam opanować łez.

Tata nie przejechał po mnie, chociaż tak powiedziano mamie. Trafiłam do pierwszej z długiego szeregu rodzin zastępczych. Przestałam czuć się bezpiecznie i zaczęłam co noc moczyć łóżko. I jak w zegarku prowadzano mnie za rękę do pokoju Wujka Dana, żeby dał mi lanie.

Wujek Dan najokrutniej bił własnych synów. W naszej klasie na ścianie wisiała „karta przewinień" i za każdym razem, kiedy zrobiliśmy coś złego, dostawaliśmy punkt pod imieniem. Jeśli zarobiliśmy trzy punkty w ciągu dnia, karą było bicie deską. Któregoś dnia David, syn Wujka Dana, był bardzo chory i zarobił kilka punktów. Wieczorem został zabrany na lanie – nie było litości, choroba czy nie choroba.

– Ja przyjmę lanie zamiast Davida – zgłosił się jego brat Timmy, chociaż sam miał własne punkty. To oznaczało dla niego podwójne bicie.

Pomyślałam, że to najodważniejsza rzecz, jaką widziałam w życiu. Nawet Wujek Dan był pod wrażeniem.

– Czyż to nie jest prawdziwa braterska miłość, dzieci? Timmy bierze na siebie karę Davida, tak jak Jezus przyjął karę za nas wszystkich, gdy umarł na krzyżu.

Byłam pewna, że przez to szlachetne poświęcenie Wujek Dan trochę odpuści Timmy'emu i nie wlepi mu przepisowej ilości razów. Nie mogłam się bardziej mylić. Bicie trwało i trwało. Rozpłakałam się, słuchając, jak ojciec leje go w sąsiednim pokoju. Timmy nawet nie zapłakał. Kiedy to się skończyło, miał zakrwawiony tyłek. Nie rozumiałam, jak Wujek Dan może być tak okrutny dla własnych synów.

Bywały też chwile, gdy Wujek Dan potrafił być bardzo miły. Raz po wymierzonym mi laniu miał dla mnie niespodziankę.

– Zobacz, co dla ciebie naprawiłem! – Wyciągnął coś z szuflady.

To był mój nakręcany samochodzik, który dostałam w ostatnie Boże Narodzenie spędzone z mamą. Moja ulubiona zabawka.

– Dziękuję, Wujku. – Wytarłam łzy, biorąc samochodzik z jego dłoni. Minęły dwa długie miesiące od wyjazdu mamy.

Zapytałam Ciocię Talithę, czy mogę napisać do niej list. Nie było w nim słów, chociaż zwykle bardzo lubiłam pisać; był tylko jeden rysunek, ale ten rysunek krzyczał głośniej niż tysiąc słów, których nie potrafiłabym dobrać. Przedstawiał małą zapłakaną dziewczynkę, pokolorowaną na czarno. To był pierwszy i ostatni list, jaki moja matka dostała ode mnie i płakała, gdy go zobaczyła. Żaden z jej listów nigdy do mnie nie dotarł. Kiedy kilka miesięcy później przeniesiono mnie do kolejnych zastępczych rodziców, nie została poinformowana o miejscu mojego pobytu. Jedynym dowodem, że kiedykolwiek miałam matkę, był mój paszport. Ojciec nie dał mi swojego nazwiska, jakby to mogło zwolnić go z rodzicielskiej odpowiedzialności. Stałam się prawdziwym dzieckiem Rodziny, czym zresztą ojciec miał chwalić się w kolejnych latach. Więc z matką została zerwana.

Celeste wzięła mnie pod skrzydła jak kwoka kurczątko. Była przy mnie przez całe moje wczesne dzieciństwo i cierpiała razem ze mną, gdy spadały na mnie nieszczęścia, choć zwykle nie była w stanie mnie przed nimi ochronić.

Minął niemal rok, nim tata wrócił po swoje córki. Miałam już prawie pięć lat i kilka kolejnych miesięcy było bodaj najszczęśliwszym czasem w moim dzieciństwie. Podróżowaliśmy razem przez Hongkong i Chiny, aż dojechaliśmy do portugalskiej kolonii Makau. Może i byliśmy resztką rodziny, ale szczęśliwą resztką.

Zajechaliśmy na farmę Hosei w Hac Sa w Makau. Tam moja siostra wpasowała się w grupę nastolatków, a ja spędzałam dni z młodszymi dziećmi. Wieczorami tata, Celeste i ja spotykaliśmy się przy kolacji i sypialiśmy we wspólnym pokoju.

Podczas wycieczki do Chin tata zabrał nas do centrum handlowego i pozwolił mi wybrać jedną z dwóch lalek. Jedną była śliczna mała chińska laleczka w tradycyjnym stroju i z długimi czarnymi warkoczami, a druga była częścią małego zestawu: śpiący bobas zaopatrzony w ubranka i butelkę.

Wybrałam tę drugą, bo spała tak spokojnie. Później, z okazji regionalnego Bratania w Makau, odwiedziła nas rodzina z innego Domu; ich najmłodsza córka miała około trzech lat. Spodobała jej się moja laleczka. Pozwoliłam jej się nią bawić, bo „dzieliliśmy się wszystkim i wszystko było wspólne", zgodnie z przykładem, jaki dali nam apostołowie. Ale kiedy zebrali się do wyjazdu i ta mała wyszła z moją lalką, przekonałam się, że moja chęć dzielenia się ma swoje granice.

– Ona zabiera moją lalkę! Chcę moją lalkę! Proszę, czy może mi ją oddać?! – krzyczałam spanikowana. Zabrałam lalkę dziewczynce, która wrzasnęła ze złością. Hałas ściągnął uwagę dorosłych. Tata wziął mnie surowo za rękę i odprowadził na bok; była to jedna z rzadkich chwil, gdy był na mnie zagniewany. Zabrał mnie do naszego pokoju i zrobił mi wykład.

– Ależ Julie, tak rzadko bawisz się tą swoją lalką. Ta dziewczynka potrzebuje jej bardziej niż ty. Dlaczego nie chcesz jej oddać?

– Chcę ją mieć. Będę się nią bawić, obiecuję!

– Kotku, jak myślisz, jak czuje się teraz Jezus, widząc, że nie chcesz się dzielić?

– Ale to moja lalka – szlochałam, pewna, że Jezus to zrozumie.

– Jesteś już duża. Nie potrzebujesz lalek.

Miałam dopiero pięć lat i byłam w szczycie „lalkowego" wieku, ale nie o to chodziło. Nie potrafiłam jednak wytłumaczyć ojcu, że kochałam tę lalkę tylko dlatego, że on mi ją dał. To sprawiało, że była dla mnie skarbem. Nie rozumiałam też, dlaczego chce, żebym oddała jego prezent. Ale oddałam, bo tatuś i Jezus mnie o to prosili, i płakałam, patrząc na odjazd gości i małą dziewczynkę tulącą moją lalkę do piersi. Nauczyłam się, że prawdziwe dzielenie jest wtedy, gdy boli.

Straciłam w ten sposób wiele drogich mi rzeczy, bardziej i mniej cennych, ale zawsze w imię dzielenia się – na przykład łańcuszek ze srebrnym otwieranym medalikiem w kształcie serca, który dał mi tata, a który należał kiedyś do adoptowanej córki Mo, Techi. Później był pierścionek, który tata przysłał mi na dziesiąte urodziny: czerwone serduszko otoczone dziesięcioma błyszczącymi kryształkami. Nosiłam go dumnie, a zdejmując go na noc, chowałam go pod materacem. Kiedy obudziłam się któregoś ranka, pierścionka nie było i żadne przesłuchania pozostałych dzieci nie odniosły skutku. Nie znalazł się. Dobrze przyswoiłam sobie tę lekcję: nic nie trwa wiecznie, ani ludzie, ani rzeczy.

A rodzina, za którą tęskniłam najbardziej, trwała najkrócej ze wszystkiego.

Spędziliśmy razem w Makau ledwie parę miesięcy, po których tata znów dostał powołanie do służby Panu, i tym razem miał mieszkać w Domu samego Mo, znanym jako Dom Królewski. Tak więc znów nas opuścił. I to nie tak, że był kompletnie nieodpowiedzialny czy że się nami nie przejmował. On naprawdę wierzył, że zostanie nagrodzony za to, że poświęcił nas i resztę swoich dzieci dla Boga, tak jak biblijny Abraham chciał złożyć swojego jedynego syna, Izaaka, na ołtarzu. Tyle że w odróżnieniu od Izaaka nas nie zastąpił żaden ofiarny baranek. Przez całe dzieciństwo bez przerwy słyszałam, że będę błogosławiona za to, że oddałam rodziców na chwałę Boga. Tyle że ja ich wcale nie oddałam. Zostali mi zabrani.

Rozdział 8

Nieparzysta

Miałam pięć lat, kiedy dorosły opiekun odwiózł Celeste i mnie z Makau z powrotem do Manili, gdzie zamieszkałyśmy w Domu Marianne. Umieszczono mnie w grupie z czwórką innych dzieci w moim wieku, pod opieką twardej Niemki, Cioci Stacey, która wierzyła, że porządne łojenie skóry to najlepsze lekarstwo na dziecinne bolączki i raczyła nas nim regularnie. Nasza pięcioosobowa grupka – od trzech do pięciu lat – chodziła do szkoły, spała, jadła, myła się i „kochała" razem.

Wszystko odbywało się według ściśle przestrzeganego planu dnia – od lekcji po godzinne ćwiczenia fizyczne w ogrodzie. Mieliśmy nawet rozpisane „randki", podczas których każde z nas wybierało sobie partnera do uprawiania seksu. Wystawialiśmy ręce po packę różowego balsamu do ciała i rozchodziliśmy się do łóżek. Dorośli używali żelu KY, ale z jakiegoś powodu dziecięcy balsam został uznany za lepszy lubrykant dla maluchów. Wiedzieliśmy, co robić, bo dość często widywaliśmy w akcji naszych nauczycieli, choć trochę nam brakowało szczegółów technicznych. Po prostu chłopiec kładł się na dziewczynce, a potem następowały rytmiczne och-ach, och-ach, och-ach.

Często zostawałam sama, bez pary. Syn Marianne, Pierre, regularnie odmawiał randek ze mną, chociaż zawsze prosiłam jego pierwszego. Wolał się przytulać z Ciocią Stacey, co trochę mnie wytrącało z równowagi. Siedziałam i patrzyłam na nich, zastanawiając się, dlaczego Pierre leży z dorosłą kobietą, która nie jest jego mamą, i dlaczego mnie nigdy nie zaprosiła na takie przytulanki. Czasami znajdowałam się w parze z najmłodszym chłopcem, który miał ledwie trzy lata. To był afront jeszcze trudniejszy do zniesienia.

Nie muszę chyba mówić, że szybko znielubiłam te randko-drzemki i stałam się poniekąd małą cnotką. Nie lubiłam, gdy ludzie mnie dotykali; zaczęłam się wykręcać nawet od uścisków, podświadomie kojarząc dotyk albo z biciem, albo z seksem. Zaczęłam miewać straszne koszmary i bałam się zasypiać wieczorem. Czasami leżałam aż do drugiej w nocy, walcząc ze snem. Kiedy gasły światła, ze szpar w podłodze wyłaziły gigantyczne karaluchy, a ja leżałam w łóżku jak skamieniała i patrzyłam, jak wspinają się po ścianie i włażą mi na pościel. Bałam się, że gdy zasnę, otworzy mi się buzia i któryś z tych robali wejdzie do środka; przydarzyło się to jednemu z Wujków mieszkających w domu.

Musieliśmy nazywać dorosłych Wujkami i Ciociami na znak szacunku. Zignorowanie tego tytułu było pewnym sposobem na zarobienie surowej kary. Uczono nas dobrych, staroświeckich manier: mówienia „proszę" i „dziękuję", odpowiadania każdemu, kto się do nas zwracał, „tak jest, proszę Cioci", „tak jest, proszę Wujka". Jako że byłam jedynym dzieckiem w domu bez własnych rodziców, nie miał mnie kto bronić. Codziennie dostawałam lanie za najdrobniejsze przewiny, takie jak zapomnienie, co mi polecono, albo kłócenie się z rówieśnikami. I tutaj stosowano kartę przewinień i trzy punkty w ciągu dnia oznaczały bicie. Tak strasznie się tego bałam, że zaczęłam kłamać, gdy oskarżano mnie o złe zachowanie. W rezultacie dostałam wiele niezasłużonych lań, kiedy tak naprawdę byłam niewinna, bo, tak jak chłopcu, który krzyczał „wilk", nikt mi nie wierzył, gdy nie kłamałam.

Któregoś razu dziewczynka z mojej klasy, Nyna, z okazji urodzin poszła z rodzicami do miasta i pozwolono jej wybrać prezent. Wybrała pierścionek i bransoletkę w zestawie, a jej rodzice, by było sprawiedliwie i w duchu dzielenia się, kupili taki zestaw i dla mnie. Jej był czerwony, mój niebieski. Wystarczył jeden dzień, żeby Nyna połamała swoją kruchą bransoletkę, a pierścionek wrzuciła do nory węża w ogrodzie, żeby sprawdzić, jak jest głęboka. Była zbyt głęboka, żeby dało się go wyjąć.

Następnego dnia Nyna podeszła do mnie.

– Julie, mogę pożyczyć od ciebie pierścionek? Zgubiłam swój. – Jąkałam się i wykręcałam, bo nie chciałam tak szybko rozstawać się ze swoim nowym skarbem, a podejrzewałam, że więcej go nie zobaczę. Nyna się rozzłościła. – Ja ci go kupiłam na moje urodziny, więc musisz się nim ze mną podzielić. – Dostrzegłam w tym trochę logiki, więc się poddałam, ale kazałam jej obiecać, że odda mi go rano.

Tego popołudnia mój pierścionek dołączył do pierścionka Nyny w wężowej norce. Oczywiście płakałam nad jego stratą. Następnego dnia, siedząc na toalecie, kiedy reszta dzieciaków szorowała zęby, postanowiłam z nią o tym porozmawiać.

– Nyno, jest mi bardzo smutno, że zgubiłaś mój pierścionek. – Westchnęłam dla lepszego efektu.

Nyna była spod znaku Barana, miała płomienne włosy, mnóstwo piegów i poczucie wyższości na dokładkę. Fuknęła ze złością:

– Naskarżę na ciebie Cioci Stacey!

– Za co? – Ale ona wypadła już z łazienki. Słyszałam jej piskliwy głos w sypialni.

– Julie! Chodź tu w tej chwili! – huknęła Ciocia Stacey z sąsiedniego pokoju i raczej nie była zadowolona. Inne dzieci przybiegły do łazienki, żeby mnie przyprowadzić, tak podekscytowane, jakby ktoś krzyknął „bójka"; miałam dostać karę, a to zawsze urozmaicało monotonię dnia.

– Ciocia Stacey cię woła! – krzyknęły chórem.

– Już idę. Tylko skończę korzystać z toalety.

Dzieci pobiegły złożyć raport nauczycielce i wróciły jeszcze szybciej.

– Ciocia Stacey mówi, że masz przyjść w tej chwili albo będziesz miała jeszcze większe kłopoty.

Tak, wiedziałam to. Tak szybko jak mogłam, skończyłam się załatwiać, umyłam ręce i poszłam stawić czoło oskarżeniu, cokolwiek to było. Ale tym razem się nie pociłam, a serce mi nie waliło. Wiedziałam, że nie zrobiłam nic złego, więc nie zostanę ukarana.

Ciocia Stacey postawiła mnie przed sobą.

– Nyna twierdzi, że powiedziałaś „jestem na ciebie wściekła, że zgubiłaś mój pierścionek, i zabiję cię za to". Czy to prawda?

– Nie powiedziałam tego, Ciociu Stacey. Powiedziałam „Jest mi bardzo smutno, że zgubiłaś mój pierścionek". Tylko tyle.

– Nieprawda! Nieprawda! – krzyknęła Nyna. – Zapytaj Pierre'a, on przy tym był. – Pierre był chłopakiem Nyny. Byli samozwańczą parą królewską w naszej grupie i łaskawie przyznali mi tytuł księżniczki, chociaż byłam o rok starsza od nich. Pierre'a nawet nie było wtedy w łazience.

– Tak, to prawda – potwierdził posłusznie. – Tak powiedziała.

– Nie ciociu, nie powiedziałam.

– Julie, zapytam cię jeszcze raz i tym razem chcę usłyszeć prawdę. Powiedziałaś, że jesteś wściekła i chcesz zabić Nynę?

– Nie powiedziałam.

– Okej, w takim razie my idziemy na lunch, a ty zostaniesz tutaj, dopóki nie będziesz gotowa powiedzieć prawdy. Jeśli mi nie powiesz, kiedy wrócę, dostaniesz lanie za kłamstwo.

Gdy zostałam sama, rozpłakałam się. Ale tym razem płakałam bardziej przez niesprawiedliwość niż przez samo zagrożenie biciem. Do pokoju przyszła Armi, siadła obok mnie i zapytała, co się stało. Przez łzy opowiedziałam jej całą historię.

Oczywiście nie mogła mi pomóc w żaden sposób, ale przynajmniej próbowała mnie pocieszyć. Kiedy wyszła, nie płakałam już i postanowiłam, że będę dzielnie obstawać przy swoim, cokolwiek się stanie.

Parę minut później wróciła Ciocia Stacey.

– I co, Julie? Jesteś gotowa powiedzieć mi prawdę?

– Tak, powiem Cioci prawdę. – I powtórzyłam swoją wersję.

– Okej, dam ci siedem uderzeń deseczką. Cztery za powiedzenie czegoś tak strasznego, a trzy za kłamstwo. A jeśli jesteś niewinna, przyjmij to za wszystkie okazje, kiedy zasłużyłaś i nie zostałaś przyłapana. – To był ulubiony argument wielu moich nauczycieli.

Przyjęłam karę bez płaczu. Coś we mnie nie chciało dać się złamać. Ale nie zapomniałam.

Świat poza komuną oglądałam tylko wtedy, kiedy chodziliśmy zbierać datki. Wujek Peter – Peter Pioneer, który śpiewał w *Muzyce z przesłaniem* – utworzył z nas, dzieci, chórek. Zabierał nas na występy w restauracjach i hotelach. Po występie obchodziliśmy słuchaczy z folderami i plakatami i zbieraliśmy pieniądze. Często robiliśmy to do późna w nocy, zmęczeni i głodni, ale nie wolno nam było nic pokazać po sobie.

– No już, dzieci – upominał nas Wujek Peter. – Chcę widzieć szerokie uśmiechy na waszych buziach, bo inaczej ludzie pomyślą, że zmuszamy was do śpiewania. A to byłby bardzo zły przykład i Jezus by się bardzo smucił!

Przylepialiśmy więc na twarze promienne, rodzinne uśmiechy. Mnie skłaniał do tego nie tyle strach przed obrażeniem Jezusa, co przed przyczepieniem gumek recepturek do kącików ust za pomocą zszywacza i zahaczeniem ich o uszy, jeśli nie będę się uśmiechać. Któregoś razu podczas próby zademonstrowano nam to bardzo plastycznie za pomocą gumek i spinaczy do papieru i kiedy występowałam, ten obrazek cały czas stał mi przed oczami.

Dni, gdy wychodziliśmy śpiewać, były potwornie męczące, ale wolałam to niż codzienną nużącą rutynę w zamkniętym Domu. Czasami dobrzy ludzie dawali nam smakołyki i zawsze było coś ciekawego do zobaczenia. I chociaż nasz chórek zwykle przynosił z tych wypraw trochę pieniędzy, byliśmy tylko niewielką częścią prowadzonej przez Dom „misji". Dom Marianne chwalił się najskuteczniejszymi w kraju Podrywaczkami i kobiety od nas poderwały paru wysokich rangą generałów z rządu generała Marcosa. Miałam pięć lat, kiedy Cori Aquino rozpoczął zamach stanu przeciwko Marcosowi. Niedaleko od naszego domu wybuchła strzelanina. Słyszałam kanonadę, kiedy przez wiele godzin leżeliśmy plackiem na podłodze w salonie. Dorośli mówili językami i modlili się rozpaczliwie, nie tylko o nasze bezpieczeństwo, ale i za reżim Marcosa.

Ale nie skończyło się to tak, jak planował Mo. Cori Aquino przejął władzę, a infiltracja przez Rodzinę filipińskiego rządu skończyła się niedługo potem z powodu negatywnego rozgłosu w mediach. Członkom spoza Filipin zagrożono masową deportacją, więc Mo postanowił przenieść swoje sprawy do Japonii i Dom Marianne miał się przeprowadzić do Tokio, jako że nasza „misja" w szeregach armii nie była już potrzebna.

Któregoś dnia Ciocia Stacey zebrała naszą grupkę i oznajmiła, że ma nowinę.

– Nie zgadniecie, dzieci! W Manili powstała nowa szkoła. Pierre i Julie, wy jesteście do niej zaproszeni. Czy to nie
ekscytujące?

W ciągu tygodnia moja mała torba została spakowana
i zostałam odesłana do pierwszej szkoły powstałej pod egi-
dą Rodziny, obozu Jumbo. Powiedziano mi, że Celeste też
tam pojechała, ale nie widziałam jej przez prawie trzy lata.

Rozdział 9

Rózeczką Duch Święty dziateczki bić radzi

Szkoła nazywana była Jumbo, bo była ogromną, przypominającą labirynt budowlą w wielkim kompleksie z setkami pokoi. Przypominała ul. Była to pierwsza, eksperymentalna szkoła z internatem dla dzieci z Rodziny. Wiele metod, z którymi tam eksperymentowano, zostało potem wprowadzonych do szkół i komun Rodziny na całym świecie. Zaraz po przyjeździe zostałam umieszczona w trzydziestoosobowej grupie pięcio- i sześcioletnich dzieci. Sama miałam sześć lat. Pierwszy raz byłam wśród takiej liczby rówieśników, a do tego z początku przytłoczyła mnie ilość zasad, które musieliśmy spamiętać. Posiadłość była gigantyczna, architektura dziwaczna, można się było pogubić. Niemal każda ściana była lustrem i trzeba było czasu choćby tylko na zapamiętanie, które lustro jest drzwiami. Główny budynek był ośmiokątem z drewnianą werandą na całym obwodzie. Był też osobny dom, w którym mieszkał zarząd, zbudowany w japońskim stylu, z sadzawką z rybami i ośmiokątnym pawilonem używanym jako kwarantanna dla chorych. Ogród miał kilka poziomów, więc grupy mogły wymieniać się miejscami, w których wykonywały gimnastykę; dwa razy w tygodniu chodziliśmy pływać w dużym basenie. Wszyscy spotykali się podczas posiłków w ogromnej, wspólnej jadalni; tylko kolację dzieci jadały z rodzicami.

Ponieważ ja nie miałam żadnego rodzica, znów oddano mnie pod opiekę Cioci Stacey i wieczorną godzinę „rodzinnego" czasu spędzałam z nią i z jej córką. Na noc wracałam do swojej grupy.

Grupy mieszkały w wielkich salach ponazywanych od koloru wykładziny, z pojedynczą toaletą i prysznicem. Spaliśmy na materacach, za dnia składanych w niskie sofki, na których siedzieliśmy podczas długich godzin Czasu Słowa. Wieczorem sofy rozkładane były w labirynt materacy, pokrywający całą podłogę, z wąskimi przejściami między nimi.

Nie wolno nam było spać w jakichkolwiek ubraniach czy bieliźnie i musieliśmy leżeć na brzuchach. Wszędzie, gdziekolwiek spojrzeć, widać było goły tyłek. Ja byłam bardzo nieśmiała, więc w te noce, gdy wolno było używać pościeli, zawsze się przykrywałam. Taka ilość nagich dzieci leżących jedno przy drugim nie zniechęcała do seksualnych eksperymentów i nie o to też chodziło. Wręcz przeciwnie, przed snem był czas specjalnie przeznaczony na seks.

Niedługo po mnie z Domu Światowej Posługi, gdzie pracowali ich rodzice, przyjechali Danny, Davie i Anita – dwóch braci i siostra. Danny był wysoki i chudy, z szopą brudnych, jasnych loków. Uważałam, że Davie z brązową skórą i zielonymi oczami był o wiele przystojniejszy. Kiedy ci troje byli jeszcze w Światowej Posłudze, nauczono ich technicznej strony seksu; mieli lekcje z dwójką dorosłych pokazujących wszystko na żywo. Wtedy pierwszy raz widziałam, jak chłopiec wkłada penisa dziewczynce. Leżałam i patrzyłam na to, zafascynowana, aż nagle Davie podszedł do mnie i ku mojemu przerażeniu zapytał:

– Chcesz, żebym ci pokazał, jak to się robi?

– Co? Nie!

– Oj, no chodź! – zachęcał. – To jest fajne.

Nie wyglądało to ani fajnie, ani naturalnie, i z pewnością nie było bezbolesne, więc odmówiłam jego natarczywym namowom. W końcu położył się obok mnie i zaczął mi opowiadać o seksualnych figlach, których nauczyli go dorośli; przez cały czas przyglądaliśmy się tamtej dwójce. Spodobałam się i Danny'emu, i Daviemu, i obaj wiecznie żartowali, że dopadną mnie we śnie, jeśli nie zgodzę się uprawiać z nimi seksu.

– To będę spać na brzuchu! – odparłam z naiwną pewnością siebie.

– Nic nie szkodzi – roześmiał się Davie. – Po prostu zrobimy ci to od tyłu! – Obrazek, jaki wywołał w mojej wyobraźni, był dość niepokojący. Nie miałam pojęcia, że coś takiego jest możliwe.

Nasi opiekunowie na zmianę sypiali w naszej sali i zawsze przyprowadzali sobie kogoś do towarzystwa. Dorośli przestrzegali harmonogramu dzielenia, który ustalał, z kim mają spędzić noc. Niektóre osoby, jakie widziałam na materacach, nie były zbyt atrakcyjne i byłam ciekawa, co dorośli myślą o seksie z osobami, które śmierdziały albo były otyłe i miały plamy potu pod pachami. Patrzyłam, jak pulchne kobiety z nogami opartymi pionowo o biurko, z tłuszczykiem trzęsącym się jak galaretka, bujały się w przód i w tył, jęczały i mówiły językami podczas orgazmu, nie przejmując się, że patrzy na nie prawie trzydzieści par oczu.

Jedna z karmiących piersią cioć z Filipin miała problem z nadmiarem mleka, wymyśliła więc sobie rozwiązanie: ustawiała nas rządkiem do karmienia i każdy zaliczał swoją kolejkę. Jej spuchnięte sutki były wielkie i czarne. Dla mnie to wszystko było obrzydliwe i zawsze odmawiałam stanięcia w kolejce. Na szczęście to nie było obowiązkowe. Od czasu do czasu nasze opiekunki brały sobie paru chłopców do łóżka na przytulanki; wiły się jak opętane, a chłopcy bujali się na nich, trzymani za pośladki. Szybko zauważyłam, że wiele dzieciaków wokół mnie regularnie oddaje się dziwnej zabawie, wiercąc się na materacach. W końcu zapytałam jedną z koleżanek, co robi.

– Masturbuję się – odparła.

– A co to jest?

– Nie wiem dokładnie, ale jest bardzo przyjemne.

Próbowałam je więc imitować, żeby zobaczyć, co jest takie przyjemne, ale u mnie to jakoś nie zadziałało. Udawałam, że wiem, o czym wszyscy mówią; rozrywka ta była bardzo popularna, a że wszyscy to robili, chciałam pasować do grupy. Był to sposób na spędzanie długich godzin drzemki.

Spory kawałek życia zajmował Czas Wyciszenia. Tym terminem nazywano sjestę i czas nocnego snu, kiedy to ściśle zabronione były wszelkie rozmowy. W ogóle przez wiele godzin w ciągu dnia nie wolno było mówić. Milczenie obowiązywało podczas modłów, lekcji i posiłków. Jeśli chcieliśmy się odezwać, musieliśmy podnieść palec. Dwa palce oznaczały chęć wyjścia do łazienki. Trzy palce były zarezerwowane dla zawołania „Rewolucja dla Jezusa!"

– To jest rewolucja! – mógł krzyknąć nauczyciel o dowolnej porze dnia, na co wszyscy odpowiadaliśmy, drąc się na całe gardło: – Dla Jezusa! – Po czym następował salut trzema palcami, podobny do „Heil Hitler". To była jedyna okazja, gdy wolno nam było krzyczeć, więc korzystaliśmy z niej ile wlezie. Normalnie wolno nam było rozmawiać tylko szeptem.

Drugą połowę dnia spędzaliśmy w szkole, bo przecież po to wysłano nas do Jumbo. Jako że my, dzieci, byłyśmy przyszłością rodziny, Mo napisał List pod tytułem *Wizja szkoły*, w którym nakazywał, byśmy otrzymali przeszkolenie i wykształcenie niezbędne do władania Ziemią, kiedy Jezus powróci. Mieliśmy być czystym pokoleniem nieskażonym światem, ulepszającym ludzką rasę.

W każdą niedzielę wszyscy mieszkańcy Jumbo spotykali się w sali zebrań na Niedzielnym Brataniu. Zawsze czekałam na to niecierpliwie. Było u nas wielu utalentowanych muzyków, którzy prowadzili emocjonujące inspiracje. Ponad dwieście głosów połączonych w pieśni elektryzowało atmosferę, aż dostawałam czasem gęsiej skórki. Często ludzie płakali i modlili się językami, gdy czuli, że zstąpił na nich Duch Święty. Potem puszczano zabawne skecze na wideo, które lubiłam najbardziej, a na zakończenie była komunia i modlitwa. Większość skeczy i piosenek dotyczyła dawania świadectwa i Końca Czasów. Według proroctw Mo Jezus miał powrócić na ziemię w 1993 roku.

Dorastałam w przekonaniu, że będę miała dwanaście lat, kiedy powróci Chrystus. To oznaczało, że mam przed sobą zaledwie sześć lat życia. Przyjmowałam poniekąd z ulgą, że nie będę musiała zestarzeć się i umrzeć. Oczywiście pod warunkiem, że nie zostanę schwytana przez siły Antychrysta i zamęczona na śmierć. Ewentualność zostania męczennicą budziła we mnie największy lęk, mimo Listu Mo pod tytułem *Śmierć jako ostateczny orgazm*; Mo opisał w nim swój sen, w którym został zastrzelony i doświadcza umierania jako cudownej ekstazy jeszcze lepszej niż orgazm. No cóż, ja nigdy nie miałam orgazmu, więc to raczej nie uciszyło moich lęków.

Układałam w głowie scenariusze ucieczki na wypadek schwytania; być może udałoby mi się uwieść żołnierzy, jak w komiksie *Niebiańska Dziewczyna* o nastolatce stojącej na czele ruchu oporu przeciwko armii Antychrysta na Końcu Czasów. Historia o tym, jak rzucili ją lwom na pożarcie, zawsze mnie niepokoiła, mimo że ocalił ją jej anioł stróż, zamykając paszcze bestiom. Przed rzuceniem lwom została zbiorowo zgwałcona przez żołdaków, ale oddawała ciało z radością i ostatecznie nawróciła dwóch strażników, którzy ją uratowali. Ale potem musiała poderwać brzydkiego, starego, grubego urzędnika rządowego, żeby pomógł jej się wydostać z kraju. Ja raczej nie byłabym do tego zdolna.

Wszyscy dyskutowaliśmy o tym, kto będzie Niebiańską Dziewczyną. Ja wiedziałam, że będę za młoda, bo w komiksie miała około piętnastu lat, a ja miałam dożyć tylko dwunastu. Mimo to komiks pozostawał moją ulubioną lekturą, bo nic, co mieliśmy do czytania, nie było nawet w połowie tak zajmujące.

Na lekcje byłam wysyłana do grupy nastolatków. Moja matka była pionierką metody wczesnego nauczania i jako trzylatka umiałam już płynnie czytać, pisać i rozwiązywać równania. Moi nastoletni koledzy mieli braki w edukacji, bo jako dzieci, zamiast się uczyć, byli wysyłani na żebry. Teraz musieli to nadrabiać. Trafiłam do klasy z czternasto- i piętnastolatkami, co oczywiście ich wkurzało. Starałam się nie rzucać w oczy i siedziałam cichutko z tyłu, ale nauczyciel zawsze mnie wywoływał i wykorzystywał, by obudzić w klasie ducha zdrowej rywalizacji. Nie cierpiałam tego, nie chciałam być zauważana, nie chciałam w żaden sposób poniżać kolegów. Kiedy wracałam do swojej grupy, inne dzieci nie lubiły mnie za to, że mam lekcje z nastolatkami.

Może dlatego miałam niewielu przyjaciół i czułam się bardzo samotna.

Pielęgnowałam więc w głowie miejsce, w którym mogłam sobie wyobrażać wszystko, co chciałam, przeżywać przygody, a nawet być znowu z mamą i tatą. Nauczyciele nazywali to bujaniem w obłokach i było to zakazane. „Próżny umysł to praca dla diabła". Niemal co noc miałam koszmary. Goniły mnie ogromne psy i lwy, a ja nie mogłam uciec, bo stałam na automatycznej bieżni, więc mnie dopadały i pożerały. Wtedy sikałam w łóżko. Stało się to moim prywatnym powodem upokorzenia, za który się nienawidziłam. Gdy budziłam się w nocy w mokrym łóżku, po prostu zdejmowałam prześcieradło, brałam sobie świeże i obracałam materac. Do rana był już suchy, a opiekunowie nie wiedzieli, czy plama była stara czy świeża. Wszystkie materace i tak cuchnęły uryną i musiały być regularnie wietrzone. Po takiej nocnej akcji ledwie zasypiałam, by natychmiast obudzić się przy dźwiękach „Hymnu Bitewnego" Rodziny, ryczącego z głośników:

Kto stanie na baczność i odpowie
Na wołanie z Wysokości?
Kto dołączy do ludzi Davida,
Do armii miłości?
Wezwani do życia i śmierci za Pana
Wszystko Ci oddamy, Boże,
Nasze miecze lśnią jak zorze,
Nagrodą w niebiosach łoże.
To Rewolucja dla Jezusa i Dawida Króla.

Nim hymn dobiegł końca, pościel musiała być już po-
składana, a materace pozamieniane w sofy, bo inaczej gro-
ziło nam bicie Białym Kijem. Był to plastikowy kijek, który nauczyciel nosił ze sobą wszędzie niczym czarodziejską
różdżkę. Miał około metra długości, dwa centymetry grubo-
ści i wyglądał dość niewinnie, ale na gołym tyłku zostawiał
bolesną opuchliznę. Po biciu Białym Kijem przez tydzień
nie dało się wygodnie usiąść. Raz kij złamał się na poślad-
kach jednego z chłopców, bo nauczyciel uderzał nim bardzo
mocno, i musieli kupić nowy. Pod prysznicem byłam jedną
z wielu z fioletowym tyłkiem. Zawsze można było poznać,
kto najczęściej dostawał lanie, bo ich siedzenia zawsze miały
wszystkie możliwe odcienie. Najświeższe pręgi były jaskrawe
i podbiegnięte krwią i widać było, że szczypią, bo ich właściciel wzdrygał się, kiedy ściekała na nie woda.

Łagodniejszą karą był zakaz mówienia, nakładany na
dowolnie długi czas. Czasem przez kilka dni musiałam chodzić z niechlubną tabliczką: „Nie rozmawiajcie ze mną. Mam
zakaz mówienia". Z niektórymi kolegami z klasy nigdy nie
zamieniłam słowa, bo wiecznie chodzili z tabliczką. Czasami
zaklejano nam usta kawałkiem grubej taśmy hydraulicznej
i zdejmowano ją tylko do posiłków.

Za przestępstwa werbalne, takie jak odezwanie się bez
pytania, pyskowanie albo powiedzenie czegoś sprzecznego

z „duchem miłości", myto nam usta mydłem. Była to staro-
modna kara, którą na Mo praktykowała jego świątobliwa
matka. A ja miałam fatalny paskudny zwyczaj mówienia,
co myślę, gdy widziałam, że dzieje się coś nie fair. Miałam
bardzo silne poczucie sprawiedliwości i czasami nie mogłam
się powstrzymać. Regularnie dławiłam się kostkami mydła.
Niektórzy dorośli wpychali mi kostkę w gardło, inni kazali
nim szorować zęby, ale najokrutniejsi kazali gryźć i połykać.
Zwykle właśnie wtedy się dławiłam. Ciocia Stacey wyjątkowo lubiła poddawać mnie tej karze.

Jako że byliśmy dziećmi wszystkich i nikogo, zgodnie
z Listem Mo *Jedna żona*, każdy dorosły mógł cię ukarać
za dowolną przewinę, jeśli uznał to za stosowne. Czasami
trudno się było połapać, bo jeden dorosły mógł kazać ci coś
zrobić, a drugi, widząc to, wściekał się, bo uważał, że to złe,
i oczywiście karał po swojemu. Jeśli próbowałeś się tłumaczyć, dostawałeś karę za pyskowanie, ale jeśli nie zrobiłeś
tego, co kazał zrobić pierwszy dorosły, byłeś karany za nieposłuszeństwo. Za najgorsze grzechy popełniane przy kolegach dostawało się publiczne lanie, które miało być równie
bolesne dla twojej dumy co dla twojego siedzenia. Wzięto
to z biblijnego wersetu „Trwających w grzechu upominaj
w obecności wszystkich". Ja dostawałam publiczną chłostę
za takie przestępstwa, jak: narzekanie, kłótliwość, odzywa-
nie się bez pozwolenia czy kłamstwo.

Któregoś dnia po drzemce moje cienkie, marne włosy zaczęły fruwać na wszystkie strony. Pandita, córka szefostwa
szkoły, pokazała je innym dzieciom i powiedziała ze śmiechem:

– Julie wygląda z tymi dzikimi włosami jak żona Jana
Chrzciciela!

Dzieci zaczęły się śmiać razem z nią, a ja poczułam, że
twarz mi płonie.

– A ty jesteś gruba i śmierdząca! – wypaliłam w złości.
Byłam trochę chora i nie w sosie. Nauczycielka usłyszała

zamieszanie, wyciągnęła nas z sali i opowiedziała wszystko naczelnej nauczycielce, Cioci Joy. Kiedy omawiały, jak nas ukarać, my siedziałyśmy w zamkniętym pokoju ponad godzinę. Pociłam się i kręciło mi się w głowie. W końcu nauczycielka przyprowadziła do pokoju całą klasę. Jak się okazało, koleżanka, która mnie przezywała, nie dostanie kary razem ze mną, bo jej rodzice byli pasterzami szkoły. Ta niesprawiedliwość doprowadziła mnie do furii.

– Ale ona mnie nazwała żoną Jana Chrzciciela! – krzyknęłam.

– A co w tym złego? – zaczęła jej bronić Ciocia Joy. – Jan Chrzciciel był prorokiem, który głosił nadejście Jezusa. Ale nazywanie kogoś grubym i śmierdzącym to naprawdę okropna rzecz i będziesz musiała ponieść konsekwencje swojego braku miłości.

To miała być publiczna kara i cała grupa zebrała się, żeby popatrzeć. Ciocia Joy przeczytała różne fragmenty Listów Mo i wersetów biblijnych na temat miłości, potem musiałam publicznie wyznać swój grzech, a potem nastąpiła pogadanka, która zdawała się ciągnąć godzinami. Przez cały ten czas stałam i czekałam na to, co nieuniknione, i modliłam się, żeby już było po wszystkim. Moi rówieśnicy siedzieli po turecku na podłodze i gapili się na mnie, w pokoju było duszno i gorąco. Czułam, jak pot przylepia mi włosy do szyi.

W końcu nadszedł ten moment.

– Zdejmij majtki.

Chociaż wszyscy spaliśmy razem nago i braliśmy wspólne prysznice, to nie było to samo, co rozebrać się do naga przy wszystkich kolegach.

Powoli, powoli ściągnęłam spódnicę, a potem majtki i odwróciłam się, opierając ręce o ścianę, jak nas nauczono.

Ból zadawany przez Biały Kij spadający na nagą skórę był niczym w porównaniu z bólem upokorzenia, który czułam, kiedy wlepiało się we mnie trzydzieści par oczu. Ale to jeszcze nie był koniec. Po laniu była jeszcze modlitwa o zbawienie. Musiałam uklęknąć, a wszyscy w pokoju położyli na mnie dłonie. Po długim gadaniu językami i rytmicznej mantrze „Dzięki Ci, Jezu, dzięki Ci, Panie. Dzięki Ci, Jezu, dzięki Ci, Panie" przyszła moja kolej, by „krzyczeć do Pana w rozpaczy". Potem Ciocia Joy odmówiła nade mną jeszcze jedną długą modlitwę, odpierającą diabła i jego demony i niweczącą ich wpływ na moje życie.

Dwie godziny później nauczycielka zauważyła, że mam wysoką gorączkę. Za moim uchem pojawiła się wielka bulwa. Miałam paskudną infekcję i zapalenie uszu, które trwało prawie dwa tygodnie. Gdy nauczycielki zrozumiały, że moja wybuchowość tego dnia była reakcją na złe samopoczucie, Ciocia Joy wzięła mnie na bok.

– Kotku, przepraszam. Nie wiedziałam, że jesteś chora. Może idź się położyć?

Prywatne przeprosiny to miła sprawa, ale w żaden sposób nie zrehabilitowały mnie w oczach rówieśników. Niestety, publiczne przyznanie się do błędu nie wchodziło w grę.

Z jakiegoś powodu zakładano, że grzechy duchowe, tak jak fizyczne choroby, mogą być zaraźliwe. Rok po przybyciu do Jumbo zaczęliśmy zauważać grupkę starszych nastolatków przebywających na kwarantannie. Nie wolno im było zadawać się z nikim innym. Nie jadali posiłków w ogólnej jadalni; widywaliśmy ich tylko przy degradujących, ciężkich robotach takich jak szorowanie toalet, odpływów i ogromnych podłóg szczoteczkami do zębów. Często zmuszano ich do męczących ćwiczeń; godzinami chodzili w przykucu albo robili pajacyki, aż padali z wyczerpania. Regularnie dostawali lanie deską – kawałkiem sklejki z rączką i wywierconymi dużymi dziurami dla lepszego wyważenia. Zawsze nosili jaskrawoczerwone tabliczki z napisem „Kwarantanna", często miewali usta zaklejone taśmą. Nazywano ich Izolowanymi Nastolatkami.

Najmłodszym, który absolutnie nie był jeszcze nastolatkiem, był ośmioletni Afroamerykanin. Podobno wyraził pragnienie opuszczenia Rodziny, uwięziono go więc w maleńkim pokoju z dorosłym, który pilnował go przez cały czas. Ten chłopiec był tak niebezpieczny, że nie wolno mu się było stykać się nawet z innymi Izolowanymi. Opiekunowie karmili go wyłącznie płynnymi pokarmami i dzień i noc czytali mu Listy Mo, i tak przez rok. Jako że był w moim wieku, często o nim myślałam i zastanawiałam się, co ja bym zrobiła na jego miejscu. Parę razy podczas Czasu Rodziny zauważyłam, jak dorosły opiekun prowadził go na gimnastykę i żałowałam, że nie mogę z nim porozmawiać. Wszyscy unikali Izolowanych Nastolatków jak zarazy, jakbyśmy przebywając w ich pobliżu, mogli się skazić i też zamienić się w nastoletnie potwory.

Ale i ja miałam swoje wady, jak mi nieustannie powtarzano. Musiałam trzymać na wodzy swoją dumę. Duma była źródłem wszelkich grzechów. Ponieważ mój ojciec był sławny – dzięki *Muzyce z przesłaniem* i innym osiągnięciom – zakładano, że z pewnością musi mnie to wbijać w dumę. Jego głos był na każdej kasecie, jego twarz na niemal każdym wideo i nie dało się zapomnieć, kim był, nawet gdybym chciała. A nie chciałam. Nie obchodziło mnie, czy jest sławny. Dla mnie był po prostu tatusiem, za którym tęskniłam.

By stłumić we mnie wszelką nieujawnioną dumę, od czasu do czasu stawiano mnie przy wannie z brudnymi pieluchami, prezentami ze żłobka. Ich pranie było zwykle obowiązkiem Izolowanych, ale czasami wolno mi było dźwigać to brzemię razem z nimi. Pranie trwało godzinami. W te dni nie byłam w stanie jeść. Smród gówna wsiąkał mi w skórę, choć próbowałam go zmyć z całych sił. Ale gorsze od smrodu było upokorzenie, gdy moi szczęśliwi rówieśnicy przechodzili przez łazienkę, żeby popatrzeć, i czuli się pomszczeni za fakt, że nie mają sławnych rodziców.

Mnie nic obchodziło, kim tata był w Rodzinie. Ja chciałam tylko, żeby było tak jak kiedyś. Już prawie całkowicie zapomniałam mamę. Jedyne jej wspomnienie ożywało w snach: widziałam ją z daleka, idącą z Marianą i Victorem, i biegłam do niej, szczęśliwa.

– Mamo! – wołałam. – Mamo! Ale jakoś nigdy nie mogłam jej dogonić, a ona nie słyszała mojego wołania.

Budziłam się z histerycznym płaczem.

Czasami dzieciom pozwalano nocować u rodziców. Te noce były dla mnie bardzo ważne, bo tworzyły pozory rodziny, której tak bardzo mi brakowało. Któregoś razu moja opiekunka, Ciocia Stacey, obiecała mi nocleg u siebie i czekałam na to cały tydzień. Obiecała, że mnie zabierze po spotkaniu, więc leżałam w łóżku i patrzyłam na drzwi przez trzy godziny, aż w końcu nawet nasza nauczycielka zasnęła. Ja nie pozwalałam sobie zamknąć oczu; utrzymywałam przytomność, recytując tekst z teatrzykiem *Muzyki z przesłaniem*, który leciał z odtwarzacza. Spoglądałam to na drzwi, to na zegar, aż powieki zaczęły mi się kleić. Dopiero po północy zrozumiałam, że Ciocia Stacey prawdopodobnie o mnie zapomniała. Ale od tak dawna czekałam na ten rodzinny nocleg, że wykradłam się z łóżka i poszłam na górę, do pokoju cioci Stacey. Spała ze swoją małą córeczką i dla mnie nie było już miejsca na materacu, zwinęłam się więc w kłębek na podłodze u jej stóp i tak zasnęłam. Czułam się jak w luksusowym łóżku. Byłam szczęśliwa, choć nie mam pojęcia dlaczego.

Rozdział 10

Adoptuj mnie, proszę

Kiedy miałam siedem lat, posłano mnie do taty, który mieszkał w Japonii, w bardzo pięknym miejscu, w górach, niedaleko morza. Mój nowy dom nazywał się Szkołą Niebiańskiego Miasta.

Choć tata mieszkał właściwie przy tej samej ulicy, widywałam go tylko raz czy dwa razy w tygodniu. Jak zwykle zostałam przydzielona do dużej grupy siedmio- i ośmiolatków. Tutaj nazywano nas Światełkami. Zaskoczyło mnie, że spotkałam tutaj Daviego i Danny'ego, chociaż nie powinno mnie to dziwić. Tak jak mój tata, ich rodzice pracowali bezpośrednio dla Mo, który wyprowadził się z Filipin do Japonii; zespoły Światowej Posługi, najbliżej z nim współpracujące, przenosiły się razem z Domem Królewskim, więc i chłopcy byli tutaj. Był też Pierre. Jego rodzice, Paul Peloquin i Marianne, też się przenieśli i dostali pasterskie stanowiska w Japonii.

Wielu artystów z *Muzyki z przesłaniem* przeprowadziło się do Japonii, by w dalszym ciągu nagrywać kasety na sprzedaż. W tym czasie rozwinęli się i zaczęli produkować kasety wideo z muzyką dla dzieci pod tytułem *Pioseneczki dla maluchów*. Wieczorami w jadalni ustawiano scenę dla inspiracji i najlepsi muzycy prowadzili śpiewy. Po kolacji dzieci zwykle spędzały godzinkę z rodzicami i czasami udawało mi się pobyć tę godzinę z tatą. Ale w wieczory, kiedy były inspiracje, musieliśmy siedzieć w grupach i traciłam tę godzinę rodzinnego czasu. Przebywanie z ojcem było taką rzadkością, że w końcu znienawidziłam te wspólne śpiewy, bo zabierały mi chwile, które mogłam spędzić z nim. Siedziałam i płakałam, gdy wszyscy śpiewali wokół mnie. A ponieważ płaczące dziecko na wideo nie wyglądałoby dobrze, często wyprowadzano mnie z sali i musiałam spędzić godzinę sama, w sypialni, słuchając przytłumionego śpiewu.

Chwile, które spędzałam z tatą, były dla mnie skarbem. Chodziliśmy razem na długie spacery albo wspinaliśmy się na wzgórze do piramidy. W jej wnętrzu zbudowano miniaturowe kosmiczne miasto zgodnie z objawieniami Mo na temat wyglądu Niebiańskiego Miasta. Mogłam siedzieć tam godzinami i patrzeć na maleńkie, przypominające klejnoty budynki rozświetlone lampkami, na maleńkie drzewa i ludzi. To wyglądało jak magiczna kraina cudów i fantazjowałam, że kurczę się do rozmiarów Calineczki i mieszkam w tym ślicznym, małym świecie.

Po kilku miesiącach wyjechaliśmy z tatą z Japonii i wróciliśmy na Filipiny, żeby spotkać się z Celeste, która przyjechała prosto z farmy Hosei w Makau. Jumbo zwijał się właśnie po trzech latach od otwarcia i naszym zadaniem było szorowanie posiadłości do upadłego, by można było ją zwrócić właścicielom w idealnym stanie. Tam wypadły moje ósme urodziny i po raz pierwszy od czterech lat tata i Celeste mogli je świętować ze mną.

Od kiedy w komiksie *Życie z Dziadkiem* wyszła historyjka o tym, jak Techi dostała pozytywkę z małą baletnicą tańczącą na lusterku, strasznie chciałam mieć taką samą. Błagałam tatę, żeby dał mi taką na urodziny. Choć wtedy tego nie wiedziałam, ta prośba wzbudziła w nim panikę. Nikt z rodziny miał nie wiedzieć, gdzie mieszka Mo, a tata sądził, że jeśli kupi mi taką pozytywkę, jaką ma Techi, domyślę się, że Rodzina Królewska mieszka na Filipinach.

W dniu moich urodzin tata, Celeste i ja poszliśmy do miasta. Obiecał, że jeśli znajdziemy taką pozytywkę, jaką chciałam, to mi ją kupi. Tak naprawdę miał nadzieję, że nie znajdziemy, i namawiał Celeste, żeby pomogła mi wybrać inny prezent, ale ja się już nastawiłam i nic nie wydawało mi się takie fajne. Przeczesaliśmy chyba większość sklepów w mieście. Przed wieczorem byliśmy już zmęczeni i tata zgodził się, że odwiedzimy jeszcze jedno, ostatnie centrum handlowe. Próbował mnie zainteresować grającymi pluszakami.

– Popatrz, kotku, może ten miś, który gra, gdy pociągniesz za sznureczek? – Pokazał mi pluszowe zwierzątko, ale ja zmarszczyłam nos.

– Tato, to są zabawki dla małych dzieci!

Poszłam kawałek dalej alejką między regałami i nagle... Znalazłam! Cały rząd ślicznych pozytywek, z łabądkami, z tańczącymi parami i oczywiście z baletnicami.

– Tatusiu, tatusiu, znalazłam! Znalazłam! Wiedziałam, że znajdę!

Ujrzałam zdumienie w jego oczach. Nawet on już zaczął wątpić w istnienie pozytywek.

– No cóż, kochanie, widocznie Jezus chce cię nagrodzić za determinację! – przyznał. – Którą byś chciała?

Wybrałam czarną z czerwonozłotym rysunkiem łabędzi lecących nad jeziorem okolonym pałkami wodnymi. W środku było magnetyczne lusterko, na którym dwie baletnice tańczyły przy dźwiękach *Jeziora łabędziego*. Byłam oczarowana tą pozytywką i przez wiele lat przechowywałam ją jak skarb. W drodze do domu wstąpiliśmy na lody, co było nie lada gratką. To był jeden z najszczęśliwszych dni w moim życiu, czułam się jak w niebie.

Kilka tygodni później przeprowadziliśmy się do nowego Domu z resztą członków Rodziny, którzy mieszkali jeszcze na Filipinach. Był to naprawdę szczęśliwy i radosny czas spędzony z ojcem. Robiłam mu niespodziankowe owsiane kulki z czekoladą i patrzyłam, jak zajada je z przyjemnością. W te noce, gdy spałam w jego pokoju, wkładałam jako koszulę

nocną jego T-shirt, który sięgał mi do łydek, i zwijałam się
w łóżku, a on opowiadał mi historie o swoich kotach, o czasach szkoły z internatem i o tym, jak dołączył do Rodziny.
Z miłością przeglądałam jego album ze zdjęciami pełen fotek naszej trójki, które budziły wspomnienia szczęśliwszych
czasów. Ale nigdy nie znalazłam zdjęć matki, braci ani sióstr.

Jedno zdjęcie zwróciło moją szczególną uwagę. Przed-
stawiało śliczną, uśmiechniętą dziewczynkę, mniej więcej
czteroletnią, stojącą z czerwonym jabłkiem w dłoni pod bo-
żonarodzeniową choinką. Z wielkimi niebieskimi oczami,
różowymi policzkami i długimi ciemnymi lokami błyszczącymi w świetle choinkowych lampek wyglądała jak porcelanowa laleczka.

– Tatusiu, kto to jest? – spytałam, unosząc zdjęcie.

– Hm? A, to jest twoja grecka siostra, Davida.

– Ja mam grecką siostrę? – Nigdy wcześniej o niej nie
słyszałam. Tata nigdy nie mówił o żadnym ze swoich dzieci
i przez całe moje życie to tu, to tam wyskakiwało jakieś niespodziewane rodzeństwo.

– Tak. I jest w twoim wieku. Nawet urodziła się w tym
samym szpitalu co ty.

– Jesteśmy bliźniaczkami?

– Nie. Zdaje się, że jest miesiąc starsza od ciebie.

– I gdzie ona jest? – spytałam.

– Nie wiem. Pewnie gdzieś w Grecji.

Długo przyglądałam się zdjęciu i w końcu się zdecydowałam. Od tej pory mówiłam ludziom, że gdzieś na świecie
mam siostrę bliźniaczkę.

Kilka miesięcy później tata oznajmił, że wyjeżdżamy z Filipin do Indii. Ta przeprowadzka miała być inna niż wcześniejsze, bo tata jechał z nami, ale kiedy tylko wylądowaliśmy
w Bombaju, natychmiast podrzucił mnie i Celeste do szkoły
z internatem i dołączył do Domu Świadków. Przez kilka miesięcy, które tam spędziłyśmy, widziałam go ledwie parę razy.

Spałyśmy na piętrowych łóżkach; moje było na górze, przy oknie. Miałam stamtąd niezły widok na sąsiedztwo. Po drugiej stronie ulicy była miejska sala zgromadzeń, w której często odbywały się wesela. Czasami przez parę dni z wielkich głośników ryczała bollywoodzka muzyka. Nocami leżałam i patrzyłam na Hindusów tańczących w kolorowych ślubnych strojach; wszędzie było pełno świateł i kwiatów. Wyglądało to jak jakaś kraina fantazji i bardzo się cieszyłam, że mam sekretny wgląd do tego świata.

Któregoś dnia mieliśmy czas wolny na patio – tylko wtedy wolno nam było bawić się na dworze albo ćwiczyć – kiedy rozległ się dzwonek. Hinduski wujek pełniący obowiązki odźwiernego poszedł do bramy. W progu stała bogata hinduska rodzina. Wzięli naszą szkołę za sierociniec i przyszli się rozpytać w sprawie adopcji któregoś z nas.

Serce zabiło mi jak szalone. Tak strasznie chciałam iść z nimi! To była rodzina, która chciała dziecka, a ja byłam dzieckiem, które chciało rodziny. O mało nie wyskoczyłam na dwór i nie krzyknęłam: Weźcie mnie!" O tacie nawet nie pomyślałam.

Wujek szybko wyprowadził ich z błędu. Załamałam się, kiedy odeszli. Przez resztę dnia wyobrażałam sobie, jakby to było dorastać w ich domu, i tak rozbudowałam w głowie tę fantazję, że stała się dla mnie niemal rzeczywista.

Od czasów Jumbo stałam się bardzo cichym, introwertycznym, ale zaradnym dzieckiem. Wiedziałam, co podoba się nauczycielom, i siłą woli narzuciłam sobie dyscyplinę milczenia. Po raz pierwszy w życiu udawało mi się uniknąć bicia. Rozumiałam, że aby przetrwać, muszę się stać kameleonem, dopasowującym się do każdego otoczenia, w jakim się znalazłam. Jeśli chcieli milczenia i uległości, dostawali grzeczną dziewczynkę z dłońmi złożonymi na podołku; jeśli chcieli śpiewu, śpiewałam z zapałem; tańczyłam, jak mi zagrali. Moim najlepszym przebraniem była przeźroczystość. Miało to swoje wady: przez tę nowo odkrytą umiejętność przypodobania się nauczycielom nie miałam zbyt wielu przyjaciół.

Jednej z nauczycielek, Cioci Peace, było mnie żal. Była łagodną kobietą z kręconymi rudymi włosami i błękitnymi oczami. Nawet kiedy się gniewała, zawsze zachowywała spokój i nigdy nie wrzeszczała na nas tak jak inni dorośli. Miałam straszne kompleksy na punkcie swoich włosów, bo wiecznie żartowano, że są takie cienkie i marne. Od niemowlęctwa dręczyła mnie ciemieniucha, która zmieniła się w egzemę. Łuski pokrywały całą skórę głowy i nie pozwalały włosom rosnąć. Kiedy nudziłam się w nocy, skubałam suchą skórę, a razem z nią schodziły włosy. Rano z przerażeniem odkrywałam wielkie łyse placki w wyskubanych miejscach. Jedna z dziewczynek z mojej klasy miała długie gęste włosy sięgające aż za pośladki i patrzyłam z zazdrością, jak opiekunki je szczotkowały. Ja nigdy nie pozwalałam nikomu dotykać swoich włosów i zawsze związywałam je sama, gdy nikt nie patrzył, w nieporządny kucyk.

Któregoś dnia Ciocia Peace namówiła mnie, żebym je rozpuściła i rozczesała mi je delikatnie, mówiąc, jakie są piękne.

– Są różne rodzaje włosów, Julie – powiedziała. – To, że twoje nie są grube i długie, nie znaczy, że nie są piękne. Sama jesteś bardzo piękną i wyjątkową dziewczynką i kiedy dorośniesz, będziesz robiła wyjątkowe rzeczy.

Nigdy nie zapomniałam tej dobroci i zawsze myślałam o Cioci Peace z czułością, jakby była moją matką. Żeby się odwdzięczyć, nosiłam na rękach jej małą córeczkę, gdy krzyczała w nocy, a dorośli byli na dole, na zebraniu.

– Nie musisz płakać – szeptałam, kołysząc ją. – Twoja mamusia wróci. Moja już nigdy po mnie nie wróci, a ja nie płaczę, więc ty też nie powinnaś. – Nakręcałam pozytywkę i śpiewałam małej, dopóki nie zasnęła. Długie lata później dowiedziałam się, że Ciocia Peace swojej drugiej córeczce dała imię po mnie.

Był to pierwszy raz, kiedy poczułam się w miarę bezpiecznie w swoim środowisku, co pozwoliło mi zacząć tworzyć delikatne nitki przywiązania. Ledwie w moim życiu pojawił się jako taki porządek i poczucie przynależności, tatę na nowo wezwano do Szkoły Niebiańskiego Miasta w Japonii. Poleciał ze mną i z Celeste do Tajlandii i podrzucił do Obozu Szkoleniowego w Bangkoku, obiecując, że wróci po nas za parę miesięcy.

Tata nigdy nie był dobry w dotrzymywaniu obietnic.

Część 3

Historia Kristiny

Rozdział 11

Podwójne życie

Pamiętam tę scenę, jakby była wczoraj. Miałam pięć lat. Był słoneczny dzień. Wstaliśmy wcześnie, żeby pójść na Bratanie w londyńskim Hyde Parku. Wszyscy witali się całusami i uściskami, mówili do siebie „siostro" i „bracie". Było nas ponad osiemdziesięcioro – siedzieliśmy na trawie i klaszcząc rytmicznie, śpiewaliśmy: „Musisz być dzieckiem, żeby pójść do nieba".

Ja też śpiewałam z całego serca, tak głośno, jak umiałam. To był szczęśliwy dzień i napawałam się radosną atmosferą. Wraz z innymi dziećmi rozdawałam ulotki rosnącemu tłumkowi gapiów i prosiłam, żeby pomodlili się z nami o przyjęcie Jezusa do serca. Kiedy udało mi się „zdobyć duszę" dla Nieba, pobiegłam z powrotem, żeby przyłączyć się do tańców. Wszyscy chwyciliśmy się za ręce i utworzyliśmy duży krąg; trzymałam się mocno, krążąc razem z innymi. Śpiewaliśmy:

Cygański tabor rusza, jedźcie z nami,
Do radosnego kraju, innej ziemi...

Patrzyłam na moją piękną matkę z włosami do pasa, grającą na gitarze. Jako Dzieci Boga mieliśmy być jedną wielką, szczęśliwą rodziną. Mama opowiadała mi historie o początkach, kiedy mieli dwupoziomowy autobus znany jako Bus Proroka, pomalowany na jasnożółty kolor, z jaskrawym napisem „Rewolucja dla Jezusa" na bokach. Autobus, pełen śpiewających i klaszczących wyznawców, jechał na Trafalgar Square, gdzie wszyscy wysiadali i parami szli dawać świadectwo młodzieży z gitarą, Biblią Króla Jakuba i ulotkami.

Takie szczęśliwe chwile były rzadkością. Mam wrażenie, że całe moje wczesne dzieciństwo wypełniało poczucie cichej rozpaczy przez ojczyma, którego nienawidziłam, i matkę, która wydawała się tak oderwana od rzeczywistości i krucha, że sama potrzebowała ochrony przed światem. Była księżniczką przykutą do skały, ojczym był okrutnym smokiem, a moim zadaniem było chronienie jej za wszelką cenę. To dlatego próbowałam oszczędzić jej wiedzy o wszelkich przejawach maltretowania, jakiego byłam ofiarą: seksualnego, fizycznego i werbalnego.

Mój prawdziwy tata był rycerzem w lśniącej zbroi. Byłam pewna, że któregoś dnia nas uratuje. Połączymy się z nim i moją starszą siostrą, Celeste, i ból się skończy.

– Opowiedz, jak poznałaś tatę – wierciłam mamie dziurę w brzuchu, kiedy byłyśmy same i Joshua nie słyszał. Miałam na myśli mojego prawdziwego tatę, nie Joshuę, znienawidzonego ojczyma, który dręczy mnie niemal codziennie.

Opowieść zawsze brzmiała tak samo. Mama i tata tego samego dnia przyjechali do komuny Dzieci Boga w Kent. Dobrze im było ze sobą i Pan mówił im, że powinni się pobrać. Czuła to. Tata podszedł do niej podczas zbiorczego Bratania w centralnym Londynie.

– Czy Pan coś ci pokazał? – zapytał ją.

– Tak – odparła potulnie. – Że powinniśmy się pobrać?

Tata teatralnie padł na kolana i chwycił ją w pasie.

– Bogu niech będą dzięki. – Westchnął z ulgą.

Uwielbiałam tę historyjkę; wydawała mi się niesamowicie romantyczna, przez co jeszcze smutniejsze było to, że nie byliśmy już szczęśliwą rodziną.

Urodziłam się w Indiach, w Bombaju, gdzie rodzice pracowali jako misjonarze. Od najmłodszych lat byłam dość uświadomiona seksualnie – bo trudno było nie być. Mniej więcej w czasie, kiedy się urodziłam, nasz prorok Mo opublikował serię Listów opisujących nowy rodzaj posługi zwanej Połów na Podryw. W listach tych wspominał, że przez wiele lat był samotnym domokrążcą bez rodziny i współczuł mężczyznom w potrzebie, którzy nigdy nie zaznali prawdziwej miłości Boga. „A kto lepiej niż Rodzina nadaje się, by im ją dać?", pisał. Pysznił się, że jest bożym rybakiem; seks miał być haczykiem na dusze, a kobiety były jego przynętą. Seks był najwyższym wyrazem miłości, a skoro Jezus był gotów umrzeć za nas na krzyżu, to my powinniśmy być gotowi poświęcić nasze ciała, by zdobywać dla Niego dusze i nowych rekrutów. Dwa z tych listów, *Boże nierządnice* i *Dziwki dla Jezusa*, wyjaśniały też, w jaki sposób Połów na Podryw ma pomóc płacić rachunki. Mo opisywał, jak zabrał się do tego ze swoją drugą „żoną", Marią, którą niczym alfons posyłał na podryw do hotelowych barów i nocnych klubów w Londynie i na Teneryfie. Z jednym ze złowionych w ten sposób mężczyzn miała nawet syna – Davidita.

Ta szokująca nowa praktyka skłoniła wiele osób do opuszczenia rodziny.

Któregoś dnia, kiedy miałam ledwie parę miesięcy, mamie powiedziano, że ma iść na Połów na Podryw i zdobywać nowe dusze. Kiedy zrozumiała, z czym się to wiąże, powiedziała tacie:

– Tak nie można.

Tata roześmiał się i próbował ją przekonać, że powinna to zaakceptować.

– Skoro Mo mówi, że to jest w porządku, to kimże my jesteśmy, żeby się sprzeciwiać?

Mama, skołowana i niepewna, postanowiła się pomodlić i spytać Pana, czy to może być prawda. Kiedy się z tym przespała, okazało się, że zmieniła zdanie. Rozumiała, że powinna być szczęśliwa, darowując swoją miłość, a nawet ciało, by zdobywać zagubione dusze, skoro to sprawi przyjemność

Panu. Potem znów zaszła w ciążę: poczęty został mój brat David. Wszystkie jej ciąże były trudne, nękały ją gwałtowne wymioty i awersja do zapachów i dotyku, a gdy była w tym stanie, odrzucała ją sama myśl o fizycznej bliskości z mężem. Ojciec powiedział jej, że chce sobie znaleźć kogoś innego, kto pozwoli mu zaspokoić seksualne potrzeby poza małżeństwem. Zwrócił się z tą prośbą do lokalnego pasterza, a ten pożyczył mu własną żonę.

W wewnętrznym magazynie opublikowano artykuł wizytującego pasterza piętnującego siostry, które nie wychodziły naprzeciw seksualnym potrzebom braci w komunach.

– Byłam bardzo zaskoczona – powiedziała mi mama, kiedy ją o to spytałam. – Nie miałam pojęcia, że mamy to robić.

Po tej reprymendzie natychmiast wprowadzono seksualne „dzielenie". W kwietniu 1978 roku urodził się David. Ja miałam wtedy szesnaście miesięcy. Mama z trudem radziła sobie z trójką małych dzieci, gdy ojciec spędzał większość czasu przy produkcji swojego programu radiowego, *Muzyka z przesłaniem*. Mama czuła się porzucona i była zazdrosna, że musi się dzielić mężem. Regionalna pasterka zauważyła, że coś jest nie tak, więc mama, wzruszona jej troską, spróbowała jej się zwierzyć. Raport z rozmowy trafił do przełożonych, którzy posłali mamę do Madrasu na „przerwę", by modlitwą poprosiła o odpowiedź, czy chce zostać z tatą.

David był jeszcze niemowlakiem, więc mama zabrała go ze sobą. Kiedy była w komunie w Madrasie, zakochał się w niej brat z Australii, Joshua. Poproszono go, żeby zwolnił dla niej pokój, ale się nie wyniósł. Wypoczęta po sześciu tygodniach mama wróciła do taty, by przekonać się, że pod jej nieobecność wdał się w romans z hinduską siostrą, Ruth, która nosiła już jego dziecko. Joshua przyjechał za nią z Madrasu i zwołał zebranie, na którym zasugerował, że powinien zostać z moją matką, a tata z Ruth.

Tata zapytał mamę:

– Chcesz ze mną zostać?

– Tak – odparła.

To był koniec sprawy i rodzice wyprowadzili się do innej komuny. Joshua jednak nie odpuszczał i przychodził codziennie, żeby pomagać jej przy dzieciach. Po kilku tygodniach tych wizyt, widząc Joshuę wciąż kręcącego się koło mamy, tata zażądał separacji.

– Byłam temu absolutnie przeciwna – powiedziała mi mama ze smutkiem – ale Joshua był strasznie natarczywy, a ojciec uparty. Nie chciał zmienić zdania.

– Nie mogłaś go ubłagać? – zapytałam.

Mama pokręciła głową.

– Był moim mężem. Czułam, że nie mam wyjścia. Musiałam go usłuchać i być z Joshuą. A tata uparł się zatrzymać Celeste.

– Ale dlaczego nie chciał mnie? – spytałam. Czułam się odrzucona, choć pozostanie z nim oznaczałoby rozłąkę z mamą, więc i tak byłabym rozdarta między nimi dwojgiem.

Próbowała mnie zapewniać, że to nie dlatego, że mnie nie kochał, ale po prostu byłam za mała.

– A czy Celeste nie potrzebowała mamy? – spytałam.

Wiedziałam, jak bardzo mama tęskniła za Celeste, więc nigdy nie osiągnęłam niczego tymi przesłuchaniami. Zawsze dostawałam tę samą odpowiedź.

– No cóż, widocznie uważał, że będzie uczciwie, jeśli ja zatrzymam was dwoje. – To mnie odrobinę pocieszało.

Niedługo później z powodu potępiających artykułów prasowych, obnażających Połów na Podryw, hinduska policja nakazała wszystkim Dzieciom Boga opuścić kraj. Joshua zdecydował, że pojedziemy do Anglii. Przed wyjazdem odwiedziliśmy jeszcze tatę i Celeste, żeby się pożegnać. Mama była w szoku, dosłownie zdruzgotana takim obrotem sprawy. Trudno jej było pogodzić się z faktem, że Bóg każe jej porzucić najstarszą córkę.

Płakałam, kiedy jechaliśmy przez gwar i chaos na bombajskie lotnisko, i wspominałam ostatnie słowa, jakie powiedziała do mnie Celeste:

– Opiekuj się małym Davidem.

W zimnej Anglii mama przepatrywała tłum na lotnisku, aż dostrzegła swoich rodziców, Billa i Margaret, którzy na nas czekali. Zmęczeni po długiej podróży, zmarznięci, wpakowaliśmy się do samochodu i dziadkowie zawieźli nas do swojego wygodnego domu w Środkowej Anglii. Zaznaliśmy od nich mnóstwa miłości i dobroci. Zabierali nas na fajne wycieczki i spacery z psami. Spędziliśmy z nimi pierwsze prawdziwe Boże Narodzenie. Była ogromna choinka z czekoladkami, cukierkami, ozdobami i prezenty pod choinką. To było wspaniałe, bo Mo nie uznawał prezentów ani świątecznych przysmaków.

Uwielbiałam mojego nowego dziadka! Siadałam mu na kolanach, a on czytał mi różne historie. Szczególnie lubiłam jedną książkę, pokazującą, jak działają mechanizmy statków i samolotów. Dziadek był inżynierem, więc potrafił wytłumaczyć każdy szczegół każdej maszyny. Uwielbiałam słuchać o silnikach, żaglach i grubych stalowych kadłubach.

Joshua był przed trzydziestką, miał szopę ciemnoblond włosów i zwisające wąsy. Powiedział mi, że w Indiach był narkomanem. Kiedy spotkał Dzieci Boga, spuścił w toalecie narkotyki i papierosy i tego samego wieczoru wstąpił do wspólnoty. Dla innych potrafił być dowcipny i czarujący, ale ja i David musieliśmy znosić jego brak cierpliwości, nakazy, zakazy i wybuchy złości. Byłam małą przylepą, ale w jego przypadku instynkt nakazywał mi ostrożność. Nie lubiłam go i nie chciałam się do niego przytulać ani siadać mu na kolanach. Z początku tęskniłam za ojcem i choć Joshua się upierał, nie chciałam nazywać go „tatą", co wiecznie go złościło.

Kiedy był w dobrym nastroju, opowiadał mi zabawne historyjki.

– Wychowywałem się na wsi, w górach. To było tak odludne miejsce, że sprzedawałem mieszczuchom powietrze z Błękitnej Góry w słoikach po dżemie. – Śmialiśmy się, ale to było zawsze jak stąpanie po linie: jak głośno się śmiać. Zbyt mało albo zbyt dużo i zarabiało się trzepnięcie po głowie. Wiedziałam, że jeśli go nie zadowolę, czeka mnie lanie albo inna kara. Wystarczało, że posłał mi spojrzenie albo zrobił gest ręką w stronę paska, a ja kuliłam się w sobie i robiłam, co mi kazał, jak pies Pawłowa.

Nasi dziadkowie nie mogli zrozumieć, dlaczego Joshua nas bije, bo w ich oczach byliśmy aniołkami, ale czuli, że nie mogą się wtrącać. Jestem jednak pewna, że rozmawiali o tym za zamkniętymi drzwiami swojej sypialni. Babcia nie pochwalała jego surowości i często nas przed nim broniła. Któregoś dnia, przechodząc obok niej, mruknęłam: „Nienawidzę tego człowieka". Nic nie powiedziała, ale wyczułam jej milczące wsparcie i od tej pory była dla mnie jeszcze milsza.

Uwielbiałam mieszkać u dziadków i kiedy Joshua zapowiedział im, że będziemy misjonarzami w Polsce, byli przerażeni.

– Nie lepiej by było otworzyć sklep ze zdrową żywnością? – spytał dziadek.

Moim zdaniem to był świetny pomysł; mielibyśmy dom i siedzielibyśmy w jednym miejscu. Ale mama tylko pokręciła głową. Nawet nie próbowała wytłumaczyć swojemu ojcu, że dla członków Rodziny praca za pieniądze w Systemie to grzech. Zresztą i tak by pewnie nie zrozumiał.

Życie pod czujnym okiem dziadków przerosło Joshuę. Widziałam i słyszałam, jaką presję wywierał na mamę.

– Nienawidzę tego domu. Oni mnie nie lubią. Wyprowadzamy się – naciskał, aż w końcu ją urobił. Nasze cudowne odwiedziny u dziadków skończyły się o wiele za szybko. W styczniu wyjechaliśmy do Blackpool i zamieszkaliśmy z parą, która świeżo dołączyła do Rodziny. Przez kolejnych dziesięć lat mieszkaliśmy w ponad czterdziestu miejscach.

To oczywiście oznaczało, że nie miałam żadnego, które mogłabym nazwać domem.

W tajemnicy, za plecami Joshui, mama napisała do taty, by zapytać, czy mogłaby do niego wrócić. Pytałam w kółko:

– Czy przyszedł już list? Czy tatuś odpisał? – A ona kręciła głową. Czas mijał powoli, a listu wciąż nie było. Czekałyśmy w napięciu; to było jak wieczność.

Kiedy mama powiedziała Joshui, że chce wrócić do mojego prawdziwego taty, zmienił się. Nieustannie ją krytykował, wiecznie szukał w niej jakiejś winy i to się nasilało, aż zaczął ją bić. Byłam za mała, żeby cokolwiek zrobić, słuchałam tylko jej szlochu. A potem, gdy Joshua nie patrzył, przytulałam się do niej i szeptałam jej do ucha:

– Wszystko będzie dobrze, mamusiu, tata niedługo odpowie. – Mama kiwała głową, ale w jej spojrzeniu widziałam bezradność. Stopniowo zaczęła się zamykać w sobie, coraz bardziej i bardziej, aż zmieniła się w ducha, który mieszkał z nami, ale tak naprawdę go nie było.

Z Blackpool przenieśliśmy się do Londynu i urząd kwaterunkowy umieścił nas w pensjonacie w Paddington, niedaleko stacji kolejowej. Tam czekaliśmy na mieszkanie komunalne. Było tam strasznie zimno i ponuro. Oboje z Davidem zachorowaliśmy na krztusiec i mama zabrała nas do lekarza, ale nie pozwoliła nam brać żadnego lekarstwa, bo Mo wierzył, że powinna nas wyleczyć sama wiara. Gwałtowny kaszel przy krztuścu jest odruchowy i nie da się go w żaden sposób powstrzymać, ale ponieważ rzekomo nie byliśmy chorzy, nie wolno nam było zdradzać żadnych objawów.

Tuż przed odwiedzinami dziadków Joshua spojrzał na nas groźnie i kiwając nam palcem przed twarzami, zapowiedział:

– Ani się ważcie przy nich kaszleć, bo dostaniecie lanie.

Prawie się dusiłam i zrobiłam się sina, próbując powstrzymać napady, a kiedy tylko wyszli, kaszlałam i kaszlałam, dławiąc się i z trudem chwytając powietrze.

Mieliśmy bardzo mało pieniędzy i mama musiała wieczorami chodzić na Połów, żeby trochę zarobić – i oczywiście łowić dusze, jak powiedział Joshua. Wiedziałam, dokąd chodzi, więc czesałam jej włosy, żeby ładnie wyglądała. Często zostawałam sama z małym Davidem, gdy Joshua chodził odwiedzać innych członków rodziny albo ukradkiem wybierał się do pubu. Codziennie kazał mi się uczyć na pamięć partii biblijnych wersetów i odrabiać lekcje przed spaniem, więc posłusznie siadałam do pracy.

Któregoś wieczoru, kiedy mama wyszła na Połów, Joshua ruszył do drzwi.

– Połóż Davida spać i umyj naczynia – rozkazał. – I nie zapomnij pomodlić się przed snem – dodał, nim wyszedł.

Kiedy już uśpiłam Davida i odrobiłam lekcje, byłam tak zmęczona, że zapomniałam o naczyniach i położyłam się do łóżka. Obudził mnie bolesny cios pasem po ciele i krzyk Joshui:

– Wstawaj!... Już!

Zacisnęłam pięści i zeszłam z piętrowego łóżka; na drabince zawsze obijałam sobie stopy. Pobiegłam do zlewu, wdrapałam się na krzesło i zaczęłam myć naczynia, a on sterczał nade mną i krzyczał; jego oddech śmierdział piwem. Talerze były śliskie i bałam się, że któryś upuszczę. Nigdy mi nie przyszło do głowy, że Joshua trwoni pieniądze, na które mama tak ciężko pracowała.

Po pięciu dołujących miesiącach życia w ciasnym pensjonacie dostaliśmy mieszkanie komunalne w Deptford: ponurej, zapuszczonej dzielnicy w południowym Londynie, niedaleko Tamizy. Armia Zbawienia dała nam trochę mebli i wprowadziliśmy się. Po sąsiedzku mieszkała miła Szkotka i czasami wolno mi było się bawić z jej córką, która była w moim wieku, a czasem i z innymi miejscowymi dziećmi. Nasze mieszkanie było małe, z maciupkim balkonem, bez ogródka. David i ja znów mieliśmy wspólne piętrowe łóżko – ja spałam na górze.

Czasami wieczorem po wspólnej modlitwie Joshua czytał nam na dobranoc. Nie wolno mi już było czytać moich ulubionych bajek, takich jak *Kubuś Puchatek*. Dowiedziałam się, że te bajki i historyjki to systemowa propaganda i strata naszego cennego czasu. Zamiast nich Joshua czytał nam historyjki o Davidicie, synu Marii, które później skompilowano w *Księgę Davidita*. Opowieści te, napisane przez jego nianię, Sarę, były jak dziennik opisujący życie „małego Księcia". Stały się podręcznikiem wychowania dzieci, z którego miała korzystać Rodzina. Rozdział *Mała rybka* zawierał pornograficzne rysunki Davidita i córki Sary, Davidy, leżących nago w różnych seksualnych pozycjach. Było nawet zdjęcie Sary ssącej penisa dwuletniego Davida, i sekretarki Marii, Sue, leżącej nago z Daviditem na sobie.

Joshua uczył mnie, że seks i nagość to naturalne sprawy, więc kiedy zaczął mnie molestować, nie miałam pojęcia, że robi coś złego. Pierwszy raz odbył się w Deptford i tkwi w mojej pamięci jak zdjęcie. Wciąż widzę pomarańczowe zasłonki w duże białe kwiaty i zwisający żyrandol rzucający cienie po pokoju. Leżałam na górnej pryczy i słuchałam „bajki" na dobranoc; David zasnął na dolnej pryczy. Kiedy Joshua skończył czytać, odłożył książkę. Głowę miał na wysokości mojego łóżka. Założył sobie moje nogi na szyję i zaczął mnie masturbować. Położył usta na moich ustach i wcisnął język do środka. Był mokry i śliski, chciało mi się wymiotować. Miałam trzy lata.

Potem zaczął lizać moją waginę. Jego zarost drapał, ale bardzo się starałam leżeć nieruchomo, nawet kiedy bolało i robiło się nieprzyjemnie. To był dopiero początek. Zmuszał mnie, żebym go dotykała i ocierał się o mnie. Byłam przerażona, że go rozzłoszczę, więc zawsze robiłam to, czego chciał.

– No dochodź! – mówił i złościł się, że nie rozumiem, o czym mówi. – Do diabła, nie możesz mieć orgazmu? – Mo uważał, że nawet małe dzieci mogą szczytować, ale skąd ja miałam wiedzieć, co to jest orgazm? Czułam tylko przerażenie, a czasami ból.

Nie tylko to, co mi robił, pozostawiło blizny i rozdarło serce, ale i patrzenie, jak dręczył mojego małego brata i matkę. Cytował Biblię i gniewnie perorował całymi godzinami, a my musieliśmy siedzieć i potulnie tego słuchać. Wściekał się, krzyczał, wytykał mamie wszystkie wady, aż w końcu zaczynał ją bić i rzucać w nią, czym popadnie. Byłam zażenowana i wstydziłam się go, kiedy krzyczał i bił nas przy Systemitach albo innych członkach rodziny za to, że nie jesteśmy idealni. Często myślałam, że to na niego ktoś powinien nakrzyczeć. Nie chciałam być taka jak on, nie chciałam się tak zachowywać. Davidowi rzadko cokolwiek uchodziło na sucho, a w miarę jak rósł, lania były coraz surowsze. Jego dziecinne próby naprawienia sytuacji tylko wkurzały Joshuę, który oczekiwał, że będziemy się zachowywać jak dorośli ludzie.

– Przestań się zachowywać jak dziecko! – krzyczał, a ja myślałam: przecież my jesteśmy dziećmi! Dodatkowo mieszało nam w głowach to, że jego nienawiść i gniew były okraszane zdaniami takimi jak „robię to, bo cię kocham".

Nie wolno nam było tak po prostu być dziećmi i bawić się jak dzieci. Bardziej przypominaliśmy jego osobistych niewolników, którzy nieustannie musieli być w pogotowiu, gdyby czegoś zażądał. Musieliśmy kwitować jego słowa krótkim „amen" albo „tak, ojcze". Wiecznie byłam nerwowa, wiecznie usiłowałam przewidywać jego wciąż zmieniające się zasady. Nigdy nie mogłam zrobić nic, co by go zadowoliło, choćbym stawała na głowie. Moim życiem kierował instynkt samozachowawczy, nigdy nie wiedziałam, kiedy ja i mój brat padniemy ofiarą jego brutalności.

Wybuchał z powodu najdrobniejszych uchybień.

– Nina! Dlaczego nie przewidziałaś, że David może to sobie włożyć do buzi? – Trach!

– Nina! Kto cię prosił, żebyś tu weszła i zabrała Davida?
Rozmawiam z twoją matką!

– A... a... ale on pła... – Trach!

Przez to wszystko trudno mi było być dla niego miłą,
chociaż naprawdę chciałam, nie dlatego, że go kochałam;
o nie, nienawidziłam go. Po prostu rozpaczliwie pragnęłam,
żebyśmy wszyscy żyli w zgodzie i byli szczęśliwi, a intuicja
podpowiadała mi, że jeśli będę lubić Joshuę, życie mamy będzie choć trochę lżejsze.

Mniej więcej w tym czasie z Australii przyjechali rodzice
Joshui, żeby nas poznać. Zameldowali się w hotelu, by być
blisko i codziennie gdzieś nas zabierać. Byli miłymi, wesołymi
Australijczykami, tak dobrodusznymi i pełnymi ciepła, że nie
wiem, jakim cudem wychowali takiego syna. Natychmiast
zaakceptowali nas jako swoje wnuki i kazali się nazywać bu-
nią i dziadziem. Uwielbiałam ich, bo nawiązali z nami bardzo
naturalny kontakt, czego nie można było powiedzieć o mamie.
Mama potrafiła chować się we własny świat, jakby wyłączała się psychicznie. Być może to była dla niej jedyna ucieczka.

W końcu mama dostała długo wyczekiwaną odpowiedź
od taty. Kiedy Joshua wyszedł, wpakowałam się jej do łóżka
i prawie popłakałyśmy się nad listem. Tata chciał nas z powrotem! Moje serce śpiewało z radości, a mama uśmiechała
się i głaskała mnie po włosach.

– Niedługo znów będziemy rodziną – powiedziała. – Nie
mogę się doczekać, kiedy zobaczę Celeste. To już tak długo. –
W milczeniu kiwnęłam głową.

Używanie antykoncepcji było uznawane za bunt przeciw Bogu. Mama szczerze wierzyła, że Bóg pozwoli jej zajść
w ciążę, tylko jeśli taka będzie Jego wola. Kiedy przez Połów
na Podryw zaszła w ciążę po raz czwarty, rozwiały się nasze
nadzieje na ucieczkę. Jak zwykle miała mdłości i przez większość czasu była przykuta do łóżka, więc plany dołączenia
do taty utknęły w martwym punkcie.

Nieżonaty brat mieszkający w naszym domu był świadkiem maltretowania mamy przez Joshuę i napisał o tym do taty. Tata odpisał, wyrażając troskę, stwierdził, że już o tym wie, ale nie zrobił nic więcej i przez jakiś czas w ogóle się nie odzywał. Po cichu pytałam mamę, kiedy po nas przyjedzie i wciąż po nocach płakałam za tatusiem, ale na nic się to nie zdało. Wciąż tkwiłam w tym niekończącym się koszmarze.

Kiedy mama przetrwała już najgorszy okres porannych mdłości, znów napisała do taty, że bardzo chce do niego wrócić, ale odpowiedział, że jest już z inną siostrą, Crystal. „Drzwi są już zamknięte", napisał w tym liście. Gdy mama przeczytała mi te słowa, chciałam płakać, ale już nie umiałam.

Kiedy skończyłam cztery lata, Mo ogłosił inicjatywę *Ruszcie w drogę*. Uznał, że członkowie Rodziny mieszkający zbyt długo w jednym miejscu nie tylko stają się związani przez System, ale są też łatwi do namierzenia. Rozwiązaniem wydawało się życie w kamperach. Tuż po moich urodzinach uzbieraliśmy dość pieniędzy, żeby kupić starą przyczepę i samochód do jej holowania, i wyruszyliśmy z Londynu na wieś.

Parkowaliśmy na czterech różnych kempingach na południu Anglii, zawsze z innymi rodzinami członków. Mój ulubiony kemping leżał niedaleko farmy, na której mogłam obserwować zwierzęta gospodarskie. Po raz pierwszy miałam odrobinę wolności i bawiłam się na dworze, kiedy tylko było mi wolno. Czasami jednak byłam wołana do przyczepy, żeby za zasłoniętymi oknami pozować do nagich zdjęć. Joshua mówił mi, jak mam pozować i gdzie trzymać ręce.

– Uśmiechnij się, masz wyglądać na szczęśliwą – rozkazywał, więc przylepiałam do twarzy szeroki, sztuczny uśmiech, żeby szybko móc znów wyjść na dwór do kolegów.

Czasami, kiedy szłam skorzystać z ogólnej toalety, pewien mężczyzna wchodził ze mną i kazał ssać sobie penisa, gdy próbowałam się wysiusiać. Za pierwszym razem wpadłam do muszli i utknęłam na kto wie jak długo, zanim zebrałam dość siły, by się wydostać. Nie byłam zszokowana tym, co zrobił, bo myślałam, że to normalne zachowanie u mężczyzn – bałam się tylko potwornie, że zauważą moją nieobecność i dostanę lanie za spóźnienie. Joshua zawsze mnie beształ za to, że się „usprawiedliwiam" i nie biorę odpowiedzialności za swoje czyny. Więc nie powiedziałam nic i po prostu pogodziłam się z tym, gdy zdarzyło się po raz drugi. Nie należałam do dzieci, które się skarżą; nauczono mnie, że każdy przejaw niezadowolenia, każde narzekanie ślą niemiły zapach do nozdrzy Jezusa.

Choć wciąż miałam ledwie cztery lata, Joshua powiedział, że jestem już dość duża, żeby z nim sypiać. Puszczał kasetę z *Bolerem* Ravela. Taśma była stara i syczała jak gniazdo węży, kiedy mnie molestował. To był chyba jego ulubiony kawałek do uprawiania seksu; puszczał go, ilekroć z kimś się „dzielił". Gorączkowy rytm utworu sprawiał, że byłam jeszcze bardziej zdenerwowana i spięta. Doszłam do punktu, gdy przerażał mnie już sam moment puszczania tej muzyki, bo wiedziałam, co mnie czeka.

Mój brat Jonathan urodził się w październiku 1980 roku w Hambledon w hrabstwie Hampshire. Był spokojnym, grzecznym dzieckiem, nigdy nie marudził; miał przepiękny uśmiech i mądre czarne oczy. Cieszyłam się, kiedy mama wróciła ze szpitala. Nauczyła mnie, jak go karmić, bujać do snu i zmieniać mu pieluszki, i wszystko to robiłam z radością. Był moją prawdziwą laleczką.

Joshua bardzo nieodpowiedzialnie podchodził do pieniędzy, ale jakoś nigdy się nie przejmował.

– Nie martw się, Pan nas wyżywi! – mawiał. Szczodrzy ludzie zapraszali nas na posiłki albo dawali pieniądze, co zdawało się potwierdzać, że Bóg rzeczywiście o nas dba. W sumie jednak na wsi było bardzo niewiele możliwości zbierania pieniędzy. Było niewielu ludzi, którym można było dawać świadectwo i zawsze mieliśmy ich za mało, często bywaliśmy głodni. Joshua nigdy nawet nie pomyślał, by iść do pracy i utrzymać rozrastającą się rodzinę. „Praca dla Systemu to jak praca dla diabła", mówił. Zamiast tego polecił mamie, żeby wystąpiła o zasiłek jako samotna matka z czwórką dzieci. Do przyczepy przyszła urzędniczka, żeby przeprowadzić wywiad. Joshua powiedział kobiecie, że tylko pomaga przy dzieciach, ale urzędniczka nie była przekonana i zwróciła się do mnie.

– A gdzie ty sypiasz? – zapytała.

Wiedziałam, że Systemitka nie może wiedzieć o naszej seksualnej wolności i że sypiam w dużym łóżku z Joshuą. Wypaliłam więc jedyną prawdę, jaką znałam:

– Moja mamusia śpi z tatą!

Kiedy kobieta sobie poszła, Joshua wrzasnął na mnie:

– Jesteś głupia! Głupia! Jaka jesteś, Nina?

– Głupia – odpowiedziałam, a potem bezskutecznie zaczęłam błagać, żeby nie zlał mnie pasem. Mama często go błagała, żeby dał nam jeszcze jedną szansę, żeby był rozsądniejszy, ale przez te prośby wszyscy mieliśmy jeszcze bardziej przechlapane. Nie dostała zasiłku, więc tym częściej wychodziliśmy na ulicę, żeby dawać świadectwo i prosić o datki.

W końcu sprzedaliśmy przyczepę i wróciliśmy do Londynu. Brakowało mi zabawy na polach, plecenia wianków i zabierania braci na spacery. Zamiast tego całe dnie, sprzedawałam traktaty i dawałam świadectwo w Hyde Parku i Kensington Gardens. Lubiłam być w parze z mamą, kiedy razem szłyśmy na Oxford Street. Pozwalała mi patrzeć na wielki zegar z kukułką albo gapić się na sklepowe wystawy, na co Joshua nigdy by się nie zgodził.

W tym czasie Joshua był wiecznie poirytowany. Jedna z babć dzieci z Rodziny wygrała sprawę, w wyniku której sąd objął jej wnuki kuratelą. Mieli być odebrani rodzicom, jeśli ci nie odejdą z sekty. Joshua widział ukradkowe spojrzenia, jakie posyłali mu babcia i dziadek, i wiedział, że nim gardzą. Choć ukrywał się przed nimi z najgorszym maltretowaniem nas, nigdy nie był pewien, czy czegoś nie widzieli, i bał się, że dziadkowie założą sprawę i trafimy pod kuratelę sądu. Ta paranoja przyspieszyła nasz powrót do Indii.

Radiowy program mojego ojca, *Muzyka z przesłaniem*, stał się bardzo popularny i mnóstwo potencjalnych nawróconych pisało do niego listy. Zdecydowano, że musimy tam jechać, by pociągnąć dalej rekrutację. Byłam bardzo dumna z taty i z przejęciem słuchałam nagrań – był na nich głos taty, a czasem nawet śpiew Celeste. Modliłam się, żeby spotkać się z nimi na Sri Lance, bo tam byli zakwaterowani. Ale potem mama po raz piąty zaszła w ciążę. Miała ledwie dwadzieścia pięć lat. Pasterze potępiali ją za chorobę w ciąży, a mimo to nie było jej wolno używać środków antykoncepcyjnych. Choć byłam mała, mama rozmawiała o tym ze mną i złościłam się na tę niesprawiedliwość; kiedy zmieniałam jej wiadra na wymioty, przygotowywałam posiłki i zajmowałam się resztą dzieci.

Rozpaczliwie chciałam zobaczyć się z ojcem i opowiedzieć mu o wszystkim, co robił Joshua.

– Nie przejmuj się, mamo, będziemy się jeszcze więcej modlić za ciebie, żebyś szybciej wyzdrowiała – mówiłam, myjąc jej twarz wilgotną szmatką, żeby trochę jej ulżyć. W te czwarte i ostatnie święta w domu babci i dziadka w środkowej Anglii miała tak straszne mdłości, że w końcu trafiła do szpitala i dostała leki, które pomagały jej zatrzymać jedzenie w żołądku.

Po świętach wróciliśmy do Londynu, gdzie pomieszkiwaliśmy w różnych tanich, podejrzanych hotelach. Mama była bardzo słaba, bez leków choroba wróciła, więc znów trafiła do szpitala na cały miesiąc. Wreszcie dowiedziała się, w czym problem. Cierpiała na chorobę zwaną *hyperemesis gravidarum*, czyli niepowściągliwe wymioty ciężarnych, co oznaczało, że nie była w stanie utrzymać w żołądku jedzenia ani wody i przez pierwsze sześć tygodni każdej ciąży często wymiotowała krwią i żółcią.

Tuż przed naszym wyjazdem do Indii dziadkowie przyjechali do Londynu i zabrali nas do zoo. Najbardziej podobały mi się słonie, małpy i żyrafy. Joshua zachowywał się wzorowo i był w doskonałym humorze – cieszył się, że nareszcie wraca do Indii. A David i ja byliśmy przekonani, że widzimy babcię i dziadka ostatni raz w życiu. Było nam smutno z tego powodu, ale byliśmy pewni, że już niedaleko do Końca Czasów, kiedy powróci Jezus i znów będziemy wszyscy razem, w niebie. Dziadkowie dali Davidowi pieniądze na czwarte urodziny, a on uparł się, żeby wydać wszystko na rybę z frytkami dla nas wszystkich. Wieczorem pożegnaliśmy się i obiecaliśmy pisać listy.

Rozdział 12

Wędrowna misjonarka

Indie były krajem, w którym się urodziłam. Czułam, że wracam do domu. Ale przede wszystkim były blisko miejsca, gdzie mieszkał tata. Nie posiadałam się z radości, że być może się z nim zobaczę, a on uratuje nas przed ojczymem. Tata na pewno natychmiast się zorientuje, jak bardzo cierpimy.

W samolocie, gdy Joshua spał, szepnęłam mamie do ucha:

– Możemy się zobaczyć z tatą? – Jednym okiem obserwowałam śpiącego Joshuę. Był jak zły pies, wiecznie czujny, gotów ugryźć, ale tym razem, zmęczony przesiadkami, spał głęboko.

Mama uścisnęła mi dłoń i odszepnęła:

– Być może. Teraz jest na Sri Lance, ale może przyjedzie do Indii.

Musiałam się tym zadowolić.

Po długim locie wylądowaliśmy w Bombaju i taksówką pojechaliśmy do pobliskiego hotelu. Natychmiast przygniótł mnie wilgotny upał, a gdziekolwiek spojrzałam, witały mnie zdumiewające widoki: tłumy na ulicach, kobiety z koszami na głowach, stragany z dziwnymi potrawami, przyprawami i owocami, które pewnie kiedyś znałam, ale już nie pamiętałam. Mango, arbuzy i tajemnicze ciemne kule z kolcami.

Kolejne sześć lat mieliśmy podróżować z jednego końca Indii na drugi, by ratować dusze przed Ostatnimi Dniami – Końcem Czasów. Wiecznie pchani naprzód przez tę misję nie znaliśmy spokoju, nie mieliśmy domu. Można było zwariować od takiego życia. Przez nie, choć nienawidziłam Joshui, nasza dysfunkcjonalna rodzina była jedyną bezpieczną przystanią, jaką znałam, i trzymałam się jej rozpaczliwie.

Po kilku dniach w Bombaju wyjechaliśmy do Poony, gdzie w Domu Powitalnym zgromadziło się wiele innych rodzin, które dopiero co przyjechały z Zachodu. Z trudem przyzwyczajałam się do upału, byłam cała obsypana potówkami.

Po kilku tygodniach w Domu Powitalnym nasza rodzina została wysłana do Kalkuty oddalonej o jakieś trzy tysiące kilometrów. Podróż pociągiem trwała dwa dni. Z twarzami owianymi wiatrem wyglądaliśmy przez zakratowane okna pociągu, oczarowani krajobrazami. Mijaliśmy wzgórza, pustynię, połacie pól ryżowych. Wszędzie dzieci grały w krykieta; machały do nas, a my machaliśmy do nich.

W końcu zajechaliśmy do Kalkuty na północno-wschodnim wybrzeżu Indii. Kalkuta to historyczne miasto, które było kiedyś stolicą Indii Brytyjskich, nim zostało nią New Delhi. Jest też jednym z najbardziej zatłoczonych miast na świecie. Gdy wyszliśmy ze stacji, przywitał nas hałas ulicznego ruchu i hinduskiej muzyki. Trzymaliśmy się blisko mamy i Joshui, żeby nie zgubić się w codziennym chaosie indyjskiego miasta. Joshua wynajął dla nas przestronne, czteropokojowe mieszkanie na parterze i parę podstawowych mebli. Zatrudnił służącą, żeby prała nam ubrania, a kiedy się dowiedzieliśmy, jak mało kosztuje zatrudnienie kucharza, znaleźliśmy młodego mężczyznę, który dla nas gotował. Wiedziałam, że mama bardzo to doceniała, bo była już w zaawansowanej ciąży i musiała dużo odpoczywać. Nie mogła też zbyt często wychodzić, bo w Kalkucie było potwornie gorąco. W niedzielę często chodziliśmy do pobliskiego country clubu, którego menedżer pozwalał nam za darmo korzystać z basenu i przynosił tosty z dżemem na podwieczorek. Chłopcy i ja uczyliśmy się pływać. Niestety Joshua uważał, że David powinien się uczyć na głębokiej wodzie i wrzucił go na głębszy koniec basenu, co przeraziło i Davida, i mnie, bo o mało się nie utopił.

Nawet w wolne dni – na przykład kiedy wychodziliśmy do zoo – na polecenie Joshui musieliśmy rozdawać ulotki, zamiast cieszyć się normalną, rodzinną wycieczką. Nie mieliśmy jednak odwagi kwestionować jego sposobu myślenia; wszystko, co powiedział, było dla nas prawem i nie dało się tego zmienić. Nasze życie kontrolował impulsywny, humorzasty człowiek, a teraz na dodatek byliśmy tysiące kilometrów od babci i dziadka i nie mogliśmy do nich uciec, gdyby zrobiło się bardzo źle.

Pewnego późnego sierpniowego wieczoru mama zaczęła rodzić, więc Joshua wybiegł na ulicę i zatrzymał rikszę. Rikszarz był dość niezwykły, bo miał tylko jedną nogę. Joshua chciał pociągnąć pojazd, bo wszyscy razem sporo ważyliśmy, ale rikszarz nie chciał o tym słyszeć. Zanim dojechaliśmy do szpitala, mama wiła się z bólu i ciężko dyszała. Zabrano ją do pustej białej sali, na której środku był tylko stół. Joshua wprowadził tam chłopców i mnie i wszyscy patrzyliśmy na poród. Przerażająco było słuchać krzyków mamy do Jezusa, gdy parła całymi godzinami. Patrzyliśmy w nabożnym zachwycie, kiedy wreszcie pojawiła się główka, i podziękowaliśmy Panu, że mamie nic się nie stało i że dała nam nowego braciszka.

Rodzice wybrali imię Kiron, co po bengalsku znaczy „promień światła", ale nazywaliśmy go po prostu Bubs. Nagraliśmy kasetę, żeby podzielić się nowiną z dziadkami, a nasz mały braciszek wrzeszczał w tle. Wszyscy go uwielbialiśmy, chociaż bardzo dużo płakał. Znów zaczęło się ciągłe pranie pieluch, mycie butelek. Było nieznośnie gorąco, więc często siedziałam i wachlowałam Kirona, żeby go ochłodzić.

Cały czas wymagano ode mnie, żebym się kimś zajmowała, wiecznie była zajęta i świeciła przykładem przed braćmi i wszystkimi ludźmi, jakich spotykałam. Musiałam zostać obnośną sprzedawczynią i przy tak dużej praktyce szybko stałam się w tym świetna, zawsze uzyskiwałam wymagany utarg. Ale wieczne uśmiechanie się, tłumienie uczuć i emocji powodowało u mnie taki stres, że znów zaczęłam moczyć łóżko; po części problem leżał w tym, że trudno było mi trafić do toalety w kompletnych ciemnościach. Czasem wydawało mi się, że już dotarłam do łazienki, po czym okazywało się, że to tylko sen. Kiedy Joshua odkrył mój problem, zaczął mnie upokarzać i odgrażać się, że każe mi nosić pieluchy.

Choć byliśmy jeszcze mali, mówiono nam, że będziemy prześladowani za wiarę, więc gdy komendant policji załomotał do drzwi i zażądał wpuszczenia, wydawało się to potwierdzeniem proroctwa. Moi bracia i ja byliśmy przerażeni, że oto nadchodzą wojska Antychrysta, żeby nas zabić. Mama kazała nam siedzieć cicho w sypialni. Kiedy Joshua wrócił do domu, wpuścił komendanta. Usłyszeliśmy, że rząd uznał program *Muzyka z przesłaniem* za „wywrotowy i służący za przykrywkę CIA". Mieliśmy dwadzieścia cztery godziny, żeby opuścić prowincję. Wszystkie sześć Domów w Kalkucie spakowało się i uciekło. Pociągiem pojechaliśmy na południe, by dołączyć do Domu w Bubanishwa.

W tym czasie mama była już strasznie zmaltretowana psychicznie nieustannym okrucieństwem Joshui. Bardzo martwiłam się o nią i o to, co z nami będzie. Już wcześniej, w Anglii, dwa razy zostawiała Joshuę, ale obydwa razy przekonał ją, żeby do niego wróciła. Teraz znów nie wytrzymała i któregoś traumatycznego dnia zabrała Kirona i mnie do taniego hotelu na noc.

— Mamo, a co z Davidem i Jonathanem? – spytałam, zaniepokojona, że zostali z Joshuą, który na pewno wyładuje na nich wściekłość.

Mama chyba mnie nawet nie słyszała. Miała stężałą, zmęczoną twarz i odnosiło się wrażenie, że lunatykuje.

Następnego dnia wsiedliśmy do pociągu do Bombaju i wiedziałam, że mama planuje polecieć do domu, choć nie miałam pojęcia, jakim cudem chce to zrobić. Pociąg utknął na stacji, więc czekaliśmy, spoceni w wilgotnym upale. Kiedy odjedzie? Kiedy? Zaklinałam pociąg, by ruszył, i potwornie się bałam, że nagle zjawi się wściekły Joshua. I umierałam z niepokoju o moich porzuconych braci.

– Nie martw się, mamo – próbowałam ją pocieszać, ale ona była zagubiona we własnym świecie.

Siedzieliśmy i czekaliśmy, ale pociąg wciąż nie ruszał. Nagle mama wstała i powiedziała:

– Bierz wózek. – Wzięła Kirona na ręce i wysiedliśmy z pociągu w chwili, gdy lokomotywa ożyła. Oczy wypełniły mi się łzami, gdy rozległ się gwizdek i pociąg wyjechał ze stacji. Zamiast uciec, mama zabrała nas do komuny pasterzy regionalnych, żeby porozmawiać z naszymi pasterzami, Uriahem i Katriną. Kiedy się tam zjawiliśmy, Katriny nie było, więc przenocowaliśmy w pokoju Uriaha; Kiron i ja na podłodze, mama i Uriah na łóżku. Następnego ranka, gdy się obudziłam, mamy i Kirona nie było.

– Dzień dobry, skarbie, chodź tu do mnie – powiedział Uriah, klepiąc materac obok siebie. Posłusznie, choć z ociąganiem, weszłam na łóżko.

Przyciągnął mnie do siebie. Poczułam jego paskudny poranny oddech, kiedy pokierował moją dłoń na swojego penisa i zaczął mnie całować. Byłam naga. Położył mnie na sobie i w tej chwili usłyszałam pukanie do drzwi. Zesztywniałam.

– Proszę! – powiedział Uriah jak gdyby nigdy nic i ku mojemu zażenowaniu do pokoju zajrzał jakiś mężczyzna.

– Dzień dobry, bracie, niech cię Bóg błogosławi – rzucił wesoło. – Chcesz kawy?

– Jasne – odparł Uriah. Ja tymczasem zsunęłam się na bok i schowałam twarz pod jego pachą. – A ty coś chcesz, Nina? – spytał mnie.

– Poproszę wody – odpowiedziałam szeptem.

Kiedy tamten wyszedł z pokoju, Uriah znów położył mnie na sobie i zaczął namiętnie całować, aż trudno mi było oddychać. Musiałam go masturbować obiema dłońmi; w końcu przytrzymał mnie za głowę, skierował ją w dół i włożył mi penisa do ust. Zamknęłam swój umysł i mechanicznie rozbiłam swoje, a on mi mówił, jaka ze mnie świetna kochanka. Rozbolał mnie kark, a gdy Uriah doszedł, zadławiłam się.

Uriach załatwił mamie, Kironowi i mnie możliwość pomieszkania przez jakiś czas w innej komunie. Niedługo później wzięliśmy udział w zlocie regionalnym w hotelu; trwało to trzy dni. Podczas zlotu mama zgodziła się wrócić do Joshui, bo czuła, że nie ma innego wyjścia; rodzina powinna być razem. Kilka miesięcy później Uriah przysłał mi kartkę z liścikiem, zaadresowaną: „Do Niny, słodkiej, kochającej i seksownej". Od razu ją schowałam, ale mama ją znalazła.

– Nino, kto ci to przysłał? – spytała zaskoczona.

Zażenowana tylko spuściłam głowę i zaszurałam nogami.

Przyzwyczaiłam się do molestowania – a czasami działo się to nawet podczas inspiracji. Któryś wujek brał mnie na kolana i po chwili zauważałam oznaki erekcji, kiedy podrzucał mnie w rytm muzyki.

Wiedziałam, że mama jest pod wielką presją, żeby się „dzielić", i że Joshua wiecznie ugania się za innymi kobietami z Rodziny. Dzielenie się było emocjonalnym polem minowym i wiedziałam, że i mama, i Joshua czasem walczą z uczuciem zazdrości.

Jeszcze karmiąc Kirona piersią, mama zaszła w szóstą ciążę i jak zwykle nie było łatwo. Dzieci w Rodzinie miały być widoczne, ale niesłyszalne, a Kiron głośno zawodził, kiedy próbowała odstawić go od piersi. Karmiła więc dalej, żeby był cicho, co jeszcze bardziej ją osłabiało. Całe godziny spędzała w łóżku. W tym czasie Joshua już nie ukrywał, że jest zakochany w Cioci Crystal, która była zaangażowana w długotrwały trójkąt z pewnym małżeństwem. Pasterze zauważyli gwałtowne wahania nastroju Joshui – był jak doktor Jekyll i mister Hyde – i uznali, że jest zbyt wybuchowy, by dołączyć do Crystal, która z rodziną została oddelegowana do założenia Domu Ciziek dla nowych wyznawców w Mysore. Uznali chyba, że jego zazdrość może doprowadzić do paskudnej sceny. Powiedzieli mu, że mama i my, dzieci, możemy zostać – ale on nam tego nie przekazał. Był tak zdeterminowany, żeby być blisko Crystal, że zabrał nas wszystkich do hotelu w Mysore. Byliśmy odcięci od przyjaciół, a on codziennie chodził do Crystal.

To było dla mamy bardzo trudne. W tym czasie była już w zaawansowanej ciąży i nie mogła zabierać nas na dwór, więc przez większość dnia siedzieliśmy w maleńkim dusznym pokoju, zanudzeni na śmierć. Zdaje się, że pasterze Rodziny zauważyli naszą sytuację i zaczęli się niepokoić. Po kilku tygodniach odesłano nas daleko od Crystal, do Goa na południu. Podróż pociągiem była fantastyczna. Prawie przez całą drogę wystawialiśmy głowy przez okno. Wspiąwszy się z sapaniem na zbocze góry, pociąg skręcił w pewnej chwili i naszym oczom ukazał się wspaniały widok gigantycznego wodospadu spływającego w gęstą dżunglę na dole. Podczas postojów na stacjach pod oknami zbierały się grupy kobiet w kolorowych sari, by sprzedawać chai – słodką, korzenną herbatę – ciapati, banany i różne inne smakowite indyjskie przekąski.

Byłam zachwycona, kiedy w listopadzie 1985 roku urodziła się moja siostra Rosemarie. Ze swoją jasną cerą i jasnorudymi włoskami wyglądała jak porcelanowa laleczka. Tak ją zresztą nazywaliśmy – Laleczką – bo wszyscy ją uwielbiali. Po jej przyjściu na świat związek mamy i Joshui popsuł się jeszcze bardziej. Mama była wściekła, bo Joshua miał romans z siostrą w Domu, a Joshua nienawidził jej za tę zazdrość.

Pasterze wysłali mamę w podróż, chociaż Rosemarie była jeszcze maleńka. Pewnego strasznego dnia weszłam do naszego pokoju i zastałam Joshuę schylonego nad małą na stole do przewijania. Było oczywiste, co robił, i lodowata dłoń ścisnęła mi serce.

Usłyszałam, jak grucha do niej:

– Kiedy będziesz już dość duża, będę się z tobą kochał jak z twoją siostrą Niną.

Choć wpajano nam radykalne poglądy na seks, czułam obrzydzenie. Nie chciałam, żeby moja mała siostra znosiła to samo, co robił mnie. Podeszłam powoli, mamrocząc, że ja jej założę pieluszkę. Trzymałam ją przy sobie, dopóki nie wróciła mama. Dwuletni Kiron tęsknił za mamą, kiedy jej nie było, i dostawał lanie za to, że jest niesamodzielny – przez to wszystko byłam wiecznie niespokojna, jeśli nie wiedziałam, gdzie w danej chwili jest moje rodzeństwo. Byłam dziewięciolatką na prostej drodze do załamania nerwowego.

Teraz, gdy Joshua miał własne dzieci, Kirona i Rosemarie, stał się jeszcze bardziej okrutny i złośliwy w stosunku do Davida, Jonny'ego i mnie. Nieustannie kpił ze szpary między zębami Davida i nazywał go „bobrem", przez co David zaczął się wstydzić. Ja niestety potrzebowałam okularów i często mrużyłam oczy. Ilekroć mnie na tym złapał, dawał mi w głowę i mówił: „Wyglądasz jak szczur, kiedy to robisz", i często nazywał mnie „szczurzym pyskiem". Mnie mógł sobie przezywać, ale nie mogłam znieść, kiedy bezlitośnie drwił z ciemnej karnacji Jonathana, choć dobrze wiedział, że Jonathan jest jednym z Jezusowych Dzieci, jak nazywał je Mo, poczętym w wyniku Połowu na Podryw.

Kiedy tylko słyszał sprzedawcę owoców wołającego: „Mango, mango!", drwił obrzydliwie:

– Te, Mango, tatuś cię woła.

W końcu, by powstrzymać to dręczenie przynajmniej w kwestii mojego mrużenia oczu, powiedziałam mamie, że potrzebuję okularów. Zabrali mnie do przychodni okulistycznej w Madrasie, a była to długa podróż. Ale dręczenie i drwiny nie zniknęły, przybrały tylko inną formę.

Joshua znalazł przestronny dom w Margao, mieście w dystrykcie Goa, niecałe dwa kilometry od plaży. To był prawdziwy raj. Mama starała się, żebyśmy codziennie chodzili na plażę, żeby popływać w oceanie. Spacerowałam po piasku, słuchając kojącego dźwięku fal rozbijających się o brzeg i wyrzucających przeróżne gatunki krabów i innych morskich stworzeń.

Któregoś dnia, gdy odpoczywałam w cieniu palm kokosowych na brzegu, gapiąc się w morze, podeszła porozmawiać z nami miła para zagranicznych turystów. Gawędziliśmy o ich domu w Kanadzie i nagle zobaczyłam naszą opiekunkę idącą szybko w naszą stronę i bezgłośnie wypowiadającą słowo „Selah!" To był szyfr, oznaczający, że nasze bezpieczeństwo jest zagrożone i trzeba uciekać. Musiałam się szybko pożegnać; kobieta wsunęła mi w dłoń karteczkę z adresem i numerem telefonu i powiedziała, żebym ich odwiedziła, gdybym kiedykolwiek była w Kanadzie. Zostaliśmy odprowadzeni do domu okrężną drogą, bo opiekunka chciała mieć pewność, że nie jesteśmy śledzeni. Dorośli byli podejrzliwi wobec wszystkich i środki ostrożności były posunięte do ekstremum, trąciło to wręcz paranoją.

Któregoś dnia w trakcie modlitw słoń wszedł na nasz podjazd i stanął na wprost okna salonu. Wspaniałe zwierzę zaczęło opróżniać pęcherz na piaszczystą ziemię, patrząc na nas przez okno. Prawdziwy, żywy słoń w naszym ogrodzie – byliśmy zachwyceni! Mama przerwała modlitwy i wszyscy wyszliśmy na dwór, by podziwiać ten niezwykły widok. Byliśmy tak mali, że słoń z tak bliska wydawał nam się gigantyczny. Ale nie baliśmy się – jego oczy były mądre i łagodne. Dokończenie sprawy zajęło mu jeszcze piętnaście minut.

– Patrzcie, mamy sadzawkę! – zażartowałam, wskazując wielką kałużę.

– Możemy go mieć? Możemy go mieć? – zapytał dwuletni Kiron, przeskakując z nogi na nogę z oczami błyszczącymi z zachwytu.

– Nie bądź głupi – odparł Jonathan, czteroletni mądrala.

Spomiędzy palm wyłonił się treser i ruszył biegiem w naszą stronę, wymachując kolorowym kijkiem i klaszcząc językiem. Surowo zbeształ naszego nowego przyjaciela, że nie można tak uciekać i siusiać ludziom w ogródkach. Przeprosił nas i odjechał na podopiecznym.

Słoń był zwiastunem wspaniałej niespodzianki, która nastąpiła później tego dnia. Mama zawołała nas do swojego pokoju. Otoczyliśmy ją, siedzącą na łóżku, a ona spojrzała na nas ze szczęśliwym uśmiechem.

– Dostałam paczkę od Celeste – powiedziała.

Serce mi podskoczyło, kiedy spojrzałam na małą paczuszkę. Była już otwarta – cenzurowano wszystkie nasze listy – ale i tak się cieszyłam. To przybliżało do mnie tatę i starszą siostrę.

– Co w niej jest? Możemy zobaczyć? Otwórz, szybko! – ponaglałam mamę. Zauważyłam, że nie było na niej zwykłych brytyjskich znaczków (nasza poczta zwykle przychodziła przez Wielką Brytanię; miałam już wtedy niezłą kolekcję znaczków, które były jedyną pamiątką po Celeste, nie licząc odległego wspomnienia rozmowy z nią i tatą przez telefon, gdy jeszcze byliśmy w Anglii).

Młodsi weszli na łóżko i usiedli tuż przy mamie, która z wielką celebrą otworzyła paczkę. Celeste przysłała parę majteczek, które sama uszyła na lekcjach szycia i list ze wzruszającym rysunkiem dwóch gór. Na jednym szczycie stała ona, całkiem sama, a na drugim mama, David i ja. Celeste wołała „Mamo!", a my wołaliśmy „Celeste!" Zauważyliśmy, że na obrazku nie było taty. Zrobiła też alfabet z literek wyciętych z ulotek i Listów Mo, by pomóc Kironowi w nauce czytania.

Po tym dniu, kiedy miałam czas, pisałam listy do niej i do taty. Czasami odpisywali i gdy dostawałam list adresowany do mnie, chodziłam radosna przez cały cudowny dzień.

Tata pisał: „Nino, jesteś pięknym przykładem pracy dla Pana. Wszyscy niedługo znów będziemy razem w Milenium, kiedy powróci Jezus. To już niedługo!"

Zasypiałam szczęśliwa i śniłam, że biegnę w ramiona tatusia, a on porywa mnie w górę, całuje i wszystko jest idealnie.

Ale nad nami zbierały się już czarne chmury. Któregoś dnia regionalna pasterka przyjechała z wizytą. Ona i pasterka naszego Domu urządziły spotkanie z mamą, na którym fałszywie oskarżyły ją, że nie pracuje dość ciężko. Powiedziały jej, że zostaje zdegradowana do statusu Cizi – tak nazywano nowicjuszki. Mama nie była Cizią od czasów, kiedy dołączyła do Rodziny. Była oburzona i zawstydzona.

Kara i upokorzenie były jeszcze bardziej dotkliwe, niż jej się wydawało. Cała nasza rodzina miała wrócić do Anglii, która wraz z innymi krajami Zachodu uważana była za „kloakę": miejsce odpowiednie tylko dla przeniewierców i pozbawionych ducha, niepewnych swej wiary członków Rodziny.

– Nino, to jest straszne. Nie mogę uwierzyć, że zostałam tak napiętnowana – płakała mama.

Pogłaskałam ją po dłoni.

– Wszystko będzie dobrze, mamo, wszystko będzie dobrze – powiedziałam, ale w duszy byłam pełna nadziei. Wracam do domu! Znów zobaczę moich kochanych dziadków.

Pojechaliśmy pociągiem do Bombaju, gdzie żyliśmy jak żebracy, czekając, aż babcia i dziadek przyślą nam pieniądze na bilety do Anglii. Kiedy pieniądze przyszły, Joshua, zamiast kupić nam normalne bilety, postanowił trochę zaoszczędzić i okazyjnie kupił bilety powrotne od pary z piątką dzieci, która niedawno przyjechała do Indii.

W Wigilię Bożego Narodzenia wstaliśmy o trzeciej w nocy, żeby pojechać na lotnisko. Nie mogłam się doczekać, kiedy zobaczę babcię, dziadka i ciocię Caryn, młodszą siostrę mamy, ale bardzo się starałam powstrzymać od okazywania radości, bo Joshua był wściekły, że musi opuścić misję, i jakimś cudem to była nasza wina. Wszystko było naszą winą – nigdy Joshui. Gdy wreszcie odstaliśmy swoje w kolejce i stanęliśmy przed stanowiskiem odpraw, pracownica linii lotniczych spojrzała na nasze bilety. Wezwała przełożonego, który z kolei wezwał urzędników z biura imigracyjnego. Jeden z nich wyjaśnił nam surowo, że nazwiska na biletach są inne niż w paszportach.

Joshua błagał tego człowieka, by przymknął oko, ale choć urzędnik nam współczuł, nic nie mógł zrobić. Gdyby pozwolił nam lecieć, trafilibyśmy do aresztu tuż po wylądowaniu w Bahrajnie. Czekaliśmy więc na tarasie widokowym, modląc się rozpaczliwie, gdy Joshua próbował rozplątać tę sytuację. Coraz bardziej niespokojni patrzyliśmy przez okno na nasz bagaż ładowany do samolotu. Ku naszemu przerażeniu samolot zaczął kołować w stronę pasa startowego. We łzach patrzyliśmy, jak startuje w chwili, gdy wzeszło słońce.

Pobiegłam do toalety, żeby się wypłakać. Ryczałam jak głupia. Tak bardzo się cieszyłam, że znów spędzę święta z dziadkami. A teraz nic z tego nie będzie. Nie mieliśmy żadnych pieniędzy, bo za te zaoszczędzone na okazyjnych biletach Joshua kupił nam nowe ubrania i buty, zabrał nas więc do hostelu Armii Zbawienia po drugiej stronie ulicy na tradycyjny świąteczny lunch, a wkrótce potem wprowadziliśmy się do tego samego hostelu. Moja biedna matka znów musiała chodzić na Połów, żeby móc zapłacić rachunki. Nienawidziła tego, ale nie miała wyboru.

Tuż po przyjeździe do Bombaju mama napisała do pasterzy list, w którym błagała, by pozwolono jej zostać w Indiach. Kilka tygodni po naszym nieudanym odlocie przyszła wreszcie odpowiedź ze zgodą, tak więc w marcu 1986 roku zostaliśmy odesłani do Madrasu, do dużej, wielorodzinnej komuny. We wrześniu tego samego roku okazało się, że mama jest w siódmej ciąży. Nigdy nie narzekała, ale to musiało ją za każdym razem przerażać. Znów musiała leżeć w łóżku, bo nie była w stanie utrzymać jedzenia i wody w żołądku.

Niedługo później pasterze domu poinformowali mamę, że ma zostać odesłana do Anglii bez żadnego z dzieci. Insynuowali, że skoro nie jest radosna i szczęśliwa, widocznie coś jest nie tak z jej duchowością. Nie rozumieli, że po sześciu tygodniach głodówki mama wciąż jest bardzo słaba i nie wróciła jeszcze do siebie. Powiedzieli jej, że nie ma żadnych praw do nas, dzieci, bo należymy do Rodziny i Boga. Ubłagała ich jednak, żeby pozwolili jej zabrać najmłodszą dwójkę, Kirona i Rosie. Przez piętnaście lat oddawała całe życie Dzieciom Boga, a teraz uznano ją za zgniły owoc? Nie rozumiałam tego. Była najmilszą osobą, jaką znałam. Dlaczego nie ukarano Joshui? Mój świat był wywrócony do góry nogami. Joshua dostał wybór, czy z nią jechać, czy nie, ale postanowił zostać. Nie mogłam w to uwierzyć.

Pewnego popołudnia dano mi pięć minut na pożegnanie się z matką, Kironem i Rosemary, a potem odjechali. Kiedyś straciłam tatę i starszą siostrę. A teraz straciłam też mamę, brata i małą siostrzyczkę. Byłam jak odrętwiała, nie potrafiłam nawet płakać. Byłam za to wściekła na Joshuę i obwiniałam go o rozbicie naszej rodziny. Wybaczałam mu raz za razem, ale to była ostatnia kropla. Całkowicie zamknęłam dla niego serce.

Rozdział 13

Zła miłość

Byłam pewnym siebie, otwartym dzieckiem, ale po wyjeździe mamy stałam się cicha i wycofana. Nie wyobrażałam sobie, że może być jeszcze gorzej, ale, niestety, mogło. Czasami miałam wrażenie, że duszę się pod ciężarem stłumionych emocji. Rozpaczliwie tęskniłam za mamą i cały czas rozmawiałam z nią w myślach, zastanawiając się, jak się miewa i co robi. Czy było jej smutno beze mnie i moich braci? Oni wieczorami płakali w poduszkę, ale ja byłam w środku jak skamieniała i nie mogłam płakać, bo to by oznaczało akceptację tej koszmarnej sytuacji.

Miałam już dziesięć lat i nie mogłam się nie zastanawiać nad sensem tego wszystkiego. Wydawało mi się nieprawdopodobne, żeby Bóg pochwalał fizyczne i psychiczne okrucieństwo wobec małych dzieci, którego doświadczałam zewsząd, a w szczególności od Joshui i pasterzy Domu. Choćbyśmy my, dzieci, były nie wiadomo jak grzeczne i posłuszne, to się nigdy nie kończyło. Zamiast zachowywać się jak kochająca rodzina – bo przecież światu pokazywali szczęśliwą, uśmiechniętą twarz – za zamkniętymi drzwiami członkowie Rodziny stworzyli okrutną, wrogą atmosferę przesiąkniętą podejrzliwością i paranoją. Każde słowo przysłane przez Mo było wściekłą reprymendą, która nakazywała nam lepiej się zachowywać. Joshua nie był lepszy. Choć starałam się z całych sił, nigdy nie było wystarczająco dobrze.

Kiedy zaczęłam uczyć grupę dzieci od czterech do siedmiu lat, zaczęłam zauważać, że sposób, w jaki je traktowałam, bardzo się różnił od podejścia dorosłych. Ich interpretacje zasad były niekonsekwentne, wiecznie się zmieniały w zależności od Domu i stosujących je osób. Na przykład zawsze kazano nam obierać jabłka, bo na skórkach były zarazki. Potem przyszedł List Mo, który stwierdzał, że nie trzeba obierać, pod warunkiem, że jabłko jest porządnie wymoczone w słonej wodzie. Któregoś dnia mój sześcioletni brat Jonathan jadł sobie jabłko, kiedy nagle jeden z wujków złapał go za kark.

– Jak śmiesz jeść jabłko bez obierania! – ryknął. – Nieposłuszny chłopcze! Dam ci taką lekcję, że zapamiętasz na całe życie! – Zawlókł przerażonego Jonathana do łazienki i zlał go packą na muchy. Jeszcze nie czytał nowego Listu Mo i myślał, że Jonathan złamał reguły.

Choć ja i David wiedzieliśmy, że to może oznaczać dla nas karę, łomotaliśmy w drzwi.

– Wujku! To nie tak, jak myślisz! On nie złamał zasad. Proszę, wujku! – Ale odgłos razów i wrzaski Jonathana nie cichły. Kiedy mój brat szlochając, wyszedł z łazienki, pobiegł do Joshui, który nie mógł już nic zrobić. Dorośli nie mogli się mieszać do kar wymierzanych przez innych dorosłych.

Wbijałam wzrok w Joshuę, dysząc ze złości: co z niego za człowiek? Co za ojciec? Ale nie mogłam nic powiedzieć.

Kiedy przyszła moja kolej jechać „w podróż", cieszyłam się, że się stamtąd wyrwę. W tej komunie zaczynałam się czuć jak w więzieniu. „Podróże" były to wyjazdy misyjne do miejsc, w których nie było komun, i czasem trwały parę tygodni. Pojechałam z nastoletnim chłopakiem, Stevencm, i dwójką dorosłych: Ciocią Esther, amerykańską Włoszką, i Wujkiem Peterem, rodowitym Hindusem. Bagaże mieliśmy wyładowane tysiącami ulotek do rozdawania i kasetami *Magii Niebios* na sprzedaż.

Po każdym długim, męczącym dniu spędzonym na pukaniu do drzwi sklepów i biur wracaliśmy do pokoju hotelowego. Było w nim dwuosobowe łóżko i materac na podłodze. Ciocia Esther zarządziła, kto gdzie śpi.

– Pierwszej nocy ja śpię ze Stevenem – oznajmiła – a ty, Nino, będziesz spać na łóżku z Wujkiem Peterem. Jutro się zamienimy.

Zaniepokoiło mnie to. Nie znosiłam Wujka Petera! Wieczni mówił głupie rzeczy i straszył młodsze dzieci. Na dodatek osaczał mnie w kuchni, kiedy gotowałam, albo na ciemnym zakręcie schodów: podnosił mi bluzkę i obmacywał moje rozwijające się piersi. Zawsze udawało mi się wykręcić jakimś rzekomym obowiązkiem. Teraz nie było dokąd uciec.

Pomocy, myślałam.

Usłyszałam, że Ciocia Esther i Steven modlą się przed seksem. Kochali się godzinami, a ja zagryzałam zęby i próbowałam spać. Wujek Peter obok mnie robił się coraz bardziej napalony i pomalutku przysuwał do mnie. Nagle jego łapy były na mnie, jego erekcja ocierała się o moje siedzenie. Wszystkie mięśnie miałam spięte, udawałam, że śpię. Odwrócił mnie na plecy i zaczął natarczywie całować. Usiłował doprowadzić do penetracji, a im bardziej się opierałam, tym bardziej robił się nachalny.

– Jestem zmęczona – wymamrotałam słaby protest.

Nagle Wujek Peter wydał parę dziwnych odgłosów, a potem padł na mnie i zasnął. Był zbyt ciężki, żeby się spod niego wysunąć, więc w ogóle się nie wyspałam.

Po tej pierwszej nocy przez kilka dni udawało mi się trzymać go na dystans. Ale w końcu, któregoś popołudnia po dawaniu świadectwa, ruszyliśmy do hotelu wcześniej niż zwykle. Moje osiągnięcia tego dnia napawały mnie dumą. Byłam dobrą sprzedawczynią i udało mi się sprzedać wszystkie plakaty i kasety z mojej torby. Byłam szczęśliwa i zrelaksowana, ale słowa Wujka Petera zmroziły mnie do szpiku kości.

– Nino, tak świetnie ci dzisiaj poszło, że zrobimy sobie wolne popołudnie!

Rozpoznałam wyraz jego oczu i kiedy weszliśmy do pokoju, zrozumiałam, że się nie zdrzemnę. Moje obawy potwierdziły się, gdy wyszłam spod prysznica, a on się zbliżył. Uchyliłam się, kiedy sięgnął, żeby mnie złapać, i pisnęłam cicho. Nigdy w życiu nie krzyczałam i nie umiałam wydobyć z siebie głosu. Wujek Peter złapał mnie, rzucił na łóżko i zakrył mi usta dłonią, mówiąc:

– Ćśśś. Dlaczego jesteś taka samolubna? – Jego gorący oddech łaskotał mi twarz. – Tamci dwoje mają tyle seksu, ile chcą, a ty mi ciągle odmawiasz. Jestem zdesperowany, a ty nie chcesz się ze mną dzielić! – Zaczął prosić łagodnie: – No, nie bądź taka.

Oddychałam z trudem, a na dodatek sprawiał mi ból. Próbowałam wyrwać się spod niego, ale uwięził mi dłonie nad głową.

– Nie, nie, nie! – krzyknęłam.

– Ty mała podpuszczalska! – rzucił agresywnie. Chwycił moje nadgarstki jedną dłonią, a drugą zatkał mi usta.

Nie potrzebował dużo czasu, żeby dojść. Roztrzęsiona przeturlałam się na bok i cicho szlochałam pod prześcieradłem, aż zasnęłam. Tego wieczoru, kiedy się obudziłam, poszłam prosto pod prysznic. Potrzebowałam wielu kąpieli, żeby pozbyć się jego zapachu.

Kilka następnych nocy wyglądało tak samo. Trudno mi było ukryć obrzydzenie. Trudno było mi się pogodzić z myślą, że moje obrzydzenie do niego to moja wina, bo nie mam w sobie dość miłości. Nie miałam nic przeciwko sypianiu z niektórymi chłopcami w moim wieku, ale było mi niedobrze i bolało, gdy uprawiałam seks ze starszymi nastolatkami i dorosłymi mężczyznami.

Moja przyjaciółka, Sunshine, też była nieszczęśliwa i kiedy wróciłam z podróży, zaczęłyśmy rozmawiać o wspólnej ucieczce.

– A dokąd pojedziemy? – szepnęła Sunshine.

– Do Anglii – odparłam, pewna siebie. – Możemy iść wzdłuż rzeki do morza i znaleźć statek płynący do Anglii. A tam znajdziemy moją matkę. Ona się nami zaopiekuje.

– Ale nie mamy pieniędzy na bilety – powiedziała Sunshine.

– Możemy popłynąć na gapę – odparłam, chwytając jej dłonie. – Och, Sunshine, to będzie dopiero przygoda! Zacznijmy już teraz chować jedzenie, żeby nam starczyło na podróż!

Ułożyłyśmy plan i zaczęłyśmy chomikować niewielkie porcje jedzenia. Byłyśmy pewne, że wyżywimy się rybami ze strumienia i kanapkami z masłem orzechowym. To ekscytujące planowanie pomagało nam zapomnieć o codziennej mordędze życia w Domu.

Nadeszła noc naszej ucieczki. Nie rozbierając się, położyłyśmy się do łóżek i czekałyśmy. Byłyśmy zdenerwowane, ale gotowe. Kiedy miałyśmy już pewność, że wszyscy dorośli w Domu poszli spać, wstałyśmy, zabrałyśmy nasze „torby ucieczkowe" i w całkowitej ciemności zaczęłyśmy się skradać po schodach na dół. Pomyślałam o niewidzialnych dzikich zwierzętach na dworze – wężach i tygrysach – i zaczęłam się trząść. Dotarłyśmy do drzwi wyjściowych i otworzyłyśmy pierwszy zamek. Hałas nas przestraszył i stałyśmy jak skamieniałe przez dobrych dziesięć minut; ja czekałam, aż Sunshine się ruszy, a ona czekała na mnie. Słysząc jakiś cichy odgłos w domu, spanikowałyśmy i trzymając się za ręce, przemknęłyśmy się z powrotem na piętro, do łóżek. Nasze marzenia o ucieczce i wolności prysły jak bańka mydlana.

Jakiś czas później, po raz pierwszy od lat, dostałam dobrą wiadomość. Rodzice Joshui, bunia i dziadzia, przyjeżdżali do Indii!

Odbyliśmy długą podróż, żeby odebrać ich na bombajskim lotnisku. Najpierw rozpoznaliśmy dziadzię, potem zobaczyliśmy, że bunia siedzi na wózku inwalidzkim. Była wykończona, ale rozpłakała się, gdy przywitaliśmy ją uściskami i całusami. Właśnie spędzili cztery miesiące w Anglii z naszą mamą i byli przy narodzinach nowego wnuka, Christophera, który przyszedł na świat w czerwcu 1987 roku.

Kiedy Joshua usłyszał imię mojego nowego brata, był wściekły.

– Christopher! Nazwała go Christopher? – pieklił się.

– Tak, mój drogi – odparła z uśmiechem bunia. – Jest uroczym chłopczykiem, naprawdę słodkim.

Joshua nie musiał mówić, dlaczego jest taki wściekły: mama dała jego dziecku imię po moim tacie. To był policzek. I wiadomość.

Któregoś wieczoru dziadzia wszedł do naszego pokoju, gdy czytaliśmy *Życie z Dziadkiem*. Obłożyliśmy komiks w nową okładkę, żeby nikt nie rozpoznał, że to pisemko Rodziny. Doskonale wiedziałam, że muszę je ukrywać przed oczami ludzi z zewnątrz. Kiedy dziadzia wszedł do pokoju, przerwałam czytanie.

– Co czytacie? – spytał, podnosząc książkę. Zaczął ją przeglądać. Było tam kilka historyjek z dosłownymi, seksualnymi obrazkami i dziwnymi opowieściami. Dziadzia gapił się na nie, zszokowany. Spojrzał na mnie, a ja odpowiedziałam mu niewinnym spojrzeniem, choć trzęsłam się w środku. Dla mnie w tych obrazkach nie było nic „złego"; to były cenne słowa bożego proroka. Kiedy jednak zobaczyłam szok i obrzydzenie na twarzy dziadzi, poczułam, jak ogarnia mnie wstyd.

Dziadzia natychmiast zawołał Joshuę do sąsiedniego pokoju i słyszałam ich podniesione głosy, gdy się kłócili. Potem Joshua był strasznie spięty i podenerwowany i wyglądało na to, że dziadzia i bunia wyjadą. Bunia przez trzy dni siedziała w swoim pokoju i płakała, i martwiłam się, że ją zasmuciliśmy. Zakradałam się do niej, żeby potrzymać ją za rękę i przynosiłam jej zimne napoje, ale trzeciego dnia wstała z łóżka. Postanowiła nam urządzić wspaniałe wakacje. Dziadkowie zabierali nas na wycieczki do parku safari, do zoo i do różnych innych atrakcji turystycznych w mieście. To były nasze pierwsze prawdziwe wakacje i korzystaliśmy z nich na całego. Zastanawiałam się, dlaczego nasze życie nie może zawsze takie być – pełne szczęścia, dobroci i zabawy, bez połajanek i nieustannej bolesnej krytyki ze strony dorosłych.

Ale Joshua się nie zmienił. Im milsi byli jego rodzice, tym bardziej on był ponury i wrogi. Całymi godzinami nie pozwalał nam korzystać z toalety; David powstrzymywał się tak długo, że w końcu, ku swojemu wstydowi, posikał się w majtki. Bunia zabrała go kawałek dalej, żeby go oczyścić. A później wreszcie wybuchnęła i nakrzyczała na Joshuę:

– Na litość boską, dajże im już spokój! To tylko dzieci! Bez przerwy się ich czepiasz!

A on tylko spojrzał na nią wściekle i wypalił:

– Jest już dość duży, żeby nie lać w spodnie.

W ostatni wieczór swoich odwiedzin bunia i dziadzia zabrali nas do największego hotelu w Bombaju, Taj Mahal. Zjedliśmy wspaniałą kolację przy akompaniamencie kwartetu smyczkowego. Rozmawialiśmy wesoło, kompletnie ignorując Joshuę, który siedział nabzdyczony przez cały posiłek. Tak jak się spodziewaliśmy, odesłał kelnera z kartą deserów.

– A ja właśnie zjem deser! – uparł się dziadzia i zamówił największe lody bananowe świata.

Kiedy tylko Joshua wyszedł do toalety, dziadzia podsunął nam obłędną górę lodów, wiśni i orzechów i kazał wcinać. Był to rzadki moment buntu, więc zaczęliśmy się opychać, a bunia stała na straży. Gdy Joshua wrócił z toalety, lodów już nie było. Odwożąc ich na lotnisko, wszyscy płakaliśmy i ściskaliśmy ich na pożegnanie. Ze złamanym sercem patrzyłam, jak odlatują. W pociągu powrotnym do Bangalore milczałam. Trudno było zejść z powrotem na ziemię po tych wspaniałych odwiedzinach.

Po świętach dostaliśmy biuletyn, że Dziadek Mo znów jest chory, a Maria ma poważne problemy z oczami. Ustalono harmonogram ogólnoświatowego czuwania modlitewnego, żeby modlitwy za ich zdrowie szły do nieba w każdej chwili dnia i nocy. Kiedy złapałam grypę i trafiłam na kwarantannę, powiedziano mi, że przyczyną choroby jest jakiś mój duchowy grzech. Ale gdy rozchorowali się Dziadek i Maria, była to wina członków Rodziny, bo nie dość gorliwie się modlili. Przypomniałam sobie wszystkie godziny, które spędziłam na kolanach, modląc się za tę dwójkę, i wiedziałam, że na pewno nie był temu winien mój brak gorliwości i szczerości. Zaczęłam się zastanawiać, czy przypadkiem w nich samych nie ma czegoś grzesznego.

Moje wątpliwości zdawały się potwierdzać, kiedy przeczytałam List Mo pod tytułem *Ostatnie stadium* o Mene, wnuczce proroka, w którym oskarżono ją o opętanie, bo ośmieliła się wątpić w Mo. Mene straciła wszelkie złudzenia na temat Dziadka, widząc, że standardy, jakie stosował we własnym domu, były zupełnie inne niż te narzucane Rodzinie.

Dla mnie było jasne, czemu go krytykowała. Członkowie wspólnoty musieli się ograniczać do dwustu mililitrów wina tygodniowo, a czytaliśmy, że Dziadek wiecznie się upijał. Byliśmy karani za używanie brzydkich słów, a Dziadek w swoich Listach cały czas rzucał mięsem. My nigdy nie mogliśmy się złościć i musieliśmy okazywać miłość, a jednocześnie czytaliśmy gniewne listy Dziadka, w których wściekał się, poniżał i wdeptywał ludzi w ziemię. Kiedy członkowie Rodziny byli chorzy, była to kara boska za grzechy, a przecież Dziadek wiecznie był chory. Jak mógł oskarżać Mene o opętanie za kilka negatywnych myśli, skoro w swoich Listach malowniczo opisywał, jak sam nękany jest przez demony i piekielne koszmary o potworach z podziemnego świata?

Tak samo jak Mene musiałam modlitwą odpierać zły wpływ mojej matki, a to oznaczało, że moje uczucia do niej zupełnie się nie liczą. Wiedziałam, że to nie jest naturalne musieć zwracać się przeciwko własnej matce tylko dlatego, że ktoś, kto jej nie znał, oskarżył ją o brak wiary. Po modlitwie o moje „zbawienie" musiałam wybrać nowe imię dla nowej siebie. Każdego roku urządzana była ceremonia świec, by zaprosić Nowy Rok. Każdy członek wspólnoty zapalał świecę i wygłaszał swoje noworoczne postanowienie. Kiedy przyszła moja kolej, z jąkaniem wyrecytowałam przygotowaną mowę i oznajmiłam, że przyjęłam nowe imię Angel Dust – Anielski Pył. Choć zrobiłam, co mi kazano, wciąż byłam wściekła, że muszę się wyprzeć matki za jej przeniewierstwo. To wszystko było bez sensu.

Bałam się, co ze mnie wyrośnie, i opisałam swoje obawy w pamiętniku. Wymyśliłam szyfr, którego nie dało się odczytać bez klucza, a klucz ukryłam pod tylną okładką pamiętnika. To stało się dla mnie sposobem na wyrażanie emocji i sekretną krainą, która naprawdę należała tylko do mnie. Musiałam dzielić się ciałem z mężczyznami – często zupełnie obcymi. Pamiętnik był czymś, czym nie musiałam dzielić się z nikim.

Wiele młodych dziewcząt zachodziło w ciążę i to doprowadziło do zmiany zasad. Kiedy dziewczyna zaczynała mieć okres, nie mogła już uprawiać seksu z „zasiewającym" mężczyzną, a mężczyźni mogli kochać się tylko z dziewczętami powyżej szesnastego roku życia albo poniżej dwunastego. Cieszyłam się, gdy zaczęłam miesiączkować, bo to dawało mi jakie takie bezpieczeństwo, ale martwiłam się, co będzie, kiedy skończę szesnaście lat. Moja przyjaciółka, Phoebe, miała właśnie obchodzić szesnaste urodziny i zwierzyła mi się, że jest przerażona, bo mężczyźni w komunie już ustawiali się w kolejce jak napalone psy do suki w rui. Współczułam jej po cichu. Rozpaczliwie chciałam wyrwać się z tych komun pełnych nienormalnych, opętanych seksem dorosłych. Słyszałam, że na Filipinach otwiera się ośrodek szkoleniowy o nazwie Jumbo i zebrałam się na odwagę, żeby porozmawiać z Ciocią Rose o wyjeździe.

– Tęsknię za mamą i nie dogaduję się z Joshuą. – A potem zwierzyłam się jej z największego marzenia. – Strasznie tęsknię za moją siostrą, Celeste, a słyszałam, że jest w Jumbo na Filipinach. Czy nie znalazłby się sposób, żebym mogła tam pojechać i być z nią i z innymi rówieśnikami?

Ciocia Rose odparła:

– Zobaczę, co się da zrobić.

Czekałam i czekałam. Kiedy już myślałam, że nie zniosę ani dnia więcej, Joshua oznajmił nam, że jedziemy do Anglii. Był wściekły, że musi opuścić misję, a my potajemnie wariowaliśmy z radości! Ja i moi bracia, rozradowani, omawialiśmy szeptem tę wspaniałą wiadomość.

Anglia była jak Ziemia Obiecana. Ledwie mogłam udźwignąć myśl, że znowu zobaczę matkę, byłam spięta i drżałam ze strachu, że coś temu przeszkodzi – tak jak to stało się już kiedyś.

– Jezu, pozwól mi jechać do Anglii – modliłam się co noc. – Proszę, proszę, spraw to, Panie.

Rozdział 14

Ucieczka

Dwudziestego siódmego marca 1988 roku, w wieku jedenastu lat, nareszcie wróciłam do Anglii. Byłam nieprzygotowana na pogodę – z gołymi nogami, w sandałach, w czerwonej spódnicy w grochy i w białej bluzce. W Anglii przeżywałam teraz taki sam szok kulturowy jak w Indiach w 1982 roku. Szare niebo ani śladu słońca, oszałamiających zapachów Wschodu.

Moi bracia i ja oderwaliśmy się od Joshui, jak najszybciej odebraliśmy bagaże i załatwiliśmy kontrolę paszportową, żeby znaleźć mamę. Stała przy bramce przylotów z Christopherem na rękach. Była taka piękna – miała te same długie włosy i śliczny, promienny uśmiech. Wpadłam jej w ramiona, uściskałam ją, moich dwóch małych braci i siostrzyczkę, śmiejąc się i płacząc z radości. Kiedy na nią spojrzałam, zniknęły dwa lata rozłąki i bólu. Ale gdy wyczułam, że Joshua się zbliża, i zobaczyłam, jak mama spogląda przed siebie, a jej uśmiech znika, przełknęłam łzy. Wiedziałam, że Joshua mnie uderzy; nie tu, w publicznym miejscu, ale jak tylko zostaniemy sami.

Kiedy wszyscy wsiedliśmy do vana czekającego przed wejściem, zapytałam mamę, do której komuny jedziemy.

– Nie, jedziemy do mieszkania – odparła. Gdy się dowiedziała, że wracamy, wynajęła mieszkanie. W domu jej rodziców, gdzie mieszkała do tej pory, nie było miejsca dla nas wszystkich. Powiedziano jej, że wszystkie komuny są pełne. Nikt nie chciał ciężarnej z dwójką malutkich dzieci.

Kiedy dojechaliśmy do dwupokojowego mieszkania w Twickenham, na zielonym przedmieściu zachodniego Londynu, wzięliśmy prysznic i odpoczęliśmy po długim locie. Atmosfera była napięta i wiedziałam, że Joshui coś chodzi po głowie.

– Chcę separacji – zaczął.

Mama skinęła głową.

– Tak, wiem. Cóż, nie widzę przeszkód...

Jego kolejne słowa były jak cios.

– Chcę Jonathana, Rosemarie i Kirona. Zabieram ich.

– Co? – rzuciła mama bez tchu. O mało nie poderwałam się z łóżka, ale udało mi się opanować; leżałam nieruchomo i słuchałam.

– To moje dzieci. A tak przy okazji, Nina ma jechać do Jumbo na Filipinach. Musisz podpisać pełnomocnictwo, żeby wszystko było legalne.

Do mamy jakby nie dotarło.

– Na Filipiny?

Joshua mówił dalej. Powiedział jej, że wszystkie dzieci Rodziny muszą zostać przeszkolone przed nadejściem Ostatnich Dni. Wytyczne były jasne: mają na stałe zostać rozesłane do różnych obozów szkoleniowych, a rodzice będą mogli je odwiedzać tylko przez dwie godziny w niedzielę. Jak zwykle był ślepy na ból tej nienaturalnej separacji. Wręcz przeciwne, koniecznie chciał zadbać o to, żeby więzi rodzinne nie naraziły na szwank lojalności wobec wspólnoty i wciąż wymachiwał mamie przed nosem dokumentem, który wytyczał moją przyszłość i który miała podpisać.

Utrata Celeste była dla mamy potężnym ciosem i codziennie modliła się do Boga, by oddał jej dzieci. Teraz, kiedy po raz pierwszy od lat miała naszą szóstkę pod jednym dachem, stał przed nią ten brutalny człowiek i mówił: „nie, połowa jest moja i chcę je dla siebie, a twoja córka Kristina jest własnością Rodziny". Oczekiwał od niej, że podpisze papier, który odebrałby jej resztę dzieci.

– Jestem zmęczona. Podpiszę to później – odparła. Wiedziała, że filozofią wspólnoty jest odbieranie dzieci odstęp-.com i przekazywanie ich pod opiekę Rodziny. Niektóre były oddzielane na całe lata, a niektórzy rodzice nigdy więcej nie widzieli swoich dzieci i nie mieli pojęcia, gdzie przebywają, bo zmieniano im nazwiska.

Trzeciego dnia, kiedy Joshua spał, mama weszła do naszego pokoju i szepnęła:

– Chodźmy na spacer, niech tata ma spokój. – Po cichutku wyprowadziła nas z mieszkania. Nie miała sprecyzowanego planu, a że było zbyt zimno i wietrznie, by pójść do parku, zabrała nas do miejscowej biblioteki, gdzie usiedliśmy wszyscy przy jednym stoliku. Jej kolejne słowa zelektryzowały mnie. Ledwie mogłam uwierzyć w to, co słyszę.

Spojrzała na każde z nas i szeptem, oglądając się przez ramię, jakby książki miały uszy i miały wybuchnąć z półek, żeby nas pokarać, powiedziała:

– Zmieniłam zdanie na temat Dziadka. Nie wierzę, że jest prawdziwym bożym prorokiem.

Wyprostowałam się i gwałtownie wciągnęłam powietrze. Coś zaczęło rosnąć we mnie, jak nasionko, które zaraz zakwitnie nadzieją. Ledwie śmiałam uwierzyć w jej słowa.

Mama mówiła pośpiesznie, chcąc wyrzucić z siebie wszystko, zanim opuści ją odwaga albo zanim porwie nas Joshua czy jakiś szpieg Rodziny.

– Dwa miesiące temu poszłam do księgarni katolickiej. Otworzyłam książkę o sektach religijnych, dostrzegłam jeden niepokojący fakt i natychmiast ją zamknęłam. Miałam tak wyprany mózg, że uznałam to za dzieło demonów. W księgarni była też książka córki Mo, Debory Davis. Miała tytuł *Dzieci Boga*.

Kiwnęłam głową. Pamiętałam List Mo o tej książce.

Mama mówiła dalej.

– Bałam się. Niemal czułam demony jadące na niej autostopem. Zawahałam się, otworzyłam ją, i znów odłożyłam. Mo mówił, że ta książka jest zakazana, bo napisała ją jego najstarsza córka, która zwróciła się przeciw niemu.

– I co w końcu zrobiłaś? – zapytałam.

Mama odparła:

– Pokonała mnie ciekawość. Kilka dni później wróciłam tam. Dosłownie trzęsłam się ze strachu. Rozglądałam się niespokojnie, czekając, aż zabije mnie grom z nieba. Stałam tak całe wieki, znów odeszłam, ale ta książka przyciągała mnie jak magnes. Musiałam ją mieć. W końcu chwyciłam ją i szybko podeszłam do lady, żeby nie zdążyć się rozmyślić. To był zakazany owoc, ale musiałam go posmakować. Przy kasie wciąż trzęsłam się tak bardzo, że ledwie mogłam odliczyć pieniądze. Zapłaciłam i wyszłam prawie biegiem.

Mama zaczęła czytać książkę jeszcze tego samego wieczoru i czytała aż do rana, zafascynowana, zszokowana, zniesmaczona, a w końcu przekonana.

– Ledwie mogłam uwierzyć w to, co czytam, ale w głębi duszy wiedziałam, że to prawda. Z ogromnym bólem zdałam sobie sprawę, że byłam ogłupiana przez tyle lat. Biblia mówi: „Prawda was wyzwoli", i ta książka właśnie to zrobiła ze mną. – Powiodła wzrokiem po naszych twarzach i zacytowała: „Słyszałem to, co mówią prorocy, którzy prorokują fałszywie w moim imieniu: »Miałem sen, miałem sen!« Dokądże będzie tak w sercu proroków, przepowiadających kłamliwie i przepowiadających złudy własnego serca?"*

Skinęłam głową. Biblię miałam wykutą na pamięć i znałam ten cytat.

– I to właśnie jest Mo, kłamliwy prorok, fałszywy prorok – powiedziałam. Zasłona, która zsuwała się już od lat, wreszcie opadła z moich oczu.

---

* Biblia Tysiąclecia, Księga Jeremiasza 23:25.

Tak jak mama zdałam sobie sprawę, że byłam zwodzona, kontrolowana i manipulowana. Kiedy powiedziała, że chce opuścić Joshuę i Rodzinę, ciężar spadł z moich barków i łzy napłynęły do oczu. Nie miałam zamiaru protestować. Tak jak mama chciałam życia, w którym nie będziemy musieli odpowiadać przed surowymi pasterzami i musieć podporządkowywać się naszemu nieobliczalnemu, apodyktycznemu ojczymowi. Byłam wniebowzięta, a jednocześnie przerażona. Bałam się o nas i o mamę, która trzęsła się jak osika.

Zawsze będę podziwiać heroiczne działania mojej matki tamtego dnia. Wiem, jak trudno jej było posłuchać własnego głosu, który tak długo był tłumiony, i znaleźć odwagę, by samodzielnie wyrwać się na wolność. Ale strach, że nas utraci, pchał ją do przodu. Powiedziała mi, że musi dokądś pójść, i zostawiła braci i siostrę pod moją opieką.

Dziwnie było siedzieć między książkami dla dzieci i myśleć o wszystkim, co powiedziała. Nerwowo spoglądałam na zegar. Od wyjścia mamy minęła ponad godzina.

Myślałam: Zostałam tu całkiem sama z piątką dzieci. Mam nadzieję, że nie stanie się nic złego.

Wciąż patrzyłam na drzwi. Ludzie wchodzili, wybierali książki, wypożyczali je, wychodzili drugimi drzwiami, ale wciąż nie było widać mamy.

Czas płynął powoli. Ogarniał mnie coraz większy niepokój.

Miałam wrażenie, że minęło wiele godzin, gdy wreszcie mama szybkim krokiem weszła do biblioteki. Po jej minie poznałam, że ma dobre wieści. Wyjaśniła, że skontaktowała się ze schroniskiem dla kobiet, o którym czytała. Na ulicy czekał biały van, który miał nas zawieźć do centrum pomocy w Londynie. Odłożyliśmy książki, wymknęliśmy się z biblioteki jak szpiedzy i wskoczyliśmy do auta. Wciąż nie mogłam uwierzyć, że to się dzieje naprawdę.

Kiedy przyjechaliśmy do centrum dla kobiet, przekonaliśmy się, skonsternowani, że nie ma tam warunków do noclegu i nie wyglądało na to, że ktokolwiek chce nam pomóc. Kazano nam czekać w pustym pokoju, w którym były tylko dwa fotele i parę popsutych zabawek. Tej nocy nie znaleźli dla nas miejsca do spania. Poczułam, że odwaga mnie opuszcza. Błagam, Boże, nie każ nam wracać do mieszkania i Joshui, modliłam się po cichu.

Jedyną możliwością dla mamy było zadzwonić do rodziców. Wróciła od telefonu spięta, ale i z ulgą.

– Tak, przyjmą nas – powiedziała po prostu.

Ośrodek dla kobiet zorganizował nam vana, który zawiózł nas pół drogi do Środkowej Anglii, w miejsce spotkania, gdzie czekali na nas dziadkowie i ciocia Caryn. Babcia rozpłakała się na nasz widok. Uściskała nas wszystkich i powiedziała:

– Chwała Bogu, chwała Bogu. – Nie jedliśmy przez cały dzień, więc kupili nam coś do jedzenia i picia. Byliśmy wykończeni; padłam spać, gdy tylko zajechaliśmy do ich domu.

Kiedy byliśmy już bezpieczni u dziadków, mama wróciła pociągiem do Londynu. Poszła do mieszkania z dwójką wolontariuszy. Weszli na górę, po cichu otworzyli zamek i przekonali się z ulgą, że Joshui nie ma. Mama zebrała tyle naszych rzeczy, ile mogła unieść. Następnego dnia napisała do Joshui list z wyjaśnieniem, co zrobiła.

Teraz zależało jej już tylko na jednym: jakimś cudem odnaleźć i uratować zaginioną córkę, Celeste. Minęło już ponad dziesięć lat, ale nie było dnia, żeby mama o niej nie myślała.

Poprosiła mnie, żebym nie opowiadała za dużo o sekcie w szkole czy przy krewnych. To nie było takie trudne; przecież od zawsze prowadziłam podwójne życie. Poniekąd było nam nawet łatwiej, bo dziadkowie nigdy nie pytali o przeszłość, a my byliśmy zajęci układaniem sobie niepewnej przyszłości. Mama martwiła się, że Joshua prawdopodobnie wie, gdzie jesteśmy, i że Rodzina w każdej chwili może się tu zjawić i porwać nas, dzieci, więc dwa tygodnie po naszym przyjeździe dziadkowie załatwili nam wyjazd na kemping sieci Butlins w Skegness. Wynajęli jeden domek dla siebie, a drugi dla nas. Joshui nigdy by nie przyszło do głowy, żeby nas tam szukać. Kiedyś paranoicznie baliśmy się Systemitów; teraz mieliśmy paranoję, że znajdzie nas Joshua. (Mo zawsze mówił jasno, że porwanie dzieci przeniewierczego partnera czy małżonka jest niezbędne dla ich dobra). Codziennie zabierałam rodzeństwo na basen, ale poza tym nie było tam zbyt wiele do roboty. Czas mijał powoli.

Dwa tygodnie wcześniej było jeszcze babie lato. Teraz wiatr znad Morza Północnego kąsał mnie w twarz, chłód zdawał się przenikać do szpiku kości, gdy spacerowałam po pustej plaży, walcząc z wiatrem i wpatrując się w morze, które czasem wyglądało, jakby zlewało się w jedno z ponurym niebem. Nie miałam zimowych ubrań, więc ciocia Caryn dała mi kilka swoich starych swetrów i spódnic. Fryzurę miałam w „rodzinnym" stylu: bardzo długie włosy z przedziałkiem pośrodku. Zapytałam, czy mogę je ściąć. Bardzo chciałam wyglądać inaczej, żeby członkowie sekty mnie nie rozpoznali i nie zapakowali siłą do furgonetki. Poza tym samo pójście po raz pierwszy do fryzjera było ekscytujące. Byłam zachwycona swoją nową fryzurą: bobem z grzywką.

Po dwóch tygodniach wyjechaliśmy ze Skegness do schroniska dla kobiet w Matlock, w Dystrykcie Peak. Kiedy już tam byliśmy, mama dała mi do przeczytania książkę Debory Davis – tę, którą z takim drżeniem kupiła w księgarni. Przeczytałam ją za jednym zamachem. Przez całe miesiące to był główny temat naszych rozmów. Byłam zszokowana, kiedy się dowiedziałam, że David Berg – człowiek, o którym nie myślałam już jako o Dziadku Mo – próbował pójść do łóżka z Deborą, swoją najstarszą córką, gdy koronował ją na królową. Pamiętam List, w którym Berg opisywał, jak obmacywał pod stołem swoją najmłodszą córkę, Faithy.

– Czytałaś o tym? – Mama była w szoku.

– Oczywiście – odparłam. – Wiele razy czytałam wszystkie Listy Mo.

Mama, zaniepokojona, spytała mnie, czy kiedykolwiek przydarzyło mi się coś z seksualnym podtekstem. Rozpłakała się, gdy jej opowiedziałam, że wielokrotnie byłam wykorzystywana seksualnie i bita. Czuła się okropnie. Zdruzgotana i wściekła zadzwoniła do Joshui.

– Jak mogłeś robić coś takiego naszej córce?! – krzyczała.

– No co, zawsze miała orgazm! – odparł dowcipnie.

Mama aż się zachłysnęła, słysząc jego żartobliwy ton; dosłownie ją zemdliło.

– Co za podły, ohydny człowiek! Jak mogłam nie widzieć... Tak strasznie mi przykro.

– W porządku, mamo – odparłam. Nie chciałam, żeby biczowała się z powodu przeszłości. – Teraz jesteśmy wolni.

– Tak, nareszcie wolni – przyznała. – Byłam taka młoda, taka ślepa. Tyle zmarnowanych lat.

Powiedziano nam, że mogą minąć miesiące, a nawet lata, zanim dostaniemy dom komunalny. Babcia i dziadek – ci kochani ludzie! – zdecydowali się sprzedać własny dom i kupili dwa mniejsze: jeden dla nich, drugi dla nas. Byłam zachwycona, bo przecież nigdy nie mieliśmy własnego miejsca na świecie.

Zostałam zapisana do szkoły, ale życie w sekcie nie przygotowało mnie na żadne z wyzwań, jakim musiałam stawić czoło. Tu było zupełnie inaczej. Ja zaczęłam od drugiej klasy, a moi bracia poszli do miejscowego przedszkola i zerówki. Było tyle do nauczenia się, a ja, dziecko urodzone w sekcie, nie miałam żadnych podstaw. Mama pomagała mi załatać wiele luk w edukacji, a ja robiłam, co mogłam, żeby się przystosować.

Mówiłam po angielsku z amerykańskim akcentem, a mój zasób słów bardzo różnił się od języka moich rówieśników.

Znałam słowa, których oni nie znali, i mogłam cytować Biblię z pamięci, ale nie rozumiałam mnóstwa rzeczy, o których mówiły inne dzieci. Chwilami czułam się głupia, a koledzy uważali, że jestem dziwna. Ale lubiłam się uczyć. W soboty czytałam całe stosy książek w miejscowej bibliotece.

Któregoś dnia, gdy szłam do domu z koleżanką z klasy, zapytałam ją, czemu jest taka smutna. Powiedziała mi, że ma urodziny.

– O! A robisz imprezę? – dopytywałam się.

– Nie – odparła z westchnieniem. – Moi rodzice są Świadkami Jehowy i nie obchodzimy urodzin ani świąt.

To było dla mnie zaskoczeniem. Dopiero co wyrwałam się z sekty i dopiero teraz zaczynałam się orientować, że są inne dzieci takie jak ja. Powiedziałam jej, że rozumiem, bo ja też wychowywałam się we wspólnocie religijnej i mama wydostała mnie z niej dopiero w zeszłym roku. Koleżanka dostała zakaz rozmawiania ze mną.

Mama stała się swego rodzaju aktywistką. Skontaktowano ją z Ianem Howarthem, który założył organizację pod nazwą CIS – Centrum Informacji o Sektach – a on z kolei skontaktował ją z innymi byłymi członkami Rodziny, takimi jak Graham Baldwin z Catalyst, ośrodka doradczego, który zajmuje się ofiarami sekt. Zaczęłyśmy szukać materiałów i informacji na temat fenomenu sekt. Choć mama miała bardzo mało pieniędzy, zamówiła czterdzieści egzemplarzy książki Debory Davis, by przesłać je swoim dawnym przyjaciółkom ze wspólnoty.

Kiedy tylko odeszliśmy z Rodziny, natychmiast zostaliśmy ogłoszeni odstępcami. Mama martwiła się, że jeśli zaczniemy głośno mówić prawdę, będzie nam jeszcze trudniej skontaktować się z Celeste. Wielokrotnie pisałyśmy do taty i do Celeste. Pisałam im, że byłam molestowana i że Prawo Miłości wyrządziło mi krzywdę. Tata nigdy nie odpisał i nie miałam pojęcia, czy w ogóle dostaje moje listy; wszelka

korespondencja z zewnątrz była cenzurowana i „wątpliwości wroga" były zamazywane w tekście.

Celeste miała ledwie czternaście lat, a wciąż tkwiła w samym sercu sekty i nie była bezpieczna. Mama założyła sprawę o przyznanie wyłącznej opieki rodzicielskiej, ale nie na
wiele się to zdało, bo ani władze, ani my nie mieliśmy zielonego pojęcia, gdzie ona jest. Sędzia nadał jej status nieletniej
pod kuratelą sądową. Sam Ajeiman, który odszedł z sekty
w 1978 roku – dziesięć lat przed nami – pomógł mamie wydać broszurkę pod tytułem *Szukamy Celeste*; wystąpiłyśmy
w kilku audycjach radiowych i telewizyjnych, udzieliłyśmy
sporo wywiadów. Naszym celem było uzyskanie pomocy
w jej odnalezieniu. Ministerstwo Spraw Wewnętrznych, policja i Interpol miały jej dane i też jej szukały, ale nie udało
się ustalić miejsca jej pobytu.

Było mi smutno, że tata nie odpowiadał na moje listy.
Zamiast tego ogłaszał listy otwarte i wydawał oświadczenia
dla prasy. Oskarżał mamę o zaprzedanie duszy diabłu. Jak
śmiała prześladować Rodzinę Boga? Twierdził, że w sekcie
nigdy nie dochodziło do nieodpowiednich kontaktów seksualnych między dorosłymi i dziećmi i że żyje w najbardziej
kochającej Rodzinie, jaką zna.

Jak mógł ciągle w to wierzyć?

Wściekła i oburzona odpowiedziałam otwartym listem
w prasie brytyjskiej, pytając, jak to możliwe, że tata, Joshua
i Rodzina negują nasze doświadczenia tak bezczelnymi
kłamstwami.

Napisałam:

*Czytałam Twój list otwarty. Przykro mi, że doszło do tej dys-
kusji, na dodatek publicznie (...) to, co mówicie Ty i mój ojczym nie jest prawdą. Musisz pamiętać, że jeszcze niedawno
byłam członkiem DB i wiem, jak działa ta wspólnota. Chcę
ci powiedzieć, jak bardzo mnie rani, że mój ojciec nie wierzy,*

208

że byłam molestowana seksualnie (...) Kiedy byłam młodsza, modliłam się, żebyś przyjechał i nas uratował. Z dumą mówiłam kolegom, że jesteś moim ojcem. Ale Twój list doprowadził mnie do łez – trudno uwierzyć, że własny ojciec mówi takie rzeczy (...) Musisz też zrozumieć, że moja matka zdecydowała się mówić po to, by ostrzec innych, bo nie chce, żeby wpadli w tę samą pułapkę. Proszę, przekaż Celeste, że ją kocham. Mam nadzieję, że nie zwróciłeś jej przeciwko mnie i mamie. Poproś ją, żeby do nas napisała, bo od lat nie mamy żadnych wiadomości. Kocham cię, tatusiu, ale nie podoba mi się to, co robisz.

Tylko tyle mogłam zrobić. Teraz musiałyśmy czekać, aż Celeste jakimś cudem odbierze wiadomości, jakie słałyśmy do niej wszelkimi możliwymi kanałami, i że odpowie.

Część 4

Podróż ku wolności

Rozdział 15

Zabawa w chowanego

Juliana

Nie śpiewacie z całego serca! – Trzasnął dłonią o gitarę tak nagle, że serce mi podskoczyło. Co zrobi tym razem? Z Wujkiem Willingiem nigdy nie było wiadomo. Był nieprzewidywalny we wszystkim; wybuchał z najbardziej błahych powodów i zwykle wtedy, kiedy się najmniej spodziewaliśmy. Nie sposób było wyczuć jego humoru, a nie byłam amatorką, jeśli chodziło o odczytywanie nastrojów nauczycieli. Wujka Willinga bałam się bardziej niż całej reszty. Chyba przez jego oczy. Były dzikie. Kiedy mówił, ślina pryskała mu z ust, nos miał złamany tyle razy, że przypominał orli dziób, ale przede wszystkim chodziło o jego małe oczka i ich oszalałe spojrzenie.

Wujek Willing uwielbiał tłuc na gitarze wszystkie stare rodzinne piosenki, a my na całe gardło ryczeliśmy słowa przy jego nierytmicznym akompaniamencie. Hałas był ogłuszający. Wujek Willing miał dziwny zwyczaj pudrowania gryfu gitary i dłoni podczas naszych inspiracji. Musieliśmy śpiewać z całego serca, czyli najgłośniej, jak się dało. Zbyt cichy śpiew oznaczał, że „nie wchodzisz w ducha", a kara za to była gwarantowana. Tego wieczoru zdecydował, że będziemy mieć inspirację przed spaniem. Siedzieliśmy więc po turecku na podłodze w piżamach i śpiewaliśmy bez końca. I byliśmy zmęczeni.

– Następna osoba, której nie usłyszę głośno i wyraźnie, dostanie lanie – zagroził. – Nim skończył się wieczór, wytypował trzech chłopców do lania deseczką. Kiedy bił, jego twarz wykrzywiał wściekły grymas: cienkie wargi ściągały się, odsłaniając krzywe zęby, nozdrza się rozdymały. Miał taką samą minę, gdy uprawiał seks, więc zastanawiałam się, czy przypadkiem nie lubi lać nas po gołych tyłkach. Wydawało mi się to prawdopodobne.

– Tutaj możecie być pewni dwóch rzeczy – mówił ze śmiechem, klepiąc się deseczką po dłoni. – Wiktu i lania!

Ledwie tydzień po tym, jak tata podrzucił mnie i Celeste do wielkiego Ośrodka Szkoleniowego w Bangkoku, dostałam pierwsze lanie od Wujka Willinga za bunt. A uznano mnie za buntowniczkę, kiedy odmówiłam nazywania moich nowych opiekunów, Josepha i Talithy, mamusią i tatusiem. Choć cieszyłam się, że umieszczono mnie w rodzinie, którą znałam z wczesnego dzieciństwa, nie bardzo mi się uśmiechało mieć kolejnych „rodziców", którym miałam okazywać córczyne przywiązanie, widując się z nimi raz w tygodniu. Mój tatuś niedługo po mnie wróci; tak powiedział. Dlaczego miałam mieć nowych rodziców? Zupełnie tego nie rozumiałam. Nazywałam ich więc Wujkiem i Ciocią, tak jak resztę dorosłych.

Moja odmowa nazywania zastępczych rodziców mamusią i tatusiem została natychmiast zadenuncjowana i zabrano mnie na surowy wykład i lanie. Potem nazywałam ich już, jak chcieli, żeby uchronić się przed kolejnym biciem. I choć miałam problem z nazywaniem Josepha i Talithy rodzicami, zupełnie bez problemu zaakceptowałam ich córkę, Verę, jako swoją siostrę. Jako małe dzieci bawiłyśmy się ze sobą i byłam bardzo szczęśliwa, że teraz jesteśmy w tej samej grupie.

Kiedy tata przyprowadził mnie do nowej klasy, nauczyciele zrobili niezłe przedstawienie, by pokazać, jak się o mnie zatroszczą. Jeszcze przy ojcu dostałam tytuł „przewodnicz-ki" – osoby, która miała nadzorować inne dzieci i donosić, gdy były niegrzeczne.

Dzień po wyjeździe taty zostałam pozbawiona tytułu, a stanowisko dostała córka Wujka Willinga. Klasa z miejsca została poinformowana, że mam w sobie „za wiele dumy" na taki zaszczyt. Wujek Willing nie owijał w bawełnę, że dopóki jestem w tej szkole i w jego klasie, zadba o to, żeby mnie odpowiednio naprostować. I zgodnie ze swoją obiet-nicą zamienił mi życie w piekło.

Po tradycyjnych dwóch godzinach Czasu Słowa i nauki na pamięć zaczynała się szkoła. Popołudnie było zarezer-wowane na naukę „domowej ekonomii", która polegała na uczeniu się którejś z domowych „posług". Dobry członek Rodziny musiał się znać na wszystkim. Ale domowa posługa była tylko szumną nazwą dla obowiązków najzwyklejszego służącego, bo wiecznie tylko zamiataliśmy, pucowaliśmy, praliśmy i szorowaliśmy.

Potrzebowałam jakiejś ucieczki od tej mordęgi i dawało mi ją pisanie. Jeden z zeszytów przeznaczyłam do zapisywa-nia historyjek i wypełniałam go opowieściami o gadających niedźwiedziach, syrenach i wróżkach. Moje bajki zawsze miały jakiś morał. Do pisania zachęcali mnie nasi nastoletni pomocnicy, a w szczególności Celeste, i często czytali je do snu reszcie grupy. Zeszyt trzymałam pod poduszką i pisałam, kiedy nie mogłam zasnąć. Niektóre dzieci poszły za moim przykładem i od tego zaczęły się kłopoty. Jeden z chłopców postanowił napisać bardziej mroczną opowiastkę o czarow-nicy.

Kiedy Wujek Willing znalazł to opowiadanie, dostał szału. O dziwo, kolega zwalił winę na mnie, mówiąc, że do pisania zachęciło go słuchanie moich bajek. Któregoś dnia, gdy byłam na lekcjach, Wujek Willing zrewidował moje łóż-ko i znalazł zeszyt pod poduszką. Zostałam wezwana przed oblicze trójki nauczycieli – Wujka Josiaha, Wujka Willinga i Cioci Hoseannah. Ich oczy ciskały gromy. Zeszyt leżał na stole przed nimi.

Otworzyli List Mo, którego wcześniej nie widziałam. Nosił tytuł *Niewdzięczny bóbr* i Mo wyżywał się w nim na kobiecie, która narysowała kolorowankę dla dzieci o bobrze wędrującym po lesie w poszukiwaniu swojego imienia. Mo był wściekły, że ktoś miał czelność stworzyć cokolwiek, na co nie wpadł on sam.

Czytanie listu trwało ponad godzinę, a kiedy się skończyło, nauczyciele spojrzeli na mnie.

– Jak myślisz, kto cię zainspirował do pisania tych historyjek? – Zapytał Wujek Josiah, z obrzydzeniem wskazując zeszyt palcem. – Diabeł pomógł ci je napisać! – odpowiedział na własne pytanie.

Nie byłam w stanie tego pojąć.

– Nie rozumiem. Wszyscy w moich bajkach są dobrzy i kochający, a diabeł nie jest dobry i kochający. Jak mógł mnie zainspirować do pisania dobrych opowieści?

– To nie są dobre opowieści! – powiedział Wujek Willing.

– Czy to jest Słowo Boże? – spytał Wujek Josiah.

– Ehem, nie.

– Wszystko, co nie jest Słowem Bożym, jest złe i pochodzi od diabła. Wróg lubi przychodzić jak wilk przebrany w owczą skórę, żebyś myślała, że jest nieszkodliwy i niewinny. Ale popatrz, jak twoje historyjki zaczynają sprowadzać innych na manowce. Popatrz, jak w bajce tego chłopca pojawiło się więcej zła, a przecież tylko szedł za twoim przykładem. Diabeł zawsze szuka jakichś drzwi, a ty go wpuściłaś swoimi historyjkami.

Do tej pory wszyscy zachęcali mnie do pisana, a tu nagle okazało się złe i inspirowane przez diabła. Nie byłam bożym prorokiem, więc już nigdy nie będzie mi wolno nic napisać. Nie mogłam się z tym pogodzić. Byłam dumna, że jestem pisarką – i nie miałam zamiaru dzielić się tym tytułem z nikim, rogatym czy nierogatym.

– Wygląda na to, że miałaś za dużo wolnego czasu na słuchanie Szatana – powiedział Wujek Josiah. – Pomodliliśmy się o odpowiedź, co zrobić, i Bóg pokazał nam, że potrzebujesz kar, które ci przypomną, że nie wolno zamieniać umysłu w plac zabaw dla Szatana.

Wujek Willing ochoczo zatarł ręce. Tę część lubił najbardziej.

– Dostaniesz porządne lanie deseczką. Przez tydzień masz zakaz mówienia, żebyś mogła obrócić swoje myśli w modlitwy do Pana. Możesz nauczyć się na pamięć wszystkich wersów z rozdziału *Podręcznika pamięci* na temat snów na jawie. Przez tydzień nie będziesz też chodzić na zajęcia grupowe i na wuef i cały ten czas będziesz czytać Słowo, żeby oczyścić umysł.

– Wypieranie słów Dziadka, bożej tuby i proroka, to poważne przestępstwo, ale że zrobiłaś to nieświadomie, puszczamy cię z bardzo łagodnym wyrokiem – sprecyzowała Ciocia Hoseannah.

Jako że wyrok był tak „łagodny", nie mogłam się bronić, bo to dałoby im pretekst do wlepienia mi surowszych kar za pyskowanie. Trzymałam więc buzię na kłódkę i przysięgłam, że nie napiszę już niczego aż do śmierci.

Następnego dnia Celeste musiała przeprosić za swój zły przykład, bo zachęcała nas do pisania historyjek inspirowanych przez demony.

Po tym incydencie ja i Celeste zostałyśmy jeszcze bardziej odseparowane. Nie wolno jej już było pomagać naszej grupie i od tej pory widywałam ją bardzo rzadko.

Raz do roku ja i Celeste szłyśmy na sesję zdjęciową. Zawsze byłam ładnie ubrana, zwykle w tę samą bluzeczkę w truskawki i spódnicę, które nosiłam, dając świadectwo. Pozowałyśmy z szerokimi uśmiechami, by posłać zdjęcie tacie.

Potem pisałam list, w którym wyliczałam wszystko, czego się nauczyłam i co najbardziej lubię, i zapewniałam, jaka jestem szczęśliwa. Po ocenzurowaniu przez któregoś z nauczycieli list był wysyłany razem z listem od Celeste i naszymi zdjęciami.

Tata wnioskował z tego, że jesteśmy szczęśliwe i dobrze się nami opiekują. Raz do roku przysyłał nam mikrokasetkę, na której mówił do nas, modlił się za nas i zapewniał, że niedługo będziemy razem, jeśli nie na ziemi, to w niebie. Zawsze płakałam, słuchając tych kaset. Tęskniłam za nim i nie mogłam się doczekać dnia, kiedy po nas wróci. Byłam pewna, że niedługo znów go zobaczymy.

Większość ludzi mieszkających w Obozie Szkoleniowym nie miała pozwoleń na pracę i co trzy miesiące musiała jeździć na wycieczki wizowe. Wsiadali w nocny pociąg jadący za granicę, do Malezji albo Birmy, zostawali tam dzień czy dwa i wracali z nową trzymiesięczną wizą turystyczną.

Bardzo się cieszyłam na te wypady i zwykle jeździłam z Celeste; to była moja ucieczka ze szkoły, która była dla mnie jak więzienie. Na jednej z takich wycieczek wreszcie wypłynęło przytłaczające pytanie, które spalało mi mózg jak gorączka:

– Dlaczego mamusia mnie nie chciała? – wypaliłam znienacka, kiedy jechałyśmy do domu na pace jeepa.

To nagłe pytanie zaskoczyło Celeste.

– Co? Kto ci to powiedział?

– Nikt mi nic nie powiedział. Nie wiem, dlaczego mnie zostawiła.

– Chciała cię. – Celeste patrzyła na mnie przez chwilę. – Bardzo cię kochała.

– To dlaczego mnie zostawiła?

– Kazali jej. Nie mogła cię zatrzymać... ale chciała.

Rozpłakałam się z ulgi. Matka mnie chciała... kochała mnie.

– Kto jej kazał?

– Była chora i nie mogła zabrać ze sobą was wszystkich. A tata chciał zatrzymać jedno z was. – Celeste otoczyła mnie ramieniem.

– Jeśli chciał mnie zatrzymać, to dlaczego też mnie zostawił?

Celeste milczała przez minutę, zastanawiając się nad właściwą odpowiedzią. Ale nie było takiej.

– Jemu też kazali.

Zaczęłam dostrzegać, że dorośli mieli tak samo mało do powiedzenia jak my, dzieci. Nam kazano zostawiać rodziców, im kazano zostawiać dzieci. Poczułam się kompletnie bezradna. Każda chwila mojego życia była wytyczona i zaplanowana; nigdy nie wolno mi było decydować, jak mam spędzać swój czas, w co się ubierać, co jeść, co mówić. I wyglądało na to, że nic mi nie przyjdzie z dorosłości. Przed niczym mnie nie ochroni.

Któregoś dnia, mniej więcej po roku pobytu w szkole, Celeste jakimś cudem wyrwała mnie z lekcji wuefu na spacer.

– Julie, pamiętasz, jak tatuś mówił, że po nas wróci?

– Tak! A przyjeżdża? Ja nie chcę już tu być.

– Właśnie o tym chciałam z tobą porozmawiać. – Celeste umilkła na chwilę. – Julie, myślę, że już pora przestać na niego czekać.

– Co? Dlaczego?

– Bo on nie wróci. – Te słowa spadły na mnie jak tona cegieł. Równie dobrze mogła mi powiedzieć, że umarł.

– Skąd wiesz? Powiedział ci?

– Pytałam pasterzy i powiedzieli, że nie wróci. Jeśli będziesz na niego czekać, będziesz się tylko czuć jeszcze gorzej.

– Nic nie wiesz! On wróci, tak mówił! Ja nie chcę tu zostać! – Wybuchnęłam histerycznym płaczem. – Nie, nie, nie! – Mój świat się rozpadał. Bicie, upokorzenia, samotność, to wszystko miał mi wynagrodzić powrót taty.

– Julie, skarbie, proszę, nie płacz. Zobaczą cię i będziemy miały kłopoty.

– Mam to gdzieś! – wykrzyczałam wściekła. – I nie mów do mnie skarbie, nie jesteś moją mamą! Ja nie mam mamy! – Nie mam nikogo, chciałam dodać, ale nie dokończyłam zdania, bo to nie była tak do końca prawda. Miałam Celeste. Tyle tylko, że jej nie widywałam. I nie mogła nawet kiwnąć palcem, żeby mnie obronić. Pozwoliłam się przytulić i pocieszyć, ale mogłam myśleć tylko o tym, że utknęłam w Tajlandii na dobre, na przerażającą wieczność niekończących się lań, szkoły, modłów i maszerowania.

Jedynym momentem w roku, kiedy wszystko było w miarę dobrze, były święta. Dekorowanie szkoły trwało prawie miesiąc. Spędzaliśmy tydzień z rodzinami, czy też, jak w moim przypadku, z rodziną zastępczą. Były wspaniałe przyjęcia, zabawy i tańce.

Był to też najbardziej samotny czas. Wszyscy spotykali się z rodzinami, a ja myślałam o tacie. Mama już dawno zniknęła z obrazka. Już nie pamiętałam jej twarzy, nie miałam nawet jej zdjęcia, od kiedy kazano mi wyciąć rodziców z każdej fotki, jaką miałam. I chociaż rodzice zastępczy starali się, żebym czuła się dobrze w ich rodzinie, a Vera i ja byłyśmy jak siostry, było boleśnie oczywiste, że jestem tam jedynym dzieckiem bez rodziców. Siedziałam przed choinką i gapiłam się na nią godzinami, a dokoła mnie wszyscy śpiewali kolędy. Łzy zmieniały mi choinkowe lampki w zamazane, kolorowe kule i moim zdaniem tak wyglądały ładniej, więc nie wycierałam łez.

Potrzeba zdobycia czyjegoś zainteresowania podsuwała mi bardzo dziwne pomysły. Jeden z nauczycieli był botanikiem amatorem i lubił opisywać właściwości każdej egzotycznej rośliny i kwiatu, które rosły na terenie szkoły.

– To wygląda jak zwykły żywopłot, ale przełamcie liść – powiedział, zrywając jeden z jasnozielonych listków. – Ten biały sok jest trujący. – Mleczny sok sączył się z oderwanego ogonka. – Gdybyście dotknęli tego soku, a potem zatarli oczy, moglibyście nawet oślepnąć.

Oślepnąć! Co za przerażająca myśl! Gdyby ktoś zaatakował, nie można by było się bronić! Nie można by było chodzić po terenie bez pomocy; prawdę mówiąc ktoś zawsze musiałby się o ciebie troszczyć, martwić...

...i nagle ślepota nie wydawała mi się już tak strasznym losem. Wręcz przeciwnie, przynajmniej ludzie wreszcie by mnie zauważali. Zerwałam liść i jak zahipnotyzowana zapatrzyłam się na gęsty biały sok. Mogę oślepnąć! Nikt nie troszczył się o mnie, gdy byłam widzącym dzieckiem; być może zaczęliby się przejmować, gdybym oślepła. Powoli dotknęłam soku, zawahałam się sekundę, uniosłam palec i potarłam oczy. Mrugnęłam parę razy, spodziewając się, że natychmiast zapadną ciemności.

Nagle dotarło do mnie, co zrobiłam, i zdałam sobie sprawę, że jednak nie chcę być ślepa. Czekałam na najgorsze, ale... nic się nie stało. Mieszanina sprzecznych emocji wycisnęła mi łzy z oczu. Płakałam, bo mogłam oślepnąć, ale i dlatego, że mój eksperyment chyba nie zadziałał.

Dogoniłam grupę; czułam ogromną ulgę, że moja pochopna decyzja nie doprowadziła do katastrofy. Lepsza stara bieda niż nowa.

Uwielbiałam łapać koniki polne i żuczki i przynosić je ze sobą do domu. Rozpaczliwie potrzebowałam czegoś, co należałoby do mnie. Opowiadałam swojemu robaczkowi bajkę na dobranoc i zasypiałam, dla ochrony nakrywając go dłonią. Oczywiście rano nieszczęsne stworzenie albo było martwe, albo nie było go w ogóle, więc opłakiwałam jego utratę, dopóki nie znalazłam zastępstwa.

Niedługo po moich dziesiątych urodzinach wyszła seria Listów Mo zwana *Serią Techi*. Córka Marii, Techi, miała teraz prawie dwanaście lat i zaczynała doświadczać emocjonalnej huśtawki dojrzewania. Miała ognistą osobowość, co jasno wynikało z Listów Mo, w których angażowała się w żywe dyskusje z Dziadkiem.

Maria wzięła na siebie nadzór nad złamaniem Techi. W *Serii Techi* dziewczyna traktowana była jak kolejna potencjalna Mene. Dociekliwość jej umysłu traktowana była jak głos wroga próbującego zatruć ją wątpliwościami. Gdyby mu uległa, mógłby ją opętać. Sesje „prostowania" i modlitwy Techi były nagrywane.

Seria Techi doprowadziła do zmiany w procedurach Rodziny i metodach szkolenia nastolatków. Nazywało się to RSW – Rewolucja w Szkoleniu Wyznawców. Drastycznie dokręcono śrubę. Co wieczór musieliśmy pisać dzienne Raporty Otwartego Serca. Musieliśmy dokumentować najdrobniejsze szczegóły dnia – nawet ile razy byliśmy w toalecie i ile wypiliśmy szklanek wody. Każda negatywna myśl, każda przyswojona nauka, każda rozmowa z rówieśnikami i odczucia związane z czytanymi Listami Mo musiały zostać zapisane. Byliśmy również zachęcani do donoszenia na kolegów.

Pasterze korzystali z tych informacji, by wykryć wszelkie wątpliwości czy potencjalne wady charakteru, które mogły zostać później wykorzystane przeciwko tobie. Zbyt skąpy raport był poważną przewiną, ale nie dało się wymyślać codziennie nowej przyswojonej nauki. Stałam się bardzo kreatywną pisarką, wymyślając wydarzenia, z których wyciągnęłam „wnioski".

Co tydzień dostawaliśmy do pary dorosłego partnera, który zabierał nas na spacer i rozmowę. Wtedy mieliśmy otwierać serca i obnażać dusze. Zakładano, że będziemy bardziej chętni do swobodnej rozmowy z kimś, kto nie był naszym bezpośrednim nauczycielem. Wszystko, co mówiliśmy, było oczywiście przekazywane naszym pasterzom.

Dwa lata po przyjeździe do Tajlandii Celeste i ja zostałyśmy nagle przeniesione do Centrum Służbowego, domu selah, czyli tajnego, siedziby większości tajlandzkich liderów. Nie miałam pojęcia, dlaczego się przeprowadzamy, to wszystko stało się dość szybko.

Celeste i ja zostałyśmy zapakowane do jeepa i zawiezione na mały parking, gdzie przywitał nas wujek z Centrum Służbowego. Zanim przesiadłyśmy się do innego samochodu, posadził nas na murku, żeby z nami porozmawiać.

– Nie chciałybyście sobie wybrać nowych imion? – zapytał.

– Ehem, nie, dziękuję – odparłam grzecznie.

– No cóż, kochanie, w tym przypadku niestety nie masz wyboru, bo teraz będziecie mieszkać w domu selah, gdzie wszyscy przybierają nowe imiona. To jeden ze środków bezpieczeństwa.

To nie była do końca prawda, bo tylko ja i Celeste musiałyśmy zmienić imiona. Ona już wcześniej zmieniła swoje z Celeste na Joan i nie wiedziałam, dlaczego miałaby je zmieniać jeszcze raz.

– Więc jakie imiona chciałybyście nosić?

– Mnie zawsze podobało się imię Claire – zaproponowała Celeste.

– Bardzo ładne. Pasuje do ciebie. Więc od tej pory będziesz Claire. A ty, Julie?

– Nie wiem. – Nie chciałam żadnego. Zawsze byłam Julie i czułam się, jakby zabierano mi kawałek tożsamości.

– No cóż, jeśli nie potrafisz wymyślić imienia, będziemy musieli ci jakieś nadać. Może Anna?

To było najbrzydsze, najpospolitsze imię świata.

– Nie bardzo mi się podoba.

– Kochanie, nie mamy dużo czasu. Jeśli nie umiesz nic wymyślić, będziesz musiała być Anną.

Claire i Anna, Anna i Claire. Nigdy nie przywykłam do brzmienia tych nowych imion. Płakałam cicho na tylnym siedzeniu jeepa. Wszystko było poza moją kontrolą. Dokąd jechałam, w co się ubierałam, kim byłam!

W trakcie jazdy powiedziano nam nagle, że trzeba nam zasłonić oczy. Miejsce, do którego jechałyśmy, było tajemnicą państwową!

Jeep w końcu się zatrzymał i zdjęto nam opaski z oczu.

– Niech wam Bóg błogosławi, Claire i Anno! Witajcie w nowym domu.

Czas, który tam spędziłam, był nieszczęśliwy i samotny. Znów musiałam sprzątać, gotować i myć naczynia po śniadaniu, lunchu i kolacji. Drugą połowę dnia zajmowały mi lekcje i Czas Słowa. Miałam dziesięć lat, ale musiałam spędzać wolny czas z grupą młodszych dzieci; najstarsze dziecko w domu miało ledwie sześć lat.

Musiało być oczywiste, że jestem nieszczęśliwa, bo cztery miesiące później pozwolono mi wrócić do Ośrodka Szkoleniowego. Celeste została. Jej wyjazd byłby zbyt dużym zagrożeniem dla bezpieczeństwa. Dopiero później dowiedziałam się, że przeniesiono nas, bo jej matka zintensyfikowała poszukiwania.

Wiele się zmieniło pod moją nieobecność. Szkoła była w trybie czerwonego alertu. Policja zaczęła robić naloty na komuny w Australii, Argentynie i Francji, służby socjalne zabierały dzieci, wielu dorosłych aresztowano pod zarzutami molestowania nieletnich. W Anglii zaczął się proces przeciwko Rodzinie o przyznanie praw do opieki nad dziećmi. Szkoła Niebiańskiego Miasta w Japonii była obiektem śledztwa, a wszędzie na świecie Rodzina była demaskowana przez media.

Było bardzo prawdopodobne, że Ośrodek Szkoleniowy w Bangkoku będzie kolejnym celem. Szkoła przeszła lifting. Zmieniono wystrój wszystkich pokoi i klas, dostaliśmy nowe mundurki, książki i przybory szkolne.

Byliśmy zalewani listami i komiksami na temat religijnych prześladowań. Seria dla dzieci *Wierni oszuści* podawała przykłady sławnych postaci historycznych i biblijnych, które musiały kłamać, by chronić bliskich. Mówiono nam, że czasami trzeba kłamać, by chronić prawdę. Ponieważ System pochodził od diabła, nie od Boga, ludzie z zewnątrz niczego by nie zrozumieli. Systemici postrzegali seks jako coś złego i nieodpowiedniego, a przecież my wszyscy wiedzieliśmy, że jest piękny i dobry. A to, co System mógł nazywać molestowaniem, tak naprawdę nim nie było, bo było przejawem miłości.

Przez kilka kolejnych miesięcy w każdy możliwy sposób czyniliśmy Przygotowania do Prześladowań. Domy Światowej Posługi rozprowadzały oświadczenia o poglądach i doktrynach Rodziny, których musieliśmy się nauczyć na pamięć. Nauczyciele organizowali udawane procesy i bombardowali nas pytaniami, które mógł zadawać wróg: o molestowanie, życie Rodziny i nasze kontrowersyjne doktryny. Kuliśmy na pamięć właściwe odpowiedzi, by móc odbijać oskarżenia.

Na całym świecie zarządzono wielką czystkę rodzinnych publikacji. Każdy List Mo pochwalający seks z nieletnimi czy promujący seksualne wyczyny takie jak Połów na Podryw został podarty i spalony. Wszystkie seksualne treści zostały usunięte z *Prawdziwych komiksów*, książek i publikacji takich jak *Życie z Dziadkiem*. Każdy, kto miał choćby odrobinę talentu, musiał dorysowywać staniki, majtki i szlafroki, by zakryć piersi i genitalia. Książka *Niebiańska Dziewczyna* została spalona i zatarto po niej wszelki ślad.

Pisano historię na nowo.

Nagle znów zostałam wezwana do Centrum Służbowego. Właśnie skończyłam jedenaście lat i nie uśmiechało mi się, że znów tam utknę. Miałam miłą niespodziankę, kiedy się okazało, że zjechały tam też trzy inne dziewczyny w moim wieku. Celeste uczyła nas matematyki i angielskiego. Zachęcała mnie do rozwijania mojego talentu artystycznego. Odkryłam, że potrafię rysować i całkiem nieźle mi szło ze świecowymi pastelami.

Zdążyłam się już pogodzić z tym, że tata nigdy nie wróci. Schowałam myśli o nim tak głęboko, jak się dało. Był teraz tylko czczonym bożkiem w świątyni moich wspomnień.

Któregoś dnia Celeste znalazła jego majtki upchnięte w kieszeni swojej walizki. Tata zostawił je tam trzy lata wcześniej i widocznie zapomniał. Takie pozapominane przez niego ciuchy były dla nas cennymi pamiątkami. Jednym z takich skarbów była para dziurawych skarpet.

– Hej, zobacz, co znalazłam. – Uniosła majtki, żeby mi je pokazać.

Ten przedmiot był dla nas święty jak Całun Turyński; wyrwałam znoszone, czerwone majtki z jej dłoni.

– Bielizna taty! – krzyknęłam zachwycona. Celeste zręcznie mi je odebrała.

– Moje. Były w mojej walizce.

– Ja je chcę! Proszę, jestem najmłodsza, a ty już masz jego skarpetki! To nie fair! – Złapałam jedną stronę majtek i zaczęło się zawzięte przeciąganie liny. W końcu to ona zdobyła majtki, a ja musiałam się zadowolić dziurawymi skarpetkami.

Niedługo po moim powrocie do Centrum Służbowego cały Dom spakował się i wyprowadził. Pasterze martwili się, że ktoś mógł odkryć miejsce ich pobytu, więc, jak to Rodzina miała w zwyczaju, wyparowali jak kamfora. Nowy dom był o wiele mniejszy i nie miał ogrodu. Od tej pory Celeste i ja miałyśmy zakaz wychodzenia na dwór i to zamknięcie w czterech ścianach było dla mnie nie do zniesienia. Żeby się pogimnastykować, biegałyśmy sto razy w górę i w dół po klatce schodowej albo ćwiczyłyśmy z kasetą Jane Fondy. Celeste próbowała zabawiać nas, dziewczyny, ucząc nas układów tanecznych, ale i tak dostawałyśmy świra z nudów.

Po kilku miesiącach medialna gorączka jakby trochę opadła i góra uznała, że mogę bezpiecznie wrócić do Ośrodka Szkoleniowego.

Nadszedł wieczór, kiedy miałam wyjechać, ale mój wyjazd nagle się opóźnił. Pasterze Domu biegali gorączkowo. O 10.00 wieczorem zostałam zawołana na dół i moja torba podręczna została zapakowana do jeepa razem z kilkoma walizkami i dwoma materacami. Ku mojemu zaskoczeniu do jeepa wsiadła ze mną Celeste.

– Wracasz ze mną do Ośrodka? – spytałam ją.

Celeste spojrzała nerwowo na Ciocię Ami siedzącą z nami w jeepie, jakby nie była pewna, co powiedzieć.

Ciocia Ami wyjaśniła:

– Anno, nastąpiła zmiana planów. Wydarzyło się coś bardzo poważnego. Jeszcze nie pojedziesz do Ośrodka. Najpierw jedziemy na jakiś czas w inne miejsce.

– O, a dokąd? – spytałam. Nie miałam pojęcia, co się dzieje.

– Nie musisz tego teraz wiedzieć. Zaufaj Panu, okej? Wiem, że szyby są przyciemniane, ale dla dodatkowego zabezpieczenia muszę was poprosić, żebyście położyły się na materacach na podłodze.

Materace były wilgotne i śmierdziały stęchlizną.

– Co się dzieje? – szepnęłam do Celeste.

– Nie mam pojęcia – odparła.

Jeep nie miał resorów. Kości obijały mi się boleśnie o metalową podłogę, kiedy wpadał w jedną dziurę po drugiej. Musieliśmy wyjechać za granicę miasta. Była już druga w nocy, a my krążyliśmy i krążyliśmy już od czterech godzin. Wpatrywałam się w ruchome cienie rzucane na sufit przez mijane światła i miałam wrażenie, że jedziemy już od zawsze i będziemy tak jechać… już zawsze.

Słyszałam, jak Celeste, Joan, Claire – moja siostra – oddycha obok mnie. Często zapominałam, jak mam ją nazywać. Jakiś czas później powiedziano nam, że źli ludzie próbowali nas znaleźć i zabrać Celeste. Mnie nikt nie szukał, ale i tak zabrano mnie w tę podróż, zakładając, że jeśli zostanę rozpoznana, ci ludzie domyślą się, że Celeste jest w pobliżu. Zastanawiałam się, czy naprawdę jestem zagrożeniem dla jej bezpieczeństwa, czy miałam jej po prostu dotrzymać towarzystwa. W końcu jeep się zatrzymał. Odetchnęłam z ulgą; potwornie chciało mi się siku, a przez podskoki samochodu czekanie było wyjątkowo nieprzyjemne. Ale musiałam wytrzymać jeszcze pół godziny; leżałyśmy dalej, czekając na pozwolenie, by usiąść, i nasłuchując dźwięków dookoła, próbowałyśmy się zorientować, co się dzieje.

Otwarto tylne drzwiczki. Zamajaczyła nad nami potężna postać Wujka Philipa, wielkiego Niemca, a za nim zobaczyłam nocne niebo zasnute mętnie podświetlonym smogiem znad Bangkoku. Do Wujka Philipa dołączyli Wujek Paul, krępy Filipińczyk, Ciocia Ami i jedna z regionalnych pasterek, Ciocia Christina.

– I co, dziewczynki? Czy to nie ekscytujące? – rzuciła rozanielona Ciocia Christina. – Prawie tak, jak będzie w czasach Wielkiej Udręki, kiedy będziemy się ukrywać przed wojskami Antychrysta.

Odkąd pamiętałam, żyliśmy w Końcu Czasów, a Wielka Udręka była tuż za rogiem. Czasami męczące było to życie w cieniu zagłady. Chciałam, żeby już było po wszystkim, w tę albo w tę, jak z laniem. Po kolejce desperackich modłów poinformowano nas, jaki jest plan. Szybko i od niechcenia mieliśmy wejść do motelu oddalonego o jakieś pięćdziesiąt metrów. Nasza szóstka miała się podzielić na dwuosobowe grupki i po parze, w pewnych odstępach czasu, przemknąć się przez recepcję. Wujek Filip i Wujek Paul mieli zostać z nami jako ochroniarze. Jako że Wujek Paul był Azjatą, jemu jednemu wolno było wychodzić z pokoju, żeby kupować posiłki i przekazywać wiadomości kurierom.

W pokoju było tylko jedno podwójne łóżko, w którym spałyśmy z Ciocią Christiną i Ciocią Ami. Dwa materace z samochodu zostały przemycone do pokoju i nasi ochroniarze spali na podłodze – jeden pod drzwiami, a drugi u stóp łóżka. Ekscytacja tą zabawą w chowanego szybko zgasła. Przez sześć tygodni siedzieliśmy w szóstkę w pokoju trzy i pół na cztery i pół metra, nie oglądając światła dziennego, i moja jedenastoletnia energia już po paru dniach rozpaczliwie domagała się uwolnienia.

Wściekłą frustrację wyładowywałam na siostrze podczas codziennego prysznica. Celeste, zawsze zrównoważona, znosiła to spokojnie. Nie obchodziło mnie już, czy nas znajdą; wręcz wolałam, żeby znaleźli. Zaczęłam wyobrażać sobie, że wybiegam na balkon w nadziei, że ktoś mnie zauważy i może nabierze podejrzeń. Któregoś dnia, kiedy wszyscy drzemali, wypadłam na balkon i spojrzałam w dół, na dziedziniec otoczony pokojami; było pusto jak w mieście duchów. Powoli wróciłam do środka; rozczarowanie bolało jak rana.

Próbowałyśmy wymyślać sobie rozrywki. Celeste zwijała skarpetkę w kulkę i grałyśmy w Rzuty Skarpetką. Ja pocięłam kartony po mleku i zrobiłam z nich ruchomą szopkę. I na tym upłynęło nam sześć tygodni, aż Ciocia Ami oznajmiła, że przenosimy się do ciut większego mieszkania. Dzień przeprowadzki miał swoje zabawne momenty. Rano Ciocia Ami zaplotła mi włosy w mnóstwo cienkich warkoczyków; kiedy wieczorem je rozplotła, moje cienkie włosy zmieniły się w pokręcone afro. Byłam ubrana w żarowiastą koszulkę z Myszką Miki i w pomarańczowo-białe prążki, i równie jaskrawe pomarańczowe tenisówki. Moja siostra miała podobne przebranie. Nieważne, że była dziesiąta wieczorem; nasz antysystemicki kamuflaż został uzupełniony dwiema parami okrągłych ciemnych okularów tak dużych, że zasłaniały nam prawie całe twarze. Dumnie kroczyłyśmy przez hotelową recepcję, ignorując wszystkie odwrócone głowy z pewnością siebie, jaką może natchnąć tylko takie przebranie.

Po trzygodzinnej jeździe, która normalnie trwałaby pół godziny, zajechałyśmy do małego mieszkanka, w którym miałyśmy siedzieć przez kolejne sześć tygodni. Dowiedziałyśmy się, że numery telefoniczne i adresy prawie wszystkich Domów w Tajlandii zostały spalone i dlatego Centrum Służbowe nie było już bezpieczną kryjówką. Dwóm byłym członkom udało się infiltrować jeden z Domów na Filipinach. Uzyskali wstęp, udając głos Mo przez telefon. Kiedy już byli w środku, przekonali pasterzy Domu do wyjazdu na ważne zgromadzenia liderów w Stanach. Gdy pasterze wyjechali, ci dwaj mężczyźni, którzy kiedyś pracowali na wysokich stanowiskach w Światowej Posłudze, dokonali śmiałej próby przekonania członków Domu do opuszczenia Rodziny, dając im wykłady demaskujące Mo. W Manili przechowywano szesnaście kufrów archiwalnych nagrań *Muzyki z przesłaniem* i „niewyczyszczonych" publikacji Rodziny. Ci dwaj zabrali to wszystko jako dowody, by pokazać prawdziwe oblicze Rodziny. Dowody pojawiły się w samą porę, kiedy w Wielkiej Brytanii trwał jeszcze proces o przyznanie praw rodzicielskich.

Tego wieczoru, gdy zostałyśmy wywiezione, jeden z tych ludzi zadzwonił do Centrum Służbowego w Bangkoku, znów podszywając się pod Mo, tak jak to zrobił na Filipinach. Skoro infiltracja na Filipinach poszła tak świetnie, pomyśleli, że teraz uderzą w Tajlandii. Tyle że pasterz Domu, który odebrał telefon, nabrał podejrzeń. Dwaj intruzi uciekli, ale zdołali zabrać ze sobą kufry kompromitujących materiałów, łącznie z filmikiem, który został przeoczony przez Rodzinę i uniknął zniszczenia; w tej chwili to jedyny istniejący filmowy dowód łączący Rodzinę z dawnymi występkami.

Na początku grudnia dostaliśmy dobrą wiadomość, że zabezpieczono idealną posiadłość. Naszym zadaniem było wysprzątanie jej i urządzenie, by mogło się tam przenieść Centrum Służbowe. Nic nie przygotowało mnie na koszmarny stan tego miejsca. Brud, szlam, odchody szczurów i jaszczurek, pajęczyny i ptasie pióra tworzyły twardą skorupę, która pokrywała każdy odsłonięty kawałek ścian, dachu i podłogi. Smród był straszliwy. Padliśmy więc na czworaki i szorowaliśmy do późnej nocy, żeby oczyścić sobie miejsce do spania. Przez następne kilka tygodni Celeste i ja harowałyśmy, aż palce marszczyły nam się od wody i środków czyszczących. Szorowałyśmy metodycznie, oczyszczając pokój za pokojem. Były tak brudne, że na każdy potrzebowałyśmy dwóch dni, i to we dwie. Chciałyśmy wszystko przygotować, żeby Centrum Służbowe mogło się wprowadzić na święta. I udało nam się, 23 grudnia. Święta spędziłyśmy wśród ludzi, po raz pierwszy od czterech miesięcy.

Kiedy zaczął się nowy rok – 1993 – powiedziano mi, że wyjeżdżam razem z dwiema dziewczynami do Domu założonego dla JKC – Juniorów Końca Czasów. W ciągu tygodnia zostałyśmy przeniesione do obozu w wojskowym stylu. Naszym pasterzem był były żołnierz sił specjalnych, potężny Afroamerykanin o imieniu Wujek Steven. Nosił gwizdek na szyi i urządzał nam wojskowe musztry. Zachorowałam na koklusz i trafiłam na kwarantannę. Kiedy tam leżałam, ku mojemu zaskoczeniu zadzwoniła do mnie Celeste i powiedziała, że chce się pożegnać. Skończyła osiemnaście lat i musiała pojechać do Anglii, żeby stawić czoło swojej przeniewierczej matce. Poprosiła pasterzy, by pozwolono jej przed wyjazdem spędzić dzień ze mną. Dostała odmowę, bo zostały mi dwa dni do końca kwarantanny. Uparła się, że przynajmniej zadzwoni.

Osłupienie odebrało mi mowę. To było tak nagłe, tak niespodziewane. Nic nie zapowiadało jej wyjazdu, nic mnie na to nie przygotowało.

– Ale... ale wrócisz? – zdołałam w końcu zapytać.

– Nie wiem – odparła szczerze. Siedziałam zszokowana, w milczeniu. – Halo? Jesteś tam?

– Tak. – Gula rosła mi w gardle. Nie byłam w stanie mówić.

Celeste próbowała ze mną po prostu pogadać, ale język przylepił mi się do podniebienia, a mózg zmienił się w papkę. Nie potrafiłam nic wymyślić. Nie chciałam, żeby się rozłączyła; wiedziałam, że gdy to się stanie, ona zniknie, być może na zawsze.

– Julie? Julie? Mów coś. – Chciałam jej powiedzieć, żeby nie jechała, że nie chcę być sama, ale stać mnie było tylko na gorące łzy, które pociekły mi po policzkach.

– Okej, skoro nie masz nic więcej do powiedzenia, muszę się rozłączyć, dobrze? Do widzenia… Kocham cię… Cześć.

Kiedy słuchawka umilkła, długo trzymałam ją przy uchu, słuchając bzyczącego szumu. Gdzieś z oddali usłyszałam kogoś, kto powiedział, żebym odłożyła ją na widełki.

Położyłam się do łóżka; właśnie wtedy po raz pierwszy pomodliłam się, żeby się nie obudzić.

Rozdział 16

Szukając Celeste

Kristina

W grudniu 1990 roku z mamą skontaktowała się opieka społeczna. Czternastoletni Szwajcar, Sammy Markos, został przyłapany w Ramsgate, kiedy usiłował na gapę wsiąść na prom do Francji, by wrócić do matki. Nie miał paszportu, miał za to przy sobie *Podręcznik przetrwania* wydany przez Rodzinę. Urzędnicy imigracyjni zatrzymali go i został zabrany do izby dziecka. Sammy był przerażony, że narazi na kłopoty Rodzinę i matkę. Nie chciał się do nikogo przyznać, odpowiadać na żadne pytania. Zaprzeczył, że jest członkiem wspólnoty.

Urzędnicy z Opieki Społecznej pomyśleli, że mama będzie miała większą szansę nakłonić go do rozmowy. Zabrała mnie ze sobą, bo byłam w tym samym wieku, co Sammy. Kiedy tylko przedstawiono nas jako byłe członkinie Dzieci Boga, pobiegł do świetlicy i zatrzasnął drzwi.

Mama poprosiła mnie, żebym z nim porozmawiała, więc weszłam za nim do świetlicy, wzięłam kij bilardowy i powiedziałam:

– Chodź. Niech dorośli sobie tam gadają. Zagraj ze mną! – Kiedy graliśmy, język jego ciała rozluźnił się i nawiązaliśmy kontakt. Opowiedziałam mu o swojej nieudanej ucieczce, gdy miałam dziesięć lat, i pokazałam artykuł, który napisałam dla „Nie Jesteśmy Już Dziećmi", czasopisma dla byłych członków sekty. Widziałam w jego oczach, że mnie rozumie: mówiłam sekciarskim żargonem, i to było dla niego zaskoczeniem.

Ale kiedy tylko zjawiła się jego matka, nazwała nas „diabłami". Zachowywała się jak histeryczka i Sammy się wystraszył. Znów się wycofał, nie chciał dłużej ze mną rozmawiać, więc poszłyśmy stamtąd. Mama zostawiła wiele naszych artykułów i książkę Debory Davis, na wypadek gdyby miał szansę to wszystko przeczytać. Nim policja znalazła ośrodek szkoleniowy, w którym mieszkał, wszyscy zdążyli uciec.

Jadąc późnym wieczorem do domu, wykończone, zdrzemnęłyśmy się z mamą. Obudził nas głośny huk. Przerażona i w szoku zorientowałam się, że samochód uderzył w słupek, wpadł w poślizg i wylądował w rowie z rozbitą przednią szybą. Kierowca zasnął za kierownicą i teraz przepraszał nas wylewnie. Czułam ulgę, że nikomu nic się nie stało, ale straszne historie, których nasłuchałam się jako dziecko, wciąż żyły w mojej głowie. W mojej głowie natychmiast pojawiło się pytanie: Czy Bóg karze nas za prześladowanie Rodziny? A może to diabeł atakuje nas za to, że ją demaskujemy? Kiedy zadałam sobie te pytania, zaczęłam rozumieć, co tak naprawdę oznacza wolność i możliwość wyboru.

Świetnie, że mogłam zostawić przeszłość za sobą, ale równie ważne dla mnie było przerwanie tego cyklu przemocy. Źli ludzie mogą działać tylko poprzez strach, a głośne nazywanie rzeczy i prześladowców po imieniu osłabia ich władzę. Sekta, która mnie wychowała, wciąż istniała, istniały jej nauki i środowisko, które skrzywdziło tysiące rodzin, a moją rozerwało na kawałki. Nie miałam spokoju, wiedząc, że moje przyjaciółki, moja siostra i reszta rodziny we wspólnocie wciąż codziennie doświadczają emocjonalnych i seksualnych nadużyć. Ale zło może zwyciężyć tylko wtedy, kiedy dobrzy ludzie nie podejmują działania.

Byłam głęboko przekonana, że nie można tego tak po prostu zostawić innym członkom społeczeństwa, rodzicom. To musiało wyjść ode mnie i innych jak ja: ludzi, którzy mieli wiedzę z pierwszej ręki jako przedstawiciele drugiego pokolenia.

Pamiętając, jaki czuła ból, kiedy rozdzielono ją z Celeste, mama nawiązała kontakt z innymi rodzicami, których dzieci zniknęły bez śladu. Jedna z matek, pani Willie, zaprosiła nas do siebie do Szwajcarii. Kiedy przyjechałyśmy, wyjaśniła:

– Moja córka, która ma ledwie dziewiętnaście lat, niedawno dołączyła do Rodziny.

Mama kiwnęła głową ze zrozumieniem.

– Jej osobowość drastycznie się zmieniła?

Pani Willie odetchnęła z ulgą, że ją rozumiemy.

– Tak, zmieniła się, ale jeszcze bardziej niepokojące jest to, że zrobiła się tajemnicza i nieobecna. Bardzo się martwię. – Zawahała się, cała spięta. – Wydaje mi się, że jest w ciąży. Po prostu nie wiem, co robić.

Jedyny sposób, żeby się dowiedzieć, pomyślałam, to dostać się do komuny.

Powiedziałam to; pani Willie popatrzyła na mnie z powątpiewaniem.

– Jak to zrobisz? Czy to będzie niebezpieczne?

Pokręciłam głową.

– Nie będą niczego podejrzewać.

Pani Willie miała przyjaciół, którzy mieszkali dwie ulice od dużej komuny pod Bernem. Zabrała mnie tam. Zaglądając przez żywopłot kompleksu, dostrzegłam ewidentne cechy Domu Rodziny. Na sznurkach wisiała ogromna ilość prania, a na podjeździe stały całe rzędy dziecinnych rowerków. Obmyśliłam plan i wróciłam do czekających nieopodal mamy i pani Willie.

– Wejdę do Domu – powiedziałam im.

– Co? Jak?

– Postaram się, żeby mnie zaprosili – odparłam i poprosiłam, żeby pani Willie pokazała mi, gdzie są najbliższe parki.

Pierwszy, do którego poszłam, był przepiękny, ze strumieniem płynącym wśród bujnej trawy i z alejami drzew. Coś mi powiedziało, że oni tu będą. Żeby dotrzeć do placu zabaw, musiałam przejść przez mostek. Czekałam, patrząc na swoje odbicie w wodzie. Gdy uniosłam głowę, zobaczyłam około dziesiątki małych dzieci maszerujących parami, z dorosłą opiekunką z przodu i z tyłu.

Jak na zawołanie.

Kiedy dzieci mnie mijały, odwróciłam się od niechcenia.

– *Excusez* – powiedziałam do kobiety z przodu. – *Quelle heure s'il vous plait?**

– Piąta – odparła z niemieckim akcentem. Wydawała się przyjaźnie nastawiona.

– O, angielski! Świetnie! – odparłam. – Bo ja jestem z Anglii.

Poszłyby dalej, ale postarałam się podtrzymać rozmowę i skomentowałam liczbę dzieci, które prowadziły kobiety.

– Jesteśmy chrześcijańską szkołą – odpowiedziały. – A co ciebie tu sprowadza?

– Mam wolny rok po szkole i podróżuję. – Posłałam im uśmiech dobrej „owieczki". Potencjalnych rekrutów Rodzina nazywała „owcami".

Kobiety zaprosiły mnie, żebym poszła z nimi na plac zabaw; kiedy już usiadłyśmy i pogawędziłyśmy chwilę, zapytały:

– Słyszałaś o tym, że Jezus umarł, by zbawić cię od grzechów?

– Tak, interesowałam się różnymi religiami. Sama nie wiem. To wszystko jest takie niejasne. – Uśmiechnęłam się niepewnie.

---

* Przepraszam, która jest godzina? (fr.).

– Jesteśmy chrześcijańskimi misjonarkami i służymy Panu. – Znałam tę gadkę na pamięć. – Dałybyśmy ci parę broszurek, ale nie mamy przy sobie – powiedziała jedna z kobiet.

Zapytały, czy chciałabym być zbawiona i przyjąć Jezusa do serca. Pomodliłam się więc o zbawienie – jak kiedyś. Więc tak to wygląda w oczach ludzi z zewnątrz, pomyślałam.

Ciemnowłosa kobieta zawołała nagle:

– Victor! Lily!

Zorientowałam się, że to Serena, matka Juliany, którą widywałam na nagraniach Rodziny! Wreszcie poznałam swoje przyrodnie rodzeństwo, które widywałam tylko na zdjęciach jako niemowlęta. To był szok. Nie mogłam opanować ciekawości, ale musiałam zapanować nad emocjami. Miałam zadanie do wykonania. Udałam, że chcę się dowiedzieć więcej o działalności Rodziny, żeby kobiety zaprosiły mnie do Domu. Oczywiście nie zabrałyby obcej osoby do swojej utajnionej komuny; wszystko było selah.

Kiedy odeszły, usiadłam nad jeziorem i zapłakałam. Byłam spięta, ale też targały mną emocje: poznałam Victora i Lily w tych niezwykłych okolicznościach, ale nie mogłam nic powiedzieć.

Kiedy trochę ochłonęłam, pobiegłam powiedzieć mamie, że widziałam Serenę; przecież ona mogła znać miejsce pobytu Celeste. Mama w pierwszej chwili osłupiała, a potem zaczęła się martwić, gdy jej wyłuszczyłam swój nowy plan, ale przekonałam ją, że będę bezpieczna.

Chciałam jeszcze raz zobaczyć Victora i Lily i być może dowiedzieć się, gdzie jest Celeste, więc następnego dnia po prostu podeszłam do ich drzwi i zapukałam. Po pięciu minutach odsunęło się małe okienko i na ulicę wyjrzała para oczu.

– Słucham? Kim pani jest?

– Wczoraj w parku poznałam Serenę i Ruth i powiedziały mi, że mają dla mnie broszurki – odparłam wesołym, pewnym siebie tonem.

– Ach tak – powiedział głos. Klapka się zamknęła, a ja czekałam.

W końcu usłyszałam, jak ktoś majstruje przy zestawie zamków. Drzwi otworzyła Serena i przywitała mnie. Jej pierwsze pytanie było podszyte nieufnością: jak znalazłam to miejsce?

– Zapytałam kogoś – odparłam jak gdyby nigdy nic. – Wszyscy tu wiedzą, gdzie jest szkoła.

Rozluźniła się, uśmiechnęła i cofnęła o krok, żeby mnie wpuścić. Za bramą poczułam się jak w pętli czasu. Nie mogłam w to uwierzyć. Dostałam się do środka!

Zgodnie ze znaną mi procedurą dzieci zaśpiewały dla mnie. Wykonały tradycyjny zestaw piosenek, który oczywiście znałam na pamięć. Musiałam się bardzo starać, żeby nie przyłączyć się do śpiewania.

Kiedy przedstawienie się skończyło, dałam im serdeczne brawa i ruszyłam prosto do Lily i Victora. Porozmawiałam z nimi i już po chwili bujałam ich na kolanach. Komuna zaprosiła mnie na kolację. Jadłam i słuchałam, jednocześnie rozglądając się od niechcenia, aż dostrzegłam młodą kobietę wyglądającą jak ta na zdjęciach pokazanych mi przez panią Willie. Jej ciąża była już widoczna. Popatrzyłam też na mapę na ścianie, bo Serena powiedziała mi, że jej mąż jest na misji.

– Na misji? – spytałam w nadziei, że udzieli mi bliższych informacji.

– Tak, w Azji – odparła wymijająco i zmieniła temat.

Kiedy drzwi komuny zamknęły się za mną, pobiegłam do domu, gdzie czekały na mnie mama i pani Willie. Powiedziałam pani Willie, że widziałam jej córkę, która rzeczywiście jest w ciąży. Być może nie na taki wynik liczyła, ale teraz wiedziała przynajmniej, gdzie jest jej dziecko.

Po powrocie do Anglii poznałyśmy bliżej Iana Howartha i jego żonę, Marie Christine. Marie Christine też należała kiedyś do Dzieci Boga. Będąc we wspólnocie, poznała Davida Berga i powiedziała mi, że cała jego sypialnia, od podłogi do sufitu, wytapetowana jest zdjęciami nagich kobiet i dzieci. Opuściła sektę w 1978 roku i razem z mężem zaczęła ją otwarcie krytykować. Choć miałam ledwie czternaście lat, ja też zaczęłam mówić prawdę o Rodzinie i jej praktykach. Byłam jednym z pierwszych dzieci, które się na to zdecydowały, i złożyłam niejedno zeznanie na policji.

Mama bała się, że jeśli rozzłości Rodzinę, nie pozwolą jej już nigdy zobaczyć Celeste, więc rzadziej udzielała się publicznie. Do tego po piętnastu latach w sekcie próbowała się odnaleźć w normalnym życiu, a z szóstką dzieci to nie było łatwe. Mnie też nie było łatwo. Mama stwierdziła, że jako nastolatka potrzebuję trochę prywatności, więc dostałam dla siebie składzik pod schodami – pierwszy pokój w życiu, który miałam tylko dla siebie. Zapisałam się do szkolnego kółka teatralnego i wiele godzin spędzałam w miejscowej bibliotece – wszystko, byle tylko oderwać myśli od potwornego bólu, który mnie czasami przytłaczał. Zaczynałam w całej rozciągłości rozumieć swoją przeszłość i jej konsekwencje dla mojej teraźniejszości. Mówiono nam, że białe jest czarne, a czarne jest białe i miałam mnóstwo do zweryfikowania.

Zaczęłam spotykać się z chłopakiem, Bryanem. Był trzy lata starszy ode mnie, pewny siebie i tryskał radością. Od razu mi się spodobał. Miał piękne zielone oczy i byłam zachwycona za każdym razem, gdy zapraszał mnie na randkę. Mama uważała, że jestem za młoda na chłopaka, ale jej nie słuchałam. Bryan bardzo się starał udowodnić swoją miłość. Był bardzo opiekuńczy i po pracy potrafił przejechać rowerem dwanaście kilometrów, żeby się ze mną zobaczyć. Kiedy zabierał mnie na randki, świetnie się bawiliśmy. Bycie z nim pozwalało mi nie myśleć o tym, z czym się zmagam. Zakochaliśmy się w sobie.

Mniej więcej w tym czasie tata – mój prawdziwy tata – napisał do mamy list, w którym oskarżał ją o „szkalowanie i niszczenie zbożnego dzieła Dzieci Boga i robienie szumu bez powodu".

Mama była zła i oburzona – i może też trochę smutna.

Ja byłam wręcz wściekła na ten list i poczułam potrzebę, by znów przemówić publicznie i bronić oczernianej matki. Choć list głęboko mnie zranił, znałam już techniki manipulacji i kontroli umysłów, jakie sekta stosowała wobec swoich członków. Żyłyśmy w tym samym środowisku, w którym tkwił tata, i trudno nam było winić go za taką reakcję.

Kilka tygodni później pojechałyśmy spotkać się z Gillian Duckworth, która mieszkała w jednej z najbardziej ekskluzywnych londyńskich dzielnic. Jej córka niedawno dołączyła do Rodziny. Była w ciąży i Jill niepokoiła się o przyszłość nienarodzonego dziecka w destruktywnej sekcie. Miała nadzieję, że zdołamy pokazać jej córce prawdę i zmienić jej zdanie o Rodzinie. Jill była bardzo gościnna, ale zdenerwowana. Po lunchu z nią i jej córką mama zaczęła opowiadać swoją historię, ale córka nie chciała słuchać. Mama pomyślała, że może ja wydam jej się mniej groźna. Opowiedziałam, jak wyglądało moje dzieciństwo, że rodzice nie mają praw do dzieci, bo pasterze mają kontrolę nad wszystkim.

Córka Jill słuchała, ale nic nie mówiła.

Przyniosłyśmy parę sekciarskich wydawnictw, w tym moje egzemplarze *Niebiańskiej Dziewczyny* i *Niebiańskich dzieci*. Wyjaśniłam, że obie córki Berga i jego wnuczka Mene oskarżały go o zmuszanie do stosunków seksualnych; pokazałam jej rysunek Berga leżącego nago w łóżku z Marią i Techi. Opowiedziałam o jego perwersyjnych, kazirodczych praktykach i jego opisach seksualnych fantazji nawet z własną matką. Po jakichś dwóch godzinach córka Jill wyszła, wzburzona i rozgniewana. Jej matka powiedziała nam, że zamierza wystąpić o przyznanie opieki nad nienarodzonym wnukiem, i zapytała, czy pomożemy jej, dostarczając dowodów. Natychmiast się zgodziłyśmy.

Jill złożyła pozew pod zarzutami, że dzieci w sekcie są bite, głodzone, upokarzane, zmuszane do milczenia i zastraszane przez dorosłych i rówieśników. Zostałam kluczowym świadkiem w tej sprawie, która okazała się jednym z najdłuższych procesów o przyznanie praw do opieki w historii brytyjskiego sądownictwa.

Kiedy sprawa była jeszcze na wczesnym etapie, wspólnota Gałęzi Dawidowej w Waco w Teksasie spaliła się po nieudanej akcji FBI; w ogniu zginęło osiemdziesiąt sześć osób, w tym ich przywódca i prorok, David Koresh. Szum w prasie zaniepokoił Rodzinę, która zdecydowała bronić się przed sądem, ale przywódcy odmówili składania zeznań osobiście i odpowiadania na pytania oskarżenia.

Któregoś ranka zwymiotowałam w drodze do szkoły. Od razu wiedziałam, że jestem w ciąży, ale wolałam o tym nie myśleć. Bryan i ja zdążyliśmy się rozstać i teraz spotykałam się z jednym z moich najlepszych kumpli, Jasonem. Poprosiłam, żeby to on zadzwonił do mamy, bo wiedziałam, że nie zniosę rozczarowania w jej głosie. Jason przekazał jej nowinę, a ona obiecała, że nie będzie się gniewać, i poprosiła, żeby przyprowadził mnie do domu. Wszystkie testy ciążowe wyszły pozytywnie. Poszłam na pierwsze badanie ginekologiczne i lekarz powiedział, że mam jakieś dwa tygodnie na decyzję, czy chcę aborcji. Wiedziałam, że chrześcijanie uważają to za morderstwo. Ale co myślałam ja sama? Nie przywykłam do dokonywania wyborów, a to była jedna z najtrudniejszych decyzji w moim życiu.

Budziłam się rankiem i myślałam: może powinnam się poddać aborcji i zrobić karierę. Godzinę później myślałam: chcę tego dziecka. Pewnej nocy przyśnił mi się mały chłopczyk i kiedy się obudziłam, skończyło się moje wahanie. Poczułam więź ze swoim dzieckiem, które przestało być tylko płodem. Powiedziałam mamie, że je urodzę.

Zadzwoniłam do Bryana i oznajmiłam mu, że mam coś ważnego do powiedzenia. Umówiliśmy się w parku.

– Jestem w ciąży – oznajmiłam.

Kiedy do niego dotarło, chyba naprawdę się ucieszył.

– Będę najlepszym ojcem na świecie – obiecał, uśmiechając się od ucha do ucha. Błagał mnie, żebym przyjęła go z powrotem. Byłam pod wrażeniem. Tylko ktoś, kto mnie kocha, mógł się tak ucieszyć z tej nowiny, pomyślałam.

Wcześniej nie mówiłam mu zbyt wiele o swojej przeszłości. Kiedy mu opowiedziałam, co mnie spotkało, rozpłakał się, ale powiedział:

– Nie chcę więcej o tym rozmawiać. – Świadomość, co przeszłam, była dla niego zbyt bolesna. Rozumiałam to, ale jego reakcja mnie zmartwiła.

Mimo zapewnień Bryan nawet nie próbował nam znaleźć domu i wciąż mieszkałam u mamy. Słyszałam plotki, że umawia się z innymi dziewczynami, ale postanowiłam dać mu jeszcze jedną szansę. Chciałam, żeby moje dziecko miało ojca.

Zupełnie niespodziewanie zadzwoniła do mnie Debbie, nastolatka, którą znałam z Indii. Jej rodzina całkiem niedawno opuściła sektę. Rozmawiałyśmy godzinami. Miałyśmy ze sobą mnóstwo wspólnego i mówiłyśmy tym samym językiem. Poczułam się mniej samotna. Bez zaskoczenia przyjęłam wiadomość, że sekta wciąż okrutnie traktuje dzieci. Młodszy brat Debbie, Eman, opowiedział mi o swoich doświadczeniach w jednym z ośrodków szkoleniowych w Wielkiej Brytanii. Ogarnęło mnie przerażenie, kiedy słuchałam o ekstremalnych metodach stosowanych w tych nowych obozach.

Około osiemdziesięciorgu nastolatkom kazano wypisać imiona osób, które, ich zdaniem, były najmniej uduchowione i najbardziej światowe. Któregoś ranka zostali wprowadzeni do sali zgromadzeń, w której ustawiono wielki krąg krzeseł.

Czworgu nastolatkom kazano usiąść na czterech krzesłach umieszczonych pośrodku sali. Pasterz Domu ryknął:

– Przeczytaliśmy wszystkie raporty i cztery imiona powtarzały się wielokrotnie. – Zrobił pauzę dla efektu. – Te osoby zostały potępione, ale nie przez nas, waszych pasterzy. – Rozejrzał się po sali pełnej przerażonych nastolatków i wskazał palcem tych czworo. – Zostali potępieni przez was!

Potem przeczytał raporty na temat tej czwórki. Ich przestępstwa obejmowały czytanie encyklopedii, chęć zostania naukowcem, noszenie dżinsów i zbyt wymyślne fryzury, będące oznaką światowości. Chłopak, który popełnił grzech układania włosów, został ogolony na zero. Wszyscy czworo przez wiele tygodni mieszkali odizolowani, w szopie, wykonywali ciężkie prace i byli regularnie bici.

Tydzień później Eman zauważył jednego z chłopaków pod prysznicem, zakrwawionego, pokrytego granatowymi sińcami. Miał wiele takich historii do opowiedzenia. Jeden z młodszych chłopców widział, jak jego brat się utopił, i jego żałoba została zinterpretowana jako opętanie przez demony; zakneblowali go na długie miesiące, a taśmę z ust odklejali tylko do posiłków. Matce Emana nie wolno było znać miejsca pobytu dzieci i pozwalano jej tylko na ograniczoną i cenzurowaną komunikację z nimi. To przyczyniło się do jej decyzji, by odejść z sekty.

Te opowieści tylko wzmocniły moją determinację, by jakimś cudem naprostować krzywdy wyrządzane dzieciom Rodziny. Debbie i Eman też przyłączyli się do walki i złożyli zeznania podczas procesu. Kiedy pierwszego dnia weszłam na salę sądową i spojrzałam na morze twarzy, omal nie odwróciłam się i nie wyszłam. W codziennym życiu nie nabrałam jeszcze pewności siebie, ale gdydy znalazłam się na miejscu dla świadków, byłam tak pewna swego jak nigdy. Czułam się jak żołnierz walczący o prawdę i sprawiedliwość.

Po trzech dniach intensywnych przesłuchań obrońca sekty robił się coraz bardziej wzburzony, bo nie mógł znaleźć luk w moim zeznaniu. W miarę upływu ostatniego dnia stawał się coraz bardziej wymagający i próbował bagatelizować traumę, którą przeżyłam. Dowcipnym tonem zasugerował, iż z pewnością nie sądzę, że oni wciąż trzymają się takich praktyk. Emocjonalnie obolała i wykończona, w siódmym miesiącu ciąży, załamałam się wreszcie i rozpłakałam z frustracji.

– To wszystko zaczęło się od Davida Berga! To on decydował o tym wszystkim! – powiedziałam oburzona. – To są jego proroctwa, więc jak mógłby nagle zmienić to wszystko? Czy mówi, że to złe? Mówi, że popełnił błąd? Czy zrobił wszystko, żeby powstrzymać cierpienie, które było zadawane i będzie zadawane dalej?

Sędzia wyjął chusteczki i przekazał mi je przez woźnego. Spojrzałam na Gillian Duckworth, a ona dodała mi otuchy spojrzeniem, w odróżnieniu od córki, która z kamienną twarzą wbijała wzrok w podłogę. Otarłam oczy i mówiłam dalej.

– W jaki sposób mogli się zmienić? – zapytałam. – Zmienili się na pokaz, żebyśmy ich nie ścigali. Serce Berga się nie zmieniło. Nie zmienił się jego umysł. Tyle tylko, że wszystko jest staranniej ukrywane, trzymane w większej tajemnicy. On nie przeprosił za żadną z tych zbrodni, które zainicjował. Ludzie wciąż cierpią przez to, co nam zrobił. To będzie mi towarzyszyć do końca życia. Jeśli wyrządziło się krzywdę człowiekowi albo tysiącom ludzi, powinno się pomóc, jeśli naprawdę wierzy się w sercu, że się ją wyrządzało. A ja nie wierzę, żeby on to uznawał.

Moje zeznanie było najdłuższe w tym procesie, byłam przesłuchiwana wiele dni. Sędzia był miły i wspierający, robił mi przerwy, kiedy się wzruszałam albo zaczynałam płakać. W swoim werdykcie określił mnie jako „bardzo ważnego świadka". W końcu ogłosił:

„Wielokrotnie byłem pod wrażeniem bogactwa szczegółów, a ich płynna relacja nie sugerowała, iż są zmyślone czy cudze. Było aż nazbyt wiele okazji, kiedy świadek mogła ubarwić fakty na niekorzyść Rodziny, jednak powstrzymała się od tego. Oddawała sprawiedliwość tam, gdzie należało ją oddać. (Sędzia Ward, 1995)"

Dwa miesiące później, któregoś weekendu, w trakcie rodzinnego posiłku w domu dziadków zaczęłam mieć lekkie skurcze. Zaczęły się pojawiać co piętnaście minut, a nie mogłam złapać Bryana, więc do szpitala zawiozła mnie ciocia Caryn. Przewieziono mnie na wózku na oddział położniczy. Chciałam mieć przy sobie mamę, ale musiała zostać z dziećmi. O pierwszej w nocy zjawił się Bryan. Położnicy przebili pęcherz płodowy, żeby odeszły mi wody, i dali znieczulenie – jedno i drugie było potwornie bolesne. Zasnęłam wykończona. Obudziłam się o siódmej rano.

– Pani Jones – powiedziała pielęgniarka – pani skurcze są już bardzo częste. Dziecko jest prawie gotowe.

Chciałam tylko przekręcić się na drugi bok i spać dalej. Pielęgniarka roześmiała się i stwierdziła, że to bardzo niezwykłe, by kobieta spała w najlepsze podczas porodu. Odwróciłam się, spojrzałam w pełne radości oczy Bryana i poczułam, że to najszczęśliwszy, a zarazem najbardziej przytłaczający moment w moim życiu.

O 8.25 urodziłam chłopczyka z ciemnymi kręconymi włosami. Jego ojciec i ja byliśmy wzruszeni do łez, kiedy położyli mi go na brzuchu. Jordan urodził się 13 września 1992 roku. Natychmiast go pokochałam. Był absolutnie uroczy – i wciąż jest.

Byłam szczęśliwa – szczęśliwsza, niż wydawało mi się możliwe po tylu latach w mrocznej sekcie podłego manipulanta, ale gdzieś w głębi wciąż tkwiła myśl: Musimy znaleźć Celeste. Ona musi zaznać wolności, jaką ja się teraz cieszę. Wolności, której nigdy nie uznam za daną na zawsze.

Rozdział 17

Po przeciwnych stronach

Celeste

Kiedy tata o mało nie wpadł w ambasadzie brytyjskiej w Japonii, wiedzieliśmy już, że każdy brytyjski konsulat dostał instrukcje, żeby mnie szukać. Nie było mowy, żeby tata wrócił do Anglii walczyć w sądzie. Nienawidził Anglii, a porzucenie misji było dla niego gorsze niż śmierć.

– Teraz, kiedy masz odnowiony paszport, nie musimy się już martwić. Możemy się nie wychylać, dopóki nie będziesz pełnoletnia – powiedział z ulgą.

Tata zawsze mówił o powrocie do Indii, gdyby tylko miał wybór, i teraz, kiedy zwolniono go ze Światowej Posługi, oznajmił Julie i mnie przy kolacji:

– Postanowiłam wrócić na misję do Indii. Wiecie, że zawsze kochałem ten kraj.

– Ja nie jadę do Indii – oznajmiłam. – Nikogo tam nie znam.

– Skarbie, musisz jechać. Jesteś moją córką.

To nagłe podkreślenie ojcowskiego autorytetu po tylu latach życia osobno rozzłościło mnie nie na żarty.

– Wszyscy moi przyjaciele pojechali do Brazylii. Nie jadę do Indii!

Mimo moich protestów tata miał rację: nie miałam wyboru, musiałam ustąpić i kilka tygodni później polecieliśmy liniami Air India do Bombaju. Zadawałam sobie pytanie, jak długo to jeszcze potrwa. Byłam pewna, że tata zostanie porwany do kolejnego przedsięwzięcia Światowej Posługi, a my znów zostaniemy porzucone. Po tylu latach miałby wreszcie być „zwolniony", by móc żyć jako zwyczajny członek Rodziny? To było zbyt piękne, by mogło być prawdą.

Moje podejrzenia potwierdziły się, kiedy cztery miesiące później tata ogłosił kolejną nowinę.

– Kochanie, poproszono mnie, żebym wrócił do Japonii. Potrzebują mnie przy pisaniu scenariusza nowej serii wideo dla dzieci pod tytułem *Strych pełen skarbów*.

– A co z Julie i ze mną? – spytałam. Wiedziałam, że nie możemy wrócić do Japonii przez incydent w brytyjskiej ambasadzie. To byłoby zbyt ryzykowne, bo władze wiedziały już, że Szkoła Niebiańskiego Miasta to ośrodek Rodziny.

– Jest Ośrodek Szkoleniowy w Bangkoku. Są tam Joseph i Talitha, pamiętasz ich z Domu Dana i Tiny na Filipinach? Będą dobrymi rodzicami zastępczymi dla Julie, a Silas i Endureth są CS-ami. – Skrót CS oznaczał Centralnego Sprawozdawcę. Silas i Endureth nadzorowali obszar Azji Południowo-Wschodniej i składali raporty bezpośrednio Peterowi Amsterdamowi i Marii.

– I nie martw się, to tylko na sześć miesięcy.

Zapewnienie, że to rozstanie nie będzie na zawsze, powstrzymało mnie przed zbyt gwałtownymi protestami. Chciałam wierzyć w zapewnienie taty, że wróci po nas, jak tylko projekt zostanie zakończony. Ale sześć miesięcy zmieniło się w pięć długich lat!

Przez pierwsze półtora roku Julie i ja odnawiałyśmy co trzy miesiące wizy turystyczne, jeżdżąc pociągiem z prawnymi opiekunami za granicę, do Malezji, i wracając dwa dni później. Ale kiedy w maju 1992 roku policja zaczęła robić naloty na komuny w Sydney, a pani Turle w Anglii wystąpiła o przyznanie praw rodzicielskich nad wnukiem, pasterze uznali, że wyjazdy za granicę są dla mnie zbyt ryzykowne.

Paranoja w związku z prześladowaniami osiągnęła szczyty. Kiedy wyszło na jaw, że moja matka i Kristina, moja siostra, zeznają w brytyjskim procesie o opiekę, ich nazwiska pojawiły się na światowej liście modlitw; mieliśmy się modlić o karę dla nich. To mną wstrząsnęło, bo Jezus kazał kochać swoich wrogów i modlić się za nich, a nie przeciw nim, i nigdy nie byłam w stanie się do tego zmusić.

Tak długo tłumiłam w sobie emocje i uczucia, że teraz już po prostu je ignorowałam. Jednak któregoś ranka po siedemnastych urodzinach wszystko się ze mnie wylało i przepłakałam większość dnia. Nagle do mnie dotarło: mam jeszcze tylko rok, zanim stanę się pełnoletnia – dorosła – a nie miałam pojęcia, co chcę ze sobą zrobić. Czułam się kompletnie zagubiona. Przez całe życie byłam przesyłana z miejsca na miejsce, kiedykolwiek i dokądkolwiek postanowili odesłać mnie przywódcy. Zawsze chciałam szybko dorosnąć i być pełnoletnią osobą, żeby nikt nie mógł mną pomiatać i traktować jak śmiecia, ale teraz, kiedy dorosłość była tuż, świadomość, że będę musiała odnaleźć własną drogę, przerażała mnie. Z nikim nie mogłam porozmawiać. Ta myśl wywołała kolejną falę łez. Przez cały dzień byłam w koszmarnym dołku. Chciałam tylko zwinąć się w kłębek i zniknąć.

Pewnego wieczoru Ami oznajmiła:

– Dostaliśmy instrukcje, że musimy pozbyć się wszystkich prywatnych rzeczy, które pozwoliłyby zidentyfikować kogokolwiek poza nami samymi i najbliższą rodziną. Gdyby policja zrobiła nalot na dom, nie chcemy, żeby znalazła informacje, które mogłyby zaszkodzić bożemu dziełu.

Tego wieczoru siedziałam z nożyczkami w dłoni i cięłam swoje zdjęcia. Osobiste listy zostały wrzucone do wielkiego czarnego pojemnika pośrodku sali; później miały zostać spalone. Serce mi pękało, że muszę zniszczyć wszystko, co łączyło mnie z przeszłością. Odbierano mi wszystko, co było mi drogie i co przypominało mi, kim jestem.

Mieliśmy być w stanie gotowości, czujni przez całą dobę na wypadek, gdyby policja zapukała do drzwi. Wszyscy traktowali to bardzo poważnie. W trakcie jednego z wieczornych spotkań modlitewnych usłyszeliśmy dzwonek do drzwi. Wszyscy umilkli. Kto mógł przyjść tak późno? Dzwonek rozległ się znowu. Christina kazała wszystkim czekać i poszła do bramy.

– Kto tam? – zapytała przez domofon.

Szorstki głos odezwał się po tajsku:

– Policja. Otwierać.

– Kto? – powtórzyła pytanie.

– Policja – padła odpowiedź.

Christina spanikowana przybiegła do salonu i powiedziała nam, że przyszła policja. Wszyscy zerwali się do działania. Biblioteczka Listów Mo została zamknięta na klucz i schowana. Wszyscy rozglądali się po ogólnych pomieszczeniach, czy nic nie zdradzi, że jesteśmy Rodziną. Pobiegliśmy do swoich pokoi, wstrzymaliśmy oddech i czekaliśmy.

Po dziesięciu niespokojnych minutach Ami zwołała nas z powrotem do salonu i powiedziała:

– Tak naprawdę to nie była policja. To byliśmy ja i John. – John był rodowitym Tajem. – Chciałam sprawdzić, czy jesteście przygotowani i jak zareagujecie.

Nie wiedzieliśmy, czy się śmiać, czy płakać. Ami nie spodziewała się, że jej próba wywoła taką panikę, i próbowała nas uspokoić. Jeden z braci zbladł i chwycił się za brzuch.

– Co się dzieje? – spytała go Ami.

– Poszedłem do swojego pokoju i zobaczyłem, że zapomniałem spalić swoje śmieci selah z kosza. Nie wiedziałem, co robić, więc zjadłem wszystko.

Śmieci selah to były wszelkie pisane papierowe dokumenty, które mogły dostarczyć informacji Systemitom.

– Jak? – spytał ktoś z osłupieniem.

– Popiłem wodą…

Wszyscy wybuchnęliśmy śmiechem. Pomyślałam, że w swoim poświęceniu poszedł o krok dalej, niż zdecydowałby się ktokolwiek z nas.

Przez następne sześć miesięcy nie wolno mi było wychodzić do ogrodu za dnia, na wypadek gdyby detektywi obserwowali dom. Potem, trzy miesiące przed osiemnastymi urodzinami, Juliana i ja zostałyśmy w środku nocy wpakowane do vana i wywiezione do mieszkania w mieście. Kiedy tam byliśmy, pasterka wzięła mnie na bok i powiedziała, że matka przysłała list, w którym domagała się mojego natychmiastowego powrotu.

– Chcesz wrócić do matki? To twój wybór. Ale jeśli zdecydujesz, że chcesz zostać, będziemy cię chronić – powiedziała Ami.

Byłam skołowana. Czy nie ukrywałam się przez te wszystkie lata „dla własnego bezpieczeństwa"? I dlaczego nie dano mi tego wyboru wcześniej? Dlaczego teraz?

Przez ostatnie cztery lata nie wolno mi było robić sobie żadnych zdjęć z wyjątkiem okazyjnych fotek dla taty i kazano mi spalić wszystkie zdjęcia przyjaciół i rodziny. Musiałam zmienić imię na Claire i nie mogłam z nikim korespondować. Żaden z tych środków ostrożności nie wydawał mi się konieczny. Teraz, tuż przed osiemnastymi urodzinami, po tym wszystkim, co wycierpiałam, żeby matka mnie nie znalazła, dawali mi wybór!

Czułam się jak przedmiot, o który walczą inni. Przecież byłam osobą, potrafiłam podejmować własne decyzje. Nie, nie dam się teraz odesłać do matki. Była dla mnie obca.

– Już niedaleko do moich urodzin – odparłam. – Zostanę.

Jeśli chodzi o świat zewnętrzny, miałam tylko taki jego obraz, jaki dała mi Rodzina. Czytałam serię *Traumatyczne wyznania* pełną opowieści o gwałtach, biciu żon, przemocy i narkomanii w Systemie. Gdybyśmy opuścili cudowną, bożą Rodzinę Miłości, mogliśmy się spodziewać o wiele gorszych rzeczy. Pierwszy młody człowiek, który próbował odejść, został pobity i wtrącony do karceru; musiał uciec w środku nocy w jednej koszuli na grzbiecie. Ale teraz, z powodu spraw sądowych, nie praktykowało się już tak surowych metod. „Wybór", który dostawaliśmy my, młodzi, wyglądał mniej więcej tak:

– Jasne, możesz odejść, kiedy chcesz. Nie zmuszamy cię, żebyś został. W każdej chwili możesz wyjść za te drzwi. Ale... jeśli odejdziesz, będziesz przeniewiercą, Bóg wypluje cię jak zgniły owoc.

Chciałam zadowolić Pana i służyć Mu. Nie chciałam być następna na Liście Modlitw, żeby wszyscy modlili się o moją śmierć, bo jestem wrogiem Rodziny.

Po osiemnastych urodzinach przyszli do mnie z wizytą Centralni Sprawozdawcy, Silas i Endureth. To, że odwiedzili mnie osobiście, oznaczało, że chodzi o coś ważnego.

Silas powiedział:

– Twoja matka i siostra pojawiają się w telewizji i w artykułach prasowych, w Anglii rozpętała się prawdziwa medialna burza. Być może będziemy potrzebowali, żebyś tam pojechała, spotkała się z matką i rozbroiła sytuację.

Nie bardzo wiedziałam, co znaczy „rozbroić". Tak czy inaczej najpierw musiałam przejść szkolenie medialne.

– Ach tak – odparłam nonszalancko, ale serce zabiło mi szybciej. Spotkanie z matką to jedna sprawa, ale nie byłam pewna, czy jestem gotowa stawić czoło mediom. Co powiem, kiedy ich zobaczę? Czy będę dość przekonująca? Ale machina została już wprawiona w ruch, a ja dostałam się w tryby: mały pionek w ogromnej grze.

To, czy spotkam się z matką, czy nie, zależało od tego, jak mi pójdzie szkolenie medialne. Razem ze mną do szkolenia wybrano trzy inne młode osoby. Musieliśmy spędzać całe godziny na lekcjach i czytać wszystkie kontrowersyjne Listy Mo, z których większość została już do tego czasu spalona. Nieliczne istniejące kopie były trzymane pod kluczem. Powiedziano nam, że te listy należało unicestwić nie dlatego, że już nie wierzymy w ich przekaz, ale dlatego, że aby przetrwać, musimy czynić pozory dopasowania do Systemu. Starannie rozpisano nam dobór słów. Nie mieliśmy wypierać się przekazu, tylko samych Listów. Była to strategia wymyślona przez Marię.

Oglądaliśmy też materiały wideo, pokazujące, jak należy rozmawiać z mediami; byliśmy maglowani na sesjach pytań i odpowiedzi. Mimo lęku przed porwaniem chciałam zobaczyć matkę i miałam nadzieję, że puszczą mnie do Anglii. Najwidoczniej zdałam egzamin lojalności. Po miesiącu szkolenia Silas i Endureth przygotowali dla mnie pożegnalny lunch i wszyscy zgromadzili się na modły i proroctwa. Ich wizje mówiły, że w duszy jestem wojowniczką, jak Joanna d'Arc, walczącą za wiarę. Proroctwa te były moim prezentem na drogę.

Ale tak naprawdę brakowało mi głębokiego przekonania, że postępuję właściwie. Czułam się jak uzurpatorka grająca cudzą rolę. Miałam nadzieję, że jakimś cudem, kiedy przyjadę do Anglii, to przekonanie przyjdzie samo i poczuję się „namaszczona Duchem", jak mówiły proroctwa.

Nie mam pojęcia, ile musieli zapłacić, bo moja wiza skończyła się ponad rok wcześniej, ale Silas i Endureth do spółki z moim prawnym opiekunem załatwili to jakoś. Zostałam zawieziona na lotnisko i w ostatniej chwili, w pośpiechu, zaprowadzona do samolotu. Przyleciałam do Londynu w towarzystwie Galilea i Dawn, CS-ów na Europę. Pierwszym, co mnie uderzyło w Anglii, był brak murów wokół domów. W Tajlandii i na Filipinach większość zamożnych domów była zabezpieczona wysokimi murami i bramami.

Pojechaliśmy taksówką do trzypiętrowego szeregowca na Finchley Road, w zamożnej części północnego Londynu.

Drzwi otworzył wysoki, dobrze zbudowany Amerykanin o imieniu Matthew. Miał schludnie przystrzyżone brodę i wąsy i budzącą szacunek prezencję. Jego zadaniem była koordynacja obrony Rodziny w sprawie o opiekę nad wnukiem pani Turle. Matthew powiedział mi, że spotkanie z moją matką zostało zaplanowane na „neutralnym gruncie" – w domu profesor Eileen Baker. Była profesorem emerytowanym socjologii w Londyńskiej Szkole Ekonomicznej i specjalizowała się w religioznawstwie. Była autorką wielu książek o sektach, w tym również o sekcie Moona. Występowała jako mediatorka między nami i moją matką, ponieważ była szefową INFORM, założonej w 1988 organizacji pozarządowej zajmującej się propagowaniem wiedzy o religiach alternatywnych czy też sektach. Jej referencje były imponujące i byłam jej bardzo ciekawa, kiedy kilka dni przed rozstrzygającym spotkaniem z mamą poszłam do jej domu w towarzystwie Matthew.

Profesor Baker przywitała mnie w drzwiach i zaprosiła do środka. Jej dom był pełen regałów bibliotecznych, książki leżały wszędzie. Wydawała się przyjazna, ale ja i tak byłam potwornie zdenerwowana. Zaprosiła nas do salonu. Nie mówiłam zbyt wiele; rozmowę prowadził głównie Matthew. Profesor Baker puściła nagranie wideo, na którym tańczyłam w Grecji jako sześciolatka.

– I co o tym myślisz? – spytała mnie.

Byłam bardzo zażenowana, patrząc na to, choć był to chyba najskromniejszy taniec, o jaki mnie poproszono. Trzymałam się jednak wyuczonej roli.

– Właściwie tego nie pamiętam. To nie było nic wielkiego.

Profesor Baker skinęła głową, ale nie zadawała konfrontacyjnych pytań. Może się bała, że mnie spłoszy albo rozgniewa Matthew. Przez cały pobyt byłam zdumiona, że nikt – ani profesor Baker, ani żaden z dziennikarzy, z którymi rozmawiałam – nie spytał, czy wykonywałam bardziej niedwuznaczne tańce. Bo wykonywałam, oczywiście, i zrobiły mi o wiele większą krzywdę.

Matthew powiedział, że z matką mam się spotkać w kolejną niedzielę na dwie godziny. Gorączka medialna, jaka otaczała to „spotkanie po latach", była niewiarygodna. Dzień przed spotkaniem, wieczorem, Matthew zawiózł mnie do budki telefonicznej. Ojciec chciał ze mną rozmawiać. Wciąż był w Japonii, w Szkole Niebiańskiego Miasta, i nie rozmawiałam z nim od czasu, kiedy wyjechał trzy lata wcześniej.

Moja radość, że wreszcie mogę porozmawiać z tatą, szybko zmieniła się we wzburzenie. Przez ponad godzinę słuchałam o najgorszych rzeczach, jakie był w stanie powiedzieć na temat matki. Mniej więcej to samo czytałam już w jej dossier, które napisano, by ją zdyskredytować. Była to taktyka zaczerpnięta od scjentologów: zniszczyć reputację jawnych krytyków. Dossier wywlekało każdy negatywny strzępek rzekomych informacji wyciągniętych od ludzi, którzy mieszkali z nią w Indiach. Nie oszczędzono jej niczego. Podobno była brudna, niechlujna, leniwa i naprawdę lubiła Połów na Podryw. Którejś nocy, podczas gwałtownej kłótni z Joshuą, chwyciła nawet za nóż (później dowiedziałam się, że to on wymachiwał nożem).

Nie byłam w stanie zaakceptować tej taktyki ciosów poniżej pasa stosowanej przez ojca, nawet jeśli matka była „wrogiem". Odetchnęłam z ulgą, kiedy rozmowa się skończyła. Od tego konfliktu lojalności byłam dosłownie chora. Nie mogłam spać, a gula w gardle nie pozwalała mi swobodnie połykać. Zawsze byłam chuda, ale teraz ważyłam tylko czterdzieści osiem kilo.

Następnego dnia znów pojechaliśmy do domu profesor Baker. Matthew natychmiast się wściekł, kiedy zobaczył, że zjawiła się nie tylko moja matka, ale też Kristina, David, dziadkowie, ciocia Caryn i zaprzyjaźniony pastor.

– Twoja matka przywiozła ze sobą deprogramatora! – pieklił się Matthew, wychodząc z domu wściekłym krokiem. – Spotkanie nie może się odbyć, dopóki on nie wyjdzie – zażądał. To wzbudziło we mnie jeszcze większą nieufność. Kiedy pastor taktownie opuścił dom, Matthew kazał wszystkim czekać w ogrodzie, a ja i matka zostałyśmy zaproszone na lunch.

Gdy mama weszła do pokoju, najpierw uderzył mnie jej strój. Miała na sobie jasną, kwiecistą spódnicę do kostek i jasnozielony żakiet z zapinaną bluzką pod spodem. Nie cierpiałam hippisowskiego stylu, a ta kolorowa spódnica wręcz krzyczała „dziecko kwiat". Była tęższa niż na zdjęciu, które widziałam lata temu, i niż w opisie taty. Siedem trudnych ciąż pozostawiło ślad. Dziecinny obraz matki, który nosiłam w głowie, boleśnie kontrastował z wyglądem kobiety, która stała przede mną.

Nie miałam pojęcia, co jej powiedzieć, zdobyłam się tylko na „cześć, mamo". Dziwnie było wypowiadać to słowo do kogoś, kogo nie znałam.

Mama też wyglądała na zdenerwowaną, ale przywitała mnie całusem w policzek.

– Urosłaś – rzuciła z uśmiechem. Profesor Baker zaprosiła nas do salonu. Mama zapytała:

– Jaki nosisz rozmiar buta?

Zająknęłam się.

– Właściwie nie wiem. – Nie miałam pojęcia.

– Jesteś taka chuda – skomentowała. Przyglądała mi się zatroskana.

Na to też nie umiałam odpowiedzieć. Ta pogawędka była wymuszona, pełna niezręcznych przerw. Profesor Baker zaprosiła nas do kuchennego stołu zastawionego kanapkami z tuńczykiem i ogórkiem, surówką coleslaw i wyborem zimnych mięs. Przez cały czas byłam jak ogłupiała i nie miałam pojęcia, jak reagować na matkę przepełnioną emocjami, bo wreszcie zobaczyła córkę, z którą rozdzielono ją niemal piętnaście lat temu.

– Chcę, żebyś wiedziała, że nigdy nie chciałam cię zostawić – powiedziała mama i wybuchnęła płaczem. Nie wiedziałam, jak zareagować. Powinnam podejść i ją uściskać, ale siedziałam jak kołek.

Profesor Baker zapytała:

– Wszystko dobrze, Rebecco? Wygląda mi na to, że z trudem sobie z tym radzisz. Może dobrze by było pójść na terapię.

Patrzyłam na mamę, która osuszyła oczy serwetką ze stołu i spróbowała się opanować. Uwaga była skupiona na niej, jakby to ona została skrzywdzona. Moim zdaniem to było trochę nie fair. Choć nic po sobie nie pokazałam – a to umiałam doskonale – to ja potrzebowałam pomocy. Pomocy, by nawiązać kontakt z matką, która była mi zupełnie obca.

Po lunchu mama powiedziała:

– Kristina i David też tu są, i dziadkowie. Czekają w ogrodzie. Bardzo chcieliby cię zobaczyć.

Profesor Baker wtrąciła się:

– Nie musisz, Celeste. To zależy od ciebie.

– Wszystko w porządku – odparłam. – Chętnie ich poznam. – Byłam ciekawa szczególnie Kristiny i Davida. Wyszłyśmy z mamą do ogrodu za domem. Wszyscy przywitali mnie uściskami, całusami i pytaniami.

– Celeste! – Kristina uściskała mnie z uśmiechem. Na jej biodrze siedział mały chłopczyk. – To mój syn, Jordan. Jesteś ciocią.

– Jest śliczny z tymi loczkami – zauważyłam.

– Gdzie ty byłaś? Tęskniliśmy za tobą! – Ciocia Caryn też mnie uściskała.

– Dostałaś prezenty, które ci wysyłaliśmy? – zapytała babcia, ściskając moją dłoń w swoich.

Ich radość była przytłaczająca, nie byłam też pewna, czy babcia rzeczywiście wysyłała mi prezenty, bo przecież nigdy nie miała mojego adresu. Po całym tym praniu mózgu przeciw nim, jakie fundowano mi przez lata, nie bardzo wierzyłam w ich intencje. Czy naprawdę mnie kochali, tak po prostu mnie, bez żadnych ukrytych motywów?

Matthew ostrzegał mnie, że mogą próbować mnie porwać, ale wbrew temu, czego się nasłuchałam, moi prawdziwi, rodzeni krewni nie wyglądali na ludzi, którzy mogliby trzymać za rogiem zbirów gotowych mnie dopaść. Chciałam ich poznać lepiej i zgodziłam się na kolejne spotkanie.

Rozdział 18

Radość przez łzy

Kristina

Kiedy zaparkowaliśmy pod domem Eileen Baker, po drugiej stronie ulicy zatrzymał się drugi samochód i wysiadła z niego Celeste ze swoim opiekunem, Matthew. Patrzyliśmy, jak wchodzi do domu – zmęczona i potwornie chuda.

Gdy weszła, odczekaliśmy kilka minut i wysiedliśmy z auta. Mama, David i ja byliśmy nerwowi, ale podekscytowani, że wreszcie zobaczymy ją po tylu latach. Zapukałam do drzwi. Otworzyły się gwałtownie.

Profesor Baker była zaskoczona, że mama nie jest sama i że przyprowadziła wsparcie w osobie pastora. Matthew, rzecznik prasowy Rodziny, który czekał w środku z profesor Baker, dosłownie się wściekł – zaczął wykrzykiwać i oskarżać pastora o zamiar porwania Celeste. By uspokoić sytuację, nasz przyjaciel wyszedł. Mój synek zaczął płakać i przez chwilę atmosfera była napięta i niepewna. Profesor Baker powiedziała nam, że tylko mama może zostać w domu. Nas zaprosiła do ogrodu, gdzie mogliśmy poczekać. Nie mieliśmy wyboru. Wyszliśmy na dwór i czekaliśmy niecierpliwie, ciekawi, jak Celeste i mama dogadują się po tak długim czasie. Mama rano była tak zdenerwowana, że ledwie mogła mówić. Być może zbyt rozbudowałam w głowie fantazję o tym spotkaniu, ale nie było tak, jak sobie wyobrażałam. Myślałam, że spotkamy się całą rodziną, będziemy gadać, płakać i nadrabiać stracony czas. Własne doświadczenia powinny były mnie ostrzec, że członkowie sekty mają wbijaną do głowy nieufność wobec obcych i trudno przedrzeć się przez ich mur obronny.

Czekaliśmy ponad godzinę, aż zjedzą lunch. Wreszcie profesor Baker wyszła i powiedziała, że możemy się zobaczyć z Celeste.

– Nie rozmawiajcie z nią o Rodzinie – ostrzegła. – Trzymajcie się lekkich tematów.

– Nie widziałam się z siostrą czternaście lat i będę z nią rozmawiać, o czym zechcę – odparłam wkurzona.

Celeste wyszła z mamą i uśmiechała się blado, kiedy jedno po drugim witaliśmy ją uściskiem i całusem. Zaczęła się trochę rozluźniać. Udało mi się przez chwilę zostać z nią sam na sam na końcu ogrodu. I choć obie wolałybyśmy nie poruszać tego tematu, to było nieuniknione.

– Ja nie kłamię – zapewniłam ją. – Wszystko, o czym mówiłam, jest prawdą.

Skinęła głową.

– Wiesz, że Joshua został ekskomunikowany.

– To nie był tylko on... – zaczęłam, bo najwyraźniej sugerowano jej, że tylko Joshua był odpowiedzialny za to, co spotkało naszą matkę i mnie; tylko on, a nie polityka sekty. – Musisz pamiętać, co Berg zrobił Mene.

Celeste zrobiło się nieswojo.

– Mene? Przecież to wariatka!

– Ale była twoją przyjaciółką! – Zasmuciło mnie, że tak lekceważąco potrafiła skwitować koszmar, który przeżyła jej przyjaciółka. – A jak myślisz, dlaczego się taka stała? – spytałam.

Obie gapiłyśmy się w ziemię. Było tyle do powiedzenia i tak mało czasu. Westchnęłam; to mnie przerastało. Nareszcie mieliśmy Celeste, ale była jak duch. Spojrzałam na małego Jordana siedzącego mi na biodrze i uśmiechnęłam się. On był prawdziwy.

Celeste też się rozluźniła.

– Nie pogratulowałam ci, Nino – powiedziała, nazywając mnie starym, znajomym imieniem. – Jest uroczy, naprawdę śliczny.

Kiedy Matthew i profesor Baker powiedzieli, że czas się skończył, szybko powiedziałam siostrze, że ją kocham i że zawsze za nią tęskniłam. Miałam do powiedzenia o wiele więcej, ale chciałam, żeby wiedziała przynajmniej to. W końcu wszyscy się pożegnaliśmy. Bardzo chcieliśmy spotkać się z nią jeszcze raz.

Niedługo po tym pierwszym spotkaniu mama zadzwoniła do Celeste, żeby umówić się na kolejne, i zapytała, czy Jonathan też mógłby przyjść. Pojechaliśmy pociągiem do Londynu i zapukaliśmy do drzwi Domu Medialnego na Finchley Road. Otworzyła je „słodka ciocia" ze swoim najbardziej promiennym uśmiechem pod tytułem „Niech was Bóg błogosławi". W końcu Celeste zeszła na dół, ale nie chcieli jej zostawić samej z nami. Tym razem była bardziej rozluźniona i chyba ucieszona naszym widokiem. Rozmawiała z Davidem i Jonathanem, bawiła się z małym Jordanem. Mama i ja tylko patrzyłyśmy, szczęśliwe, że tu z nią jesteśmy.

Kiedy czekaliśmy na lunch, Celeste puszczała nam rodzinne propagandówki. Daliśmy jej też nasze prezenty. Ja podarowałam jej zapinany notes z nazwiskami, numerami telefonów, adresami i datami urodzin całej rodziny. Mama miała plan i zanim wyszłyśmy z domu, zwerbowała mnie na wspólniczkę. Miałam zagadać Matthew, żeby ona mogła przez chwilkę porozmawiać z Celeste. Chciała jej przeczytać znaczący werset biblijny, żeby dać jej nową perspektywę.

Berg zawsze mówił, że ludzi należy sądzić po „owocach", a owoce interpretował jako liczbę uratowanych dusz. Ale mama chciała jej wyjaśnić, że prawidłowa interpretacja zdania: „Po owocach ich poznacie" jest zupełnie inna. Jezus miał na myśli owoce ducha: miłość, radość, pokój, cierpliwość i powściągliwość. Z drugiej strony dziełem ciała były cudzołóstwo, pijaństwo, gniew i nienawiść (List do Galatów 5:19-23).

Chciała powiedzieć więcej, ale choć trudno nam było zostawiać tam Celeste, Dom dał nam do zrozumienia, że nasz czas się skończył.

– Napiszę albo zadzwonię... – rzuciła Celeste pospiesznie, kiedy wychodziliśmy. Tak jak się spodziewaliśmy, nie napisała ani nie zadzwoniła.

Koniecznie chciałam jeszcze zobaczyć się z siostrą i kiedy byłam u przyjaciół w Londynie, Eman i ja nad partią szachów uknuliśmy plan, żeby razem odwiedzić Finchley Road. Następnego dnia bez zaproszenia zjawiliśmy się w Domu Medialnym. Eman zapukał do drzwi, a ja, cała zdenerwowana, stałam za nim. Zasłony drgnęły i w końcu ktoś otworzył drzwi. Niechętnie wpuszczono nas do środka. Kiedy usiedliśmy w salonie, zauważyliśmy, że elektroniczna niania na stoliku do kawy jest włączona. Ale to nie była ta część, której słuchają rodzice; to był nadajnik, który podsłuchuje dziecko. Nie byliśmy zaskoczeni, że będą próbowali podsłuchać naszą rozmowę z Celeste.

Długo czekaliśmy w tej jaskini lwa, nim Celeste w końcu zeszła na dół trochę roztrzęsiona. Uściskałam ją, ucałowałam i przedstawiłam jej Emana. Wokół nas sterczeli ludzie; z zaskoczeniem rozpoznałam Solomona, mojego dawnego chłopaka z Indii. Spytaliśmy Celeste, czy ona i Solomon nie przeszliby się z nami na pobliską stację benzynową po coś słodkiego.

Robili wszystko, żeby nie zostawić nas sam na sam z Celeste. W końcu Solomonowi pozwolono pójść z Emanem, a ja zostałam z siostrą. Ostatecznie zjedliśmy tam nawet kolację, ale było sztywno i niezręcznie. Nim wyszliśmy, Matthew, rzecznik Rodziny, przedstawił mi dziwaczne żądanie. Poprosił, żebym napisała oświadczenie, że, mówiąc w skrócie, nasze spotkania z Celeste były super, że ich nam nie odmawiano i nie ograniczano dostępu do niej.

Zagapiłam się na niego z otwartymi ustami. Powiedziałam szybko:

– Skontaktuję się z adwokatem Jill Turle.

W końcu się zgodziłam, ale w oświadczeniu wyraziłam szczerą opinię. Napisałam, że nasza komunikacja była monitorowana, a Celeste nie pozwolono wyjść bez nadzoru nawet do sklepu. Może i wszyscy się uśmiechali, ale nie wszystko było w porządku. Po tym spotkaniu nie mieliśmy już żadnych wieści od Celeste i krótko potem dowiedzieliśmy się, że nie ma jej już na Finchley Road.

Zaczęłam pojawiać się telewizji, udzielać wywiadów w prasie. Wystąpiłam nawet w BBC News. Dowiedziałam się, że Celeste została przeniesiona do posiadłości w Dunton Bassett, i poszłam tam z reporterem BBC, kamerzystą i dźwiękowcem. Z Domu wypadł Matthew i zaczął grzmieć:

– Zdrajczyni! Zaufaliśmy ci, wpuściliśmy cię do naszego domu! Absolutnie nie wejdziesz do środka. Napiszesz tylko kolejne kłamliwe oświadczenie.

– Sam mnie prosiłeś, żebym je napisała – odparłam spokojnie. – I nie zamierzam kłamać!

To go doprowadziło do białej gorączki i ledwie był w stanie sklecić dorzeczne zdanie. Wrzeszczał mi prosto w twarz, aż wreszcie wtrącił się reporter.

– Zaraz! Spokojnie. Ona chce tylko porozmawiać z siostrą.

Matthew, choć wściekły, wiedział, że nie może sobie pozwolić na to, by w telewizji wyjść na furiata, więc w końcu zgodził się pójść po Celeste. Ze łzami w oczach, roztrzęsiona, usiadłam na murku i próbowałam dojść do siebie. Czekaliśmy i czekaliśmy. Kiedy Celeste wyszła wreszcie po godzinie, wyglądała na zmęczoną i na granicy łez. Posłała mi blady uśmiech i zaczęłyśmy spacerować po ogrodzie, trzymając się pod rękę. Ekipa BBC ustawiła się między nami i Matthew, który niecierpliwie przebierał nogami.

Otworzyłam duszę przed siostrą i wyjaśniłam, dlaczego muszę mówić głośno o Rodzinie. Powiedziałam jej, że nie wierzę, że nie była molestowana. Na koniec powiedziałam jej, że byłoby wspaniale, gdybyśmy od czasu do czasu mogły razem pójść do kina czy na kolację, a numery całej rodziny ma w notesie, który jej dałam.

Skinęła głową.

– Będę się odzywać – obiecała. Wiedziałam, że nie będzie. Nie była gotowa. W drodze do domu czułam, że ta wizyta była warta zachodu; teraz sekta wiedziała, że patrzymy im na ręce, i miałam nadzieję, że to coś zmieni. Ale odjeżdżałam stamtąd z ciężkim sercem.

Rozdział 19

Wierna oszustka

Celeste

Matthew umówił mnie z prawnikiem, by ten pomógł mi napisać oświadczenie, że nie byłam molestowana. Tak czy inaczej nie było mnie na liście świadków w sprawie o przyznanie opieki nad wnukiem pani Turle. Góra doskonale wiedziała, co działo się w *Muzyce z przesłaniem*, i byłoby zbyt ryzykowne pozwolić mi zeznawać. Nie byłam przygotowana, żeby kłamać publicznie na temat mojej przeszłości. Mogłam podpisać dokument, który za mnie napisano, ale nie chciałabym i nie mogłabym zeznać pod przysięgą w sądzie, że nigdy nie byłam wykorzystywana seksualnie.

Matthew zabrał mnie na lunch, żeby przedstawić prawnikowi. W trakcie posiłku ten człowiek spojrzał mi w oczy i zapytał:

– Była pani kiedykolwiek molestowana seksualnie?

Poprawiłam się niespokojnie na krześle i spojrzałam w talerz.

– Nie, nie byłam – odparłam.

– Wie pani – powiedział półżartem – podobno kiedy odwraca się wzrok, odpowiadając na pytanie, to znaczy, że się kłamie.

Spojrzałam na Matthew, a potem na niego i wszyscy wybuchnęliśmy śmiechem. Matthew powiedział, że jestem nerwowa i nieśmiała i kontynuowaliśmy rozmowę. Prawnik już nigdy nie zadawał mi pytań na ten temat. Żałuję, że nie przycisnął mnie odrobinę mocniej, bo byłam już prawie gotowa, żeby się złamać.

W moim oświadczeniu ważne było nie to, co mówiłam – że miałam, fajne, szczęśliwe dzieciństwo i nigdy nie byłam molestowana – ale to, czego nie powiedziałam. Nigdy nie stwierdziłam konkretnie, że żaden dorosły mężczyzna nie dotykał mnie w seksualnym kontekście. To dzielenie włosa na czworo w kwestii definicji „molestowania" było skuteczną taktyką, dzięki której liderzy Rodziny potrafili nas przekonać, że zaprzeczanie molestowaniu to nie jest kłamstwo. Po tak długim praniu mózgu wierzyłam, że nawet nasze najgorsze doświadczenia seksualne były „pełne miłości" w porównaniu z prawdziwym maltretowaniem, jakiego doświadczały dzieci w Systemie.

Któregoś dnia, w pokoju Matthew zerknęłam na oświadczenie Kristiny. Zostawił je na biurku razem z oświadczeniem Mene, wnuczki Mo. Było mi niedobrze, kiedy czytałam, co Joshua robił mojej siostrze i wiedziałam, że Kristina nie kłamie. Sama przeżyłam coś podobnego. Ale Matthew powiedział mi, że Joshua został ekskomunikowany. Chciałam wierzyć, że Rodzina się zmieniła. To był jedyny świat, jaki znałam; potwornie się bałam, że jeśli zacznę mówić, moi przyjaciele i tata będą musieli zwrócić się przeciwko mnie i zostanę odcięta jak kiedyś moja matka i siostra. Tata powiedział mi przez telefon:

– Jestem z ciebie taki dumny, kochanie, że walczysz za wiarę. – Czy nie tego zawsze chciałam? Jego miłości i aprobaty? Teraz je miałam, ale gryzło mnie sumienie.

Przeczytałam też fragmenty oświadczenia Mene – było przerażające, co musiała znosić – ale Maria napisała w *Liście do Rodziny*, że Mene zwariowała i rozmawia z demonami, i nie można wierzyć w jej słowa. W Makau, już po tym, jak ją widziałam, Mene przeżyła kompletne załamanie psychiczne i ostatecznie odesłano ją do babki, mieszkającej w Stanach Jane Berg, na leczenie. Ale Maria nie powiedziała rodzinie całej prawdy: że jej załamanie było wynikiem długich lat w karcerze, fizycznych i psychicznych tortur. W głębi duszy byłam wściekła, że jej życie zostało zniszczone w taki sposób, i po cichu miałam nadzieję, że z jej zeznania wyniknie coś dobrego. Publicznie zaprzeczając wszelkim nadużyciom, czułam się, jakbym zdradzała siostrę i przyjaciółki z dzieciństwa, które tak strasznie cierpiały, i w mojej głowie toczyła się nieustanna wojna.

Przez kolejne półtora roku występowałam w kilku programach telewizyjnych, w tym Sky News i BBC, i zaprzeczałam wszystkiemu, o czym otwarcie mówiły moja matka i Kristina. Przez policyjne naloty na komuny w Argentynie i Francji o Rodzinie znów mówiono w wiadomościach i trzeba było założyć specjalny Dom do kontaktów z mediami i monitorowania publicznych śledztw. Poproszono mnie, żebym została i pomogła Gideonowi i Rachel, którzy byli rzecznikami prasowymi w Europie. Zostałam ich sekretarką. Każde wystąpienie w mediach, o które mnie proszono, potwornie targało mi nerwy. Przerażało mnie, że znów będę musiała składać jakieś żałosne wyjaśnienia, jak się czułam, tańcząc nago w wieku sześciu lat.

Nauczyłam się na pamięć zdania „Obóz w Grecji był jak komuna hippisowska, plaża była tuż obok i wszyscy chodzili nago. To nie było nic wielkiego". Oczywiście była to bzdura i moje wystąpienia nie były przekonujące.

W końcu prowadzący proces sędzia Ward złożył kluczowe żądanie. Nie mógł pozwolić wnukowi Jill Turle pozostać z matką, jeśli Rodzina nie wyprze się nauk Mo pochwalających seks z dziećmi i kazirodztwo. Zrobiono wszystko, żeby tego uniknąć, ale kiedy stało się jasne, że od tego zależy los chłopca, Peter Amsterdam i Maria napisali do sędziego list, w którym bardzo starannie dobierali słowa.

Jako rzecznicy zostaliśmy zaznajomieni z jego treścią i zwołaliśmy konferencję prasową, podczas której list został przeczytany dziennikarzom. Matthew powiedział nam jednak jasno i wyraźnie: „Tak naprawdę nie wypieramy się Prawa Miłości; to jest tylko kolejny przypadek, kiedy trzeba kłamać dla prawdy". Rodzina nie mogła sobie pozwolić na przegranie tej sprawy, ale nie mogła też dopuścić do tego, by wyznawcy myśleli, że prorok mógł się mylić. Jestem pewna, że nie byłoby żadnego odrzucania nauk, gdyby nie nacisk sędziego. Po raz pierwszy dostrzegłam, że nasi przywódcy nie odpowiadają wyłącznie przed Bogiem.

Pewnego dnia coś pękło. Moje ciało i umysł zostały zniszczone. Nie mogłam dłużej kłamać. Czułam się tak podle, że myślałam nawet o samobójstwie. Przez ostatnie pięć lat zmagałam się z głęboką depresją, czasami nie odzywałam się przez kilka dni z rzędu; teraz dotarłam do dna. Ale stawienie czoła prawdzie przerastało mnie, zamiast tego postanowiłam uciec od całej tej sprawy.

Poszłam do partnerki Matthew, Joan, też z drugiego pokolenia, ledwie parę lat starszej ode mnie. Mogłam z nią rozmawiać i wiedziałam, że zrozumie. Wypaliłam:

– Muszę się stąd wynieść albo wybuchnę. Muszę wyjechać teraz, dzisiaj!

Usłyszała, jak jestem zdesperowana i załatwiła mi wyjazd do komuny w Liverpoolu, niezwiązanej z mediami i sprawą sądową.

Pod koniec listopada przyszła szokująca wieść, że Moses David, nasz prorok i przywódca, nie żyje.

Maria wyjaśniła w serii listów, że przeniósł się do Nieba, nie powinniśmy jednak czuć się porzuceni, bo będzie nam przewodził ze Świata Duchowego poprzez proroctwa. Nie zasmuciło mnie to; przeciwnie, miałam nadzieję, że Rodzina, nareszcie wolna od jego fantazji i kaprysów, zmieni się na lepsze. Byłam pewna, że Królowa Maria – jako że zgodnie z proroctwem została koronowana przez Jezusa – będzie inna, bardziej rozsądna.

Dramat procesu sądowego przesłonił fakt, że rok 1993 przyszedł i minął, a Jezus nie powrócił. Nie spełniło się żadne z proroctw, które wbijano nam do głów. Królowa Maria oświadczyła, że Bóg dał Rodzinie więcej czasu, by zdobyć świat dla Jezusa przed Końcem Czasów. Wiele osób spekulowało, że Jezus wróci nas ocalić w roku 2000.

W środku tej mojej burzy uczuć i zadręczania się pytaniami, w co tak naprawdę wierzę i co chcę robić ze swoim życiem, dostałam list od taty. Przyjeżdżał do Anglii na dwa miesiące, by pozałatwiać sprawy paszportowe. Tak strasznie chciałam się z nim zobaczyć po pięciu długich latach.

Przyjechałam do Londynu, do Domu dla młodych ludzi, prowadzonego przez Ricky'ego i Elaine, moich byłych nastoletnich pasterzy z Japonii. Tata i Juliana przyjechali ze Szkoły Niebiańskiego Miasta dzień wcześniej. Nie posiadałam się z radości, że znów ich widzę.

– Tato, tyle czasu! Zastanawiałam się, czy w ogóle cię jeszcze zobaczę – powiedziałam, ściskając go.

– Przepraszam, kochanie – odparł i pocałował mnie w czoło. – Musiałem zostać dłużej i skończyła mi się wiza, więc ukrywałem się w szkole. Wyjazd byłby ryzykowny, a byłem potrzebny przy projektach. – Tata był już na czarnej liście i musiał zmienić nazwisko i paszport, by w ogóle mieć szansę na powrót do Japonii.

– Co ja widzę – powiedziałam, dotykając jego włosów. – Posiwiałeś, od kiedy cię ostatnio widziałam.

– Wiem. – Roześmiał się. – Tak to jest, jak się człowiek starzeje, ale w sercu ciągle czuję się młody.

– Julie! Jaka ty jesteś wysoka! Wyższa niż ja! – Julie miała przynajmniej z metr siedemdziesiąt i włosy też jej urosły.

Podekscytowana słuchałam o projektach, przy których pracował tata. Pisał scenariusze do programów dla dzieci *Rodzina jest fajna* i *Strych pełen skarbów*, które wydawano na wideo. Oczy mi się zaświeciły.

– Właśnie coś takiego chciałabym robić – powiedziałam. – Bardzo chciałabym wrócić z tobą do Japonii.

Tacie spodobał się ten pomysł, ale nie miał władzy, by załatwić mi pozwolenie. Musiałam napisać bezpośrednio do liderów, a na dodatek musiałabym sama uzbierać pieniądze na bilet lotniczy. Tata obiecał, że poleci mnie po powrocie. To dało mi nadzieję.

Przed wyjazdem tata zdecydował, że chce spotkać się z mamą i Kristiną.

– Jesteś pewien? – spytałam. – Mam nadzieję, że nie będziesz się z nią kłócił. Jej wersja na temat waszego rozstania jest zupełnie inna. Moim zdaniem ona chce tylko zrozumienia i przeprosin.

Ale on nie chciał przepraszać.

– Nie mam powodu. To ona zdecydowała się odejść z Joshuą i czekałem na nią dwa lata. Nie zrobiłem nic złego – upierał się.

Miałam gęsią skórkę na myśl, że będę musiała mu towarzyszyć, bo wiedziałam, że to nie będzie miłe spotkanie. Moje obawy nie były bezpodstawne. Kiedy usiedliśmy w McDonaldzie w Londynie, tata zrobił się napastliwy i protekcjonalny.

– Jak mogłaś prześladować Rodzinę?

Mama zaczęła się bronić.

– Celeste była molestowana, martwiłam się o jej bezpieczeństwo – powiedziała.

– Molestowana? Nie bądź śmieszna – wypalił tata. – Celeste jest dziewicą.

Ciekawe, dlaczego żadne z nich nie spytało o to mnie podczas całej tej kłótni.

– Nie jest. Była zmuszana do uprawiania seksu z mężczyznami, takie były doktryny Davida Berga. Ten człowiek molestował własną wnuczkę, Mene.

– Bzdura.

Poczułam się niezręcznie; powiedziałam, że muszę wyjść do toalety, a kiedy wróciłam dwadzieścia minut później, wciąż się kłócili. Widziałam, że mama jest nieszczęśliwa, ale musiała już wracać do domu. Dała tacie list, w którym opisała swoje myśli i uczucia.

Uściskała mnie i wręczyła torbę z dwiema książkami o sektach i Dzieciach Boga.

– Podkreśliłam fragmenty, które uznałam za trafne. Proszę, przeczytaj te książki, jeśli będziesz miała możliwość. – Kiwnęłam głową. Oczywiście ich nie przeczytałam; za bardzo się bałam, że są zatrute diabelskimi wątpliwościami.

Kiedy mama wyszła, odciągnęłam tatę na bok.

– Nie do wiary, że naprawdę myślisz, że jestem dziewicą – oznajmiłam.

– A nie jesteś? – spytał.

– Nie, nie jestem. Trzeba było mnie spytać, zanim to powiedziałeś. Działy się różne rzeczy.

– Naprawdę? – Zaczął się jąkać. – Nie… nie wiedziałem.

Tata nie ciągnął tematu, a ja nie powiedziałam mu nic więcej. Zdałam sobie sprawę, że właściwie rozmawialiśmy o seksie tylko raz, w Indiach, w moje piętnaste urodziny. Powiedział mi wtedy, że piętnaście lat to trochę za młody wiek na dzieci. W rodzinie było sporo piętnasto- i szesnastolatek, które zachodziły w ciążę, i tata nie chciał, żeby to przydarzyło się mnie. Zgodziłam się z nim.

Tego wieczoru tata zadzwonił do swoich rodziców, Glena i Penny. Ostatni raz widzieli go piętnaście lat wcześniej, kiedy odwiedzili nas w Loveville w Grecji. Glen zaprosił nas na cały świąteczny tydzień. Julie i ja poznałyśmy wtedy całą naszą rodzinę. Kristina mieszkała niedaleko, więc tata i ja pojechaliśmy, żeby spędzić wieczór z nią i moim bratem Davidem w jej małym, ale przytulnym domu. Jej syn Jordan miał już trzy lata.

– Już nie ma kręconych włosów – powiedziałam, przypominając sobie jego urocze loczki. Kristina upiekła nam lazanię i tego wieczoru tak naprawdę po raz pierwszy dobrze mi się z nią rozmawiało. Czytałam jej wiersze, oglądałam zdjęcia i w ogóle poznawałam ją. Kiedy wychodziliśmy, obiecałam, że będziemy w kontakcie.

Tydzień później musiałam się pożegnać z tatą i Julianą, bo lecieli już do Japonii. Czekając na pozwolenie, by móc do nich dołączyć, postanowiłam zacząć zbierać pieniądze na bilet. Miałam dość proszenia o datki czy chodzenia od drzwi do drzwi i sprzedawania produkcji Rodziny, więc zrobiłam coś bardzo śmiałego. Przekonałam Ricky'ego i Elaine, żeby pozwolili mi się zgłosić do agencji pracy tymczasowej Biurowe Anioły. Wcześniej, pod rządami Mo, to by było nie do pomyślenia, ale teraz wspólnota była bardziej elastyczna. Zgodzili się, żebym spróbowała. Następnego dnia wezwano mnie, żebym zastąpiła asystentkę w biurowcu JVC.

Do tej pory właściwie nie wiedziałam, jak wyglądają normalne stosunki z ludźmi spoza wspólnoty. Zamiast wrednych, podłych, złych Systemitów, jakich opisywano w *Traumatycznych wyznaniach*, spotkałam współpracowników, z którymi miło mi się rozmawiało – sympatycznych, przyzwoitych i pracowitych.

Po raz pierwszy posmakowałam wolności, zarabiałam własne pieniądze i naprawdę byłam doceniana za swoją pracę. Zdałam sobie sprawę, że mam umiejętności, dzięki którym mogę się utrzymać, i zrobiłam się bardziej pewna siebie.

Wydarzyło się coś jeszcze. Przez ostatnie sześć lat żyłam w celibacie. Miałam szczęście, że tak długo udawało mi się unikać niechcianych randek. Ale kilka dni przed odlotem do

Tokio zagadałam się do późnej nocy z synem Elaine, Richardem. Poznaliśmy się jeszcze w Japonii, kiedy miał trzynaście lat. Dobrze nam się rozmawiało, był przystojny i interesujący. Tak się też składało, że tej nocy miał spać sam, w salonie. Skończyło się na tym, że kochaliśmy się namiętnie do piątej nad ranem. Kiedy nastał świt, zgłodnieliśmy i przemknęliśmy się do kuchni, żeby coś przekąsić.

To był seks, jakiego chciałam – wzajemne przyciąganie, prawdziwe pożądanie, spontaniczne i radosne, a nie fizyczny obowiązek według rozkładu. A kiedy w kwietniu 1995 roku przyleciałam do Japonii, miałam już nowe spojrzenie na życie, nową perspektywę. Starałam się, jak mogłam, pozostać wierną sobie i swoim uczuciom, a nie tylko wypełniać cudzą wolę, ale bronienie własnego zdania wymagało ode mnie mobilizacji wszystkich sił i nie zawsze mi się to udawało. Czasami presja mnie przerastała i poddawałam się.

Powrót do Szkoły Niebiańskiego Miasta, którą opuściłam osiem lat wcześniej, był kompletnie surrealistyczny. Wszystko było takie samo, jak zapamiętałam.

Na kolejne dwa lata całkowicie poświęciłam się pracy przy pisaniu scenariuszy *Rodzina jest fajna* i planowaniu kolejności zdjęć do nagrań. Było jednak wiele spraw, które wytrącały mnie z równowagi. Znów spotykałam mężczyzn, których widok budził bolesne wspomnienia z dzieciństwa: Michaela, męża Patience, Jeremy'ego Spencera, Peruwiańczyka Manuela i Paula Peloquina. Przeszkadzało mi, że wciąż bezczelnie ze mną flirtują. Unikałam ich, jak się dało, ale było we mnie coś, co desperacko chciało konfrontacji z wydarzeniami z przeszłości. Miewałam nawroty depresji i fantazjowałam o samobójstwie.

Rozpaczliwie potrzebowałam kogoś, z kim można by porozmawiać, i znalazłam niespodziewanego przyjaciela we Francisie. Miał pięćdziesiąt lat i był samotnym ojcem dziesięcioletniego syna. Był jak wielki, pluszowy miś i czułam się przy nim bezpieczna. Ta przyjaźń była ważna, bo do tej pory tkwiła we mnie głęboko zakorzeniona nieufność wobec mężczyzn; myślałam, że wszyscy „starsi" faceci są obleśni, ohydni i tak naprawdę myślą o jednym. Ale z Francisem mogłam w pełni być sobą i nie bać się, że zostanie to wykorzystane do zdobycia przewagi. W najtrudniejszych chwilach mogłam się wypłakać w jego ramię.

Właśnie tego mi brakowało, tego nie znalazłam w ojcu. Przez tyle lat tak strasznie tęskniłam za tatusiem i pragnęłam być przy nim, ale teraz było już za późno, by odzyskać to, co zostało utracone. Choć mieszkaliśmy razem w Szkole, prawie się nie widywaliśmy. On był zajęty swoją nową rodziną, a ja miałam własne życie i pracę.

Rozmawiałam z nim tylko przy kolacji. Któregoś wieczoru powiedział mi, że dostał list od Davidy, naszej przyrodniej siostry z Aten. List, który napisała, był pełen gniewu i bólu. Czuła się porzucona przez ojca. Zapytałam go, co się stało.

– Napisała do mnie kilka miesięcy temu. Chciała wiedzieć, dlaczego nie wysyłałem jej kartek na urodziny i nie pisałem listów – wyjaśnił tata. – Odpisałem jej, że teraz mam nową rodzinę.

– Naprawdę tak napisałeś? – Byłam zszokowana jego niewrażliwością. – Tato, trzeba było mnie poprosić, żebym pomogła ci napisać ten list – odparłam. – Nic dziwnego, że czuje się zraniona! Powinieneś ją przeprosić i zrozumieć, dlaczego tak się czuje.

– No cóż… – Nie miał na to odpowiedzi.

– Musisz do niej napisać jeszcze raz – powiedziałam. – Ona musi wiedzieć, że cię obchodzi. – Tata obiecał mi, że napisze.

Dwa lata później dowiedziałam się, że tata nie dotrzymał obietnicy nawiązania kontaktu z Davidą; nasza siostra wpadła w głęboką depresję i sięgnęła po narkotyki. Ledwie mogłam patrzeć w oczy własnemu ojcu. Byłam wściekła, że zaniedbywał swoje dzieci i nie chciał nawet uznać, że jest za nie odpowiedzialny. Miał tylko wymówki.

– Jeśli to jest wynik Prawa Miłości, to to prawo jest złe – mówiłam mu, ale nigdy nie brał mnie poważnie. W ogóle nie dopuszczał myśli, że nasz prorok mógł się w czymkolwiek mylić.

W gruncie rzeczy przekonałam się, że nie mam już z nim wiele wspólnego. Nie byłam już córeczką tatusia.

Rozdział 20

Opowieść o dwóch ojcach

Kristina

Moja kampania toczyła się dalej. Razem z Ianem Howarthem, założycielem Centrum Informacji o sektach, zostałam zaproszona do programu *Show Richarda i Judy*. Kiedy kamera wycelowała we mnie, serce waliło mi tak mocno, że bałam się, czy nie wychwyci tego mikrofon, ale gdy zaczęliśmy rozmawiać, rozluźniłam się, wiedząc, że Ian jest obok mnie.

Podczas programu Richard zapytał mnie, dlaczego sprawcy molestowania nie trafili do więzienia.

– Bardzo trudno ich postawić przed sądem – odpowiedziałam – bo w sekcie wielokrotnie zmieniają nazwiska. Sekta ukrywa ich przed światem zewnętrznym i przenosi z komuny do komuny.

– Czy trudno było przystosować się do życia poza sektą? – spytała Judy.

– Nie umiałam odróżnić dobra od zła. Nagle zabierają ci wszystkie fundamentalne przekonania i nie wiesz już, w co wierzyć. – Kiedy zaczęłam mówić, zdenerwowanie zniknęło.

Richard zakończył program, pytając mnie:

– Czy teraz możesz powiedzieć o sobie, że jesteś przystosowana i normalna?

– Przede wszystkim silna. Ocalałam z piekła – odparłam z uśmiechem.

Po programie Ian skomentował, że mówiłam rzeczowo i z przekonaniem. To dodało mi pewności siebie przed samotną konfrontacją z rzecznikami Rodziny, Gideonem i Rachel Scott w GMTV.

Ku mojemu zaskoczeniu kilka dni przed programem zadzwonił do mnie tata. Był w Anglii! Miło mi było go usłyszeć. Opowiedziałam mu, co u mnie słychać, a potem rozmowa zeszła na temat nie do ominięcia: dlaczego prześladuję Rodzinę? Jego rodzinę?

– Nie czytałeś moich listów? – spytałam.

Zaczął kluczyć, więc zapytałam o Celeste i jego pozostałe dzieci. Byłam zachwycona, kiedy się okazało, że Celeste przyjechała z nim. Powiedziałam mu, że przyjadę do Londynu, żeby wystąpić w programie telewizyjnym, i zaproponowałam kolację w moim hotelu.

Podekscytowana odłożyłam słuchawkę.

Wielki dzień, na który czekałam całe życie, nareszcie nadszedł. Przed wyjazdem do Londynu starannie wybrałam strój i spojrzałam w lustro. Czułam, że jestem córką, z której mógłby być dumny – a tak bardzo tego pragnęłam! Zameldowałam się w hotelu i z niecierpliwością czekałam na tatę w restauracji, ale dostałam wiadomość, że się spóźni, więc zjadłam sama. Miałam nadzieję, że się nie wykręci. Zbyt długo na to czekałam.

Snując się po holu, dostrzegłam go przy windzie. Natychmiast go rozpoznałam. Przeprosił za spóźnienie i uściskaliśmy się, trochę skrępowani. Miałam mu tyle do powiedzenia, że gdy usiedliśmy, od razu przeszłam do rzeczy. Wyjaśniłam, tak jak wcześniej w listach, jak wyglądało moje traumatyczne dzieciństwo. Wyglądał na szczerze wzburzonego, kiedy mu opowiedziałam, co zrobili mi Joshua i inni mężczyźni.

– To straszne, tak mi przykro. – Aż się trząsł ze złości. – Mógłbym ich pobić – powiedział. Właśnie na taką reakcję miałam nadzieję.

– Tato, ale to David Berg zapoczątkował to wszystko! Spisał to czarno na białym w Listach Mo!

Tata, zapędzony w kozi róg, zaczął kręcić głową. Potwierdziło się to, czego dowiedziałam się o członkach sekt, gdy nagle „przełączył się", słysząc, że krytykuję Davida Berga i jego Prawo Miłości. Jego lojalność wobec przywódcy była absolutna i nielogiczna. Nie chciał przyjąć do wiadomości, że jego duchowy ojciec jest zboczeńcem wmawiającym ludziom, że kieruje nim miłość.

– Miłość? – O mało nie splunęłam. – To nie była miłość. To była perwersja. Naprawdę nie masz pojęcia, bo wypierasz to wszystko, co zrobiła mi ta „miłość", jak wielką szkodę wyrządziła w mojej psychice. – Rozpłakałam się i poszłam do łazienki, żeby ochłonąć.

Kiedy wróciłam, tata miał dla nas obojga po drinku. Stanęłam tak, żeby mnie nie widział, i obserwowałam go przez chwilę. Ramiona mu opadły, głowę miał wysuniętą do przodu... wyglądał strasznie smutno i samotnie. Zrozumiałam, że zaprzeczenie temu wszystkiemu, czego bronił przez całe życie, jest dla niego prawie niemożliwe.

Usiadłam, wzięłam drinka i upiłam łyczek. Chwilami przebłyskiwała własna osobowość taty: zabawnego, zajmującego człowieka, z którym miło się rozmawia. Ale kiedy wspominałam o czymkolwiek negatywnym w związku z sektą, po prostu zamykał się i klepał sekciarskie formułki, tak mocno wyryte w jego głowie.

Powiedziałam mu z całą szczerością, jak bardzo za nim tęskniłam, jak pieczołowicie przechowywałam jego listy i jaka byłam dumna, słuchając *Muzyki z przesłaniem*. Wciąż miałam kopię słuchowiska *Dziecko miłości*, w której był narratorem i którą puszczałam swojemu synowi na święta.

Uśmiechnął się, cały szczęśliwy.

– Cudownie być dziadkiem! Bardzo chciałbym poznać wnuka – zachwycał się.

Wyczuwałam, że jest bezbronny. Całe swoje życie poświęcił wspólnocie. Po części było mi go żal, ale byłam też wściekła i potrzebowałam odpowiedzi. Bolała mnie świadomość, że widząc we mnie „wroga", zawsze będzie wobec mnie dwulicowy i pragnęłam, żeby był ze mną tak szczery, jak ja z nim.

Zauważyłam, że nie zadaje zbyt wielu pytań. To, co myślałam czy czułam, najwyraźniej nie miało dla niego znaczenia i dał mi jasno do zrozumienia, że nigdy nie zmieni zdania.

W pewnej chwili powiedział:

– Czy możemy po prostu zgodzić się, że się nie zgadzamy?

Skinęłam głową.

– Okej, jeśli tego chcesz.

Pokazaliśmy sobie nawzajem zdjęcia naszych rodzin. Spytałam, czy ma jakieś zdjęcia mnie i Davida z dzieciństwa. Z zapałem sięgnął do kieszeni i aż się uśmiechnęłam, widząc, że ma te fotki przy sobie.

Oglądając zdjęcia Celeste, stwierdziłam:

– Wiesz, to było naprawdę smutne tak długo nie mieć z nią kontaktu. Po prostu nie pozwolono nam być siostrami, a trudno nadrobić czas. Tych wszystkich straconych lat już się nie odzyska.

– Przykro mi – powiedział tylko.

– I nie masz pojęcia, jak mnie zabolało, że nie protestowałeś, kiedy umieszczono mnie na liście modlitw o pokaranie. Naprawdę chciałeś, żebym umarła? Żeby stała mi się jakaś krzywda?

Nie potrafił odpowiedzieć; wbił wzrok we własne stopy. Byłam ciekawa, co myśli, jakie dziwne myśli muszą mu przechodzić przez głowę – a może nie myślał o niczym. Może nawet modlił się, żeby odeprzeć moje słowa.

Straciliśmy poczucie czasu. Zamykali hotelowy bar.

– O nie, przegapiłem metro! – zreflektował się.

– Możesz zostać w moim pokoju – zaproponowałam.

Nie mogłam uwierzyć, gdy się zgodził. W drodze do windy

powiedziałam: – Ja się prześpię na podłodze, a ty dostaniesz łóżko.

– Nie, nie mam nic przeciwko spaniu na podłodze – odparł. – Byłem hippisem. Przywykłem do spania byle gdzie.

Roześmialiśmy się. Wreszcie mnie rozbroił. Byłam tak szczęśliwa, że jestem z tatą, że aż kręciło mi się w głowie. Nagle sobie przypomniał:

– Lepiej zadzwonię do Celeste, będzie się martwić.

Gadał z nią przez telefon prawie godzinę. Pozwolił mi z nią porozmawiać, a kiedy odłożył słuchawkę, roześmiał się.

– Trochę się martwi i chyba jest troszeczkę zazdrosna, że jestem tu z tobą.

Sprawiał wrażenie, że jest z nią zżyty jak palto z podszewką; powiedział też, że Juliana owinęła go sobie wokół małego palca.

Znów się roześmialiśmy i kiedy myliśmy zęby, zauważył:

– Jesteś miłą osobą.

– Więc nie uważasz mnie za wiedźmę ani demona? – Uniosłam brwi.

– Ja… nigdy nie myślałem, że jesteś demonem… Nie wierzyłem – wymamrotał.

– I nie wierz, jeśli jeszcze kiedykolwiek tak powiedzą, tato. – Pogroziłam mu palcem.

Oświadczył, że nie uwierzy, uściskał mnie i powiedział dobranoc.

Następnego ranka tata wstał o piątej. Obsługa hotelowa przyniosła śniadanie: croissanty i kawę. Zapytał, czy się z nim pomodlę; zgodziłam się. Przez następne pół godziny z zamkniętymi oczami recytował całe fragmenty Biblii i Listów Mo. Ja po cichu skubałam croissanta i od czasu do czasu wtrącałam „amen". Kiedy skończył, skomplementowałam jego imponującą pamięć.

– Pewnego dnia, na Końcu Czasów, z Biblii zostanie tylko to, co jest w naszych sercach – odparł.

O siódmej miał przyjechać samochód, żeby zabrać mnie do studia, więc postanowiliśmy jeszcze napić się kawy w Covent Garden. Byłam zmęczona i niespokojna. Kiedy przechodziliśmy przez Strand, tata odruchowo chwycił mnie za rękę. Uśmiechnęłam się. W wieku osiemnastu lat wreszcie trzymałam tatusia za rękę.

Pożegnaliśmy się i wsiadłam do samochodu, który już na mnie czekał. Dumałam nad tym, że sekty wymagają od członków bezwarunkowej miłości dla wspólnoty i przywódcy w miejsce własnej rodziny i zrobiło mi się potwornie smutno. Ale to spotkanie dało mi nadzieję. Zanim poszłam do charakteryzatorni, „rozradowana mała Nina" opowiedziała Ianowi Howarthowi o ostatnich czternastu godzinach z tatą.

Ian wiedział, jakie to dla mnie ważne.

– Czy to znaczy, że zmieniłaś zdanie? – rzucił półżartem.

– Nie wydaje mi się – odparłam. Byłam szczęśliwa, że spotkałam się z ojcem, ale to nie zmieniło mojej opinii o Rodzinie. Pokażcie, na co was stać, pomyślałam.

Tego roku Rada ds. Odszkodowań dla Ofiar Przestępstw przyznała mi pięć tysięcy funtów za maltretowanie, którego doświadczyłam jako dziecko w Wielkiej Brytanii. Pieniądze miały dla mnie mniejsze znaczenie niż precedens, jakim się stało ich przyznanie. Ta rekompensata miała być tematem dyskusji w programie.

Prowadzący z GMTV, Eamon Holmes i Anthea Turner, otworzyli program, pokazując moje zdjęcie na pierwszych stronach „Daily Mail" i „Guardiana".

– Wczorajszy „Daily Mail" poświęcił pierwszą stronę historii osiemnastoletniej Kristiny Jones. Kristina jest tu dzisiaj z nami – przedstawił mnie Eamon Holmes. – Rzecznicy wspólnoty, Gideon i Rachel Scott, również są w naszym studiu.

Zwrócił się do mnie z pytaniem:

– Czy te pieniądze choć w niewielkiej części złagodzą twój ból?

– Nie sądzę, żeby jakakolwiek suma zrekompensowała dwanaście straconych lat – odparłam. Byłam zdenerwowana, kiedy Gideon i Rachel siedzieli tak blisko mnie.

Gdy prowadzący zapytali Gideona, co o tym myśli, odpowiedział:

– Trudno nam komentować oskarżenia Kristiny, bo choć przyznano jej te pięć tysięcy rekompensaty, zarzuty nigdy nie zostały dowiedzione przed sądem.

Eamon Holmes uznał to oświadczenie za dziwne, biorąc pod uwagę, że to właśnie sąd przyznał mi odszkodowanie.

– Fakt, że sędzia zdecydował o wypłacie, musi mieć chyba jakieś znaczenie – skomentował.

– Zakładam, że ktoś wierzy w jej historię – odparł Gideon zadufanym tonem. – A ja wątpię... nie mogę komentować tej historii, bo nie znam szczegółów. Ale wiem, że należę do naszej wspólnoty od dwudziestu siedmiu lat i nigdy nie widziałem molestowania żadnego dziecka, i te słowa podtrzymuje ponad pięćset naszych dzieci z całego świata, które zostały szczegółowo i dokładnie przesłuchane przez urzędników wyznaczonych przez sądy. Nigdy nie wykryto ani jednego przypadku molestowania – powiedział. – Prawdę mówiąc, dowody wskazują na coś zupełnie przeciwnego: że nasze dzieci są szczęśliwe, dobrze przystosowane, dobrze wychowane i wykształcone.

Słuchając Gideona, z niesmakiem kręciłam głową. Czułam, że wzbiera we mnie gniew i że twarz mi płonie.

– Kristino. – Eamon przerwał Gideonowi i zwrócił się do mnie. – Podobno członkowie mogą swobodnie opuścić wspólnotę. Czy to cię pociesza?

– Nie, absolutnie! – wykrzyknęłam. – Przez całe ich życie David Berg zaszczepiał w nich strach przed odejściem, strach przed Systemem, strach przed tym, co z nimi będzie poza elitarną wspólnotą.

– I będziesz kontynuować swoją kampanię?

Spojrzałam w twarze Rachel i Gideona i odpowiedziałam:
– Tak, będę.

Byłam zdeterminowana w dalszym ciągu głośno mówić o Rodzinie, ale właśnie zerwałam z Bryanem i potrzebowałam odpocząć, oderwać głowę od trudnego i przeciągającego się rozstania. Potrzebowałam też trochę ciszy i spokoju, bez emocjonalnego stresu tego wszystkiego, co działo się wokół mnie, więc zorganizowałam sobie wyjazd z synkiem do Australii, żeby przez kilka miesięcy pobyć u dziadzia i buni.

Na lotnisku w Sydney od razu ich zauważyłam. Wszyscy płakaliśmy, ściskając się na powitanie. Dziadkowie wciąż nazywali mnie Niną, a ja nie miałam nic przeciwko; przypominało mi to dobre chwile dzieciństwa. Jordan natychmiast przylgnął do buni. Przy nich czułam się bezpieczna i kochana.

Zrobiło mi się smutno, kiedy zobaczyłam wszystkie nasze zdjęcia wiszące u nich na ścianie. Uderzyło mnie, jak bardzo musiało ich zaboleć, kiedy opuścił ich jedyny syn, i jak samotni musieli się czuć, mając wnuki na drugim końcu świata. Przez wiele godzin opowiadałam im o moich braciach i siostrach w Anglii.

Całą czwórką wychodziliśmy do zoo, do parków, jeździliśmy w niesamowite Góry Błękitne i przypomniałam sobie powietrze w słoiku po dżemie, jedną z niewielu zabawnych historyjek, które opowiadał nam Joshua. Dziadkowie zabierali nas w odwiedziny do swoich przemiłych przyjaciół i krewnych. Dobrze było wiedzieć, że mają tak cudowną grupę przyjaciół i rodzinę, że nie są całkiem sami. Aktywnie działali w swojej wspólnocie parafialnej, a bunia śpiewała w chórze. Któregoś dnia zapytali mnie, czy nie będę miała nic przeciwko, żeby ich syn i jego grecka żona wpadli z wizytą. Przyjechali do Sydney na parę miesięcy; Joshua jeździł taksówką, żeby uzbierać pieniądze na powrót na „misję".

Założyłam, że odwołano jego „ekskomunikę"; zastanawiałam się, czy w ogóle miała miejsce.

Joshua przywitał się ze mną jak gdyby nigdy nic. Poczochrał mi włosy.

– Urosłaś – powiedział.

Wzdrygnęłam się. Nagle znów poczułam się jak mała dziewczynka. Wszyscy razem zjedliśmy lunch przy niezręcznej, grzecznej rozmowie. Joshua pochwalił mojego malca i w pewnej chwili przyznał się wszystkim, że był dla nas, dzieci, bardzo surowy. Trudno mi było tego słuchać i nic nie mówić i czułam się nieswojo, gdy był blisko mojego syna.

Po lunchu, kiedy bunia i żona Joshui zmywały naczynia w kuchni, Joshua usiadł ze mną na werandzie. Zaczęliśmy się kłócić o mamę. Krytykował ją za przeniewierstwo i ucieczkę z jego dziećmi. Wyjaśniłam, że zrobiła, co musiała, i moim zdaniem była bardzo dzielna.

– To ty nie miałeś racji, a teraz jesteś hipokrytą, bo to ty chciałeś nas rozdzielić – powiedziałam.

– Chyba nie powinienem był naciskać na twoją mamę, żeby rozstała się z twoim ojcem. Przykro mi. – Tylko na tyle się zdobył.

Nasza dyskusja zeszła na temat Prawa Miłości i Jednej Żony. Powiedziałam mu, że te nauki doprowadziły do niewypowiedzianych krzywd; powiedziałam też, jakie mam wspomnienia z dzieciństwa.

– Ty to pamiętasz? – spytał zaskoczony.

– Oczywiście że tak.

Zaczął typową gadkę pełną przygotowanych odpowiedzi, jak to Rodzina była wolna od więzów Systemu, który niesłusznie postrzegał to wszystko jako molestowanie.

– Widzisz, to tak naprawdę nie jest molestowanie... – zaczął się bronić.

Nagle w głębi domu rozległ się ryk. Dziadek wypadł przez tylne drzwi na werandę, podpierając się laską. Usłyszał nas ze swojego pokoju, gdzie odpoczywał w łóżku; niedawno przeszedł operację przepukliny.

– Jak mogłeś? – zapytał. – Słyszałem każde słowo!

Uniósł laskę i uderzył syna w ramię resztką sił, jakie jeszcze miał. Bunia wybiegła z domu i dziadzia powiedział jej, co usłyszał. Była w szoku, a mnie przypomniało się, jak w Indiach przez trzy dni leżała w łóżku. To musiało być bardzo bolesne dla tej kochanej kobiety podejrzewać, co się dzieje, i nie móc nic powiedzieć ani zrobić.

Zerwałam się zaskoczona i zaniepokojona o dziadka. Nigdy wcześniej nie widziałam go tak rozgniewanego, nie słyszałam nawet, żeby podnosił głos.

Był wściekły.

– Nie waż się krytykować jej matki! Ostrzegam cię! Wynoś się! To jest mój dom i nie chcę słyszeć ani słowa przeciwko niej!

Zaczęła się ogólna awantura, aż bunia i dziadzia rozkazali Joshui i jego żonie wynosić się z ich domu.

Tej nocy po raz pierwszy ze szczegółami opowiedziałam im swoją wersję tej historii. Było to bardzo bolesne dla nas wszystkich i nigdy więcej nie rozmawialiśmy na ten temat.

Tego samego tygodnia Joshua przysłał pieniądze na nowy wózek dla Jordana, ale nie miałam najmniejszej ochoty więcej oglądać tego człowieka. Napisał do mnie list: chciał naprawić nasze stosunki i wciąż być moim ojcem. Napisał, że tego dnia w Londynie, kiedy mama uciekła z nami, pękło mu serce. Nie przypomniałam mu, że groził jej odebraniem dzieci i odesłaniem ich na wychowanie do sekty. W moim sercu było miejsce, które się nad nim litowało, ale choć mu wybaczyłam, było za późno. Przeszłości nie dało się naprawić.

21

Rehabilitacja

Juliana

Na początku lat 90., w chwili ogłoszenia śmierci Mo, w Rodzinie powiał wiatr zmian. Cała szkoła w Bangkoku zebrała się w wielkiej auli i wysłuchała listu o szczegółach „awansu" naszego przywódcy do Nieba. Umarł we śnie po latach długiej choroby, otoczony członkami Rodziny, tak jak chciał. Wszyscy w auli mieli mokre oczy, wszyscy wokół mnie mówili językami i modlili się. Wiedziałam, że powinnam brać w tym bardziej aktywny udział, ale nie było mi ani trochę smutno. Mo był tylko imieniem bez twarzy, zjawą, której pisma definiowały każdy aspekt mojego życia, ale jako człowiek, prorok czy święty nic dla mnie nie znaczył. Spotkanie ciągnęło się godzinami: były pieśni, anegdoty o zmarłym proroku, modlitwy, przyrzeczenia miłości i oddania. Nudziłam się nieprawdopodobnie.

Atmosfera przez cały tydzień była ponura. Nikt nie był pewien, jaki będzie los Rodziny i czy Maria, wybrana przez Mo na następczynię, zdecyduje się przyjąć to „namaszczenie". Słyszeliśmy, że spisywana jest nowa księga prawa dla Rodziny. Mieliśmy nadzieję, że sprawy zaczną zmieniać się na lepsze; że Maria zmodernizuje i poprawi zasady i sposób życia Rodziny.

Miałam prawie trzynaście lat, kiedy podczas tego czasu niepewności zdarzyło się coś niespodziewanego. Wysyłali mnie do Japonii, do taty! Już dawno straciłam nadzieję, że go jeszcze kiedyś zobaczę, i nie mogłam uwierzyć w to, co słyszę. Dostałam też list od mamy ze zdjęciem Mariany, Victora i Lily. List był krótki i ledwie rzuciłam na niego okiem; najbardziej interesowało mnie zdjęcie. Patrzyłam na nich – moje siostry i brata – godzinami. Mariana, o głowę wyższa, stała za Victorem i Lily. Byli w pięknym lesie w Szwajcarii, a ich uśmiechy były przeznaczone dla mnie. Pokazałam to zdjęcie chyba wszystkim w Szkole. Moje serce śpiewało z radości przez ten nieoczekiwany obrót spraw: to było jak Boże Narodzenie!

W Szkole Niebiańskiego Miasta mieszkały wszystkie gwiazdy nowoczesnej Rodziny lat 90. Ludzie ci zostali wyznaczeni osobiście przez Mo i Marię do produkcji nowoczesnej muzyki i nagrań wideo, z których Rodzina na całym świecie mogłaby korzystać do dawania świadectwa poprzez sprzedaż i emisję w telewizji. By zyskać na atrakcyjności w oczach Systemitów, a w szczególności młodzieży, młodzi członkowie Rodziny ubierali się nowocześnie i malowali się, tak jak wszyscy w świecie na zewnątrz. Było to postrzegane jako zło konieczne, by zdobyć dusze zagubionych dla Chrystusa. *Pioseneczki dla maluchów*, *Strych pełen skarbów* i inne produkcje wykreowały we wspólnocie nową grupę młodych celebrytów. Dopuściły też do Rodziny odrobinę zewnętrznych, światowych wpływów, które wcześniej były nie do pomyślenia. Szkoła Niebiańskiego Miasta była „fajnym" miejscem, w którym zebrali się „fajni" ludzie, żeby przebijać się nawzajem w fajności. Potrzebowałam miesięcy, żeby choć trochę się dopasować.

Dopiero po przyjeździe do Szkoły dowiedziałam się, że tak naprawdę tata tam nie mieszka. Był w małym Domu Światowej Posługi w Tokio, gdzie mieszkał ze swoją nową japońską żoną Sunshine i synkiem o imieniu Kingdom.

W 1995 roku Maria koronowała się na Królową Marię, wyjaśniając w serii listów, jak to Bóg przekazał jej dzieło

Mo. Zaraz potem nastąpiła koronacja jej nowego małżonka, Króla Petera, czyli Petera Amsterdama, dawnego biznesowego administratora Mo i Marii. Lojalistom Mo trudno było zaakceptować rządy kobiety, sprawowane w zupełnie innym stylu niż za poprzedniego przywódcy, ale wielu z nas, młodych, miało nadzieję, że ta zmiana na górze odmieni na lepsze życie drugiego pokolenia. W tym czasie wydawało się, że reguły mocno się rozluźniają i że można o wiele swobodniej wyrażać siebie. Właśnie dzięki tej nadziei na inną przyszłość wielu z nas jeszcze się trzymało. Byłam szczęśliwa, że pod nowymi rządami dano mi pewną swobodę decydowania o sobie w codziennym życiu. Mogłam nosić, co mi się podobało, w rozsądnych granicach; nie byłam pilnowana dwadzieścia cztery godziny na dobę i musztrowana na każdym kroku. Byłam odpowiedzialna za więcej spraw i miałam więcej wolnego czasu dla siebie.

Nadzieja jest potężnym instrumentem w dłoniach tego, kto może ją zarazem dawać i odbierać. A osobą kontrolującą tę nadzieję była Maria.

Mniej więcej po roku tata opuścił Dom Światowej Posługi w Tokio i przeprowadził się razem z Sunshine i Kingdomem do Szkoły Niebiańskiego Miasta. Powiedział mi, że Sunshine znów jest w ciąży, a on sam jest zajęty nową rodziną i pisaniem scenariuszy do nagrań wideo. Widywałam go rzadko, przy kolacji. Choć sprawiałam wrażenie radosnej osoby, tak naprawdę czułam się zagubiona i beznadziejna. Nie wiedziałam już, gdzie jest moje miejsce we wszechświecie. Nienawidziłam taty. Za to, że zostawił mamę, że porzucił mnie, ale głównie za udawanie, że to wszystko było w porządku.

Ta iluzja działała w jego przypadku. Ale dla mnie to nigdy nie było w porządku.

Dorastałam sama, a teraz, kiedy nareszcie miałam ojca, wciąż byłam sama, bez przyjaciół, skłócona ze światem i z samą sobą. Zdecydowałam, że pora zakończyć to marne życie, zatrute przez miażdżące odrzucenie. Głęboko przekonana, że jestem pomyłką, napisałam list, w którym oddawałam swoje rzeczy jednej z nielicznych przyjaciółek. Potem wspięłam się na parapet okna taty na drugim piętrze i zaczęłam samą siebie namawiać do skoku. Chodnik w dole gapił się na mnie i nagle odległość od ziemi wydała mi się strasznie mała. Uderzyła mnie paniczna myśl, że mogę jednak nie umrzeć, tylko przeżyć jako paralityczka albo nawet warzywo. Ta myśl zmroziła mnie na chwilę i nagle do pokoju wszedł tata.

Ledwie na mnie spojrzał, szybko wskoczyłam do środka. Zastanawiałam się, co mógł sobie pomyśleć. Ale on nigdy nie myślał. Nigdy nie reagował.

Spanikował dopiero, kiedy mu powiedziałam: „Chcę opuścić Rodzinę". Tak naprawdę powiedziałam to, żeby zyskać jego uwagę. I zyskałam, tyle że nie taką, na jaką liczyłam. Kiedy zapytał mnie, dlaczego chcę odejść, powiedziałam mu, że jestem nieszczęśliwa. Jego rozwiązaniem było wysłanie mnie do Indii – uznał, że przebywanie na „misji" mnie wyleczy. A dla taty co z oczu, to z serca. Być może patrzenie na pokręconą nastolatkę, jaką byłam, burzyło jego spokój ducha i obnażało jego rażące wychowawcze porażki. Straciłam wszelki szacunek dla niego jako ojca.

Dla reszty Rodziny każdy, kto przyjeżdżał z Japonii, był światowy i pozbawiony ducha. Do tego czasu nauczyłam się już ubierać jak wszyscy w Szkole. Miałam na sobie dżinsy obcięte nad kolanami i koszulkę bez rękawów. Pasterze z Indii napisali zjadliwy list do mojego ojca, że wysiadłam z samochodu ubrana jak dziwka. Kupili mi parę długich, kwiecistych spódnic i powiedzieli, że mogę się ubierać tylko w kobiece rzeczy w duchu prawdziwej biblijnej niewiasty.

Gdziekolwiek bym wylądowała, nie umiałam trafić w gusta. Tak bardzo starałam się zaaklimatyzować w Szkole

Niebiańskiego Miasta i udało mi się. Teraz byłam za to potępiana.

Już po kilku dniach pobytu w Indiach dostałam okropnej biegunki i niebezpiecznie wysokiej gorączki. Przez tydzień na przemian traciłam i odzyskiwałam przytomność. Ulgę od bólu brzucha przynosiło tylko przyciskanie do niego gorącego termofora, aż wyłaziły mi na skórze czerwone pręgi. Nie mogłam utrzymać w żołądku nawet wody. Kiedy zaczęłam się wygrzebywać z choroby, wyglądałam już jak szkielet. Ledwie doszłam do siebie na tyle, żeby móc usiąść, urządzono mi pogadankę. Dlaczego Bóg mnie karze? Czego się nauczyłam? Dano mi cały spis Listów Mo do przeczytania i kazano zapisywać reakcje na wszelkie moje duchowe słabości, które tak gwałtownie zamanifestowały się cieleśnie.

Miesiące, które tam spędziłam, były koszmarem. Szorowałam, gotowałam i zajmowałam się dziećmi od rana do nocy albo wydeptywałam ulice, sprzedając kasety audio i wideo. Dzień wolny mieliśmy raz na dwa tygodnie. W komunie byli inni młodzi ludzie, ale pasterzom nie podobało się, kiedy z nimi rozmawiałam, bo bali się, że zatruję ich czyste dusze.

Pasterze często brali mnie do osobnego pokoju na połajankę, za w kółko te same grzechy: bunt, światowość i brak łaknienia Słowa Bożego. Miałam wrażenie, że po prostu się na mnie uwzięli. Pasterz Domu, Hindus o imieniu Matthew, przerażał mnie. Wrzeszczał na mnie, aż doprowadzał mnie do płaczu, a potem się uśmiechał.

– Teraz mi powiedz, że mnie kochasz. Kochasz mnie?

– Nie. – Patrzyłam na niego z nienawiścią.

Oczy zaczynały mu płonąć; chwytał moją głowę w obie dłonie i przytrzymywał moją twarz pięć centymetrów od swojej.

– Powiedz mi, że mnie kochasz, bo nie wyjdziesz z tego pokoju.

I bawił się w ten swój pokaz władzy, póki nie wydusił ze mnie tych słów. Potem wycałowywał mnie po całej twarzy i przytulał w nieskończoność, aż w końcu puszczał mnie wolno. Smakował i pachniał curry. Po takiej sesji zamykałam się w łazience, odchylałam głowę do tyłu i wrzeszczałam bezgłośnie. To przynosiło odrobinę ulgi.

Po trzech miesiącach tego wariatkowa straszliwie chciałam stamtąd wyjechać. W porównaniu z tym Japonia wydawała się rajem. Codziennie błagałam, by pozwolono mi wrócić do taty. Nie udało im się mnie reedukować, w końcu napisali więc do mojego ojca i kazali mnie zabierać; nie mogli zrobić nic więcej dla tego potwora.

Tata przygnał po mnie, jakby mu się paliło pod siedzeniem. Próbowałam mu wyjaśnić, jak było naprawdę, ale nie chciał o tym słyszeć. W Indiach wciąż był wielkim celebrytą, a ja zhańbiłam jego dobre imię. Powiedział mi jasno i wyraźnie, że się mnie wstydzi i jest mną rozczarowany. Kiedy już to ustaliliśmy, polecieliśmy do Japonii na święta. Nie mogłam się doczekać powrotu do domu.

Przy kontroli paszportowej urzędnicy długo dumali nad naszymi papierami. Uznali, że tata nielegalnie pracował w Japonii, i odmówili nam prawa wjazdu. Wszystkie loty z Tokio na parę dni naprzód były już wykupione, więc okratowanym busem odwieziono nas do aresztu.

Boże Narodzenie spędziliśmy za kratkami. W ciągu dnia areszt był w miarę pusty, siedzieliśmy więc w jadalni i graliśmy w snapa ze strażnikami. Mieliśmy niezły ubaw, patrząc, jak sztywni i poważni wpatrują się w stosik kart i zrywają się, krzycząc „Snapu!", gdy trafiały się dwie pasujące karty. Tata i ja byliśmy bardzo lubiani. Strażnicy współczuli nam, wiedząc, że Tata ma w Japonii żonę i dwójkę dzieci, z którymi nie możemy spędzić świąt.

Po czterech dniach wsadzono nas w samolot do Tajlandii. Załamałam się, słysząc, dokąd lecimy. Z deszczu pod rynnę.

Wróciliśmy do Obozu Szkoleniowego w Bangkoku i tata znów zostawił mnie w grupie młodszych nastolatków. Ulżyło mu, że nie musi się już mną zajmować, i nawet nie sprawdzał, co u mnie słychać. A ja nadrobiłam zaległości z moją prawie siostrą Verą i znów byłyśmy bliskimi przyjaciółkami.

Ale pasterze z Indii umieścili mnie na czarnej liście jako potencjalny „zgniły owoc" i Centralni Sprawozdawcy natychmiast poinformowali Ośrodek Szkoleniowy o stanie rzeczy. W obozie postanowili kontynuować moją reedukację, z której zrezygnowano w Indiach. Dostałam zakaz mówienia i harowałam jak niewolnica. Moim zadaniem było zamiatanie, zmywanie i froterowanie podłogi w całej szkole, długiej prawie na czterysta metrów. Była to gigantyczna robota, po której nieomal nie mogłam się wyprostować od schylania się przez tyle godzin.

Potem musiałam myć wszystkie okna, a były ich setki. Musiałam na bieżąco dbać o czystość bufetu, kuchni, jadalni i stref dla gości. Pracowałam siedem dni w tygodniu, bez dnia wolnego, przerw na lekcje czy zabawę. To była jedyna forma dyscyplinowania, jaką mogli mi zafundować, i wykorzystali ją do maksimum. Zakazano mi wszystkiego, co sprawiało mi przyjemność. Tatę widziałam ledwie kilka razy i za każdym razem pytałam, kiedy wyjeżdżamy. Mieliśmy tam zostać tylko dwa tygodnie, ale te tygodnie rozciągały się w miesiące i ogarnął mnie potworny lęk, że utknęłam tam na zawsze.

W lutym ogłaszany był ogólnorodzinny trzydniowy post. Zwykle właśnie w tym czasie przekazywane były najnowsze „objawienia" z Nieba. W tym roku czekała nas prawdziwa duchowa uczta. Zesłane zostało „Objawienie Kochania Jezusa". Do przeczytania były setki stron i przedarcie się przez nie zajęło całe trzy dni. Objawiono nam – wybranym przez Boga oblubienicom Końca Czasów – że Jezus jest samotny i spragniony naszej miłości. Biblia mówiła jasno przez swoje księgi takie jak Pieśń nad pieśniami, że my, ostatni boży kościół, jesteśmy Oblubienicą Chrystusa. Pragnął od nas, żebyśmy kochali Go nie tylko jak ojca czy nawet starszego brata. Chciał mieć w nas swoje kochanki.

Objawienie wyjaśniało bardzo szczegółowo i obrazowo, że „w Duchu" wszyscy jesteśmy kobietami niezależnie od biologicznej płci. Nawet mężczyźni mogli się kochać z Jezusem w Duchu.

W bożym Duchu, w bożym Duchu
Możesz śpiewać nową pieśń
W bożym Duchu, w bożym Duchu
Fiut ci niepotrzebny jest!
Bowiem w Duchu, bożym Duchu
Możesz być kimkolwiek chcesz!
W bożym Duchu, w bożym Duchu
Możesz nawet cipkę mieć!

Listy podawały wiele sposobów na Kochanie Jezusa, ale najwspanialszym wyrazem miłości było Kochanie Jezusa poprzez seks z partnerem. Każde z partnerów miało udawać, że to drugie jest Jezusem i głośno wykrzykiwać, jakie jest napalone na Boskiego Kutasa, a wtedy Jezus rzeczywiście tam będzie i posiądzie cię we własnej Osobie.

Uznałam to za najdziwaczniejszą doktrynę z dotychczasowych. Śmiać mi się chciało, kiedy słuchałam tego absurdu, ale oczywiście nie ośmieliłam się. To nowe „objawienie" nie było obowiązkowe; miało być zaleceniem, do którego ludzie powoli przywykną we własnym tempie. Poczułam ulgę. Jako nieletni mieliśmy kochać Jezusa tylko przez masturbację, powiedziano nam jednak, że wspólne Kochanie Jezusa całym Domem zjednoczy nas jeszcze bardziej jako Jedną Żonę.

Kiedy wielu dorosłych podczas modłów wykrzykiwało, jaki seksowny jest Jezus i jak bardzo pragną jego nasienia, ja siedziałam cicho. W moim przekonaniu to była już przesada w dewocji; wydawało mi się to raczej świętokradcze. Dopiero co zakończyło się kilka procesów sądowych i myślałam, że wreszcie będziemy bardziej normalni – będziemy czynić zbożne dzieło i opowiadać ludziom o Jezusie.

Ale kto weźmie na poważnie organizację religijną, która głosi tak dziwaczne wierzenia?

By wyprostować nasze wizowe kłopoty, tata i ja polecieliśmy do Wielkiej Brytanii. Tata musiał zmienić paszport, by móc znów wjechać do Japonii z nowym nazwiskiem i czystym kontem. Ponieważ ja, jako nieletnia, nie mogłam zmienić nazwiska, tata oznajmił, że nie będę mogła wrócić z nim do Japonii. Gdy wypełniał formularze, wyszłam z Ambasady Brytyjskiej i usiadłam na chodniku. Czułam się jak zgubiona sierota. Gapiłam się na mijające mnie nogi i myślałam, że jestem tylko jedną z miliardów par nóg chodzących po tej planecie. Jedna para mniej nie będzie miała znaczenia. Musiałam wyglądać rozpaczliwie smutno, bo trzy różne osoby zatrzymały się, żeby mnie pocieszyć. Ale ja chciałam tylko, żeby dali mi spokój.

Tata postanowił odesłać mnie do mamy, która mieszkała na południu Francji. Ona miała postarać się wymienić mi paszport, żebym mogła wrócić do Japonii. Mama, Victor, Lily i Mariana, moja rodzina, której nie znałam, czekała na mnie na lotnisku. Kiedy wyszłam z terminalu, natychmiast poznałam mamę, chociaż nie widziałam jej dziesięć lat. Uśmiechała się od ucha do ucha i uściskała mnie mocno. Czas był dla niej łaskawy i w przeciwieństwie do taty wciąż wyglądała młodo, nie miała ani jednego siwego włosa.

– Julie! Jesteś taka piękna! – wykrzyknęła z dumą. Byłam zdenerwowana, ale moi bracia i siostry natychmiast pomogli mi się rozluźnić. Mieszkali w domku letniskowym w pięknej wiejskiej okolicy. Mama wyszła ponownie za mąż za Francuza o imieniu Luke i urodziła mu córkę, Corinę. Ale największym szokiem było dla mnie odkrycie, że w ich małżeństwie jest jeszcze trzecia osoba. Miała na imię Crystal. Była do szaleństwa zakochana w Luke'u, a Luke był do szaleństwa zakochany w mamie, więc żyli w pokręconym trójkącie.

Crystal poznała moich rodziców jeszcze w Loveville w Grecji. Prowadziła program Izolowanych Nastolatków w Makau, gdzie torturowano Mene. Inny z jej podopiecznych, Ben Farnom, niedługo po wypuszczeniu z IN popełnił samobójstwo. Crystal nie miała już stanowiska kierowniczego. To sprawiało, że była niepewna siebie, uznała się więc za pasterkę naszej małej rodziny i zaganiała nas codziennie na Czas Słowa i wykłady. Byliśmy źli na to wtrącanie się w nasze życie i naszą rodzinę. Nieustannie poniżała mamę i mówiła, że nasz tata najpierw był jej kochankiem; złośliwie sugerowała, że gdyby nie odesłano jej z Grecji, żadnego z nas nie byłoby na świecie.

Siedziałam na dworze, ile tylko się dało z Lily, Victorem i przyrodnim rodzeństwem. Po raz pierwszy miałam niemal całkowitą swobodę, więc urządzaliśmy sobie długie wycieczki wzdłuż rzeki płynącej za domem, myszkowaliśmy po opuszczanych domach albo budowaliśmy sosnowe szałasy w lesie. I dopiero teraz tak naprawdę poznałam brata i siostrę.

Niestety nie mogłam tego samego powiedzieć o mamie. Wyczekiwała dnia, kiedy do niej wrócę, ale nie wyglądało to tak, jak sobie wyobrażała. Mama nie zdawała sobie sprawy, że porzucając tak małą córkę, zerwała więź, która zacieśniłaby się w normalnych warunkach. To nie tak, że jej nie kochałam; kochałam, i to bardzo. Tyle tylko, że nie okazywałam jej przywiązania i to rozczarowanie było dla niej ogromnie bolesne.

Przez to w końcu wycofała się, nie miała śmiałości nawet mnie przytulić ze strachu, że się odsunę. Czuła się winna, że mnie zostawiła i wyobrażała sobie, że jej za to nienawidzę. Tak naprawdę nie wiedziałam, jak mam się zachowywać wobec matki, której nie znałam i z którą nie umiałam rozmawiać. Czułam niewidzialną barierę między nami, ale nie wiedziałam, jak ją usunąć. Nie byłam już małym bobasem, który wtuliłby się jej w szyję. Byłam wściekłą, pogubioną nastolatką, która nigdzie nie czuła się u siebie – nawet we własnej rodzinie. Nie miałam żadnych wspólnych wspomnień z braćmi i siostrami, co wykluczało mnie z udziału w wielu rozmowach. Byłam wieczną outsiderką.

Któregoś dnia przyszło mi do głowy rozwiązanie. Mogłam przecież całkowicie się usunąć. Już kiedyś stałam na parapecie okna taty, ale tym razem czułam się gotowa do skoku. Pewnego dnia, kiedy wszyscy mieli sjestę, wzięłam kuchenny nóż i zamknęłam się w łazience.

Usiadłam na podłodze i zaczęłam ciąć nadgarstek. Ku mojej irytacji nóż okazał się tępy. Chlastałam gorączkowo, ale ostrze nawet nie kaleczyło skóry. W końcu udało mi się naciąć skórę, ale nie dość głęboko, by przeciąć żyłę. Zrobiło mi się słabo, przestraszyłam się bólu.

Poddałam się. Położyłam się na podłodze i płakałam, aż zasnęłam. Wstydziłam się, że jestem zbyt tchórzliwa, by żyć, i zbyt tchórzliwa, by umrzeć. Obudziłam się w kałuży potu. W maleńkim pomieszczeniu można się było udusić z gorąca. Przekradłam się na piętro i zabandażowałam nadgarstek. Zawsze nosiłam długie rękawy, więc nikt nie zauważył.

Kiedy miałam już nowy paszport, wróciłam do Szkoły Niebiańskiego Miasta w Japonii. Kilka miesięcy później przyszła wiadomość od mamy, że mój przyszywany brat, Philippe, umarł na raka mózgu. Miał ledwie czternaście lat i jego śmierć głęboko mną wstrząsnęła. Przytłoczyło mnie poczucie winy. Nie poznałam go tak dobrze, jak bym mogła, a teraz już nie będę miała takiej szansy. Nawet jeśli nie był ze mną spokrewniony, był członkiem mojej rodziny i powinno mi było bardziej zależeć. Ale przede wszystkim byłam wściekła na siebie, że nie potrafię płakać. Niedługo po śmierci Philippe'a Windy, dziewczyna, którą znałam z Japonii, popełniła samobójstwo. Te dwie śmierci mocno na mnie wpłynęły. Byłam wychowywana w przekonaniu, że świat się skończy, zanim tak naprawdę dorosnę. Teraz uznałam, że skoro i tak wszyscy mamy umrzeć, czy to niespodziewanie, czy kiedy świat się skończy, to właściwie nic nie ma sensu.

Po wyjeździe z Tajlandii korespondowałam z Verą, moją siostrą z rodziny zastępczej, i zwierzyłam jej się w jednym z listów ze swojej filozofii „żyj i daj żyć innym", bo i tak czeka nas tylko śmierć. Zawarłam w tym liście cały ból, który czułam. Gdybym wiedziała, że moja korespondencja jest cenzurowana, nigdy bym nie napisała czegoś takiego. Dwa tygodnie później dostałam list od dawnych rodziców zastępczych, Josepha i Talithy. Nie życzyli sobie, żebym jeszcze kiedykolwiek pisała do nich czy do Very. Miałam na nią negatywny wpływ i jasno dali mi do zrozumienia, że nie uważają mnie już za córkę. Ten list głęboko mnie zranił. Kiedyś, gdy już straciłam wszelką nadzieję, że jeszcze zobaczę tatę, przylgnęłam do nich jak do rodziców. To nagłe zimne odrzucenie było jak cios w twarz.

Po tym wydarzeniu moje serce się zamknęło. Nie chciałam nigdy więcej nikogo do siebie dopuścić, bo ludzie, na których mi zależało, nieuchronnie zadawali mi ból. Stałam się wiecznie wściekła, czasami gwałtownie wybuchałam. Skoro ludzie najwyraźniej mnie nie lubili, nie było sensu się starać się im podobać. Higiena osobista przestała mnie obchodzić. Włosy nosiłam ścięte „pod garnek", żeby nie musieć ich czesać. Wiecznie szukałam okazji do bójki, a raz nawet rzuciłam nauczycielką przez jadalniany stół, który złamał się na pół.

Straciłam wszystkich przyjaciół. Nikt na mnie nie zwracał uwagi, chyba że akurat zagrzewali mnie do bójki. Byłam zbyt wysoka, zbyt rozhukana i miałam dziób jak karabin maszynowy bez bezpiecznika. Mój sarkastyczny dowcip stał się tarczą ukrywającą brak pewności siebie. Nic dziwnego, że byłam na szkolnej liście „dziesięciu osób, z którymi niefajnie się zadawać".

Rzadko widywałam Celeste. Nawet tata przestał się przejmować, czy przychodzę na kolację, czy nie, a tylko wtedy mógł się ze mną widywać. Musiałam się stamtąd wyrwać. Któregoś dnia zwróciła moją uwagę ulotka na szkolnej tablicy ogłoszeń. Małżeństwo z Tokio potrzebowało pomocy przy dzieciach. Zgłosiłam się i zostałam przyjęta na trzy miesiące.

Na stację Shinjiku wyszedł po mnie Marcus, młody człowiek mieszkający w moim nowym Domu. Ucieszyłam się, że nie będę tam jedyną młodą osobą. Marcus szybko się mną zainteresował, i to nie na żarty. Niestety ja nie byłam zainteresowana. Do tej pory nie podobałam się nikomu w takim sensie i nie odczytałam jego sygnałów, bo nie miałam doświadczenia w ich odczytywaniu.

Kiedyś przyszedł z wizytą najstarszy syn moich pracodawców, Miguel. Niedawno odszedł z Rodziny i pracował w barze w Tokio. Był przystojny, a mnie pochlebiało, że otwarcie się na mnie gapił. To było dla mnie nowe uczucie i choć go nie rozumiałam, wiedziałam, że podoba mi się jego zainteresowanie i być może nieświadomie nawet go zachęcałam. Tak czy inaczej byłam mocno zaskoczona, kiedy obudziłam się w środku nocy i zobaczyłam go w swoim łóżku. Ściągał mi majtki, jego gorący oddech śmierdział papierosami.

– Nie – szepnęłam szybko.

– Nie? – Gorączkowo ocierał się o mnie.

– Nie.

– No przestań, przecież mnie chcesz. Wiem, że się na mnie napaliłaś.

Wciąż jeszcze na wpół spałam i część mózgu mówiła sobie: to jest tylko dziwny sen.

– Nie. Dzieciaki – wymamrotałam, protestując. Jego bracia i siostry spali w tym samym pokoju i miałam nadzieję, że go to powstrzyma.

– Więc lepiej bądź cicho.

Byłam zbyt przerażona, żeby cokolwiek zrobić, więc leżałam w milczeniu, a dziwny sen zmienił się w koszmar i trwał przez dwie godziny. Kiedy on sobie w końcu poszedł, byłam poobcierana i obolała.

Wczesnym rankiem wymknęłam się z domu, wzięłam rower i nie wracałam, dopóki nie miałam pewności, że Miguel sobie poszedł. Seks z kimś z zewnątrz groził ekskomuniką, przynajmniej częściową. Myśl, że mogę zostać ekskomunikowana, i to za coś, do czego mnie zmuszono, przerażała mnie. Miałam dopiero piętnaście lat.

Postanowiłam zamknąć ten koszmar w skrzyni tajemnic w mojej głowie. Tyle że sekrety wcześniej czy później wyłażą na wierzch.

W moim przypadku stało się to wcześniej. Następnego dnia, prawdę mówiąc. Marcus wrócił z pracy do domu i umięśnionym ramieniem zagrodził mi drogę u szczytu schodów.

– Co tam, Marcus? – Próbowałam mówić wesoło, ale głos zdradzał mój niepokój.

– Ty mała dziwko! – wypalił. – Nawet go nie znasz i już pierwszej nocy wskakujesz z nim do łóżka.

– Nie wiem, o czym mówisz. Nic nie zrobiliśmy.

– Naprawdę? Powiedział, że sapałaś jak suczka w rui. Powiedział, że go wykończyłaś, że ciągle nie miałaś dość, jak nienasycona kurwa. – To kłamstwo bolało jeszcze bardziej niż sam gwałt.

– Co? Powiedział ci to tylko po to, żebyś był zazdrosny.

Czułam straszny żar w głowie, pokój wirował wokół mnie.

– Doniosę na ciebie, a wiesz, co wtedy będzie. Masz przesrane.

– Marcus, to nie było tak. On mnie zmusił – próbowałam wyjaśniać.

– Bzdura. Nie wierzę ci. – I nie chciał wierzyć, bo miał w tym własny cel.

– Możesz wierzyć albo nie, ale taka jest prawda. Proszę, zrobię wszystko, tylko na mnie nie donoś. To nie była moja wina.

– Oczywiście że to była twoja wina i masz rację w jednej sprawie: zrobisz wszystko, albo doniosę.

Przyszedł od mojego łóżka tej nocy i każdej następnej. Czasem próbowałam udawać, że śpię albo że mam okres, albo że źle się czuję. W końcu przestał kupować moje wykręty. Moje życie w tym Domu stało się udręką, więc wróciłam pociągiem do Szkoły Niebiańskiego Miasta.

Kiedy byłam na miejscu, podszedł do mnie jeden z pasterzy nastolatków.

– Co ty tu znowu robisz?

To pytanie mnie zszokowało. Zawsze uważałam, że Szkoła jest moim domem.

– Nie prosiłaś o pozwolenie na powrót. Nie mamy nawet łóżka dla ciebie.

– Mogę spać na podłodze.

Szybko znaleźli dla mnie zajęcie, ale ledwie umiałam się zaopiekować samą sobą, a co dopiero jedenastką rozhukanych dzieciaków od dziewiątej rano do siódmej wieczorem. Po kilku miesiącach byłam na granicy załamania nerwowego i poprosiłam o przerwę.

Zamiast dać mi odpocząć zesłali mnie do żłobka. Tutaj często zostawałam sama z czwórką malutkich dzieci, co nie było łatwe. W końcu wezwało mnie dwoje pasterzy, przełożonych nauczycieli.

– Mamy problemy z kilkorgiem dzieci, które używają brzydkich słów – powiedzieli.

– Tak? – Nie wiedziałam, do czego zmierzają.

– Mamy wrażenie, że to twoja wina, więc będziemy musieli cię poprosić o rezygnację z posługi przy opiece nad dziećmi.

Osłupiałam od tej logiki.

– Przez cały dzień pracuję w żłobku. Jak mogę być odpowiedzialna za uczenie przekleństw dzieci, których nawet nie widuję? – spytałam.

– Modliliśmy się w tej sprawie i Pan pokazał nam, że to twoja wina.

Moim zdaniem to było idiotyczne. Dlaczego wiecznie zasłaniali się Panem, kiedy potrzebowali pretekstu, żeby coś zrobić?

– Po prostu sądzimy, że powinnaś się jeszcze wiele nauczyć, i lepiej by było, żebyś pobierała te nauki gdzie indziej, gdzie nie będziesz miała negatywnego wpływu na dzieci.

Nie odezwałam się. Jeśli miałam być szczera, nie miałam nic przeciwko odsunięciu od opieki nad dziećmi. Byłam zmęczona. Bolał mnie tylko sposób, w jaki wylano mnie po tej harówce niemal bez pomocy.

– Zamiast tego możesz się zgłosić do kadr. Może trochę pracy fizycznej dobrze ci zrobi.

„Trochę pracy fizycznej” oznaczało dołączenie do mężczyzn restaurujących park i taszczenie cementowych bloczków z placu budowy.

Wybiegłam ze szkoły na pola, gdzie nikt nie mógł mnie usłyszeć, i gorzko się rozpłakałam.

– Dlaczego, Boże – krzyczałam w niebo – dlaczego mnie nienawidzisz?! Dlaczego wszyscy mnie nienawidzą?! Co ja takiego zrobiłam?! – Tym razem wykłócałam się z samym Stwórcą. – Dlaczego życie jest takie ciężkie? Lubisz patrzeć na mój ból? Lubisz patrzeć, jak cierpię? Mów do mnie! Czy ty w ogóle jesteś? Dlaczego nigdy nie odpowiadasz! Boże, jestem twoim dzieckiem, odezwij się do mnie!

Ale nie dostałam żadnej odpowiedzi. Może i Bóg się ode mnie odwrócił.

Wszyscy najlepsi piosenkarze i muzycy z całego świata zbierali się w Japonii, wezwani do Szkoły Niebiańskiego

Miasta. Góra promowała pomysł, by nagrać płytę *Kochanie Jezusa* – piosenki miłosne dla Jezusa. Król Peter wizytował największe komuny na świecie, by obecność jego i Królowej Marii była odczuwalna, i zamierzał uczestniczyć w nagraniu. Pracowałam akurat nad jakimś artystycznym projektem dla szkoły, kiedy wszedł Król Peter ze świtą. Najpierw uderzyło mnie, jaki jest wysoki. Miał długie włosy związane w kucyk i dżinsy i usiłował wyglądać nowocześnie. Wiedziałam, że góra próbuje pokazać Rodzinie nowy obraz przywódców: nowoczesnych, fajnych i sympatycznych. Król Peter pokazał nam zdjęcia Królowej Marii. Większość z nas nigdy wcześniej nie widziała, jak ona wygląda, więc byłam w lekkim szoku, patrząc teraz na zdjęcia Królowej pozującej nago albo w skąpym negliżu. To miało pewnie podkreślać jej rewolucyjnego ducha.

Całe przywództwo zaczęło naśladować nowy styl Petera. Był też spory nacisk na zjednoczenie pokoleń i pierwsze pokolenie było zachęcane do wżeniania się w nasze drugie pokolenie. Wszyscy najważniejsi pasterze z kucykami wzięli sobie młode żony – nareszcie były pełnoletnie. Za Królem Peterem biegała jak wierny szczeniaczek jego sekretarka z drugiego pokolenia, Rebecca. Była w wieku Celeste i nie było tajemnicą, że zajmowała się Peterem na wszelkie sposoby.

Podczas tej wizyty Celeste została zwerbowana do pracy w Światowej Posłudze. Wiedziałam, że sama ma problemy, i było po niej widać, że nie jest szczęśliwa. Miała romans z młodym człowiekiem, któremu chodziło tylko o seks. Zaliczał po kolei wszystkie kobiety w szkole i wiedziałam, że będą z nim tylko kłopoty. Zdążył już zapłodnić trzy kobiety i cynicznie bawił się uczuciami mojej siostry. Widziałam, jak głęboko zranił Celeste. Nic nie wątpiłam, że moja siostra pragnie stąd uciec równie mocno jak ja.

Tata był zachwycony nowiną. Do Światowej Posługi trafiali tylko najlepsi i jego córce się to udało, jego małemu skarbowi, z którego był taki zadowolony. Ale ja byłam na nią zła. Wpadała w króliczą norę i nie było wiadomo, kiedy się znów wyłoni. Niektórzy zostawali w Światowej Posłudze do końca życia. Teraz już w ogóle nie będę wiedziała, gdzie jest i co robi.

– Jeśli tego chcesz, to jedź! I tak nie jesteśmy rodziną, więc co to za różnica. – Nie chciałam, żeby to zabrzmiało wrednie, ale tak zabrzmiało. Znów zostawałam sama. Ale tym razem nie płakałam. Wyschły mi już wszystkie łzy.

Po wyjeździe Celeste tata doznał nagłej inspiracji, że jako jego córka powinnam pójść na przesłuchanie do nagrań audio, i zanim się zorientowałam, co się dzieje, miałam scenariusz w dłoni i słuchawki na głowie. Ale w najważniejszym momencie straciłam głos.

Czułam gigantyczną presję oczekiwań taty i skamieniałam. Technicy ze studia poinformowali go, że nie poszło mi dobrze. Po kolacji odnalazł mnie przed budynkiem.

– Kotku, co się stało? – To było raczej oskarżenie niż pytanie.

– O co ci chodzi?

– Załatwiłem ci taką wspaniałą okazję, a ty ją zmarnowałaś!

– Przykro mi, tato – szepnęłam. – Po prostu mnie zmroziło.

– Skarbie, jestem tobą bardzo rozczarowany. Nadstawiam dla ciebie karku i oczekiwałem trochę więcej. W tym przypadku nie będziesz miała drugiej szansy.

Te słowa były jak nóż wbity w serce, moją reakcją był gniew.

– No i dobrze! Bądź rozczarowany. Cokolwiek robię, dla ciebie i tak nie jest dość dobre! – Uciekłam od niego. Nigdy nie potrafił mnie kochać po prostu za to, że jestem jego córką.

Rozdział 22

Dom Otwartej Cipki

Celeste

Pchając wózek z bagażami do lotniskowego holu, rozglądałam się nerwowo, szukając uśmiechniętej twarzy, jakiegokolwiek znaku, że ktoś na mnie czeka. Osiemnaście godzin wcześniej, na międzynarodowym lotnisku w Tokio, dostałam kopertę z trzystoma dolarami i usłyszałam:

– Twój samolot odlatuje za czterdzieści pięć minut, więc lepiej się zbieraj.

Kiedy tylko przeszłam kontrolę paszportową, spojrzałam z nadzieją na bilet w dłoni. Mój wzrok padł na nazwę „Porto". Gdzie to w ogóle jest? – zastanawiałam się, idąc w pośpiechu do bramki. Dopiero po starcie, gdy pilot wymienił Portugalię, wiedziałam, dokąd lecę. Nigdy nie byłam w Portugalii i nie wiedziałam, czego się spodziewać; nie wiedziałam nawet, gdzie będę spać tej nocy. Przez cały lot miałam gulę w żołądku: efekt ekscytacji pomieszanej z przerażeniem. To było jak scenariusz z powieści szpiegowskiej. Miałam dwadzieścia dwa lata i ciekawość wygrywała ze strachem.

Wczesnym wieczorem wyszłam do małego holu lotniska w Porto. Natychmiast ich zauważyłam: mężczyznę i kobietę po czterdziestce.

– Witaj, kochanie – przywitała mnie kobieta i mocno uściskała. Nie miałam pojęcia, kim jest, ale było w niej coś, co zdradzało członka Rodziny z pokolenia moich rodziców:

przesadnie promienny uśmiech, długie włosy z prostą grzywką i skromny makijaż.

– Miałaś przyjemny lot? – spytała.

– Tak.

– Mam na imię Vicky, a to jest Terry – powiedziała z uśmiechem.

– Wiesz, gdzie jesteśmy? – zapytał mnie Terry. Miał srebrne włosy i w młodości musiał być przystojny.

– Nie bardzo wiedziałam, gdzie jest Porto, ale to Portugalia, zgadza się? – spytałam, żeby jeszcze raz się upewnić.

– Tak… Jesteśmy w Portugalii… Ale wiesz, do jakiego Domu przyjechałaś?

– Hm, jestem prawie pewna, że to dom Mamy Marii – odparłam.

– Skąd wiedziałaś? – Terry był trochę zaskoczony.

– Intuicja – odpowiedziałam.

– Czy to nie ekscytujące? – wtrąciła się Vicky. – Przyjechałaś do Domu Królowej. Mamy pewnie nie poznasz przez parę tygodni, ale Terry i ja jesteśmy pasterzami Domu i zajmujemy się wszystkim.

Królowa Maria była czule nazywana „Mamą". Miejsce jej pobytu cały czas było utrzymywane w tajemnicy. Przez całe życie czytałam o Mamie, każdy aspekt mojego życia zależał od jej dekretów, a teraz… nareszcie… miałam poznać ją osobiście. Być wybranym do mieszkania w jej Domu to był największy zaszczyt, wyżej był już tylko Bóg, bo to ona była Jego głosem i przedstawicielką na ziemi po śmierci Mo. Ale nawet we własnym domu Maria rzadko spotykała się z ludźmi, którzy dla niej pracowali. Terry i Vicky byli jej oczami i uszami; wypełniali jej polecenia i zarządzali codziennymi sprawami. Ich zadaniem było dopilnowanie, by wszyscy stosowali się do zasad i by ich życie było „uporządkowane" duchowo.

– Mieszkamy jakieś pół godziny drogi stąd, przy plaży. Kiedy dojedziemy, oprowadzimy cię po domu – powiedziała Vicky. Była wesoła i energiczna, lekko przy kości, moim zdaniem dość brzydka, ale umiała się ubrać i chyba dużo się opalała, sądząc po odcieniu jej podniszczonej skóry. Z lotniska do Domu jechaliśmy po ciemku, więc nie bardzo mogłam się przyjrzeć okolicy, w której się znajdował.

Nie mogłam się doczekać, by poznać ludzi, którzy mieszkali w Domu Królowej Marii. Miałam wrażenie, że zaraz przekroczę jakąś kurtynę i przekonam się, kto i co jest po drugiej stronie. Jak jest na samym szczycie – w samym sercu Rodziny? Za chwilę miałam się dowiedzieć.

– Dla bezpieczeństwa musisz wybrać nowe imię. Wymyśliłaś jakieś imiona, które by ci odpowiadały? – spytała Vicky. – Jeśli zdecydujesz, zanim dojedziemy, będziemy mogli cię przedstawić nowym imieniem.

No nie, znowu, pomyślałam. Byłam już Celeste, Rebeccą, potem Joan, Joanną, Claire, potem znów Joanną. Byłam tak skołowana, że nie miało to już dla mnie znaczenia.

– Hm... podoba mi się imię Michelle – odparłam.

W Światowej Posłudze, jeszcze bardziej niż w szeregowych komunach Rodziny, przestrzegano, by nikt nie znał prawdziwych imion czy nazwisk. Bezpieczeństwo było sprawą nadrzędną.

– Michelle... tak, to dobre imię – uznała Vicky. – No dobrze, Michelle...

– Jesteśmy na miejscu! – oznajmił Terry. Przejechaliśmy przez dużą bramę. W środku Terry wziął moją jedyną walizę i wprowadził mnie kuchennym wejściem. Dom był dużą willą z przybudówką z boku. Zdumiała mnie wielkość salonu, przypominającego raczej hotelowy hol. W dalszym końcu stały dwie różne kanapy, a w kącie sprzęt wideo. Po lewej był duży drewniany stół, przy którym zmieściłoby się ze dwadzieścia pięć osób.

– Tak często się przeprowadzamy – tłumaczyła się Vicky – że raczej nie inwestujemy w meble, które trzeba by zostawić. Te kupiliśmy w komisie.

Na górę prowadziły imponujące schody. Na piętrze korytarz po lewej był zasłonięty storą. Tędy wchodziło się do wewnętrznego sanktuarium – pokoi Królowej Marii, do których oczywiście nie było wstępu. Kolejne spiralne schody prowadziły na drugie piętro, ale najpierw zaprowadzono mnie do przybudówki po prawej stronie willi, w której były cztery dodatkowe pokoje. Na samym końcu był pokój „gościnny" czy też „randkowy". Na stoliku w rogu stała miska owoców z tabliczką z napisem: „Witajcie", a na środku podwójne łóżko z małą szafką i lampką. Terry wyjaśnił, w jaki sposób zwykle aklimatyzuje się nowo przybyłych. Będę miała trzy dni na przeczytanie i zapoznanie się z zasadami Domu Królowej, zanim zacznę pracę. Byłam zmęczona i było późno, więc szybko zasnęłam.

Następnego ranka po przebudzeniu powitał mnie intensywny zapach morza i odgłos fal obmywających brzeg. Przez okno zobaczyłam, że posiadłość jest niemal na plaży. Widok zapierał dech. A mimo to ogarnął mnie smutek. Poczułam się odizolowana. Nareszcie dotarło do mnie, że jestem daleko od rodziny i przyjaciół, którzy nawet nie mają pojęcia, gdzie jestem i jak się ze mną skontaktować. Ja też nie mogłam już kontaktować się z nimi.

Większą część pierwszego dnia spędziłam na czytaniu ogromnego pliku materiałów, który mi zostawiono. Po południu rozległo się pukanie do drzwi. Kobieta po czterdziestce przedstawiła się jako Misty i zaprosiła mnie na spacer. Natychmiast ją rozpoznałam, bo zetknęłyśmy się ze sobą kilka lat wcześniej w Japonii – wyglądała tak samo, tyle tylko, że jej sięgające niemal do pasa włosy były prawie całkiem siwe. Była matką mojego pierwszego chłopaka. Któregoś dnia zniknęła, tak jak ja, i nikt nie wiedział, co się z nią stało. Kiedy weszłyśmy do ogrodu, Misty opowiedziała mi o paru projektach. Pracowała z Marią nad publikacjami i listami, które raz na dwa miesiące były rozsyłane Rodzinie.

– Pan prowadzi Rodzinę w nowych, ekscytujących kierunkach – opowiadała z entuzjazmem. – Nasz najdroższy Kochanek niedawno dał nam nawet w proroctwie specjalne imię dla Domu Królowej. Nazwał nas Domem Otwartej Cipki!

Zatrzymałam się i przełknęłam ślinę. Nie mogłam uwierzyć w to, co właśnie usłyszałam, ale udało mi się ukryć obrzydzenie. Misty zaczęła wyjaśniać, że Jezus, nasz Kochanek, obficie obdarza „złotym nasieniem" swoje nienasycone oblubienice, które szeroko rozłożyły nogi, żeby je przyjąć.

Załamałam się. Miałam nadzieję, że wszystko się zmieniło i że nasza wspólnota uwolniła się od tej obsesji na punkcie seksu. Zostałam zaproszona do pomocy w edycji czasopisma dla dzieci pod tytułem „Niebiańska Biblioteka"; bardzo chciałam się tym zajmować i wykorzystać swoje talenty twórcze. Nie byłam jednak przygotowana na udział w seksualnych ekscesach, na wulgarny język i obrazy.

Moje najgorsze obawy szybko się potwierdziły. „Otwarta cipka" nie była tylko duchową metaforą; okazało się, że wszyscy – mężowie, żony, narzeczeni i single – wskakiwali do łóżek, z kim się dało. Oczywiście prowadziło to do zazdrości, szczególnie wśród kobiet. Byłam zdeterminowana nie ulec niczyjej presji i nie dać się wciągnąć do łóżka. Maria powiedziała, że Jezus życzy sobie „zaślubin pokoleń", ale ja czułam obrzydzenie na samą myśl o seksie z tymi samymi mężczyznami, którzy gwałcili mnie jako dziewczynkę. Słuchając Misty, miałam w głowie obrazy z dzieciństwa, gdy byłam zmuszana do oralnego seksu z mężczyznami. Nie zamierzałam nigdy więcej dać się w to wmanewrować, ani groźbą, ani przez poczucie winy, cokolwiek by się działo. Uroczyście to sobie przyrzekłam. Przed wyjazdem wyrzuciłam wszystkie miniówki i krótkie koszulki, jakie miałam, i spakowałam tylko workowate, konserwatywne stroje.

Zdenerwowałam się jeszcze bardziej, kiedy Misty pokazała mi złotą obrączkę na palcu i powiedziała, że za kilka dni odbędzie się ceremonia moich „zaślubin" i dostanę obrączkę symbolizującą moją jedność z Królem Peterem i Królową Marią. Kochany Boże, byle tylko nie wiązało się to z seksem, pomyślałam, wspominając Armi i jej ceremonię z Mo i Marią, która była fizycznym zjednoczeniem, a nie tylko metaforą.

– Co się będzie działo na tej ceremonii? – spytałam ostrożnie.

– Będzie miała miejsce podczas Bratania. Uklękniesz i wypowiesz przysięgę Królowi i Królowej. Nie martw się, wszyscy to robiliśmy. – Z ulgą, że nie chodzi o seks, najbliższej niedzieli wzięłam udział w ceremonii na oczach całego Domu.

Następnego wieczoru Vicky poinformowała mnie, że właściciel domu i jego rodzina przychodzą na kolację, więc powinnam zostać w swoim pokoju; ktoś przyniesie mi posiłek. Podczas jego wizyty mieliśmy się nie pokazywać. Był właścicielem dużego kasyna w mieście i był znany w okolicy.

W Domu Mamy było tylko trzech młodych mężczyzn; jeden z nich, Vince, miał pokoik dokładnie naprzeciwko mojego. Zaczęliśmy rozmawiać i zaproponował, że dotrzyma mi towarzystwa. Przyniósł nam kolację i dwa kieliszki wina i przegadaliśmy dwie godziny.

W ciągu kilku kolejnych dni, kiedy zapoznawałam się z nową posadą, rozmawialiśmy jeszcze nie raz. Vince był doskonałym cieślą i rzeźbiarzem i pokazał mi piękną nocną lampkę, którą zrobił z dużej muszli znalezionej na plaży. Któregoś wieczoru znów rozmawialiśmy do późna, aż w końcu pożegnał się i wyszedł. Kilka minut później zapukałam do jego drzwi. Ubrana tylko w kusą koszulkę powiedziałam „dobranoc" i pocałowałam go w policzek.

Po kilku minutach usłyszałam pukanie. Był to Vince – bardzo chciał skończyć to, co ja zaczęłam. Miałam w torebce prezerwatywę przywiezioną jeszcze z Japonii, ale pękła. Nie przeszkodziło nam to kontynuować bez zabezpieczenia. Sądziłam, że skoro okres wypada mi za kilka dni, jestem bezpieczna.

Od tej pory romans nabrał rozpędu i Vince co noc przychodził do mojego pokoju. Po jakichś dwóch tygodniach zaczęłam się martwić, że za bardzo się zaangażował, bo zaczął mówić o małżeństwie. Ja szukałam przyjaźni i pociechy, nie czegoś na poważnie.

Vince musiał „wyspowiadać się" Terry'emu i Vicky, że ze sobą sypiamy, bo zostałam wezwana na rozmowę.

– Słyszeliśmy, że randkujesz z Vince'em. On wygląda na dość zauroczonego i jesteśmy ciekawi, co ty na to? – spytała mnie Vicky.

– Hm, tak… lubię go – odparłam. Byłam zażenowana tą rozmową o moim życiu osobistym z ludźmi, których ledwo znałam.

– Vince powiedział, że uprawialiście seks bez zabezpieczenia. Zdajesz sobie sprawę z konsekwencji, prawda? – Vicky uniosła brwi dla lepszego efektu.

– Taaak… – wyjąkałam.

– To nie jest zalecane, żebyś wiązała się z kimś tak krótko po przyjeździe. Potrzebujesz czasu, żeby poznać wszystkich i zżyć się z zespołem. Widzisz, Vince dzielił się z Jackie. A ona jest oddaną członkinią ekipy Mamy od ponad dwudziestu lat – wyjaśniła.

Szybko się nauczyłam, że w Domu obowiązuje kolejność dziobania. Maria wydała wręcz zalecenie, żeby po „rozkładowej" randce młodsza kobieta pisała liścik z podziękowaniem dla starszej partnerki mężczyzny. Jackie była po pięćdziesiątce i jakieś piętnaście lat wcześniej, kiedy mój ojciec pracował w Światowej Posłudze, była jego kochanką. Tata latami opowiadał mi o niej i pokazał mi nawet stringi, które dała mu na pamiątkę. Ledwie kilka dni wcześniej Jackie rozmawiała ze mną i opowiadała historyjki o tacie z czasów, gdy z nimi mieszkał, i wciąż ciepło go wspominała.

Wzdrygnęłam się, kiedy usłyszałam, że Vince, będąc ze mną, sypia również z byłą kochanką mojego ojca. Czegoś takiego nie byłam w stanie zaakceptować.

Vicky przerwała moje myśli.

– Nie chcemy, żeby Jackie zrobiła się zazdrosna albo żeby ta wasza przyjaźń zmieniła coś między Vince'em i nią. Poza tym powinnaś powiedzieć Vince'owi, że musisz się dzielić również z innymi mężczyznami.

Odpowiedziałam nieartykułowanym chrząknięciem. Nie miałam najmniejszego zamiaru uprawiać seksu z nikim innym, ale wolałam to zachować dla siebie. Wyszłam tak szybko, jak się dało. Ta historia dała mi do myślenia. Myślałam, że jestem zakochana, ale teraz nie byłam już taka pewna. Czy byłam gotowa na ciążę, małżeństwo i spędzenie z Vince'em reszty życia w Światowej Posłudze? Ta myśl przeraziła mnie bardziej niż cokolwiek innego. Wpakowałam się w to o wiele za szybko i teraz chciałam się wycofać, ale wiedziałam, że kiedy to powiem, złamię mu serce.

Następnego wieczoru Vince przyszedł do mojego pokoju i choć chciałam powiedzieć nie, wyjaśnić, że potrzebuję trochę czasu i przestrzeni, nie potrafiłam. Poczekam i powiem mu w przyszłym tygodniu, pomyślałam.

Ale było za późno. Już byłam w ciąży.

Wymiotowałam wszystkim i czułam się jak zbity pies. Nie mogłam tego dłużej ukrywać, musiałam komuś powiedzieć. Była to jedna z najtrudniejszych rzeczy, jakie musiałam zrobić w życiu. Vince zaczynał się dziwić, co się dzieje, bo traktowałam go bardzo chłodno, więc musiałam mu wyjaśnić.

– Jestem w ciąży, Vince – powiedziałam mu w końcu – ale nie dam rady. Nie mogę ciągnąć tego związku. Nie mam nic przeciwko, żebyśmy byli przyjaciółmi, ale nie mogę dać ci nic więcej. Byłoby nie fair cię okłamywać. Nie widzę dla nas przyszłości.

Te słowa głęboko go zraniły. Widziałam to po jego twarzy, po języku ciała. Mówił mi, jak modlił się o żonę i jak bardzo pragnął zostać ojcem; myślał, że mój przyjazd był odpowiedzią na jego modlitwy, że zesłał mnie Bóg, a teraz mówiłam mu, że nic z tego nie będzie. Nigdy w życiu nie czułam się tak podle. Nie chciałam go ranić. Żałowałam, że nie umiem go pokochać, odwzajemnić jego miłości, pragnąć jego dziecka. Ale nie mogłam. Nie umiałam nawet udawać. Wtedy zrozumiałam, że muszę wyjechać, opuścić to miejsce. Vince był lojalny wobec Światowej Posługi, a ja nie miałam zamiaru wychowywać dziecka w izolacji, z dala od rodziny.

Siedem tygodni później ledwie mogłam się dowlec do łazienki. Nic nie zostawało mi w żołądku, nawet płyny, byłam coraz bardziej odwodniona. Moja waga niebezpiecznie spadła do czterdziestu siedmiu kilo. Nie byłam w stanie nic zrobić – mogłam tylko wić się na łóżku. Noce były długą, samotną torturą. Mogłam tylko myśleć: zastanawiać się i modlić o siłę, by przetrwać kolejny koszmarny dzień.

Z płaczem błagałam Terry'ego i Vicky, żeby pozwolili mi wrócić do Japonii. Potwornie tęskniłam za rodziną i chciałam im powiedzieć, co się ze mną dzieje, ale usłyszałam, że nie mogę.

– Dopiero co ściągnęliśmy cię tutaj, za wcześnie na powrót. Przyjeżdżając tutaj, wiedziałaś, do czego się zobowiązujesz. Po prostu wytrzymaj, okej? – powiedziała mi Vicky.

Nie wolno mi było napisać do nikogo i pochwalić się, że jestem w ciąży; pasterze uznali, że to postawi Dom w złym świetle. Czułam się kompletnie odcięta. Bywały chwile, kiedy chciałam umrzeć; noce, kiedy płakałam długie godziny, modląc się, żeby to wszystko było tylko złym snem. W dziewiątym tygodniu byłam bliska śmierci; musieli na trzy dni zabrać mnie do szpitala i podłączyć kroplówkę. Doszłam do siebie na tyle, żeby Terry i Vicky mogli zabrać mnie do domu, ale znów mi się pogorszyło i byłam przykuta do łóżka przez sześć miesięcy. Miałam niskie ciśnienie, piekielną zgagę i anemię. Lekarz ostrzegł mnie, że istnieje ryzyko poważnej utraty krwi podczas porodu.

W końcu, 9 sierpnia 1998 roku, urodziła się Cherie. Po osiemnastogodzinnym porodzie byłam wykończona, ale szczęśliwa, że jest po wszystkim. Kiedy trzymałam ją w ramionach, mruczała jak kotek. Cherie była moim małym cudem. Wbrew wszystkiemu była zdrowym, czterokilowym bobasem; u żadnego dziecka nie widziałam tak pyzatych policzków. Szpitalny personel przezwał ją „Gordo", co po portugalsku znaczy „grubas".

Uwielbiałam każdy aspekt macierzyństwa, ale trudna ciąża mnie przeraziła. Wtedy nie wiedziałam jeszcze, że cierpię na rzadką chorobę, hyperemesis gravidarum, niepowściągliwe wymioty ciężarnych, i że moja matka i ciocia Caryn męczyły się tak samo podczas swoich ciąż. Przerażała mnie sama myśl, że mogłabym jeszcze kiedykolwiek być w ciąży czy nawet zbliżyć się do kogoś fizycznie. Vince wziął na siebie część odpowiedzialności za opiekę nad naszym dzieckiem, ale nie byliśmy parą. Z początku nie chciałam, żeby był częścią życia Cherie, bo bałam się, że będzie zbyt wiele oczekiwał ode mnie, ale zmieniłam zdanie, gdy pomyślałam o swoim dzieciństwie i przypomniałam sobie, jak bardzo pragnęłam mieć kontakt i z mamą, i z tatą. Zdecydowałam, że cokolwiek dzieliłoby mnie i Vince'a, Cherie zasługuje, by znać swojego ojca.

Do Światowej Posługi przyjechałam, by pracować, więc krótko po narodzinach Cherie wróciłam do edytowania historyjek „Niebiańskiej Biblioteki", a małą opiekowały się Brazylijka Tina albo Techi, córka Marii, która sama miała trzyletniego synka. Nie zmieniło się jednak moje postanowienie, by opuścić Światową Posługę. Pracowali tu ludzie, którzy budzili bolesne wspomnienia. Dan – na Filipinach mieszkałam z nim i jego byłą żoną, Tiną – pracował w „Aktywnych", miesięczniku Rodziny sprzedawanym Systemitom. Byłam naocznym świadkiem jego okrucieństwa; to on brutalnie bił moją młodszą siostrę Julianę, swoją żonę i dzieci. Czy zdawał sobie sprawę z blizn, które pozostawił, szkód, jakie wyrządził? Czy ich żałował?

Był też John, człowiek, który zapłodnił czternastoletnią Krys. O jego pedofilskich praktykach wszyscy wiedzieli od lat, a mimo to miał wysokie stanowsiko. Podejmował decyzje, kto powinien zostać ekskomunikowany za złamanie zasad Karty Miłości – w tym za przestępstwa seksualne. Co za farsa!

Inny mieszkaniec Domu trzy miesiące wcześniej został częściowo ekskomunikowany za seks z nieletnią dziewczyną. Częściowa ekskomunika oznaczała zakaz filmów, seksu i alkoholu przez sześć miesięcy i spędzanie wielu godzin na czytaniu Listów Mo: przekazów proroka pedofila we własnej osobie. Ironia tego wszystkiego wręcz waliła w twarz. Częściowa ekskomunika była zupełnie bez znaczenia – jakby dać komuś po łapkach.

Jeszcze bardziej oburzające było to, że jeśli rodzic chciał zgłosić molestowanie dziecka na policję albo postawić sprawcę przed sądem, Karta Miłości nakazywała mu „rezygnację" z członkostwa w Rodzinie. Nie raz widziałam, jak „oddani wyznawcy" woleli nazwać własne dziecko kłamczuchem niż zrezygnować z życia w Rodzinie.

Eman Artist, choć „oficjalnie ekskomunikowany", pobierał „pensję" od Światowej Posługi, jako że w dalszym ciągu rysował obrazki do książeczek dla dzieci wydawanych przez Aurora Productions, wydawnictwo Rodziny.

Powiedziałam Terry'emu i Vicky, że chcę odejść ze Światowej Posługi, ale wciąż mi powtarzali, że mam się „wywiązać". Od czasu do czasu dostawałam wiadomości od Królowej Marii, która przesyłała mi objawienia, mówiące, że robię postępy w duchu i czekają mnie wspaniałe rzeczy, jeśli tylko „utrzymam koronę" i nie przestanę walczyć z diabłem.

Samej Królowej Marii prawie nie widywaliśmy. Komunikowała się z personelem przez interkom. Siedziała w pokoju i dostawała posiłki gotowane według jej ścisłych wytycznych: żadnego tłuszczu, wyłącznie organiczne i pełnoziarniste produkty, a do tego cały zestaw witamin i suplementów, takich jak mleczko pszczele i wapń. Nie licząc okazjonalnych spotkań, na co dzień widywały ją tylko nieliczne osoby, takie jak Misty i Rebecca i jej osobista asystentka Becky. Rebecca powiedziała mi, że myje Mamie włosy i obcina paznokcie u nóg. Osoby, które Maria osobiście wybrała sobie na służących, bardzo chciały ją zadowolić i chętnie płaciły tę cenę za stanowiska kierownicze.

Mieliśmy bardzo mało czasu wolnego, a jedyną rozrywką były urządzane od czasu do czasu potańcówki. Przy którejś z takich okazji salon został urządzony jak klub nocny; na środku stała budka z judaszami. Kobiety robiły striptiz, a w budce ludzie się całowali. Szybko się wykręciłam i poszłam do pokoju, gdzie spała moja trzymiesięczna córeczka. „Nie chcę jej zostawiać samej", powiedziałam, ale prawda była taka, że przed oczami stawało mi zbyt wiele obrazów z przeszłości. Musiałam nieustanie walczyć i opierać się presji na dostosowanie się i byłam tym już zmęczona.

Byłam outsiderką – nie pasowałam do reszty – podobnie jak Davidito i jego dziewczyna Elixcia. W Domu Królowej na Davidita wciąż mówiono Pete i od razu zauważyłam smutek w jego oczach. Był w depresji, niespokojny, żył w cieniu matki. Po krótkim pobycie w Szkole Niebiańskiego Miasta, kiedy miał trzynaście lat, nagle „zniknął"; dopiero po kilku miesiącach dowiedzieliśmy się, co się z nim stało. W Liście Mo przeczytaliśmy, że wymagał surowej „korekty" za zadawanie się ze „złym towarzystwem" i ciągoty do światowości.

Mo groził mu fizyczną przemocą, wymierzał okrutne kary. Było mi go strasznie żal, bo był normalnym nastolatkiem, który po prostu chciał się bawić. Nie słyszeliśmy o nim więcej, dopóki nie skończył dwudziestu lat, kiedy to w towarzystwie dorosłego opiekuna ze Światowej Posługi pozwolono mu odwiedzać zwyczajne komuny w Europie Wschodniej; tam poznał Elixcię.

Ostatecznie wypuszczono go z klatki, ale nawet z dala od czujnych oczu matki był nieustannie obserwowany, a pasterze dostali instrukcje, by pisać raporty z jego poczynań. Było nieuniknione, że w końcu zaczął opowiadać o swoim życiu w domu Mo i urazach z dzieciństwa przeżytego jak w więzieniu. Jego matka musiała na serio zająć się gaszeniem pożaru. Został publicznie ukarany i zmuszony do napisania listu ze spowiedzią i przeprosinami za „sianie wątpliwości" i narzekanie.

Niechętnie, na żądanie matki, wrócił do jej domu, przywożąc ze sobą Elixcię. Któregoś wieczoru Terry i Vicky ogłosili, że dla rozrywki zjemy kolację w parach, by „lepiej się poznać". Dziewczyny wyciągały imiona z kapelusza i mnie trafił się Davidito. Ustawił mały stolik w swoim pokoju i zapalił świeczkę; przynieśliśmy swoje talerze. Przegadaliśmy półtorej godziny. Pamiętałam go z Japonii jako chudego, pryszczatego nastolatka o delikatnej budowie, ale teraz był nieźle wyrzeźbiony i było widać, że ciężko pracował, by wzmocnić mięśnie. Wciąż był nieśmiały i cichy i tak jak ja nie cierpiał konfrontacji.

Zeszliśmy na temat przywództwa i Davidito powiedział mi, że podjął świadomą decyzję, iż nie zostanie „liderem". Mierziły go metody Dziadka i matki, dzięki którym kontrolowali swoją trzódkę, zdobywali pieniądze, lojalność i bezwarunkowe posłuszeństwo.

– Gdybym tego chciał, mógłbym to mieć – powiedział – ale wtedy nie mógłbym żyć sam ze sobą.

Przyznałam, że i ja miałam wiele okazji awansu, ale nie miałam zamiaru płacić za to spokojem sumienia.

– A całe to prawo Kochania Jezusa jest nienormalne. Nie zgadzam się z tymi wszystkimi nowymi dziwacznymi „objawieniami". Biblia powinna wystarczyć – powiedział.

Ja też nigdy nie zaakceptowałam Kochania Jezusa i poczułam w nim bratnią duszę.

Niedługo potem Davidito i Elixcia dostali wreszcie od Królowej Marii pozwolenie na wyjazd z Portugalii. W tym samym miesiącu, w styczniu 2000 roku, wypuszczono i mnie. Terry i Vicky zdali sobie sprawę, że nie zmienię zdania w kwestii wyjazdu. Jako że Dom przenosił się w nowe miejsce, nie byłam już „zagrożeniem dla bezpieczeństwa".

Kilka dni przed wyjazdem zostałam zaproszona na kolację przez Królową Marię we własnej osobie, w jej nowym Domu na Kółkach, którym podróżowała razem z Peterem Amsterdamem. Sześć miesięcy wcześniej przeprowadziliśmy się z Porto do słonecznego Algrave na południu Portugalii. Poza główną willą na terenie wielkiej posiadłości były jeszcze trzy bungalowy, basen, sauna i boisko do koszykówki; dalej, koło boiska do piłki nożnej, stał jeszcze jeden piętrowy dom, obok którego zaparkowany był Dom na Kółkach. W ciągu dwóch i pół roku, kiedy dla niej pracowałam, nigdy nie byłam zaproszona do jej prywatnych apartamentów. Odwiedziła mnie jeden jedyny raz, na dziesięć minut, kilka dni po narodzinach mojego dziecka. Teraz, kiedy wyjeżdżałam, zostałam zaszczycona jej uwagą.

Odprowadziła mnie Becky, jej osobista asystentka, i zapukała do drzwi Domu na Kółkach.

– Proszę. – Usłyszałam głos.

Maria przywitała mnie i zaprosiła do stołu. Niepewnie usiadłam na sofie.

– Pomyślałam sobie, że zjem z tobą kolację – powiedziała Maria. Specjalnie przygotowany organiczny posiłek został już wcześniej przyniesiony przez Becky; teraz Maria podgrzała go w mikrofalówce w małym aneksie kuchennym.

Porcje były małe.

– Mam nadzieję, że nie masz nic przeciwko – powiedziała Maria. – Nie mogę jeść dużo naraz, więc jadam małe posiłki co kilka godzin.

– Nie, skąd – odparłam. I tak nie byłam głodna.

Kiedy siedziałyśmy przy stole, widziałam, że stara się być miła, ale czułam, że rozmowa jest niezręczna i sztuczna.

– Mój syn Pete i Elixcia też wyjeżdżają – oznajmiła. – Mamy dla nich kilka proroctw. Poproszę sekretarkę, żeby dała ci kilka, bo to naprawdę ważne przekazy od Pana i Dziadka i przygotują cię na wszystkie nowe rzeczy, z którymi będziesz się mierzyć po wyjeździe.

Nie wiedziałam, co powiedzieć. Tak wiele leżało mi na sercu, przepełniały je pytania, ale kneblowały mnie lęk i niepewność. Co się mówi kobiecie, która miała tak ogromny wpływ na twoje życie? Chciałam zapytać ją dlaczego. Dlaczego eksperymentowano na nas w dzieciństwie? Dlaczego pozwalała Mo dręczyć własną wnuczkę, Mene? I dlaczego go kryła? Dlaczego powstały obozy dla Izolowanych Nastolatków i dlaczego odebrano nam ojca, kiedy byłyśmy dziećmi? Czy ją to obchodziło? Czy w ogóle to pamiętała? Coś we mnie wiedziało z góry, co powie, kiedy poruszę te wszystkie bolesne kwestie i słuchanie tego znów będzie bolało.

– Wszystko współdziała ze sobą dla dobra tych, którzy kochają Boga. – To było zdanie używane dla usprawiedliwienia każdej podłości. Nie wątp w przywódców, po prostu gódź się z molestowaniem, przemocą i zastraszaniem, bo Bóg ma plan i ostatecznie to wszystko wyjdzie ci na dobre.

– Masz w sobie pionierskiego ducha, tak jak twój tata – stwierdziła Maria, przerywając moje myśli. – Nie potrafił stać za kulisami. Po prostu bądź uległa i otwarta na bożą wolę i wszystko się ułoży.

– Ale skąd wiesz, jaka jest wola Boga? Wiecznie mi mówiono, żebym była uległa wobec woli bożej, ale co to znaczy? Nigdy nie słyszałam głosu Boga, grzmiącego z nieba. „To jest moja wola!"

Pomyślałam, że jeśli ktokolwiek to wie, to właśnie prorokini Końca Czasów. Ale to pytanie wprawiło Marię w zakłopotanie.

– No cóż, kochanie. – Uśmiechnęła się i zamilkła na chwilę. – Pan zwykle prowadzi nas poprzez swoich pasterzy. Po prostu bądź uległa wobec Jego woli, a wszystko będzie dobrze.

Wcale nie odpowiedziała na moje pytanie, ale dla mnie nagle wszystko stało się jasne, jakby w głowie zapaliła mi się żarówka: jej nie chodziło o uległość Bogu ani o „podążanie za Bogiem", jak wmawiano mi całe życie. Chodziło o podążanie za kaprysami przywódczyni, która grała swoimi oddanymi wiernymi jak pionkami na szachownicy. Widziałam, że kompletnie oderwała się od rzeczywistości i żyła w ochronnej bańce, która odgradzała ją od konsekwencji własnych decyzji.

Tak naprawdę ani trochę nie martwiłam się o siebie i córkę. Czułam, że ci na górze próbują mnie udobruchać, żebym pozostała po ich stronie. Ale to było powierzchowne. Kiedy wsiadłam do samochodu, który miał mnie zawieźć na lotnisko, było mi trochę smutno; machałam na pożegnanie Vince'owi, ojcu Cherie, i nielicznym przyjaciołom, których sobie zjednałam, ze świadomością, że mogę ich już nigdy nie zobaczyć. Ale przede wszystkim byłam szczęśliwa – szczęśliwa, że nareszcie mnie wypuścili. To był pierwszy krok z wielu ku ostatecznej wolności.

Biuro Centralnych Sprawozdawców na Europę mieściło się w małej wiosce Fluelen w Szwajcarii. Przywitał mnie tam Galileo, który razem z Dawn wiózł mnie kiedyś do Domu Medialnego na Finchley Road w Londynie – wciąż piastował to samo wysokie stanowisko. Następnego dnia wyjechał z przydzieloną misją do Anglii. Dom Biurowy był mały, raptem piętnaście osób, a zazdrość i rywalizację w tej grupie, gdzie kobiet było dwa razy więcej niż mężczyzn, dodatkowo podsycał fakt, że w dwupiętrowym, skrzypiącym drewnianym domu słychać było każdy dźwięk. Spędziłam tam wiele bezsennych nocy, przekręcając się z boku na bok.

Czułam się samotna – zupełnie sama. Nie dostrzegałam piękna poszarpanych górskich szczytów, które nas otaczały, i spokojnego jeziora Lucerne. Byłam odcięta od przyjaciół, których zostawiłam w Światowej Posłudze, a nie mogłam się skontaktować z rodziną i przyjaciółmi w zwyczajnych Domach Rodziny. Równie dobrze mogłam siedzieć na bezludnej wyspie pośrodku oceanu, całkowicie oderwana od zewnętrznego świata. Nie miałam zamiaru wychowywać dziecka w taki sposób. Cherie miała bystry, dociekliwy umysł, a wychowywanie jej w Rodzinie zdusiłoby jej wyjątkową, niezależną osobowość, którą tak w niej kochałam. Zgodziłam się tylko na tymczasowy pobyt w Szwajcarii – choć tak naprawdę nie miałam wyboru – ale po sześciu miesiącach zorientowałam się, że Królowa Maria tak naprawdę najchętniej trzymałaby mnie w zamknięciu i w swoim zasięgu.

Miałam dość uprzejmości i uległości i w końcu pękłam. Kiedy Galileo wrócił z podróży, poszłam do niego.

– Muszę wyjechać, w tej chwili – oznajmiłam. – Nie zostanę tu ani tygodnia dłużej.

– A dokąd chcesz jechać? – spytał zatroskany, słysząc mój naglący ton. Z Galileo rozmawiałam bez skrępowania, chociaż był Centralnym Sprawozdawcą. Różnił się od wielu mężczyzn, których znałam; był łagodny i pełen szacunku. Gdyby nie dał się złowić sekcie i nie piastował wysokiego stanowiska służącego do narzucania sekciarskich doktryn, byłby przyzwoitym człowiekiem.

– Nie jestem pewna, co chcę robić – odparłam – ale chciałabym odwiedzić tatę. Potem zdecyduję. Wiem tylko, że nie mogę tutaj zostać ani minuty dłużej, bo zwariuję.

Galileo zgodził się mnie wyekspediować do Anglii; stamtąd miałam lecieć do Ugandy, by odwiedzić tatę i Julianę, których nie widziałam od prawie dwóch lat. Dostałam dość pieniędzy, by kupić trzymiesięczny otwarty bilet z Londynu do Kampali i z powrotem i wyruszyłam na kontynent afrykański.

Rozdział 23

Anoreksja

Juliana

Głęboki smutek oblazł mnie niczym ciemny koc z pająków. Potrzebowałam działki: pożądałam jej obsesyjnie jak narkoman na głodzie. Zamknęłam drzwi na klucz, żeby nie nakryła mnie współlokatorka, i rozebrałam się szybko, by móc zerknąć... Lustro było tak blisko, ciało mrowiło mnie od wyczekiwania. Sięgnęłam do klamki drzwi łazienki, otworzyłam je i powoli podniosłam wzrok, by zobaczyć odbicie.

Kości sterczące na wszystkie strony, zapadnięty brzuch, wystające biodra. Pogłaskałam je z miłością i pozwoliłam dłoniom wędrować w górę, dotknąć małych, skurczonych piersi i zmarszczyłam brwi. Akurat one mogłyby nie znikać wraz z utratą wagi. Ale to nie miało znaczenia – reszta mnie była piękna: niemal idealny szkielet.

Pragnienie jedzenia zniknęło już dawno i pozostała tylko obsesja. Nie mogłam tego dłużej znieść. Ostrożnie weszłam na wagę, poczułam jej guzełkowatą powierzchnię pod stopami. Lustereczko, powiedz przecie, kto najchudszy jest na świecie?

Waga mnie nie rozczarowała; wskazówka zjechała w dół o kolejną czerwoną kreseczkę, kolejną jednostkę, do czterdziestu trzech kilo. Cień zniknął, znów mogłam oddychać. Pozwoliłam sobie nawet na blady uśmiech zadowolenia, a moje ciało drżało w swej kościanej ramie.

Wróciłam do sypialni i włożyłam workowate ciuchy. Ubranie się nie liczyło, tylko to, co było pod nim. Ubranie nigdy się nie liczyło.

Ja się nigdy nie liczyłam.

Nic się już nie liczyło.

Miałam szesnaście lat, kiedy tata znów mnie odesłał. Ale tym razem pozbył się mnie, żeby chronić siebie. Już samo to bolało jak nic innego. Nasze japońskie wizy wymagały odnowienia i tata bał się, że jeśli urzędnicy imigracyjni zaczną go sprawdzać, odkryją, że zmienił nazwisko, by wrócić do kraju, a to oznaczało wpis na czarną listę i deportację. To mogło otworzyć puszkę Pandory. Zostałam więc barankiem ofiarnym. To, jak szybko tata się mnie pozbył, zraniło mnie o wiele głębiej, niż chciałam się przyznać. Czułam się bezwartościowa i ohydna; to był oczywisty powód, dla którego nikt mnie nigdy nie chciał i nie kochał.

Tata chciał mnie odesłać z powrotem do mamy, która mieszkała teraz w Indiach. Błagałam go, żeby posłał mnie gdziekolwiek, byle nie do Indii! Nie chciałam tam nigdy więcej się znaleźć, a z mamą nie miałam bliskiej relacji. Złożyłam prośbę o przyjęcie do komuny w Irlandii i zostałam przyjęta.

Przyjechałam do dużego domu na przedmieściach Limerick. Dom miał wielki trawnik, kort tenisowy i boisko do kosza, a z trzech stron był otoczony irlandzkimi bagnami. Mieszkało tam jeszcze pięcioro młodych ludzi plus trzy rodziny. Pasterze Domu mieli dziewięcioro dzieci. Nie mieliśmy złudzeń, kto tu jest szefem – Wujek Elkannah, który traktował nas jak niewolników na plantacji bawełny.

Szybko stało się dla mnie jasne, jakim cudem mógł sobie pozwolić na czynsz za tak wielką posiadłość. Zarabialiśmy na to my, młodzi, modelowaniem balonów i malowaniem twarzy w centrach handlowych w całym kraju. Zwiedziłam spory kawał Irlandii, a w każdym razie irlandzkich galerii. Jeździliśmy tam, gdzie akurat mieliśmy rezerwację, i przez dwanaście godzin skręcaliśmy z balonów zabawki, zwierzątka, postacie z kreskówek; mówisz, masz.

Zarabialiśmy krocie – do kieszeni pasterza psychopaty. W jednej chwili potrafił mnie przytulać i całować, w następnej wrzeszczeć i przeklinać. Miał długie włosy w strąkach i wielki mięsisty nos pokryty fioletowymi żyłkami. Jego twarz robiła się o dwa odcienie czerwieńsza, ilekroć wpadał w tę swoją kompletnie nieprzewidywalną furię. Jego nieustanne napady wściekłości zmieniały mnie w emocjonalny wrak i zaczęłam drastycznie chudnąć.

W domu mieszkało ponad dwadzieścia osób i hałas nigdy nie cichł. Któregoś wolnego dnia po długim tygodniu „balonowania" obudziłam się wcześnie. Harmider uniemożliwiał spanie, więc wstałam i poszłam do kuchni na kawę. Elkannah był akurat w dobrym humorze i powitał mnie radosnym uściskiem.

– Hej, Julie! Jak ci minęła noc? – rzucił śpiewnym głosem, stanowczo zbyt entuzjastycznym. Powinnam była się domyślić w tamtej chwili.

– W porządku. Ale jestem trochę zmęczona – odparłam. – Nie mogłam spać, za duży hałas. – Zupełnie się nie spodziewałam tego, co nastąpiło w tej chwili.

Jego twarz zmieniła kolor błyskawicznie jak u kameleona.

– Ty niewdzięczna mała suko! – wrzasnął nagle.

– Co? – Osłupiałam. Czy on sobie żartował? To musiał być jeszcze jeden z jego dowcipów. Z nim nigdy nic nie było wiadomo.

– Karmię cię, daję dach nad głową, opiekuję się tobą, a ty śmiesz narzekać, że się nie wysypiasz! Ty kwękająca, zepsuta wredoto! – Nagle chwycił mnie i zaczął mną potrząsać. Byłam pewna, że mnie uderzy, więc się wyrwałam.

– Proszę cię, to boli – wymamrotałam.

– To cię boli? Ty nie wiesz, co to jest ból! – Czułam jego ślinę pryskającą mi w twarz. Miałam dość. Nie zrobiłam nic, czym mogłabym zasłużyć na takie traktowanie.

– Zgodnie z Kartą – powiedziałam – nie możesz mnie tknąć! – Obróciłam się na pięcie, wypadłam z kuchni, pobiegłam do swojego pokoju i zamknęłam drzwi na klucz. Elkannah był tuż za mną, zaczął walić w drzwi.

– Otwieraj w tej chwili! – darł się. – Otwieraj albo wyważę drzwi.

Moja współlokatorka popatrzyła na mnie szeroko otwartymi oczami.

– Co się dzieje? – spytała.

– Zdaje się, że zwariował – szepnęłam.

– Muszę otworzyć. – Spojrzała na mnie. – Jeśli nie otworzę, wyważy drzwi. Znam go. I będziesz miała jeszcze bardziej przechlapane.

– Okej. Otwieraj – powiedziałam. Uciekłam do łazienki i zamknęłam się na klucz.

– Gdzie ona jest?! – krzyknął Elkannah.

– Korzysta z toalety – wyjaśniła koleżanka.

– Wyłaź stamtąd w tej sekundzie! – Zaczął łomotać w drzwi łazienki. – Karta czy nie Karta, wbiję ci do głowy trochę szacunku! Mówię poważnie! Otwieraj!

Słyszałam jego żonę Tamar za jego plecami. Była łagodną kobietą w matczynym typie i jedyną osobą w domu, której słuchał. Hałas ją zaalarmował, więc zeszła zbadać przyczynę.

– Kotku, najpierw się uspokój, a potem będziesz mógł z nią porozmawiać. – Usłyszałam jej szept.

Przez minutę panowała absolutna cisza. Czułam kropelki potu spływające mi po szyi, ale nie wytarłam ich. W ogóle się nie ruszyłam. Nagle usłyszałam jego głos; był spokojny, ale brzmiała w nim groźba.

– Chcę cię widzieć w swoim pokoju w ciągu pięciu minut, i to nie jest prośba.

Cały Dom wstrzymywał oddech. Klapnęłam na sedes i siedziałam tak, zbierając się na odwagę, choć żołądek skręcał mi się z przerażenia. To był ten sam strach, który czułam jako dziecko, kiedy nauczyciel wzywał mnie, żeby dać mi lanie.

Wyprostowałam plecy, zacisnęłam pięści i poszłam na górę prosto do jego pokoju. Ku swojej uldze zobaczyłam, że Tamar uparła się zostać, by Elkannah nie zrobił czegoś, czego będzie żałował. Kiedy tylko weszłam, na nowo podjął swoją tyradę. Zaczął obrzucać mnie obelgami. Włosy mu sterczały, jakby poraził go prąd, twarz była ciemnofioletowa, a gdy zaczął mnie wyzywać od opętanych, pomyślałam, że jeśli kogoś opętały tu demony, to z całą pewnością jego.

Po półgodzinie słuchania jego wrzasków Tamar zdołała wreszcie wychwycić powód jego furii. Śmiałam wspomnieć, że w jego Domu jest za duży hałas. Najwyraźniej uznała, że jest w tym trochę prawdy, bo pomiędzy bezładnymi bluzgami Elkannaha powiedziała mi, że to śmieszne i że mogę już iść.

Wyszłam nie tylko z ich pokoju, ale i z domu. Nie mogłam oddychać. Rozpaczliwie potrzebowałam powietrza, światła i wolności. Zeszłam przez okno pokoju i zaczęłam biec przez bagno, pozwalając nogom nieść mnie, dokąd chciały. Straciłam poczucie czasu. Kiedy wreszcie poczułam się na tyle dobrze, żeby wrócić, powoli ruszyłam do domu, wlazłam z powrotem przez okno i położyłam się na łóżku.

Moja współlokatorka znalazła mnie tam chwilę później i aż pisnęła z radości.

– Cały dom przez ciebie panikuje. Tamar od dwóch godzin jeździ po wszystkich bocznych drogach i cię szuka.

– Co? Dlaczego? – Do tej pory nikt raczej nie zwracał na mnie uwagi, chyba że spóźniłam się do pracy.

– Kiedy Elkannah tak ześwirował, Tamar poczuła się paskudnie i przyszła tutaj sprawdzić, czy wszystko u ciebie okej. Ale nie było cię tu ani nigdzie w domu, więc spanikowaliśmy i pomyśleliśmy, że uciekłaś.

– Proszę, powiedz Tamar, że jestem, żeby się nie martwiła.

– Jeszcze cię szuka.

Zrobiło mi się głupio. Tamar była dobrym człowiekiem. Gdybym chciała uciec, powstrzymałoby mnie już sama świadomość, na co bym ją naraziła. Wróciła pięć minut później i przybiegła prosto do mojego pokoju.

– Julie, nic ci nie jest? Tak strasznie się martwiłam!

– Przepraszam. Wyszłam tylko pospacerować na bagnach.

– Nastraszyłaś nas. Posłuchaj, cokolwiek powiedział ci Elkannah, wcale tak nie myślał. Po prostu ma zły dzień. On cię naprawdę kocha.

– Jasne. – Jakoś wyjątkowo trudno było mi to przełknąć. Tamar wyszła z pokoju, a ja położyłam się, wykończona.

Nagle drzwi otworzyły się gwałtownie i wypełniła je potężna postać Elkannaha. Usiadłam szybko, przygotowując się na kolejny wybuch.

Padł teatralnie na kolana, chwycił moje stopy i zaczął je całować, bełkocząc:

– Julie, tak strasznie mi przykro. Proszę, wybacz mi. Kocham cię, Julie. Nigdy bym cię nie skrzywdził. Nigdy! Jesteś spod Bliźniąt, jak ja. Rozumiesz, że mamy zmienne nastroje. Wiesz, że cię kocham, prawda?

Głaskał mnie po całych nogach i gdybym wcześniej na to nie wpadła, teraz już z pewnością pomyślałabym, że ten człowiek nie jest normalny.

– Tak, tak, Elkannahu. Wszystko dobrze, wybaczam ci. – Kuliłam się i próbowałam wykręcić z jego łapsk. Chciałam tylko, żeby sobie poszedł. Tamar wróciła do pokoju i widząc idiotyczny popis męża i moją zbolałą minę, przerwała mu.

– Okej, kochanie, już wystarczy. Już ci wybaczyła.

Po jeszcze kilku moich zapewnieniach wstał wreszcie i ku mojej uldze wyszedł z pokoju. Po tym wszystkim byłam zdesperowana, żeby wyjechać z Irlandii, ale nie miałam pieniędzy i byłam całkowicie zależna od Elkannaha, który za nic nie chciał mnie puścić. Byłam uwięziona w świecie, w którym nie chciałam żyć; nie widziałam celu egzystencji, która była dla mnie nie do zniesienia. Jak ptak w klatce wpatrywałam się tęsknie w otwarte niebo, ale za każdym razem, kiedy próbowałam wyrwać się na wolność, jeszcze bardziej podcinano mi skrzydła. Chcieli złamać mojego ducha i w końcu im się udało. Nie miałam już siły do walki. Byłam zmęczona wstawaniem po każdym ciosie, który mnie powalił, zmęczona strachem, skąd padnie kolejny, zmęczona marzeniami, których nie mogłam spełnić, zmęczona otrząsaniem się po niezliczonych rozczarowaniach.

Byłam zmęczona życiem – a miałam ledwie siedemnaście lat.

Nie pozostało mi nic innego, jak tylko czekać i niknąć odrobinę bardziej z każdym mijającym dniem. Jeść mniej, mówić mniej, śmiać się mniej, aż zostanie marna resztka mnie, skorupa ze skóry i kości. A kiedy i ona zniknie, ta pomyłka, którą było moje życie, nareszcie się skończy.

Mogłam tylko opisywać to, jak strasznie się czuję:

To szaleństwo myśleć, że tutaj zostanę;
Wiesz, że to przez twój obłęd.
W środku mam gnijącą ranę,
A ty pytasz, czemu jestem blada.
Jesteś tępy, nie rozumiesz?
Nazywasz to wolnością!
Ja chcę stąd wyjść!
Dlaczego nie chcesz mnie puścić?
Trzymanie tutaj zabije mnie. Jestem za młoda na śmierć.
Podobno tracę na wadze; czymże jest głód w porównaniu
z bólem?
Dlaczego nie dasz mi spokoju?
Nie rozumiem i nie potrafię zrozumieć

Twojego pokręconego umysłu.
Wolność i szczęście to iluzja;
Randka o północy, a może bajka
Dla ludzi, którzy nigdy nie żyli.
Któregoś dnia ucieknę –
Ale twoje koszmary ściągną mnie z powrotem.
Nie pozwolą ci zapomnieć.
Nigdy nie pozwolą zapomnieć.

Na szczęście dla mnie mama wróciła z rodziną do Europy. Mieli dość Indii i ograniczonych członków Rodziny, jakich tam napotkali. Wrócili, by uzbierać pieniądze na wyjazd do Afryki.

Napisałam mamie, że jestem chora, i zapytałam, czy mogę ją odwiedzić. Wiedziałam, że muszę się wyrwać z Irlandii, zanim zrobi się jeszcze gorzej. Poleciałam do Francji; mama czekała na mnie na lotnisku z Lukiem i Crystal. Moja przemiana była szokująca. Byłam w tak strasznym stanie, że na czas jazdy do domu mama usiadła z przodu vana, żebym nie widziała, jak płacze.

Moja rodzina zjednoczyła się, żeby pomóc mi wyzdrowieć. Niedawno przyleciała też moja siostra przyrodnia, Mariana, i po raz pierwszy nasza rozbita rodzina mieszkała pod jednym dachem. Po raz pierwszy okazywano mi bezwarunkową miłość i akceptację. Mieszkaliśmy w wielkim, starym wiejskim domu w Vigy na południu Francji. Większość dnia spędzałam na długich spacerach po polach i lasach z bratem i siostrami. Był to dla mnie czas niezmąconego spokoju.

Mariana dosłownie karmiła mnie siłą podczas posiłków. Sama nakładała mi jedzenie na talerz, nie słuchając moich gniewnych protestów, i pilnowała, dopóki nie zjadłam wszystkiego do ostatniego kęsa. Chwilami zalewałam się łzami i niemal dławiłam, ale ona nie ustępowała. Uważałam, że jest okrutna, ale ona nie odpuszczała dla mojego własnego dobra. Gdyby to był ktokolwiek inny, pewnie bym się buntowała.

Nagle, po dwóch latach spędzonych w ukryciu, Celeste dostała od Światowej Posługi pozwolenie na krótką wizytę. Przyjechała z Anglii z tatą i ze swoją córeczką, Cherie, której jeszcze nie widziałam. Był to pierwszy dzień od piętnastu lat, od czasu Filipin, który spędziliśmy razem.

Te odwiedziny powinny być dla mnie ważniejsze, ale byłam obojętna na wszystko. Chodziłam jak zombi, niezdolna okazywać żadnych emocji. Nie byłam w stanie odczuwać. Nie czułam radości z ich przyjazdu ani smutku z ich wyjazdu. Pewnie dlatego ta wizyta jest zamazaną plamą w mojej pamięci. Pamiętam, że wyszłam na krótki spacer z Celeste i opowiadałam jej o swoich przeżyciach w Irlandii.

Osiemnaste urodziny obchodziłam we Francji, w gronie rodziny. Te miesiące spędzone z nimi podbudowały mnie, ale wciąż nie byłam dość silna, by wypuścić się samodzielnie w świat. Brakowało mi pewności siebie. Byłam chuda jak szczapa i ciągle walczyłam z depresją.

Moja rodzina zdążyła przez ten czas zgromadzić dość pieniędzy, by przenieść się do Senegalu. Zaprosili mnie, bym jechała z nimi i zgodziłam się natychmiast. W głowie tkwiło mi zdanie z jednej z opowieści Mo o tym, jak jego matka zastanawiała się nad samobójstwem: „Jeśli chcesz wyrzucić własne życie, to czemu nie poświęcić go jakiejś sprawie?" Postanowiłam, że właśnie tak zrobię. I zanim się obejrzałam, siedziałam w samolocie lecącym do Afryki Zachodniej.

Troska, jaką otoczyła mnie rodzina, skierowała mnie na drogę do wyzdrowienia, ale Afryka mnie wyleczyła. Widok ludzi, którzy mają o wiele gorzej ode mnie, ukazał mi moje kłopoty we właściwej perspektywie.

Senegal był gorący, zakurzony i cudowny! Stanowił egzotyczną mieszankę arabskiej, afrykańskiej i francuskiej kultury.

Senegalczycy są wysocy i piękni. Kraj wręcz kipi kolorami, muzyką i życiem. Zaczęliśmy pracę na rzecz domu dla dzieci ulicy, bo w Dakarze to poważny problem. Urządzaliśmy przedstawienia z klaunami, żeby zabawiać dzieciaki, i organizowaliśmy regularny sponsoring, by zapewnić im jedzenie i ubranie.

Nowy rok 2000 – R2K – miał być dramatyczny. Proroctwo mówiło, że to może być początek Końca Czasów. Znowu. Wszyscy na całym świecie mieliśmy się modlić i odnowić nasze śluby wierności Rodzinie podczas Ceremonii Mycia Stóp. Ktoś odgrywał rolę Jezusa i mył nam wszystkim nogi, a potem odczytywaliśmy przysięgę.

Kiedy wybiła dwunasta w Nowy Rok i w mieście nie zgasły światła, byliśmy lekko zaskoczeni. Królowa Maria szybciutko wytłumaczyła to proroctwem, że Jezus odracza nieuchronny Koniec, żebyśmy mieli więcej czasu na „głoszenie dobrej nowiny". Nadejście nowego milenium zostało uznane za kamień milowy – teraz byliśmy „wybranymi wojownikami" władającymi największą mocą we wszechświecie.

Któregoś dnia, zupełnie niespodziewanie, zadzwonił do mnie tata. Przeprowadzał się do Ugandy, żeby założyć ewangelizujące radio, i chciał spytać, czy bym się do niego nie przyłączyła. Pomyślał, że mogłabym wykorzystać swój talent przy pisaniu scenariuszy audycji. Kiedyś pewnie chętnie skorzystałabym z takiej propozycji, ale tym razem odmówiłam. Nie chciałam już z nim mieszkać. Od kiedy zostawił mnie w Tajlandii jako ośmioletnie dziecko, nasza relacja ulegała powolnemu rozkładowi. Nie był już zabawnym, troskliwym ojcem, jakiego pamiętałam, a teraz bardziej niż kiedykolwiek wydawał mi się obcy. Czułam się bezpiecznie tu, gdzie byłam, z rodziną, i uwielbiałam Senegal.

Ale tata nalegał. Podobno otrzymali proroctwa, że „ekipa do Ugandy została osobiście wybrana przez Pana" i zostałam wezwana, by do nich dołączyć. A takiego wezwania nie mogłam zignorować.

W tym czasie proroctwa szybko stawały się nowym narzędziem dyktatury. Można ich było używać do wiercenia ludziom dziury w brzuchu, żeby robili rzeczy, których nie chcieli robić. Nikt nie chciał ryzykować, że nie wypełniając proroctwa, wypadnie spod bożego parasola.

Cała moja rodzina w Senegalu też dostała „proroctwa", mówiące, że powinnam jechać do Ugandy, więc nie mogłam dłużej odmawiać ojcu. Mama uważała, że jeśli zostanę, będę wiecznie żyć w cieniu Mariany. Powinnam wydeptać sobie własną ścieżkę w życiu. A więc znów chcieli, żebym odeszła. Opadło mnie dawne poczucie odrzucenia. Jakby ktoś mi wypruł kiszki. Wyszłam na dach domu i płakałam godzinami. Kiedy wreszcie się wydawało, że odnalazłam rodzinę i miejsce, w którym czułam się u siebie, znów mnie wyrzucali. Powróciło pytanie tak stare jak ja: skoro mnie kochają, to dlaczego mnie odsyłają?

Ze złamanym sercem poleciałam do Ugandy.

Mieszkałam w wielu krajach i każdy z nich identyfikowałam po zapachu. Uganda pachniała roślinnością przed deszczem i żyzną, czerwoną ziemią. Kraj nosi przydomek Perły Afryki. Uwielbiałam nagłe oberwania chmury w słoneczny dzień, kiedy mogłam wybiegać w deszcz i czuć krople bębniące o skórę. Te deszcze niosły w sobie zarazem siłę i smutek. Uwalniały moje uczucia. Czasami wychodziłam na dach domu i godzinami leżałam, wpatrując się w gwiazdy. Chciałam wtopić się w czerń i zmienić w maleńką, błyszczącą gwiazdkę, by móc patrzeć na świat z daleka.

Dom składał się z mojego ojca i Sunshine, starszej kobiety o imieniu Kathleen, która przyjechała pracować jako sekretarka taty, Simsa, młodego technika studyjnego, i dzieciaków. Tata i Sunshine mieli już trzecie dziecko, chłopczyka o imieniu Rory. Było dla mnie oczywiste, że Sunshine nie chciała trzeciego dziecka. Chciała ewangelizować i żyć, a nie siedzieć uwiązana z gromadą dzieci, a właśnie takiej posługi chciał od niej tata. Uważał, że kobieta ma wychowywać dzieci i zajmować się swoim mężczyzną. Był wręcz dumny ze swojego reprodukcyjnego wyniku i przechwalał się, że spłodził czternaścioro dzieci siedmiu różnych narodowości.

W dniu mojego przyjazdu spytał, co bym powiedziała na zajmowanie się Rorym. Była to raczej nieznosząca sprzeciwu sugestia niż prośba. Przyjechałam tu z przekonaniem, że mam pomagać przy nagrywaniu audycji. Tata wprowadził mnie w błąd, żeby mnie ściągnąć. Poczułam się zdradzona. Opuściłam miejsce, które kochałam, by być niańką, kucharką i sprzątaczką dla jego rozrastającej się rodziny.

Choć byłam zła za to oszustwo, było mi żal małego braciszka. Przeprowadzka z Japonii do Afryki do spółki z niechęcią matki zmieniła Rory'ego w marudne, niepewne dziecko. Bardzo szybko się do mnie przywiązał, do tego stopnia, że nie mogłam wypuścić go z ramion, nie mówiąc już o wyjściu z pokoju, bo zaczynał wrzeszczeć i trząść się ze strachu. Cały czas był mnie uczepiony jak mała przerażona małpka. Kiedy dostawał tych swoich napadów płaczu, uspokajanie go trwało bardzo długo.

Lekarstwem taty na płaczliwość Rory'ego było bicie. To mnie zaskoczyło. Do tej pory nigdy nie widziałam, żeby mój ojciec uderzył dziecko w gniewie. Kiedyś był sprawiedliwy i rzadko uciekał się do lania.

Często brałam Rory'ego na długie spacery; wiozłam go czerwonymi bitymi drogami w rozklekotanym wózku. Ranki spędzaliśmy z moją afrykańską „mamą". Mary była maleńką, żylastą staruszką mieszkającą po sąsiedzku. Była twarda jak stal i można powiedzieć, że nieoficjalnie mnie adoptowała. Przez cały ranek dziabała motyką swój ogród warzywny, tępiąc każde źdźbło słoniowej trawy, jakie śmiało wychylić głowę na jej małym poletku. Wiecznie usiłowała mnie podtuczyć i uczyła gotować koniki polne i termity, miejscowe przysmaki. Rory był przy niej zawsze bardzo spokojny, a ona uwielbiała nasze towarzystwo.

Niedługo po otwarciu Domu Radiowego dołączył do nas przyjaciel taty z Japonii ze swoją dużą rodziną; przyjechała też jedna niezamężna dziewczyna, a zaraz po niej kolejna młoda para. Znów byliśmy hałaśliwą, dużą komuną – a czegoś takiego bałam się najbardziej. Musiałam się wyprowadzić z pokoju, bo nie chciałam się nim dzielić, więc urządziłam sobie sypialnię w garażu, z poprzypinanych na ścianach słomianych mat i moskitiery. Może nie wyglądało to najlepiej, ale zapewniało mi prywatność i tutaj mogłam być sama.

Czasami jeździliśmy do pobliskiego Domu na Bratanie. Podczas jednego z takich przyjęć poznałam parę, która przyjechała z wizytą z Kenii – starszego Australijczyka i jego żonę, młodą dziewczynę z Europy Wschodniej. Kiedy weszłam do pokoju, zobaczyłam, że tata rozmawia z nim z ożywieniem. Kiwnął na mnie, żebym podeszła.

– Julie, to jest Michael! To mój stary przyjaciel z dawnych czasów!

– Naprawdę? A skąd? – Sporo się nasłuchałam o różnych starych przyjaciołach taty, ale nie przypominałam sobie żadnego Michaela.

– Znamy się jeszcze z Indii! Na pewno wiesz, kto to jest!

– Tak, obaj ożeniliśmy się z tą samą kobietą! – dodał Michael ze swoim australijskim akcentem, i obaj się roześmiali. Nie załapałam.

– Ożenił się z matką Celeste, kiedy rozstała się ze mną – podpowiedział mi tata.

Nie miałam pojęcia, że ten „Michael" to Joshua, dręczyciel mojej przyrodniej siostry Kristiny. Gdybym wiedziała, dałabym mu w dziób albo oczekiwałabym tego od taty. Ale oni zachowywali się jak najlepsi kumple. Dla taty każdy członek Rodziny był bratem.

Przed świętami w dwutysięcznym roku odezwała się Celeste. Odeszła ze Światowej Posługi i chciała odwiedzić nas w Ugandzie. Tata był w siódmym niebie. Marzył o tym, żeby z nim pracowała. Przyjechała o wiele chudsza, niż kiedy widziałam ją ostatni raz we Francji. Wiedziałam, że mieszkała w domu Królowej Marii, i chciałam wydębić od niej trochę informacji, jak tam jest. Była dość skryta i niezręcznie było jej o tym mówić, ale opowiedziała o swojej trudnej ciąży i porodzie. Widziała, że jestem nieszczęśliwa, a ja czułam, że i ona jest, ale nie miałyśmy zbyt wielu okazji, żeby porozmawiać. Nie udało nam się zburzyć niewidzialnego muru, który wyrósł między nami od dnia, kiedy zostawiła mnie w Tajlandii. Nasze drogi rozeszły się w zupełnie różnych kierunkach.

Trzy miesiące później, ku wielkiemu rozczarowaniu taty, Celeste postanowiła opuścić Ugandę. Choć było mi przykro, że wyjeżdża, rozumiałam powody. Mieszkanie z tatą nie było już „snem na jawie". Było koszmarem życia wśród zniszczonych marzeń.

Rozdział 24

Spelnione marzenie

Kristina

Tata zadzwonił ni stąd, ni zowąd i powiedział, że przyjechał odwiedzić rodziców, jest w mieście i chciałby wpaść z wizytą do mnie i Jordana. Powiedział mi, że Celeste urodziła córeczkę. Byłam ciocią od ponad roku i nikt mnie nie zawiadomił!

– Dlaczego mi nie powiedziała? Przecież ma mój adres – dziwiłam się.

– Nie przejmuj się, kochanie, ja sam dopiero się dowiedziałem – odparł tata ze śmiechem. Wydawał się taki szczęśliwy, że postanowiłam nie zatruwać tej wizyty pretensjami. Spędziliśmy miłe chwile, gadając o różnych rzeczach i bawiąc się z Jordanem. Chyba oboje wreszcie uznaliśmy, że on żyje po swojemu, a ja po swojemu.

Rok później zadzwoniła Celeste i zapytała, czy może przez tydzień pomieszkać u nas ze swoją dwuipółletnią córką, Cherie. Miałam wolny pokój w domu i powiedziałam jej, że jest mile widziana. Minęły cztery lata, od kiedy widziałyśmy ją ostatnio, i miałam mieszane uczucia. Z jednej strony nie posiadałam się z radości. Z drugiej denerwowałam się, bo nie wiedziałam, jak będziemy się dogadywać.

Niepotrzebnie się martwiłam. Celeste kompletnie się zmieniła. Nie była już przestraszoną, nieufną dziewczyną, jaką zapamiętałam. Otworzyła się i opowiedziała mi o swoim życiu i niedawnej wizycie w Ugandzie u taty i Juliany. Po raz pierwszy skrytykowała tatę i sposób, w jaki wychowuje swoje nowe dzieci.

Powiedziała mi też, że mamy grecką siostrę o imieniu Davida. Moja radość zmieniła się w smutek, kiedy wyjaśniła, że Davida ma głęboką depresję, bierze heroinę i jest z brutalnym, apodyktycznym chłopakiem. Podobno tata i Julie planowali ją odwiedzić. Poprosiłam ją o adres Davidy, ale Celeste go nie znała.

Tydzień minął nie wiadomo kiedy. Gadałyśmy godzinami, gotowałyśmy razem i bawiłyśmy się z dziećmi. Choć niewiele rozmawiałyśmy o sekcie, zostawiałam broszury informacyjne w strategicznych miejscach w nadziei, że do nich zajrzy.

Ostatniego wieczoru jej pobytu David i ja zabraliśmy ją do klubu, żeby się napić i porządnie się wyluzować. Piliśmy, gadaliśmy, śmialiśmy się – świetnie się bawiliśmy! Nasza trójka była ostatnia na parkiecie. Kiedy DJ puścił *We Are Family* Sister Sledge, wszyscy się przyłączyliśmy, śpiewając na cały głos. Skakaliśmy jak wariaci, trzymając się pod ręce, a kiedy kawałek się skończył, padliśmy na podłogę z histerycznym śmiechem. Nie chcieliśmy, żeby ta noc się kończyła.

Następnego dnia Celeste poleciała na Węgry, gdzie miała pracować jako sekretarka w jednym z Domów Rodziny. Było nam smutno, że wyjeżdża, ale podała mi swój adres mailowy i obiecała, że będzie w kontakcie. Zaczęłam z nią regularnie korespondować; przysyłała mi zdjęcia i urocze historyjki o Cherie.

Dopiero rok później zadzwoniła, by powiedzieć, że odchodzi z Rodziny. Mama, David i ja nie mogliśmy w to uwierzyć! Tak długo na to czekałam i już prawie straciłam nadzieję.

Odebraliśmy ją na Victoria Station w Londynie i zawieźliśmy do Środkowej Anglii. Nasz pierwszy wieczór razem jako „wolnej rodziny" był cudowny. Wyrzucaliśmy z siebie słowa z prędkością światła, ale wiedziałam, że będziemy mieć mnóstwo czasu na odzyskanie tych wszystkich straconych lat i nadrobienie zaległości. To było cudowne uczucie. Celeste postanowiła zostać z nami i przez ten pierwszy rok ja zajmowałam się Cherie na pełny etat, a ona pracowała jako sekretarka w Biurowych Aniołach. Cherie w tym wieku była tak podobna do mamy, że spędzanie z nią czasu było prawie jak nadrabianie lat, których nie przeżyłyśmy razem w dzieciństwie.

Wiedziałam, że tata oczywiście uzna mnie i mamę za winne odejścia Celeste z sekty. Dla niego było niewyobrażalne, że ktoś mógłby sam chcieć odejść. Napisał do nas, że „dobrałyśmy się do niej", co mnie rozzłościło i zraniło. Kiedy wypełniałyśmy wzajemnie luki w opowieściach o naszym życiu, zdałam sobie sprawę, że mój dziecinny obraz taty jako rycerza w lśniącej zbroi był tylko fantazją.

Tata wciąż był przekonany, że Celeste lada chwila się pokaja i przyczołga z powrotem do Rodziny, zdziwiłam się więc, kiedy po roku przyjechał na Boże Narodzenie. Było ważne, żeby na własne oczy zobaczył, jak dobrze Celeste czuje się z prawdziwą rodziną i jak silna więź nas połączyła. Ostatniego wieczoru załatwiliśmy wejściówki na średniowieczny bankiet, bo wiedzieliśmy, że to mu się spodoba. Po raz pierwszy w życiu tańczyłam z ojcem i powiedział mi, że mam oczy po nim.

Kiedy się żegnaliśmy, powiedział, że będzie częściej pisał maile. I że mnie kocha. Nie mogłam w to uwierzyć! Pomyślałam, że może wreszcie zmienia mu się perspektywa. I zawsze będę pielęgnować tę nadzieję.

Rozdział 25

Czy sprawiedliwość to sen?

Celeste

Mam nadzieję, że podjęłam właściwą decyzję, pomyślałam, kiedy zajechałam do komuny w Budapeszcie z Cherie w wózku i z dwiema walizkami. Nie wierzyłam już w Rodzinę, ale bałam się porzucić jedyne życie, jakie znałam. Bałam się, że zostanę odcięta od przyjaciół, a co ważniejsze, nie byłam w stanie stawić czoła rozczarowaniu i odrzuceniu przez ojca.

Wyjechałam właśnie od mamy, Kristiny i Davida, a tak naprawdę chciałam zostać, by poznać ich lepiej. Długo żyłam karmiona lękiem, ale zaczynałam sobie zdawać sprawę, że to tylko zasłona dymna. Po pobycie u Królowej Marii kwestionowałam wszystko, co mi wmawiano; to otworzyło mój umysł na nowe możliwości i nie bałam się już walczyć z ograniczeniami. Przestałam się cenzurować i budować wokół siebie mur. Moja matka i siostra nie były wrogami i nie czyhały, żeby mnie skrzywdzić. Były moją rodziną – płynęła w nas ta sama krew – i ich towarzystwo sprawiało mi przyjemność. Wzięłam od Kristiny adres mailowy i obiecałam być w kontakcie. Nie miałam pojęcia, co zrobię ze swoim życiem, jeśli opuszczę Rodzinę. Byłam odpowiedzialna za małą córkę i musiałam mieć plan.

Widok z balkonu domu w Budapeszcie był niesamowity. Roztaczał się na miasto i Dunaj wijący się przez jego serce.

Nocami miejskie światła migotały w dole, lśniły jak małe klejnoty w ciemności.

Przywitała mnie Joy. Była Centralnym Sprawozdawcą do spraw opieki nad dziećmi na Europę Wschodnią. Była też dzieckiem drugiego pokolenia, jednym z pierwszych, jakie przyszły na świat w Rodzinie; miała trzydzieści parę lat, jasne włosy i piękne niebieskie oczy.

– To jest twój pokój. – Wprowadziła mnie do klitki obok wspólnego salonu. Moje łóżko było na antresoli, a pod nią stało biurko z komputerem, gdzie miałam pracować. W kącie stała mała sofa dla Cherie.

Następnego ranka Joy wyjaśniła mi swoją niezwykłą sytuację małżeńską.

– Mój mąż, Ben, nie należy już do Rodziny – powiedziała – ale dostaliśmy specjalne pozwolenie na jego pobyt w Domu.

Najmłodsza córka Bena i Joy rok wcześniej zmarła na raka i to ogromnie wstrząsnęło Benem. Nie zgodził się na rozdzielenie z pozostałą trójką dzieci. Były dla niego całym światem.

Może Rodzina staje się bardziej elastyczna, pomyślałam, bo kiedyś taka sytuacja byłaby nie do pomyślenia. Ben i ja znaliśmy się ze Szkoły Niebiańskiego Miasta w Japonii, kiedy jeszcze byliśmy nastolatkami. Kiedyś wypił cały alkohol na bożonarodzeniowym przyjęciu i znaleziono go pijanego w spiżarni – oczywiście miał potężne kłopoty. Przez ten incydent zapisał mi się w pamięci.

– Hm, ja sama w tej chwili mam wątpliwości co do Rodziny. – Chciałam od początku postawić sprawę jasno. – Jestem tutaj, bo chcę przyczynić się do zmiany sytuacji dzieci. Chcę, żeby miały lepsze wykształcenie i dostęp do materiałów szkolnych i żeby były lepiej socjalizowane.

Joy zgadzała się ze mną. Ona sama nie otrzymała właściwego wykształcenia, nawet podstawowych umiejętności takich jak czytanie, pisanie czy rachunki. Choć była inteligentna i miała zdolności organizacyjne, nie znała ortografii i nie umiała pisać gramatycznych zdań – dlatego miałam być jej sekretarką.

Ben był wspaniałym ojcem i dzieci go uwielbiały. Mimo różnicy poglądów ciężko pracował nie tylko na utrzymanie własnej rodziny, ale i dla komuny. Nie było w nim cienia egoizmu i bardzo go podziwiałam. Był jedyną osobą, z którą mogłam rozmawiać swobodnie, bez strachu przed represjami. Zaprzyjaźniliśmy się i nareszcie zaczęłam nazywać po imieniu uczucia, które od tak dawna w sobie tłumiłam. W tym czasie stało się już dla mnie jasne, że Królowa Maria jest taką samą „prorokinią" jak każdy inny przywódca sekty, przywłaszczający sobie tytuł, na który nie zasługuje.

Mój umysł otworzył się jeszcze bardziej, kiedy przez Dom przewinęło się dwoje gości. Pierwszym była Amana, która znała mnie jako dziecko w Indiach i Dubaju.

– Jak tam twoja mama? – spytała. – Mieszkałam z nią w Indiach. Gdzie teraz jest? – Amana przebywała na najbardziej odległych misjach i nie słyszała, że mama odeszła ze wspólnoty wiele lat temu. Powiedziałam jej, że nie jest już w Rodzinie.

– Bardzo ciepło wspominam twoją matkę. Straszliwie chorowała podczas wszystkich ciąż i ledwie dawała radę z gromadką dzieci, ale zawsze była wesoła. A tata był takim lekkoduchem, nigdy go nie było przy niej, w niczym nie pomagał.

Tydzień później Dom odwiedził pewien Włoch, który też znał mamę z Indii. I on nie miał pojęcia, że już nie należy di Rodziny. Długo rozwodził się nad tym, jaką była dobrą kobietą.

– Ale ten jej koszmarny Joshua – powiedział – był wiecznie wściekły i bardzo surowy dla dzieci. Nigdy go nie lubiłem.

Po raz pierwszy oglądałam drugą stronę medalu. Zawsze w głębi duszy wiedziałam, że historie opowiadane o mojej matce były oszczerczymi kłamstwami, ale to było potwierdzenie, którego potrzebowałam. Dowiedziałam się też, że Joshua mieszka jako pełnoprawny członek w komunie w Kenii i właśnie zapłodnił młodą Rumunkę. Jej przyjaciółka, dziewczyna z Bułgarii, mieszkała w naszym Domu – obie należały do rodziny ledwie od kilku lat – więc powiedziałam jej, kim był Joshua i jak maltretował moją siostrę. Jej przyjaciółka miała prawo przynajmniej znać przeszłość tego człowieka.

Byłam wściekła. Czułam się zdradzona. Jego ekskomunika w czasach procesu sądowego była tylko pokazówką. Napisałam dwa listy do taty, w których wyrzucałam mu, że Kristina i David tęsknili za ojcem i jak bardzo ich bolało, że najwyraźniej miał ich gdzieś. „To nie w porządku, że porzuciłeś ich na tyle lat", napisałam. Ale tata niezbyt się przejął. Postanowiłam, że postaram się zasypać przepaść, która dzieliła nas przez cały ten czas. Byliśmy rodziną i zasługiwaliśmy na to, żeby być razem.

Ostatnią kroplą było polecenie Światowej Posługi, by Dom trzymał się zasad – osoby spoza wspólnoty nie mogły już mieszkać w Domach Rodziny. Ben musiał się wyprowadzić i wynająć mieszkanie w mieście. Był zdruzgotany, a jego dzieci zrozpaczone. Nie miałam zamiaru brać udziału w czymś, z czym już się nie zgadzałam. Dotarło do mnie, że nigdy nie będę miała prawa do pełnej opieki nad córką, nie będę mogła jej chronić i decydować, co jest dla niej najlepsze, dopóki będę musiała być posłuszna samozwańczej Królowej i narzucanym mi arbitralnym zasadom. Powiedziałam Joy, że wyjeżdżam i napisałam maila do Kristiny, że chcę odejść z Rodziny. Podała mi swój numer telefonu; zadzwoniła, parę dni później. Odebrała mama.

– Tak się cieszę! – powiedziała. – Mogę zapytać, dlaczego chcesz odejść?

– Po prostu już się z nimi nie zgadzam. Wspólnota potrafi tylko rozbijać rodziny. Od dawna byłam nieszczęśliwa, a moja córka zasługuje na lepsze życie niż moje.

Trzy miesiące zajęło mi zbieranie pieniędzy na bilet autokarowy do Anglii. Joy ukradkiem dała mi 300 dolarów i choć doceniałam jej gest, ta suma nie wystarczała, żebym mogła stanąć na własnych nogach.

Kiedy nareszcie przyjechałam z Cherie na Victoria Station, wciąż brzmiały mi w uszach ostatnie słowa z maila od taty. „Żal mi ciebie. Co zrobisz jako samotna matka? Wylądujesz na ulicy z niczym". Te bezduszne słowa wzbudziły we mnie wściekłość. „Kiedy już unurzasz się w bagnie Systemu, zobaczysz, jak dobrze Ci było w Rodzinie". Nie zaproponował pomocy czy wsparcia; wyglądało to niemal, jakby życzył mi porażki. Jego protekcjonalne podejście obudziło we mnie tym większą determinację, by udowodnić mu, że się myli. Kiedyś takie słowa zmiażdżyłyby mnie, ale nie szukałam już aprobaty tatusia. Teraz sama byłam matką odpowiedzialną za własne dziecko.

Tata kompletnie wyparował mi z głowy, kiedy zobaczyłam Kristinę, Davida i mamę czekających na mnie na stacji. To było dziwne uczucie znów być z nimi. Choć ledwie się znaliśmy, ściskaliśmy się i całowali jak przyjaciele po długiej rozłące. Ostatni kawałek układanki, którego brakowało w moim sercu, nareszcie wskoczył na miejsce. Po raz pierwszy miałam pewność, że podążam we właściwym kierunku i tego uczucia nie dało się porównać z niczym. Była to najlepsza decyzja, jaką kiedykolwiek podjęłam.

Mama nie miała wiele – mały, czteropokojowy domek w Środkowej Anglii – ale oddała mi wolną sypialnię, dopóki nie znajdę czegoś dla siebie. Może nie był to najlepszy start, ale byłam wolna i czułam się, jakbym stała na szczycie świata!

Dwa i pół roku później, 11 stycznia 2005 roku, zalogowałam się na portalu internetowym, na którym eksczłonkowie Rodziny z drugiego pokolenia mogą się dzielić wspomnieniami i doświadczeniami z dzieciństwa we wspólnocie. Przez tę stronę odnalazłam przyjaciół, z którymi, jak sądziłam, na zawsze straciłam kontakt. Jednak tym razem przeczytałam szokujący biuletyn – Davidito popełnił morderstwo i samobójstwo. Raziło mnie to jak piorun. Poprzedniego piątku rozmawiałam z nim godzinę przez telefon. Ręce zaczęły mi się trząść i wybuchnęłam płaczem.

Ostatni raz widziałam jego i Elixcię w Portugalii, w Domu Mamy Marii. Nie licząc paru maili, które wymieniliśmy, ta rozmowa telefoniczna była naszą pierwszą od tamtego czasu.

Z początku opowiadaliśmy sobie, co u nas słychać. Powiedziałam mu, że studiuję psychologię i edukację na uniwersytecie, bo ten kierunek wydawał mi się pomocny w zrozumieniu fenomenu sekt.

– Dział z psychologii społecznej jest bardzo pomocny w zrozumieniu, jak potężnie konformizm w grupie i nieustanny nacisk wpływa na ludzkie zachowania – powiedziałam.

Pochwaliłam się, że mam własne mieszkanie, pierwsze w życiu, że mieszkam z córką i że Cherie lubi chodzić do szkoły.

– Dziwnie jest mieszkać samotnie, ale uwielbiam to, że mogę sama sobie robić zakupy i decydować o wystroju własnego domu.

Cieszył się, że dobrze sobie radzę. Powiedział, że od odejścia z Rodziny pracował na rybackim trawlerze, a potem jako elektryk. Chciał iść na studia, ale były za drogie. Przyznał się, że choć z całych sił stara się dopasować, nie potrafi zapomnieć o przeszłości.

– Kiedy zaprzyjaźniam się z ludźmi, pytają mnie, czy mam rodzinę i kim są moi rodzice. I co ja mam mówić?

Rozumiałam, co ma na myśli. Ja spotykałam się z tymi samymi trudnymi pytaniami.

Rozmawialiśmy długo i stawało się dla mnie coraz bardziej jasne, że Davidito cierpi. Opowiadał o torturach Mene, których był świadkiem jako dziesięcioletni chłopiec.

– Schodziłem do piwnicy i widziałem ją przywiązaną do łóżka z rozłożonymi rękami i nogami. Błagała mnie o pomoc, ale nic nie mogłem zrobić. Berg chodził na dół i molestował ją tam. – W jego głosie słyszałam narastający gniew.

– Mnie jest strasznie żal Techi – powiedziałam. – Kiedy byłam w Domu Mamy, niczego nie pragnęła, nie miała żadnych ambicji. Nie troszczyła się o wygląd, jej pokój był w strasznym stanie i zawsze wyglądała na zdołowaną.

Davidito roześmiał się gorzko.

– Żałuj, że jej nie widziałaś, zanim ją złamali. Tryskała życiem, była zupełnie inną osobą.

Potem mówił o *Serii Techi* i obwiniał matkę o zniszczenie jej umysłu. Powiedział mi też coś jeszcze bardziej szokującego. Ojciec dziecka Techi był nieznany; publicznie utrzymywała, że to jeden z dwóch starszych od niej nastolatków, ale jego zdaniem ojcem był najprawdopodobniej Frank, facet przed czterdziestką. Zaraz po przyjeździe do Domu Mamy poznałam Franka, ale wyjechał niedługo później.

– Największy gniew budzi we mnie to, że to nasza matka starała się trzymać ją w tej pułapce i kontrolować. Techi chciała wyjechać z Domu, bo nie było tam młodych ludzi, więc matka zaaranżowała jej randki z Frankiem. Ona miała ledwie szesnaście lat. A wiesz, co jest w tym najtrudniejsze do przełknięcia? Frank był moim przyjacielem. To wszystko jest popieprzone.

– Ludzie byli popychani do robienia rzeczy, których inaczej nigdy by nie zrobili – powiedziałam.

Davidito przyznał mi rację. Chciał pomóc Techi i jej synowi wyrwać się spod kontroli matki, ale wszelki kontakt między nimi został odcięty, kiedy opuścił Rodzinę. Nie był już bezradnym dzieckiem i czuł, że powinien naprawić krzywdy i pomścić fizyczne i psychiczne maltretowanie, jakie wycierpiały tysiące dzieci przez obłęd jego rodziców.

Powiedziałam mu, że napisałam zeznania, które zostały przekazane FBI i policji w Wielkiej Brytanii. Dokładnie opisałam akty przemocy i molestowania, które widziałam i których sama padłam ofiarą. Chciałam wesprzeć wysiłki w dążeniu do sprawiedliwości. Davidito był coraz bardziej zniechęcony. Trudności, jakie napotykaliśmy w postawieniu dręczycieli przed sądem i doprowadzeniu do wyroków skazujących, wydawały się nie do pokonania.

Członkowie sekty używali biblijnych imion, przez co trudno było ich zidentyfikować.

Wiele przestępstw miało miejsce w takich krajach jak Filipiny, Indie i Tajlandia, gdzie policja ma mizerne możliwości ścigania skomplikowanych przypadków molestowania. Często się przeprowadzaliśmy i rzadko znaliśmy adresy domów, w których mieszkaliśmy. W wielu krajach, na przykład w USA, istnieje prawo przedawnienia dla przestępstw seksualnych, a sekta zniszczyła niemal wszystkie obciążające dowody; kiedy w Anglii trwały procesy sądowe, kazano nam palić zdjęcia i osobiste listy.

Powiedziałam mu, że mimo tych przeszkód pozostaję optymistką: jeśli będziemy tworzyć jeden front i mówić prawdę, nasze głosy zostaną usłyszane. Davidito nie był przekonany.

– Naprawdę? Tak myślisz? – westchnął. – Ja po prostu nie mam już siły. Nie przetrwam kolejnego dnia. Próbowałem, tak bardzo się starałem, ale nie mogę… Po prostu chcę to już skończyć.

Nie umiałam znaleźć słów; rozpaczliwie chciałam pomóc mu zobaczyć, że warto żyć, i nie do końca wiedziałam, jak poważny jest jego zamiar popełnienia samobójstwa.

Ale jedno powiedział jasno: szukał matki. Była tak samo winna jak Mo. Widział, jak przyprowadzała dziewczęta do jego sypialni. To ona wymyśliła program dla Izolowanych Nastolatków, łącznie z torturami Mene. Chciał konfrontacji.

345

Jeśli wymiar sprawiedliwości nie zamierzał nic z tym zrobić, to on to zrobi.

– Ale to potrwa tak długo, a ja nie mam już energii, żeby przeżyć kolejny dzień – dodał.

– Twoje zeznania i to, co wiesz, są kluczowe dla wymierzenia sprawiedliwości. Nie zechciałbyś ich spisać? – zapytałam. – Jestem pewna, że znajdziemy sposób, żeby władze się o nich dowiedziały.

Zawahał się.

– Nie wiem. A może wideo? Nagram się na wideo, okej?

– Proszę cię – błagałam. – Pomyślisz o rozmowie z policją? Proszę, zadzwoń do mnie jeszcze. Zadzwonisz?

– Okej, pomyślę nad tym. I zadzwonię do ciebie jeszcze. Miło było z tobą porozmawiać. Cześć – powiedział i rozłączył się.

Byłam pewna, że jeszcze z nim porozmawiam, ale tak się nie stało. Tego wieczoru spotkał się z Angelą Smith alias Sue, która była portretowana nago z malutkim Daviditem w *Księdze Davidita*. Przez wiele lat była sekretarką i zauszniczką jego matki. Nim wieczór się skończył, zadźgał ją nożem i wpakował sobie kulę w głowę.

Płakałam – płakałam nad utraconym przyjacielem, nad niepotrzebnie zmarnowanym życiem i nad rozpaczą, jaką musiał czuć, skoro posunął się do czegoś takiego, by pokazać swój gniew matce, której nie mógł dosięgnąć. I nie on jeden popełnił samobójstwo. Byli też inni z naszego pokolenia, moi znajomi i współmieszkańcy, którzy nie byli w stanie żyć z takim bólem. Miesiąc po śmierci Davidita Juliana zawiadomiła mnie listownie, że zmarła nasza grecka siostra, Davida. Byłam zdruzgotana. Próbowałam zdobyć jej numer telefonu; chciałam skontaktować się z nią i zaprosić ją do Anglii, żeby poznała swoją rodzinę. Chciałam, by wiedziała, że nam na niej zależy, a teraz było już za późno.

Te śmierci dodały mi napędu. W połowie stycznia poleciałam do Kalifornii, żeby w telewizji ABC News opowiedzieć o Davidicie. Chciałam nagłośnić prawdę i powiedzieć, co go spotkało – jego, mnie i całe nasze pokolenie. Był to czas trudnych, gwałtownych emocji, ale stało się też coś, czego się nigdy nie spodziewałam. Kiedy weszłam do pokoju hotelowego, w którym czekała ekipa ABC News, przywitała mnie Armi, przyjaciółka z dzieciństwa. Ściskałyśmy się i rozmawiałyśmy ze sobą po raz pierwszy od piętnastu lat! Tego wieczoru spotkałam też Elixcię. Przyleciała z Waszyngtonu do San Diego, żeby udzielić wywiadu dla ABC News. Wciąż była rozbita emocjonalnie i zdruzgotana tragiczną śmiercią męża, często wybuchała płaczem.

Obejrzałam filmik Davidita, który nakręcił tuż przed swoją śmiercią. Wypłynął z niego cały gniew, wszystkie emocje tłumione od tak dawna. Słyszałam udrękę w jego głosie, kiedy mówił o braku sprawiedliwości. Wyznał, że od dawna chciał popełnić samobójstwo, już od czasu Szkolenia Nastolatków, i żałował, że w ogóle się urodził.

– Celem jest udupienie tych chorych popaprańców, Mamy i Petera. Moja własna matka! Ta podła pizda. Niech to szlag! Jak można robić coś takiego dzieciom? Jak można robić coś takiego dzieciom i spać w nocy? Nie wiem, kurwa.

Siedział na stole w swojej małej kuchni, wymachując pistoletem, który miał go zabić.

Pod koniec już płakałam. To było tak niepodobne do nieśmiałego chłopaka, którego znałam. Lepiej pojęłam jego gniew na matkę, kiedy Davida, córka Sary, opowiedziała swoją historię. Powiedziała, że leżała w łóżku z Mo, a obok Maria uprawiała seks z własnym synem. Rozumiałam, dlaczego Davidito sam nie był w stanie mówić o tym wprost. To by było zbyt upokarzające, zbyt bolesne. Jego wściekłość na matkę stała się jasna. Ona nie była tylko stojącym z boku gapiem. Sama molestowała dzieci.

Porozmawiałam z Elixcią o tym, co Davidito powiedział mi o Techi i Franku; potwierdziła, że o tym wiedziała. Zdobyłam adres mailowy Franka i napisałam do niego, prosząc, żeby wszystko wyznał i stawił czoło zarzutom. Nie odpisał. Zamiast tego zadzwonił spanikowany do Elixcii. Mieszkał teraz w Szwajcarii, miał nowe życie poza sektą, był biznesmenem i przyznał, że przeszłość by go zniszczyła. Nie potrafił tego zrobić.

Co za tchórz, pomyślałam.

Wielu jest takich, którzy starają się ukryć przed przeszłością, ale ran nie da się wyleczyć, dopóki nie zostaną odsłonięte i opatrzone. Znalazłam w sobie odwagę, by skonfrontować się z ojcem na temat wszystkiego, co nas rozdzieliło i powiedzieć mu to, co, moim zdaniem, powinien usłyszeć. Napisałam:

To nie jest dyskusja o Twoich motywach, tylko o Twoich czynach i ich wpływie na Twoje dzieci. Przez lata próbowałam mówić Ci, co czuję i co z pewnością czuły Twoje pozostałe dzieci, a Ty to zawsze bagatelizowałeś i wyśmiewałeś. Właśnie to w końcu doprowadziło do rozejścia się naszych dróg. Człowiekiem, który najbardziej podzielił naszą rodzinę, jesteś Ty. Próbowałeś mnie nastawiać przeciwko mojej matce, Davidowi i Kristinie, potem Julie przeciwko mnie, a teraz będziesz robił to samo z innymi swoimi dziećmi?

Tata kiedyś w rozmowie z mamą zaprzeczył, że w Rodzinie miały miejsce jakiekolwiek niewłaściwe zachowania seksualne wobec dzieci. Podważyłam jego słowa, mówiąc mu o swoim wspomnieniu, jak nakryłam go z Armi.

– Oczywiście nie tylko ty byłeś z Armi, ale brałeś udział w kolektywnym molestowaniu niewinnego dziecka. Nie sądzisz, że zasługuje na przeprosiny z twojej strony? A może nawet coś więcej?

W odpowiedzi na mój list ojciec wreszcie przyznał:

*Jest mi naprawdę ogromnie przykro, że musiałaś znosić obrzy-
dliwe spotkania w MPZ [Muzyce Pełnej Znaczenia], których
wspomnienia cię prześladują. Naprawdę nie miałem pojęcia,
że byłaś zmuszana do tych rzeczy przez Paula i innych. Mimo
to, jako Twój ojciec, byłem odpowiedzialny za opiekę nad
Tobą, powinienem był cię chronić, więc biorę na siebie winę,
że nie wiedziałem, co się dzieje. Wierzyłem, że jeśli między
dorosłymi i dziećmi rzeczywiście dochodzi do seksualnych
spotkań, to mają one łagodny charakter i polegają raczej
na przytulaniu, a nie na tym, co mi opisałaś – rzeczach tak
obrzydliwych, że nie chcę o nich nawet pisać. Tak, to było
absolutnie nie w porządku i chwała Bogu, że Rodzina już
wiele lat temu ustaliła surowe zasady, które położyły temu
kres. Ale ani ja, ani bez wątpienia wiele innych osób, nie
zdawało sobie w pełni sprawy, że ci, którzy mieli nieszczęście dorastać w Domach praktykujących takie ekscesy, wciąż
cierpią przez ich skutki, choć działo się to tak dawno temu.
Więc mogę powiedzieć tylko tyle: tak, naprawdę bardzo mi
przykro i proszę Cię o wybaczenie nie za to, co zrobiłem, ale
za to, czego nie zrobiłem, bo nie ochroniłem Cię wtedy i nie
wiedziałem, co się z Tobą dzieje.*

*Tak, masz rację. Spotkałem się z Armi. Nie pamiętałem o tym
aż do teraz. I nie pamiętam incydentu, który opisujesz, ale
pamiętam inny, w studiu. Pamiętam, że nie robiliśmy nic
wielkiego, i jak powiedziała sama Armi, nie narzucałem się
jej. To mógł nawet być jej pomysł, nie pamiętam. Ale wiem,
że nigdy nie miałem żadnych inklinacji, by robić te rzeczy.
I tamto spotkanie z Armi to był jedyny raz, nie licząc jeszcze jednej okazji, kiedy Mene chciała mieć ze mną randkę,
ale, o ile sobie przypominam, leżeliśmy tylko całkowicie
ubrani i rozmawialiśmy, bo naprawdę nie chciałem niczego
robić... Z ręką na sercu, sama myśl o dorosłych uprawiających seks z dziećmi jest dla mnie obrzydliwa i dlatego współ-
czuję Ci, że Twoje wspomnienia z dzieciństwa są zatrute*

tymi rzeczami, i naprawdę jest mi przykro, że do tego dopuściłem.

Uznaję, że mój ojciec ma wyrzuty sumienia, nie uważam jednak, że jego przeprosiny są wystarczające. On wciąż nie uznaje, że David Berg był pedofilem odpowiedzialnym za zniszczenie życia tak wielu dzieciom z naszego pokolenia. Ojciec sugeruje, że jedenastoletnie dziecko prosiło go o seks – jakby to usprawiedliwiało jego działania – kiedy to on był odpowiedzialnym dorosłym, który powinien zgłosić policji wszelkie seksualne kontakty między dorosłymi i dziećmi, a nie udawać, że nic nie widzi.

W tym liście napisał o wiele więcej, niż kiedykolwiek w przeszłości, ale jego przeprosiny były spóźnione o trzydzieści lat i niewystarczające. Rzeczywiście nie uważam, że mój ojciec jest czy był pedofilem, ale wciąż wspiera pieniędzmi i chroni przywódców, którzy podjudzali do molestowania. Niesłusznie przypisuje Rodzinie zasługę powstrzymania tego procederu – odmawiając własnej córce, Kristinie, uznania dla odwagi, jaką się wykazała, kiedy zaczęła mówić o tym głośno i ujawniła światu koszmar, który wycierpieliśmy. Dopiero to zmusiło Królową Marię i Petera do zmiany zasad. Ale pedofile wciąż są chronieni przez wspólnotę, a ofiary – dzieci Rodziny – były zastraszane i szkalowane.

Rozdział 26

Perła Afryki

Juliana

Pukanie do drzwi sypialni wyrwało mnie ze snu.
– Tak? – spytałam zaspana, patrząc na zegarek. Była trzecia nad ranem i na dworze szalała gwałtowna burza. Wśród grzmotów ledwie słyszałam głos mojej przyjaciółki Tiny proszącej mnie, żebym otworzyła drzwi. Miałam nawyk zamykania się nocą na klucz, tak na wszelki wypadek. Wstałam, żeby jej otworzyć. Czego mogła chcieć w środku nocy?

Miała przepraszającą minę. Za nią stało dwóch zamaskowanych mężczyzn z AK47 i maczetą. Kiedy tylko otworzyłam, lufa karabinu wycelowała w moją twarz.
– Ty! Wychodź, już! – rozkazał jeden z nich. Byłam w skąpej koszulce i szortach, ale nie miałam czasu narzucić na siebie szlafroka. Napastnicy zagonili nas do głównej sypialni, gdzie spał tata z dziećmi.

Zażądali pieniędzy, więc tata pokazał im walizkę pod łóżkiem, gdzie trzymał zaoszczędzone tysiąc dolarów. Otworzyli walizkę maczetą i znaleźli kopertę z pieniędzmi, ale rozgniewali się, kiedy wyciągnęli banknoty. Miejscowa waluta to mniej więcej tysiąc osiemset ugandyjskich szylingów za dolara. To oznacza całe pliki banknotów. W ich pojęciu kilka nowiutkich banknotów nie miało żadnej wartości.
– Gdzie są twoje pieniądze?! – krzyczeli wściekli.

– Nie mam więcej. Całą resztę trzymam w banku. Nikt nie trzyma dużych pieniędzy w domu – próbował im wyjaśnić tata.

Nie uwierzyli mu. Szef włamywaczy zagroził, że zgwałcą kobiety, jeśli im nie powiemy, gdzie są schowane pieniądze. Udałyśmy, że nie rozumiemy, więc rzucili się na tatę. Jeden z nich przycisnął go do ziemi, a drugi uniósł maczetę. Zagrozili, że odrąbią mu nogę, jeśli im nie powiemy, gdzie są pieniądze.

Kiedy ręka włamywacza uniosła się, żeby zadać pierwszy cios, tata krzyknął zdesperowany:

– Jezu, pomóż mi!

– Stać! Ja mam pieniądze! – krzyknęłam jednocześnie z tatą. Być może nasz wspólny krzyk przestraszył bandytę, bo zamarł na sekundę i powoli opuścił rękę.

– Co powiedziałaś?

– Nie musicie tego robić. Ja mam w pokoju trochę ugandyjskich szylingów.

Obietnica ugandyjskich pieniędzy była dla niego zrozumiała. Szybko poszwargotał ze wspólnikiem i rozdzielili się. Jeden został w pokoju z karabinem, na straży, a szef poszedł ze mną do pokoju po pieniądze. Dałam mu wszystkie swoje szylingi, warte co najwyżej dziesięć dolarów, ale liczba banknotów najwyraźniej go zadowoliła. Potem wywrócił pokój do góry nogami w poszukiwaniu wszystkiego, co miało jakąś wartość.

Zachęceni sukcesem zabrali pozostałe dwie kobiety do ich pokoi, żeby przeszukać ich rzeczy. Byli w domu już dwie godziny, zbliżał się świt. Pora była iść. Rozkazali nam rozejść się do naszych pokoi i położyć na łóżkach. Nikt z nas nie wyszedł od siebie przez pół godziny; nasłuchiwaliśmy, niepewni, czy naprawdę sobie poszli.

W końcu odważyliśmy się rozejrzeć po domu. Zabrali magnetowid, telefony komórkowe i wieżę. Nie mogliśmy uwierzyć w to, co nas spotkało. Wydawało się to nierealne. Bandyci nie znaleźli studia nagraniowego, gdzie był najbardziej kosztowny sprzęt; nie znaleźli też dwóch młodych mężczyzn śpiących w domu, co mogłoby być niebezpieczne. Ale najbardziej nieprawdopodobne było to, że nikomu z nas nie stała się krzywda. Znaliśmy wiele historii o ludziach pobitych niemal na śmierć, zgwałconych, a nawet zabitych podczas takich rabunków. My wyszliśmy z tego roztrzęsieni, ale poza tym nie spadł nam włos z głowy.

Nasza historia została opisana w jednym z biuletynów informacyjnych. Członkowie Rodziny z pewnością zastanawiali się, dlaczego Bóg na to pozwolił. Czy nie powinien chronić swoich misjonarzy? Pojawiło się proroctwo, że wszyscy byliśmy pozbawieni ducha i jedności, i dlatego Bóg wpuścił wroga między nas.

Ten potępiający artykuł bardzo nas zabolał. Narażaliśmy skórę, by głosić ewangelię, a gdy tylko coś poszło nie tak, wytknięto nas palcami jako zły przykład. W tej opresji byliśmy sami. Gdyby dobrze się nam powodziło, byłoby to dzięki Jezusowi działającemu poprzez Rodzinę, ale gdy działo się coś złego albo napotykaliśmy jakiekolwiek trudności, była to nasza wina.

Mniej więcej w tym czasie dostaliśmy maila, że moja siostra Davida zażywa tyle heroiny, że grozi jej to śmiercią. W ostatnim akcie desperacji jej matka, Sotiria, podjęła próbę kontaktu z tatą przez członków Rodziny w Grecji. Napisano nam, że Davida potrzebuje natychmiastowej pomocy, więc tata niechętnie postanowił spełnić swój obowiązek i sprawdzić, czy da się coś zrobić. Chciałam z nim jechać. Nie wiem, skąd miałam pewność, że potrafię jej pomóc skuteczniej niż nasz ojciec. Z mojego punktu widzenia był bezużyteczny. Do tej pory nie był dla niej ojcem – niby co mógł zrobić? Wyrwać ją ze szponów heroiny, nauczając ją o zbawczej miłości Jezusa? Udawać, że jest ojcem teraz, kiedy było już za późno? Dla mnie było oczywiste, sądząc po tym, do jakiego stanu się doprowadziła, że na to wszystko jest już za późno.

Pieniądze, które uzbierałam na bilet, zostały zrabowane. Jeśli chciałam jechać, musiałam skorzystać ze swojego „funduszu ucieczkowego" – pieniędzy, które wszyscy członkowie Rodziny mają trzymać na wypadek, gdyby musieli się ulotnić. Można je było wykorzystać tylko w nagłych wypadkach. Byłam tak zdeterminowana, że obiecałam Domowi odpracować te pieniądze.

Davida była utraconą siostrą, którą zawsze pragnęłam poznać. Miałam dziwną pewność, że jesteśmy w jakiś sposób związane i muszę jej pomóc. I rzeczywiście, od chwili, kiedy się poznałyśmy, byłyśmy nierozłączne, jakbyśmy wychowywały się razem przez całe życie. W ciągu dnia włóczyłyśmy się razem po Atenach, a w nocy dzieliłyśmy łóżko bez cienia skrępowania, jak syjamskie bliźniaczki.

Tata równie dobrze mógłby być meblem; zupełnie się nie liczył. Owszem, traktowali się grzecznie, nawet przyjaźnie, ale brak bliskości między ojcem a córką wręcz kłuł w oczy. Tym brakującym uczuciem obdarzyła mnie i przez krótki czas obie poczułyśmy, jakby to było dorastać razem z kochaną siostrą.

Sotiria to mnie dała kieszonkowe, bo nie ufała Davidzie i bała się, że pieniądze pójdą na kolejną działkę. Wszystkie wartościowe rzeczy zniknęły z mieszkania, sprzedane dla zdobycia szybkiej gotówki. Do tego wszystkiego zachęcał Davidę jej chłopak, Stavros, prawdziwy nicpoń, i ich nieubłagany nałóg. Jej matka musiała chować wszystkie pieniądze, jakie miała, ale ci dwoje i tak jakimś cudem je znajdowali. Sotiria wiecznie miała problem z pieniędzmi; wszystko, co zarobiła w szpitalu, pożerała heroina.

Dwa tygodnie po przyjeździe tata uznał, że pora wracać do domu. Niewiele zdziałał tą wizytą. Nie udało mu się porozumieć z córką, stworzyć jakiejkolwiek więzi. Ale ja nie byłam gotowa wracać i siostra błagała mnie, żebym nie wyjeżdżała, więc zostałam jeszcze dwa miesiące.

Któregoś dnia pojechałyśmy do centrum Aten. Postanowiłam zrobić sobie tatuaż na pamiątkę Grecji i siostry. Zostawiła mnie w salonie, mówiąc, że idzie na kawę i wróci za dwie godziny. Nieuważnie skinęłam głową, zajęta studiowaniem albumu z projektami.

Wykończenie starożytnego, ozdobnego sztyletu, który wyglądał, jakby był wbity w moje ciało, zajęło artyście trzy godziny. Umieściłam go w miejscu, które zwykle pozostawało zakryte. Rodzina nie pochwalała tatuaży, ale nie było oficjalnego zakazu. To był mój potajemny bunt.

Kiedy wyszłam z salonu, siostry nigdzie nie było. Czekałam na ulicy ponad godzinę. Robiło się już ciemno, gdy nareszcie wróciła, kompletnie naćpana. Byłam wściekła, że mnie okłamała. Zorientowała się, że jestem zła.

– Julie, *agape mor*, przepraszam. Nie mogłam się powstrzymać. Spotkałam przyjaciół i nie chcieli mnie puścić, dopóki nie wezmę. – Uczepiła się mojej ręki, błagając o wybaczenie. – Ale to nie była heroina, przysięgam. To była tylko koka. Proszę, nie mów mamie.

Nie powiedziałam, bo to by w niczym nie pomogło. Davida się trzęsła, więc zdjęłam szal i opatuliłam ją. Wiedziałam, że dopóki pozostanie w Atenach, wszędzie dookoła będą narkotyki, a nie była dość silna, żeby się im oprzeć. Błagałam ją, żeby pojechała ze mną do Afryki. Chciałam urządzić ją w jakimś mieszkaniu i zbierać dla niej pieniądze na życie, dopóki nie dojdzie do siebie i nie znajdzie pracy.

Czas, jaki członek Rodziny mógł spędzić poza komuną, był ograniczony do trzech miesięcy. Tata napisał do mnie, że kończy się mój limit. Sotiria i Davida błagały mnie, zebym została, a ja błagałam Davidę, żeby jechała ze mną. Chciały, żebym odeszła ze wspólnoty, ale w tamtym czasie taka możliwość nawet nie przechodziła mi przez myśl. Chciałam zostać z siostrą, ale zasady nakazywały mi jechać. W moim sercu trwała wojna. W końcu poleciałam, zostawiając Sotirii ostatnie dwieście dolarów na bilet dla Davidy, gdyby jednak zdecydowała się do mnie dołączyć.

Kiedy już wróciłam do kieratu komuny, tata przekazał mi niespodziewaną nowinę:

— Kochanie, Celeste napisała, że postanowiła odejść z Rodziny. — Był zrozpaczony. Celeste zawsze była jego ulubionym dzieckiem, jego oczkiem w głowie. Ta wiadomość zatrzęsła nim w posadach.

Byłam zaskoczona.

— A napisała dlaczego? To trochę dziwne, że zdecydowała się odejść niemal natychmiast po wyjściu z Domu Królowej Marii. Może w Światowej Posłudze nie wszystko jest jak należy.

— Tak, też się nad tym zastanawiam. — Widziałam, że ma wątpliwości. Cokolwiek zrobiła Celeste, w jego oczach nie mogła postąpić źle, więc może w czasie pobytu widziała coś, co przyczyniło się do tej decyzji.

Kilka dni później Celeste napisała osobiście do mnie. Wyjaśniła ogólnikowo, że podjęła taką decyzję, bo nie zgadza się już z niektórymi przekonaniami Rodziny i nie chce w niej wychowywać dziecka. Chciałam znać szczegóły. Chciałam wiedzieć dokładnie, co doprowadziło moją siostrę do takiego kroku. Miałam dwadzieścia jeden lat i moim zdaniem zasługiwałam na to, by wiedzieć. Napisałam do niej:

W zasadzie pytam o to, bo ostatnio podsumowuję swoje życie, i to, co właściwie robię i osiągam, i tutaj, i ogólnie w Rodzinie. Ale kiedy czytałam Twój list, a przede wszystkim to, że trzeba być „w pełni przekonanym, z całą świadomością", zdałam sobie sprawę, że nie jestem. I to już od jakiegoś czasu. Kiedy mówiłam, że jesteś „najsilniejsza" z nas wszystkich, miałam na myśli to, że jesteś najgłębiej zaangażowana w Rodzinę, jako że byłaś w ŚP i tak dalej. Więc skoro Ty stwierdziłaś, że coś jest nie tak, to naprawdę zaczynam się zastanawiać, czy nie jestem „głupią owcą" wodzoną za nos.

Właściwie już od tak dawna jest mi smutno, że siłą rzeczy powinnam spojrzeć na wszystko z szerszej perspektywy i zacząć się zastanawiać: dlaczego? Więc zrobiłam to i przekonałam się, że całe moje życie to jedno wielkie usiłowanie wmówienia sobie, że żyję dla szlachetnej sprawy. Ale okłamywałam się, i stąd to rozczarowanie, zniechęcenie i marazm.

Chcę zrobić coś ze swoim życiem… z którego jestem dumna… Nie mam zielonego pojęcia, co robić… Nie widzę żadnych możliwości, żeby coś zacząć, nie wiem nawet, jak zacząć, i nagle czuję się bezradna, i to jest frustrujące. Siedzę jak w jakiejś mgle, więc posiedzę jeszcze trochę, dopóki mgła się nie przetrze i nie zobaczę przed sobą drogi. Mam tylko nadzieję, że to nastąpi niedługo, bo jeszcze gorsze jest siedzenie tutaj, w miejscu, gdzie absolutnie nie chcę już być.

Celeste była zajęta układaniem sobie nowego życia i po jej odejściu nasz kontakt stał się bardzo sporadyczny. Wcześniejsze wątpliwości taty zastąpiła zdwojona żarliwość w obronie Rodziny. Według niego to było nieuniknione, że następuje odsiew tych, którzy nie są całkowicie oddani sprawie.

– Musimy się po prostu modlić za Celeste – powiedział. – Wróci, kiedy się przekona, o ile gorzej jest w Systemie! – Ale ja wiedziałam, że moja siostra nie odeszłaby bez ważnego powodu. Biłam się z myślami; myślałam o odejściu, ale lęk przed nieznanym, przed tym, czy w ogóle przetrwam, trzymał mnie na miejscu. Odpędzałam więc od siebie wątpliwości i funkcjonowałam na autopilocie.

Któregoś dnia Kingdom wybuchnął płaczem i nie chciał przestać. Jego matka się martwiła, ale on chciał rozmawiać tylko z tatą. W końcu tata zdołał wydobyć z niego całą straszną historię. King nie spał podczas nocnego napadu i był świadkiem całego tego koszmaru. Przeraziło go to. Nie rozumiał, dlaczego Jezus o mało nie pozwolił porąbać taty maczetą. Mój mały brat był bardzo nieszczęśliwy. Przez cały czas siedział w czterech ścianach, a jego życie składało się z lekcji, sprzątania i Czasu Słowa. Czuł, że do niczego się nie nadaje, a przede wszystkim czuł się niekochany i niedoceniany. Brakowało mu wyzwań. W jego głowie przełożyło się to na przekonanie, że nie ma po co żyć. Widział w ogrodzie maczetę i wpadł na przerażający pomysł, żeby użyć jej na sobie. Miał dopiero dziesięć lat.

Kiedy tata opisał tę sytuację Radzie Domu, wszyscy byli w szoku. Sunshine się rozpłakała. Dla mnie było to jak cios pięścią w brzuch. Rozumiałam, co czuje King, ale byłam zdumiona, że doświadcza takich emocji w tak młodym wieku. Zdałam sobie sprawę, że mój mały braciszek znosił swoje smutki w milczeniu i nigdy nie wyrażał na głos swoich myśli. I on, i jego siostra, Shirley, byli cichymi, wycofanymi, zahukanymi dziećmi. Bardzo wcześnie nauczyli się, że podnoszenie głosu tylko ściąga na nich kłopoty. Nigdy nie wiedziałam, co się dzieje w ich głowach, i dopiero w tej chwili dostrzegłam rozpacz, której doświadczali.

Od czasu napadu już nie było tak samo i dom przyprawiał wszystkich o gęsią skórkę, więc znów się przeprowadziliśmy. Wiecznie mieliśmy problem ze zdobyciem pieniędzy na życie. Nasza firma, RadioAktywnie, nagrywała muzykę i audycje radiowe za darmo. To był element naszego „dawania świadectwa", głoszenia słowa Davida, ale choć powinno zapewnić trochę dochodu, pieniędzy nie starczało nawet na rachunki. Tata próbował odzyskać pozycję radiowej gwiazdy, ale nie byliśmy w stanie nawet sprzedawać audycji. W biednym afrykańskim kraju nikt nie chciał nadawać naszych programów, chyba że były za darmo.

Zwykle wiązaliśmy koniec z końcem dzięki temu, że krążyliśmy po miejscowych firmach i prosiliśmy o datki. Nie
byłam dumna z żebraniny dla Chrystusa. Rodzina nazywała to „aprowizacją", ale tak naprawdę była to tylko jeszcze
jedna forma żebrania. My, uprzywilejowani biali ludzie, że-
braliśmy o pomoc, choć to my powinniśmy pomagać. Wydawało mi się absolutnie nie w porządku prosić o jedzenie
i ubranie w Afryce, gdzie przeciętny obywatel żyje za mniej
niż dwadzieścia dolarów na miesiąc. Z naszym telewizorem,
ładnymi meblami i dużym dwupiętrowym domem byliśmy
bogaczami dla przeciętnego mieszkańca chaty z błota. Byłam
tego boleśnie świadoma, kiedy ludzie przychodzili do nas
studiować Biblię. Któż nie chciałby przystąpić do Rodziny,
jeśli mógł żyć jak bogacz, a w zamian musiał tylko przyjąć
parę dziwnych wierzeń?

Od czasu do czasu jakiś supermarket czy firma miał nad-
wyżkę przeterminowanych albo uszkodzonych towarów,
które przekazywano nam na cele dobroczynne. Mieliśmy
być centrum dystrybucyjnym, tyle że zwykle zatrzymywali-
śmy większość podarowanych dóbr dla siebie, a to, co nie
było dość dobre dla nas, było dystrybuowane po sierociń-
cach i biednych dzielnicach. To się nazywało PoB – „Pomyśl
o Biednych". Podczas tych akcji PoB, kiedy rozdawaliśmy
dary, jedno z nas chodziło za resztą z aparatem. Pozowaliśmy
z Afrykańczykami odbierającymi przeterminowane jedzenie
z naszych dobroczynnych rąk. Zdjęcia te były wykorzystywane w comiesięcznym biuletynie, który rozprowadzaliśmy,
by uzyskać wsparcie dla nas samych.

Pogardzałam całą tą koncepcją pozowania do zdjęć. Wydawała mi się sztuczna i poniżająca dla biednych miejscowych i zastanawiałam się, co oni o tym myślą. Ale żebracy
nie wybrzydzają, a sądząc po tym, w jakim byli stanie, mieli to wszystko gdzieś; byli po prostu wdzięczni, że w ogóle cokolwiek dostają. To dręczyło mnie jeszcze bardziej.

Wykorzystywaliśmy ich biedę do własnych celów – żeby wspierające dobroczynność firmy dawały nam tym więcej towarów, które braliśmy dla siebie, a potrzebującym wydzielaliśmy tylko najgorsze śmieci.

I bezczelnie nazywaliśmy się misjonarzami.

Ale co innego mieliśmy robić? Większość misjonarzy jest wspierana przez bazową organizację. W Rodzinie było odwrotnie. To my, misjonarze, utrzymywaliśmy bazę. Staraliśmy się więc przetrwać, jak się dało – zbierając datki dzięki pozowaniu do zdjęć. Nie mogliśmy sprzedawać rodzinnych czasopism, książek i nagrań wideo, bo większość ludzi była tu zbyt biedna, żeby sobie na nie pozwolić, a ta niewielka ilość, którą udawało się sprzedać, była kroplą w morzu.

Siedemnaście procent naszych dochodów obowiązkowo szło do Światowej Posługi. Jedliśmy głównie fasolę, soczewicę, ryż i tanie mięso. Porcje były skąpe. Wiecznie mieliśmy problem z płaceniem rachunków. Mieszkanie w Ugandzie nie jest tanie. Zwykle ledwie mieściliśmy się w budżecie, z którego nic nie zostawało. Potem Królowa Maria wypuściła list pod tytułem *Dary*, w którym pisała, że Bóg nie jest zadowolony z faktu, iż komuny oddają Światowej Posłudze tylko absolutne minimum i nie mogą się spodziewać Jego finansowego błogosławieństwa, o ile nie zaczną łaskawie wpłacać więcej niż ustalona kwota. Do tego jeśli któryś Dom nie wypełnia wszystkich Nowych Działań Ducha albo hołubi u siebie grzech, Bóg będzie zmuszony wyrzucić mieszkańców na śmietnik.

Po tym liście wszyscy na cotygodniowym zebraniu Rady Domu posłusznie zagłosowali za podniesieniem daniny do dwudziestu pięciu procent. Gotowałam się ze złości, kiedy przyszło do głosowania, i tylko ja jedna podniosłam rękę przeciwko tej uchwale. Posyłaliśmy więc jedną czwartą dochodów naszego Domu do Światowej Posługi w nadziei, że wkupimy się tym w łaski Wszechmogącego. Potem zaglądaliśmy głęboko w nasze dusze, by się upewnić, że nie ma w nich grzechu, który dostrzegłoby Wszystkowidzące Oko, a w końcu z jeszcze większą gorliwością wchłanialiśmy złote nasienie naszego duchowego Męża.

Może okoliczności i pora nie były odpowiednie, a może winna była moja niechęć do pieprzenia się ze Zbawicielem, ale gwałtowny przypływ gotówki, na który mieliśmy nadzieję, nigdy nie nadszedł.

Kilka miesięcy później pojechałam z Tiną w podróż do Stanów. Odwiedziłyśmy tam Dom Fundacji Rodzinnej Troski w Kalifornii, rodzinną instytucję charytatywną, przez którą przepuszczane są dziesięciny i darowizny dla uzyskania odpisów podatkowych. Byłam w szoku, kiedy zajechałyśmy do tego pałacu. Mieli ogromną posiadłość. Jedli dobre jedzenie, żyli bogato i mieli dość pieniędzy, żeby jeździć na wakacje do domu letniskowego w Meksyku. Dość mocno kontrastowało to z ledwie zipiącymi Domami w Afryce, które jadły soczewicę i fasolę i ledwie wyrabiały na czynsz.

Wróciłam ze Stanów pozbawiona złudzeń. I choć fajnie było zobaczyć innych młodych członków Rodziny, niektóre doświadczenia z podróży leżały mi na żołądku i dawały paliwo do przemyśleń. Rodzina zmieniła się drastycznie od czasów mojego dzieciństwa. Nie było już tresowania nowego pokolenia poprzez surową dyscyplinę i obozową musztrę; nowoczesna Rodzina nowego milenium była cool. Młodzi ludzie modnie się ubierali, jeździli na koncerty rodzinnej muzyki nazywane Wordstock i na wielkie zloty, a wszystko to miało na celu zaszczepianie doktryn Rodziny w fajny sposób.

Zdałam sobie sprawę, że dzisiejsze drugie pokolenie składało się z niemal samych dzieciaków; zostało bardzo niewiele osób w moim wieku i starszych. Z całej Szkoły Niebiańskiego

Miasta, w której wychowywała się ponad setka młodzieży, w rodzinie pozostało chyba z pięć osób, o których wiedziałam. Oszacowałam, że drugie pokolenie liczy w tej chwili zaledwie około 2000 młodych ludzi. Z tego przynajmniej połowa miała poniżej dwudziestu lat, co oznaczało, że byli zbyt młodzi, by pamiętać cokolwiek z przeszłości. A więc w Rodzinie pozostało około 1000 osób w moim wieku i starszych. Przez wspólnotę przewinęło się 36 000 członków. Jeśli nawet tylko jedna trzecia z nich nalczała do nowego pokolenia, to, średnio licząc, w rodzinie pozostała mniej niż jedna dziesiąta.

W czasach procesów sądowych zniszczono wszystkie obciążające listy i nie pozostał żaden ślad mrocznej przeszłości Rodziny – pozostały tylko wspomnienia tych, którzy ją przeżyli. Większość młodych ludzi wypisujących zwierzenia na internetowych stronach Rodziny miała poniżej dwudziestki i nie pamiętała trudnych czasów. Zastanawiałam się, jakim cudem mogli twierdzić, że Rodzina jest najlepszym miejscem na świecie, skoro nie znali niczego innego.

Królowa Maria zaczęła wypuszczać listy, w których twierdziła, że każdy, kto odszedł, może być pod wpływem diabła, i przedstawiała przesadzone historie. Zaczęła się kampania oczerniania wszystkich młodych eksczłonków, którzy odważyli się głośno mówić o krzywdach, jakich doświadczyli, albo domagali się wyjaśnień i przeprosin. Maria twierdziła, że za wszelkie przejawy dręczenia, jakie mogły mieć miejsce w przeszłości, dawno już przeproszono i tylko garstka apostatów krzykaczy, którzy zawzięli się zniszczyć Rodzinę i przerwać zbożne dzieło, rozsiewa kłamstwa. To mnie gniewało, bo wiedziałam, że te rzeczy działy się na większą skalę, niż przyznawała Maria. Przeszłam przez cztery rodzinne Obozy Szkoleniowe na całym świecie i byłam świadkiem powszechnych praktyk maltretowania dzieci. To nie była wina młodszego pokolenia, że wierzyli Marii. Nie mieli wspomnień z tamtych czasów. Byli zbyt mali albo nie było ich jeszcze na świecie. Powiedziałam to któregoś dnia, kiedy czytaliśmy jeden z tych listów w trakcie Czasu Słowa.

– Przecież to się działo! – upierałam się. Wiedziałam, że będę miała kłopoty za odmienne zdanie, ale osiągnęłam już punkt, kiedy było mi wszystko jedno. Mogli mi wlepić najgorsze kary, ale miałam dość milczenia. – Dobrze to pamiętam. To spotykało mnie. Spotykało moje siostry, moją rodzinę, przyjaciół! Historia została napisana od nowa!

Kiedy Celeste wyjechała z Ugandy, do Domu dołączyła matka Tiny, Keda. Przez wiele lat piastowała wysokie kierownicze stanowisko i wciąż była na liście płac Światowej Posługi; co miesiąc dostawała pensję. Wzięła na siebie obowiązki pasterki domu i tata ugiął się pod jej naciskiem jak małe jagniątko. Keda miała niezwykłą zdolność wykrywania potencjalnych buntowników. Skarciła mnie za moje wybuchy i stwierdziła, że potrzebuję modlitwy o zbawienie od goryczy. Zrobiłam, co mi kazano, ale nie mogłam wyprzeć się wspomnień.

Zaczęłam bardziej regularnie korespondować z Celeste. Teraz bardziej niż kiedykolwiek chciałam poznać jej poglądy, a nie tylko jednostronny obraz, którym karmiła mnie wspólnota. Wątpliwości, które wyrażałam, zaalarmowały tatę. Wziął mnie na rozmowę i zapytał, czy pisuję do Celeste.

– Od czasu do czasu pisze, co u niej słychać – odparłam.

– Myślę, że powinnaś ograniczyć wszelki kontakt – stwierdził tata.

– Co? Dlaczego? – Doskonale wiedziałam dlaczego.

W rodzinnym czasopiśmie ukazał się artykuł o Celeste i jej życiu we wspólnocie. Teraz była opętana przez Vandari, wysysającego krew demona pasożyta. Przeszła na ciemną stronę.

Tata nie chciał mieć z nią nic wspólnego i ja też nie powinnam. Byłam zszokowana tym bezdusznym wyparciem się własnego dziecka, które nie podzielało już wierzeń Rodziny.

– Nie przestanę pisać do siostry, tato. Nie martw się, to będą pozytywne listy, będę jej pisać o tym, jak dajemy świadectwo.

Wiedziałam, że to chwilowo zadowoli tatę i utnie temat, choć nie przestał sprawdzać mnie od czasu do czasu. Zdałam sobie sprawę, że wszystko, co mówię, może zostać przekręcone i użyte przeciw Celeste. To mnie wkurzało. Miałam własny działający mózg. Dlaczego nie mogłam być odpowiedzialna za własne wątpliwości? Dlaczego tata musiał winić o nie moją siostrę?

Rozdział 27

Nareszcie wolna

Juliana

Coś wreszcie we mnie pękło. Świadomość głupoty tego wszystkiego uderzyła mnie w twarz jak powiew odświeżającego wiatru. Po tym nie było już powrotu.

Klatka, w której siedziałam, zaczęła mnie uwierać, byłam skurczona jak klaustrofobik uwięziony w za ciasnym świecie. Siedziałam w więzieniu z niewidzialnymi kratami. W więzieniu umysłu. Chwilami ogarniała mnie desperacja i panika; wtedy byłam pewna, że albo zwariuję, albo eksploduję.

Mimo niekończących się prób zmienienia mnie w idealną dziewczynkę Rodziny nigdy nie udało im się dostać do mojej głowy, miejsca, do którego często uciekałam, kryjówki odkrytej przypadkiem w dzieciństwie, gdzie nikt nie mógł mnie tknąć. Ukryłam w tajemnym schowku siebie, niewinne dziecko, i trzymałam je tam w nieskończoność, bezpieczne przed biciem, upokorzeniem i samotnością.

Po jakimś czasie całkiem zapomniałam o jego istnieniu. Kłódka zarosła czasem i latami, aż trudno było dostrzec, że w ogóle były tam drzwi. W końcu ta mała dziewczynka zmęczyła się siedzeniem w kryjówce i zaczęła pukać do drzwi. Słyszałam ten łomot od czasu do czasu w gorączkowym biciu własnego serca. Znajomy głos wołał mnie, błagając o uwolnienie, ale ja nie pamiętałam, skąd dobiega.

Wreszcie, któregoś pamiętnego dnia, dziecko przebiło się przez drzwi. Rozpoznałam mały kawałeczek swojej tożsamości, ale z tej wewnętrznej komnaty wyłoniła się wycieńczona istotka.

– Dlaczego mnie zostawiłaś? – pytały mnie w lustrze jej znękane oczy.

– Chciałam cię chronić.

– Przed czym?

– Przed bólem.

– Więc zostaw go za sobą. – Jej odpowiedź była tak prosta, że nie miałam pojęcia, dlaczego wcześniej na to nie wpadłam.

– Zostawię.

I zostawiłam.

Zaczęłam od podróży do Europy na zjazd rodzinny; krewni i dziadkowie ze strony mamy umówili się w Portugalii. Po drodze postanowiłam odwiedzić Celeste i resztę rodzeństwa w Anglii, którą ledwie znałam. Ojciec sprzeciwiał się tej wizycie, argumentując, że siostry przeciągną mnie na ciemną stronę. Te odwiedziny były punktem zwrotnym, ale na którą „stronę" było kwestią punktu widzenia.

W lipcu 2004 roku znalazłam się w przytulnym mieszkaniu Celeste w Środkowej Anglii. Przekazałam jej nowiny z Afryki i od taty. Potem poszłyśmy w odwiedziny do siostry, której nie spotkałam nigdy wcześniej. Kiedy weszłam do domu Kristiny, przywitała mnie potężnym uściskiem. Okazało się, że moja zgorzkniała, mściwa, opętana przez Vandari siostra jest piękną osobą, na zewnątrz i wewnątrz. Wtedy zrozumiałam powiedzenie „krew nie woda". Nawet najbardziej zajadłe odczłowieczanie i demonizowanie mojej prawdziwej rodziny nie mogło zmniejszyć mojej sympatii ani utrzymać mnie z daleka. W głębi duszy wiedziałam, że to nie jest prawda, i nie była.

A jednak ta część mnie, której prano mózg i którą zmuszano do sekciarskiego sposobu myślenia, spróbowała jeszcze raz wydostać się na powierzchnię. Celeste, Kristina i ja poszłyśmy do klubu i zaczęłyśmy rozmawiać, przekrzykując głośną muzykę. Rozmowa nieuchronnie zeszła na Rodzinę. Kristina zaczęła mówić o wyrządzonym złu, szczególnie przez Marię i Mo.

Nagle głos znikąd wrzasnął: Vandari, Vandari, Vandari! Nie słuchaj! I w mojej głowie pojawił się obraz stworzenia ociekającego krwią z każdego otworu na twarzy. Przeraził mnie. Czy naprawdę byłam tak wytresowana, że wyobrażałam sobie siostrę jako krwiożerczego demona z zaświatów? W przypływie obrzydzenia zrozumiałam, co jest prawdziwym złem. Prawdziwym potworem jest każda wspólnota, która w taki sposób próbuje dzielić rodziny, a nie odwrotnie.

Z tego miejsca nie było już odwrotu. Pojechałam na rodzinny zjazd w Portugalii z podjętą decyzją. Nie wrócę do taty... do Rodziny.

Na południu Portugalii znów spotkałam mojego brata Victora i siostry, Marianę i Lily. Victor odszedł z Rodziny i chciałam z nim o tym porozmawiać. Miał poważny wypadek samochodowy w Senegalu i o mało nie zginął. Kiedy obudził się ze śpiączki, zaczął się poważnie zastanawiać nad życiem i tym, co chciał osiągnąć, bo zrozumiał, jak niewiele mamy czasu na ziemi.

– Kiedy leżałem w śpiączce – powiedział mi – nie było nic. Żadnej alternatywnej rzeczywistości, żadnego świata duchowego, jak mi wmawiano. Tylko czerń. Wtedy zrozumiałem, że Boga nie ma.

Codziennie chodziłam na pusty koniec plaży i siedziałam tam godzinami, myśląc. Pieniste fale rozbijające się o brzeg i wiatr targający mi włosy działały kojąco, choć w głowie miałam zamęt. Mózg mi się zmęczył od prób zanalizowania obcych mi idei, których do tej pory nie chciałam przyjąć. Otworzyłam puszkę Pandory i nie mogłam jej już zamknąć.

Pozwalałam więc myślom krążyć w kółko i w kółko, aż byłam tym kompletnie wykończona; myślałam, że zwariuję.

To trudne, obudzić się i zdać sobie sprawę, że całe życie przeżyło się w cudzym kłamstwie; że zabraniano ci przeżywać własne marzenia, by móc podtrzymywać wariackie majaki jednego człowieka. To jak wierzyć, że urodziłeś się ślepy, bo od urodzenia miałeś opaskę na oczach. A kiedy nagle zaczynasz widzieć, nie umiesz zrozumieć tego, co widzisz.

W Portugalii powiedziałam mamie, że postanowiłam odejść z Rodziny. Ubłagała mnie, żebym spróbowała jeszcze przez sześć miesięcy; jeśli nic się nie zmieni, zaakceptuje mój wybór. Po długim zastanowieniu zdecydowałam, że wrócę do Ugandy, i obiecałam mamie, że zostanę jeszcze przez pół roku. Jeśli miałam odejść, nie miałam zamiaru robić tego jak tchórz. Martwiłam się też, że zostawię tam moich małych braci i siostrę. Chciałam mieć na nich oko i pomóc im utrzymać kontakt z rodzoną rodziną i światem zewnętrznym.

Podczas tych miesięcy robiłam wszystko zgodnie z zasadami, ale już nie wkładałam w to serca. Przemyślałam każde fundamentalne wierzenie Rodziny. Przeczytałam każdy list napisany przez Mo na temat najbardziej kontrowersyjnych doktryn i przejrzałam całą Biblię, szukając tych samych tematów. Odkryłam parę szokujących prawd. Każdy może przekręcić Pismo dla własnych celów. Na każdy werset, którego Rodzina używała do uzasadnienia którejś z doktryn, przypadały cztery, które je podważały.

Zrozumiałam, że wychowywałam się, patrząc z niewłaściwej strony lustra. Jak Alicja w Krainie Czarów żyłam w zniekształconej rzeczywistości, w dziwacznym świecie do góry nogami, który nie miał sensu. Byłam poszukiwaczką prawdy, która wyruszyła w podróż ku oświeceniu. Zaczęłam z otwartym umysłem, skończyłam z zamkniętym. Zamkniętym na cztery spusty przed wierzeniami, które jak mi wmawiano, były boską prawdą, prawdą Mo.

Moje życie było szeregiem okratowanych bram i ta podróż otworzyła je, jedną po drugiej, aż rozpostarł się przede mną szeroki horyzont nieskończonych możliwości. Stałam na krawędzi wyzwolenia, ale potwornie bałam się skoczyć. Potrzebowałam, by ktoś popchnął mnie do skoku.

Popchnął mnie Davidito.

Tego ranka, kiedy zwołano nas, by ogłosić pilne, ogólnorodzinne obwieszczenie, wszyscy wyczuwaliśmy, że stało się coś bardzo złego. Odczytano wiadomość, że Davidito zabił Angelę Smith, a potem sam strzelił sobie w głowę. Tuż przed śmiercią nagrał filmik wideo, ale nikt z nas nie wiedział, co w nim było.

Cały pokój, zszokowany, zamilkł, jak makiem zasiał. Wiadomość mówiła, że Davidito wpuścił Szatana do swojego umysłu i przeszedł na ciemną stronę, ale pojawiły się też pocieszające proroctwa. Teraz, kiedy Davidito przeniósł się w zaświaty, zrozumiał, jak bardzo się mylił i ogromnie tego żałował. Zdradził swoje dziedzictwo. W Domu pół drogi do Nieba płakał skruszony i wybaczył mu nie tylko Jezus, ale nawet Angela.

Nikt się nie ruszył. Davidito od dnia swoich narodzin w Domu Królewskim był gloryfikowany jako mały książę. Wszyscy dorastaliśmy, patrząc na niego jak w jasną gwiazdę. Ta tragedia zszokowała całą Rodzinę.

To było tak niespodziewane i niepokojące, że nagle wszyscy zaczęli mówić, by wyrazić swoje wzburzenie. Ja milczałam, bo mówienie w takiej chwili byłoby okazaniem braku szacunku, a ja nie miałam zamiaru tego robić. Od „proroctw" skręcił mi się żołądek i zachciało mi się wymiotować.

– To jest poważna sprawa! Duchowa wojna przybiera na sile. Wróg zaczyna wytaczać najgrubsze działa.

– To tylko pokazuje, że nawet ktoś tak bliski Dziadkowi jak Davidito może upaść i dać się opętać.

– Jeśli to spotkało jego, tym bardziej może spotkać nas.

Byłam zdumiona i wściekła. Jakby pluli na jego grób. Po dziesięciu minutach nie mogłam tego dłużej znieść i odezwałam się.

– Nie uważacie, że coś musiało być bardzo nie w porządku, by doprowadzić kogoś do tak drastycznego kroku? – Wszyscy odwrócili się i spojrzeli na mnie. – Człowiek naprawdę musi być mocno zdesperowany, by osiągnąć taki punkt, kiedy czuje, że jedynym wyjściem jest śmierć. Davidito był zupełnie normalnym, dobrym człowiekiem. Ludzie nie pękają tak bez powodu.

– Nie, Julie! Masz rację, tak się nie dzieje – przerwała mi Keda. – To jest doskonały przykład, w jaki sposób Szatan potrafi zmienić zupełnie normalnego człowieka w mordercę.

Wyszłam z pokoju, zanim gniew wziął nade mną górę. Gniew na zadufane założenie Rodziny, że Davidito kajał się teraz w ramionach Jezusa, i na ślepotę, która nie pozwalała im dostrzec, dlaczego w ogóle doszło do czegoś takiego.

Davidito był tylko jednym z wielu eksczłonków, którzy się zabili. Nikt nie pytał dlaczego. Jego matka, Królowa Maria, nie wydawała się ani trochę załamana; najwidoczniej jej synowi było lepiej, kiedy był martwy, niż w szponach diabła.

Następnego dnia spakowałam manatki i wyszłam z domu. Zatrzymałam się u przyjaciółki, ale musiałam całkowicie się oderwać. Postanowiłam zgłosić się do pomocy ofiarom tsunami, więc razem z koleżanką pojechałyśmy na Sri Lankę.

Zniszczenia były niewiarygodne. Ucierpiały dwie trzecie wybrzeża wyspy. Dzięki pieniądzom, które uzbierałyśmy, udało nam się posłać pięćset przesiedlonych dzieci do szkoły: kupiłyśmy im książki, ołówki, tornistry i mundurki. Odwiedzałyśmy namioty ludzi, którzy stracili domy, i przynosiłyśmy do każdego turystyczną kuchenkę. I godzinami słuchałyśmy ich opowieści o utraconych bliskich, utraconych domach, utraconym majątku, ale przede wszystkim o utraconej nadziei. Przeczytałam kiedyś napis na ścianie:

Nigdy nie trać z oczu swoich marzeń.
Bo życie bez marzeń to życie bez nadziei,
A życie bez nadziei to życie bez celu.

Dawno temu zabroniłam sobie marzeń, bo, jak mówi Księga Przysłów, „przewlekłe czekanie jest raną dla duszy". Ale teraz nareszcie byłam wolna, kierowałam własnym życiem. I mogłam się ośmielić marzyć. Czułam, że żyję jak nigdy przedtem, i wiedziałam, że poradzę sobie ze wszystkim, co stanie mi na drodze. Już nie byłam pozbawiona nadziei. Z tą myślą poleciałam z powrotem do Ugandy.

Niecałą godzinę po moim przylocie do Kampali tata poprosił, żebyśmy poszli w jakieś ustronne miejsce.

– Małe uszy są wszędzie.

Kiedy się upewniliśmy, że w zasięgu słuchu nie ma dzieciaków, powiedział:

– Kiedy cię nie było, zmarła Davida.

W głowie miałam kompletną pustkę. Nie bardzo wiedziałam, o kim mówi.

– Kto?

– Davida, twoja siostra.

– Co moja siostra Davida?

– No, Davida... nie żyje.

Roześmiałam się.

– Bardzo zabawne, tato. To według ciebie ma być dobry żart? Przecież ona żyje!

Ale jego oczy mówiły, że to nieprawda.

– Kochanie, ona umarła. Skontaktowała się ze mną Rodzina z Grecji.

– Ale... nie rozumiem. Kiedy? Jak? – Nie mogłam w to uwierzyć; to musiało być jakieś nieporozumienie.

– Mniej więcej tydzień po twoim wyjeździe na Sri Lankę dostałem maila. Szczegóły są niejasne, ale do komuny zadzwoniła Sotiria. Mówiła bez ładu i składu, płakała i powtarzała w kółko „On ją zabił. On ją zabił".

– Kto? Kto ją zabił? – Jeszcze do mnie nie dotarło.

– Jej chłopak, Stavros.

– Więc ty nie żartujesz?

Pokręcił głową.

– Nie chciałem ci mówić, dopóki nie wrócisz, żeby cię to nie oderwało od pracy tam, na miejscu.

Kiedy ja pomagałam ocalonym na Sri Lance, moja siostra umierała. Wciąż byłam w zbyt wielkim szoku, żeby cokolwiek czuć. Patrzyłam w twarz taty. Spodziewałam się dostrzec oznaki rozpaczy, jak u każdego normalnego ojca, ale po nim nie było widać niczego. Jego podejście było raczej w stylu: Ups, fatalnie się stało, ale takie jest życie.

– Nie wyglądasz na zbyt przejętego – powiedziałam. – Nie jest ci nawet smutno?

– Kotku, oczywiście! Może nie byliśmy blisko, ale mimo wszystko to była moja córka. Dla mnie to już nie jest świeża nowina. Zajęło mi to parę dni, ale w końcu się otrząsnąłem – odparł lekkim tonem.

Czułam, że krew zaczyna się we mnie gotować.

– Naprawdę? Parę dni!

– Julie, skarbie, wiesz, że twoja siostra była narkomanką. Teraz jest jej o wiele lepiej. Czuję wręcz pociechę, wiedząc, że jest szczęśliwa w lepszym miejscu.

– Tak, to musi być pocieszające – rzuciłam zjadliwie. – Szczególnie że jej śmierć to twoja wina!

– Co? Co masz na myśli, mówiąc, że jej śmierć to moja wina?

– A jak myślisz, dlaczego w ogóle została narkomanką? Gdybyś był ojcem jak trzeba, nie sięgnęłaby po narkotyki, nie spotkałaby Stavrosa i nie byłaby teraz martwa!

Tata osłupiał.

– Kotku, jesteś zdenerwowana. Wiesz, że to nieprawda. Rozumiem, że potrzebujesz teraz na kogoś zrzucić winę, ale to, czy byłem dla niej ojcem, czy nie, w niczym nie tłumaczy jej śmierci.

– Tłumaczy od początku do końca, tato!

– Julie, zachowujesz się irracjonalnie!

– Mam to gdzieś! Moja siostra, twoja córka, nie żyje. Chyba mam prawo zachowywać się irracjonalnie. Zadzwoniłeś do Sotirii? Rozmawiałeś z nią?

– Nie. Założyłem, że gdyby chciała się ze mną skontaktować, zrobiłaby to. Nie wydaje mi się, żeby chciała ze mną rozmawiać.

– Ciekawe dlaczego! Zawiadomiłeś kogoś jeszcze z naszej rodziny? Celeste i Kristina wiedzą?

– Ehm, nie.

– Daj mi numer Sotirii. Zadzwonię do niej i dowiem się, co się naprawdę stało. Dziwi mnie tylko, dlaczego ty tego nie zrobiłeś.

– No cóż, pomyślałem, że może tobie to lepiej wyjdzie.

Nie mogłam mówić nic więcej. Powiedziałabym coś pochopnego. Oddychając powoli, zapanowałam nad głosem.

– Znajdź mi ten numer, proszę. Poczekam na dole.

Zbiegłam po schodach. Nie mogłam już patrzeć na tatę. Chciałam tylko wyjść. Znaleźć się daleko od niego. Daleko od tego domu, w którym śmierć była lekarstwem na wszystko co złe. Gdybym umarła, jak długo płakałby po mnie tata? Czy w ogóle by płakał?

Zszedł na dół i podał mi kartkę z zapisanym numerem.

– Powiesz mi, jak poszło.

Przez kilka następnych dni chodziłam ogłupiała od wyrzutów sumienia. Czułam, że opuściłam siostrę. Nie wróciłam, żeby ją odwiedzić. Nie dzwoniłam do niej od prawie dwóch lat. A teraz ona nie żyła i prawdopodobnie umarła, myśląc, że ją opuściłam tak jak wszyscy inni. Wiedziałam, że ból opuszczenia jest najgorszy, i co zrobiłam? Opuściłam kogoś, kogo kochałam, dla sekty, która nie kochała mnie.

Dlaczego? Czy presja, żeby ją zostawić, była aż tak silna? Wiedziałam, że znów wszystko sprowadza się do ojca.

Zawsze żartował, że umie mną kierować jak samochodem, i wiedziałam, że to prawda. Chciałam jego miłości i aprobaty. Tata potrafił dawać miłość i odmawiać jej, jak mu pasowało. Odmówił jej Davidzie, bo nie była częścią jego większej Rodziny. Była nie tylko kimś z zewnątrz, Systemitką, ale, co jeszcze bardziej żenujące, była narkomanką!

Wraz ze śmiercią Davidy umarła też moja więź z Rodziną i z ojcem.

Przez te trzy miesiące nauczyłam się więcej o życiu i śmierci niż przez całe moje dotychczasowe życie. Nie było żadnego brodatego mężczyzny w niebiosach, który decydował, kto zasługuje na życie, a kto na śmierć. Śmierć nie rozróżnia. Śmierć zrównuje wszystkich, dosięga wszystkich. Jedyne, co masz, to czas. Przez śmierć mojej siostry ja sama doświadczyłam ponownych narodzin. Ona umarła, ja żyję. W takim razie lepiej, żebym cholernie dobrze wykorzystała swój czas! Dla Davidy, myślałam. Zrób to za dwie, żyj dwa razy intensywniej!

Po raz pierwszy pozwoliłam sobie spojrzeć w przyszłość. Dotarło do mnie, że mogę osiągnąć wszystko, co sobie postanowię, a jedyną osobą, która może mi przeszkodzić, jestem ja sama. Zawzięłam się, by udowodnić sobie i Rodzinie, że mogę mieć udane życie bez ich pomocy. Odeszłam z trzystoma dolarami ciężko zarobionych oszczędności, które natychmiast oddałam przyjacielowi z Konga, by wesprzeć jego sierociniec. I ruszyłam do bitwy tak, jak stałam.

Mój pierwszy cel był dla mnie jasny: pomoc dzieciom żołnierzom z Konga i północy Ugandy. Były to dzieci porwane przez bojówki rebeliantów i zmuszane do zabijania, a czasem nawet zjadania własnych rodzin. Rebelianci wykorzystywali tę niewyobrażalnie okrutną metodę, by zmienić dzieci w maszyny do zabijania. Ja byłam wystawiona na działanie innej, nie tak zabójczej przemocy, ale wiedziałam, jak to jest być okradzionym z dzieciństwa.

Pojechałam do Gulu w północnej Ugandzie z Kirsten, Szkotką, która stała się jedną z moich najbliższych przyjaciółek. Zabrałyśmy wszelkie możliwe rodzaje zaopatrzenia i zgodziłyśmy się zbierać pieniądze, by posłać najbystrzejsze z tych dzieci do szkoły w Kampali, z nadzieją, że kiedy zdobędą wykształcenie, wrócą i będą pracować na rzecz pojednania i pokoju. Do spółki z grupą miejscowych i międzynarodowych artystów zorganizowałam wystawę sztuki pod tytułem *Dzieci wojny* i znalazłam sponsorów dla tego wydarzenia.

Cocktail party otwierające wystawę odbyło się w hotelu Sheraton. Zostało opisane w dwóch największych angielskich gazetach i zrelacjonowane w lokalnej stacji telewizyjnej. Co było do przewidzenia, cały Dom Rodziny pojawił się na przyjęciu i robił zdjęcia, które później wykorzystano w comiesięcznym biuletynie, by móc pochwalić się tą imprezą dobroczynną jako własną.

Po trzech miesiącach miałam już własne mieszkanie, samochód i pracę menedżera jednego z największych klubów nocnych w Kampali. Dostałam wiadomość, że Mariana i Lily odeszły z Rodziny. Teraz już wszyscy, z wyjątkiem najmłodszego rodzeństwa, byliśmy poza sektą.

Tata zaniemówił ze zdumienia. Nie spodziewał się, że odniosę sukces, a już na pewno nie tak szybko.

Starałam się być ciągle zajęta, żeby nie mieć czasu na myślenie, ale nie mogłam utrzymywać takiego tempa w nieskończoność. Teraz, nareszcie będąc po drugiej stronie, rozumiałam rzeczywistość. Może i da się wybaczyć, ale nie da się tak po prostu zapomnieć, wymazać wspomnień całego życia. W odróżnieniu od pamięci komputerowej mózg nie ma guzika „delete".

Przez większość czasu wypychałam to wszystko ze świadomości, ale najdrobniejszy incydent wyzwalał rzekę wspomnień. Cztery miesiące po odejściu z sekty i dwa miesiące po rozpoczęciu pracy zaczęłam się wyłączać. Czułam to samo, co wtedy, kiedy anoreksja wciągała mnie pod powierzchnię – głęboki, duszący smutek. Jedynym miejscem, gdzie czułam się spokojna, był dach czteropiętrowego budynku, w którym mieszkałam. Stawałam na jednej nodze na skraju wieżyczki, nie dlatego, że chciałam skoczyć, ale dlatego, że pozwalało mi ro dostrzec całe szaleństwo we właściwej perspektywie.

Wiedziałam, że nie zdołam długo tak funkcjonować, ale kiedy przeżyłam napaść seksualną we własnym biurze, dotarłam do kresu wytrzymałości. Praca w klubie stała się nieznośna. Miałam dość użerania się z bełkoczącymi pijakami. Dość przerywania bójek i zamykania broni w sejfie. Dość patrzenia, jak dzieciaki sprzedają kokę pod moim nosem. Dość oglądania starych zboczeńców zabierających do domu nieletnie dziewczęta, zbyt pijane, by zdawać sobie sprawę, jak skończy się ich noc. Dość tego, że podrywał mnie prawie każdy facet w klubie tylko dlatego, że byłam menedżerem. Dość usługiwania bogaczom, którzy spełniali każdą swoją zachciankę, gdy w całym kraju dzieci umierały z głodu. I dość świadomości, że nie mogę nic na to poradzić.

To był rok potężnych zmian i potrzebowałam czasu, żeby pomyśleć i wyzdrowieć, uporać się z przeszłością i ruszyć dalej. Obiecałam Sotirii, że ją odwiedzę. Wiedziałam, że potwornie cierpiała po śmierci mojej siostry i gryzło mnie to jak niedokończona sprawa, więc rzuciłam pracę i poleciałam do Grecji.

Sotiria wyszła po mnie na lotnisko i tego wieczoru rozmawiałyśmy, siedząc w ogródku małej ateńskiej pizzerii. Opowiedziałam jej o podróży na Sri Lankę i pomocy po tsunami.

– Tak! Straszna rzecz. Tyle dzieci umarło tego roku. Davida płakała, kiedy patrzyła na to w wiadomościach. A chwilę potem? Sama umarła. – W jej oczach pojawił się smutek.

– W dniu, w którym wróciłam, tata poprosił mnie o rozmowę – ciągnęłam opowieść. – Powiedział, że moja siostra zmarła. Byłam tak wściekła, że nie umiałam nawet płakać. Powiedziałam mu, że gdyby się z nią kontaktował, nie wpadłaby w depresję i nie zaczęła ćpać, i nie umarłaby.

– I co on powiedział?

– Że jestem wytrącona z równowagi, że potrzebuję zwalić na kogoś winę i żebym nie była śmieszna.

– Skarbie. – Sotiria zgasiła papierosa. – Od dawna chciałam pisać do twojego taty, ale zawsze decydowałam, że nie. Teraz, kiedy Davida nie żyje... chcę mu powiedzieć całą prawdę. Nie chciałam mówić, kiedy przyjechałaś z nim z wizytą, ale Davida zaczęła brać narkotyki przez niego. Nie rozumiała, dlaczego jej ojciec nie chce kontaktu z nią. Była bardzo wrażliwym dzieckiem. Bardzo zranionym.

– Nie ona jedna. Wszystkie jego dzieci. Nawet ja.

Sotiria umilkła, pogrążyłyśmy się we własnych myślach. Zapaliła kolejnego papierosa, zaciągnęła się. W końcu znów się odezwała.

– Ty cierpiałaś jeszcze więcej niż Davida. Opowiedziała mi to. Powiedziała mi jednego dnia, kiedy wyjechałaś: „Mamo, ja przynajmniej mam ciebie całe życie. Julie nie ma nikogo. Co z niego za ojciec? Tylko ją wykorzystuje. Nie chcę go więcej widzieć. To nie ojciec. Chcę widzieć tylko Julie".

– Tak powiedziała?

– Tak. Po tamtym razie nie chciała mieć więcej z nim do czynienia. Była bardzo zła. Ale ciebie zawsze kochała. Musisz to pamiętać. Kochała cię bardzo – powiedziała.

– Tak. Wiem. Ja też ją kochałam. – Dziwne, że byłyśmy sobie tak bliskie, choć spotkałyśmy się tylko raz.

Zadzwonił mój telefon, więc odszukałam go w torebce. Był to Nikos, wujek Davidy. Moja siostra i Nikos byli bardzo zżyci, on kochał ją jak własne dziecko, a ona była jego przyjaciółką i powiernicą. Może on mógłby mi dać lepszy wgląd w życie Davidy. Umówiliśmy się na kawę.

Następnego dnia poszliśmy z Nikosem do ślicznej kafejki przy plaży, którą pamiętałam z poprzedniego pobytu, i znaleźliśmy sobie zaciszne miejsce z otwartym widokiem na morze.

– Sotiria mówiła, że Davida pisała pamiętniki.

– Tak. Pisała wiele rzeczy. Planuję napisać książkę o jej losach, korzystając z tych pamiętników. Mam je tutaj. – Wskazał swoją głowę. – Kiedyś to zrobię. Ale jeszcze nie teraz. Jeszcze za wcześnie.

– Chciałabym móc je przeczytać. Chcę wiedzieć o niej wszystko. Czy była szczęśliwa, kiedy rzuciła narkotyki?

– Chwilami. Chwilami była szczęśliwa, ale przez większość czasu bardzo przygnębiona.

– Dlaczego? Co ją tak przygnębiało?

Nalał sobie do filiżanki kawy z dzbanka.

– No cóż… Davida… ona żyła w dwóch światach. W tym materialnym, który nas otacza, a drugi… – zawiesił głos, szukając słów po angielsku – …drugi był duchowy. Do tego tutaj nigdy nie umiała się przystosować. To było dla niej bardzo trudne. Mówiła mi, że nie potrafi czuć. Czuła się martwa.

– Przez narkotyki?

– Może tak. Czasami było dobrze. Spotykała się z przyjaciółmi, wychodziła. Kiedy indziej wyłączała telefon i nie rozmawiała z nikim przez tydzień, dwa. Chciała być sama. Nie lubiła ludzi. Nie umiała utrzymać żadnego związku. Mówiła mi raz, że chciałaby mieć mężczyznę i pobyć z nim może tydzień, a potem, puf! – Otrzepał dłonie. – Nie chciała ich więcej widzieć. Nudzili ją. Więc nie widywała ich więcej. Wolała być sama.

Gdybym tylko tu była, pomyślałam. Ja to rozumiałam. Nie czułaby się taka samotna.

Nikos mówił dalej.

– A była taka piękna! Mówiła mi, że ta uroda jest jak przekleństwo. Mężczyźni chodzili za nią ulicą, wołali, wszyscy się w niej zakochiwali. A ona nie chciała żadnego. Nie umiała nikogo kochać. Spodziewała się, że każdy w końcu ją zostawi. Więc kiedy zaczynała coś czuć do kogoś, odpychała go i więcej się nie spotykała.

Wtedy zrozumiałam.

– To się zaczęło od naszego ojca.

– Tak. Spodziewała się, że wszyscy mężczyźni będą jak jej ojciec. Nawet przyjaciele. Nie umiała przyjąć miłości od nikogo.

– Sotiria uważa, że Stavros zabił Davidę. Ty też tak myślisz?

– Mhm… tak, Sotiria chce w to wierzyć, ale ja nie wiem. On by jej chyba nie zabił. Powiedziała mi kiedyś, może z miesiąc przed śmiercią, że bardzo ciężko walczy, żeby nie brać narkotyków, każdego dnia musi walczyć. I powiedziała, że jest zmęczona tymi próbami. Że któregoś dnia znowu weźmie i tego dnia umrze.

– Tak ci powiedziała?

– Tak. Nie miała żadnej woli życia. Była zmęczona życiem. Nie wiem, co jest prawdą, ale może to dlatego, że znowu spotkała Stavrosa tydzień przed śmiercią.

– Znów się z nim spotkała?

– Tak, znalazł ją w pracy i rozmawiali. Nie wiem. Może dał jej narkotyki, a ona nie była dość silna, żeby z nim walczyć… A! *Yassus Sotiria*!

Tak mocno koncentrowałam się na tym, co mówił, że nie zauważyłam nadejścia Sotirii. Ucałowała brata, przysunęła sobie krzesło i usiadła między nami. Opowiedziałam im o tragicznej śmierci Davidita.

Sotiria przeżegnała się i mruknęła:

– Boże, bądź miłościw. Co dzień modlę się za te dzieci, za ich dusze. Biedne dzieci! Biedne, biedne dzieci. – Wyjęła papierosa i zapaliła. – Wiesz, ja nigdy nie kłamałam Davidzie. Zawsze jej mówiłam, że ojciec jest zajęty swoim życiem, a my mamy nasze. Ale jeśli chce, to kiedy skończy osiemnaście lat, może pojechać go spotkać. Ale jednego dnia zadzwoniła ta kobieta, co żyje z twoim ojcem. Davida miała wtedy piętnaście lat. Mówiła jej wiele rzeczy o ojcu, to Davida napisała do niego i ojciec przysłał jej list.

Odchrząknęłam.

– Ja… ja pamiętam ten list.

Celeste i ja byłyśmy przerażone, kiedy nam pokazał, co napisał. Powiedziałyśmy mu, że jest niewrażliwy; podkreślał w tym liście, że teraz ma nową rodzinę. Poprosiłyśmy go, żeby napisał jeszcze jeden i przeprosił, że ją porzucił. Dołożyłyśmy list i prezenty od nas, ale rok później tata powiedział nam, że nie dostała tej paczki. Potem dowiedziałyśmy się, że zaczęła ćpać.

– Po tym pierwszym liście – ciągnęła Sotiria – nigdy więcej się nie odezwał. Więc stała się bardzo smutna. Wtedy zaczęła pić i brać narkotyki. Kiedy wy byliście z wizytą, nic mu o tym nie powiedziałam. Ale teraz rozumiem, że nie przyjechał, bo chciał ją poznać. Przyjechał dla siebie. Żeby się pogodzić z własnym sumieniem. Teraz, kiedy jej nie ma, może zadzwonię do niego i powiem, co myślę. Myślisz, że coś z tego przyjdzie? Że w ogóle będzie słuchał?

– Może. Myślę, że jeśli usłyszy to od wielu osób, może się ocknie i zrozumie, że był złym ojcem dla wielu swoich dzieci.

– Wiesz, kiedy wyjechałaś, ona była bardzo zła na niego. Mówiła: „On żaden ojciec. Ani dla mnie, ani dla Julie. Nigdy nie chcę go widzieć. Po co chce, żebym przyjechała do Ugandy? Co ja tam będę robić? Tylko pracować dla niego jak Julie. Nie, nie chcę jechać. Będę się z nim tylko kłócić".

Zrobił się wieczór i zerwał się zimny wiatr. Nikos spojrzał na zegarek.

– Chodźcie, zjemy kolację – zaproponowała Sotiria. – Jutro odwiedzimy grób Davidy.

Następnego dnia szarym świtem szłyśmy przez cmentarz do grobu Davidy. Nieskończone szeregi krzyży ciągnęły się w dal. Potrzebowaliśmy dobrych pięciu minut, by dotrzeć do kwatery, w której był jej grób. Nawet z daleka wyróżniał się spośród reszty.

– Nie podobał mi się marmur – wyjaśniła Sotiria.

Zamiast marmurowego nagrobka cała działka została zmieniona w bujny ogród. Jasnofioletowe i pomarańczowe gardenie i chryzantemy kwitły pośród róż wszystkich możliwych kształtów i kolorów. Wielka czerwona róża, wielkości trzech normalnych, opierała się o wysoki, ozdobny krzyż w głowach grobu; po jego jednej stronie stała figura anioła, a po drugiej tancerki we wdzięcznej pozie. Było też serce ze zdjęciem tańczącej Davidy i krótkim epitafium napisanym przez jej matkę.

– Czy mogłabym pobyć tu sama parę minut, żeby porozmawiać z Davidą? – zapytałam.

– Tak, oczywiście. Rozmawiaj, ile chcesz. Ja pójdę zapalić, okej?

Patrzyłam za Sotirią, czekając, aż się oddali. Kiedy zniknęła mi z oczu, wciąż czekałam. Nie bardzo wiedziałam na co. Może na słowa, które nie przychodziły. Tak bardzo chciałam coś powiedzieć, ale umykał mi sens. Cmentarz wydawał się nienaturalnie cichy, jakby wstrzymywał oddech... albo mnie.

– Davido... przyszłam ci coś powiedzieć, a kiedy już tu jestem, nie wiem co. Chyba po prostu chciałam się jeszcze z tobą zobaczyć.

I choć przez cały pobyt zawzięcie walczyłam ze łzami, wreszcie się rozpłakałam.

– Tak mi przykro. Tak mi przykro, że nie przyjechałam do ciebie drugi raz. Przykro mi, że cię zostawiłam, a ty czułaś się taka samotna. Przykro mi, że twoje życie było tak ciężką walką i że musiałaś tak się z nim szarpać. Ale przede wszystkim przykro mi, że nie było mnie tutaj, żeby ci pomóc. Wiem, że teraz za późno na te słowa, ale chcę, żebyś wiedziała, jak wiele dla mnie znaczyłaś. Jak bardzo cię kochałam...

i wciąż kocham, i będę kochać. Chcę, żebyś wiedziała, że przeżyję swoje życie najlepiej, jak umiem, za nas obie, okej? Żegnaj, siostro.

Ucałowałam dłoń, przyłożyłam do jej zdjęcia i odeszłam, nie oglądając się.

Wyjeżdżając, myślałam o ostatnim wpisie w pamiętniku Davidy:

Patrzę na niebo, na drzewa, światła i ludzi. Wszystko zostawia swój zapach na tym świecie. Chciałabym zapomnieć o całym bólu i samotności. Chciałabym, żeby czas się zatrzymał, żebym mogła wrócić do centrum Aten i znów zobaczyć ludzi, którzy złamali mi serce; zobaczyć swoje lęki w ich smutnych twarzach.

Oni patrzyli w moje niebieskie oczy, nie w serce pełne bólu. Płaczę, śpiewam i czekam na kogoś, kto mnie przytuli.

Rozdział 28

Spętany orzeł

Juliana

Pojechałam do komuny, żeby zabrać tatę na drinka. Zamieniliśmy najwyżej kilka zdań od mojego powrotu z Grecji i czułam, że pora przerwać ten pat. Miałam mu dać list od Sotirii i nie mogłam dłużej tego odkładać.

W domu komuny zawsze byłam podminowana. Wszyscy w środku pociągnięci byli fałszywą pozłotką, która przypominała mi ustęp z Biblii nazywający faryzeuszy „pobielanymi grobami pełnymi trupich kości". Rodzina uwielbiała używać tego wersetu przeciwko „kościelnym" chrześcijanom, ale moim zdaniem mówił o nich samych. Wiedziałam, że te same wargi, które teraz rozciągają się w powitalnych uśmiechach, o wiele częściej używane były do modłów przeciwko ludziom takim jak ja i moje siostry, którzy mówili prawdę.

Pojechałam z tatą do pobliskiej winiarni.

Oczywiście ja stawiałam.

Usiedliśmy przy stoliku z jasnego drewna z dwoma kieliszkami taniego białego wina i brnęliśmy przez zwykłą grzecznościową rozmowę. W końcu wyjęłam list.

Tata ze sztucznym namaszczeniem otworzył przybrudzoną kopertę, wyjął poplamione kartki z notesu i zabrał się do czytania. O wiele za szybko przeleciał przez nierówne rządki odręcznego pisma i schował kartki z powrotem do koperty.

Zapadła niepokojąca cisza, kiedy zastanawiał się, co powiedzieć. Pozwoliłam mu się wić; nie byłam w nastroju, by zaczynać tę rozmowę.

– Co ja mogę powiedzieć? – Spojrzał na mnie, ale wciąż milczałam.

– Co ja mogę powiedzieć? – powtórzył, jakbym to ja miała mu dać podpowiedź. Zaczynał brzmieć jak zacięta płyta: irytująco.

– Gdybym mógł zrobić to wszystko jeszcze raz, zrobiłbym to inaczej. – Spory łyk wina, który połknął, nagle nasmarował mu język.

– Doprawdy? – W moim głosie brzmiał sarkazm, który zaskoczył mnie samą. Nie planowałam wdawać się w kłótnię. Kłócenie się z tatą było męczącym sportem, na który nie miałam siły. W zupełności wystarczało mi, że dostarczyłam list, który mówił sam za siebie, ale wykalkulowana odpowiedź taty mnie wkurzyła.

– Oczywiście że tak, kotku – odparł.

– Jak? Niby co, twoim zdaniem, zrobiłbyś inaczej?

– No cóż, nie zostawiłbym was wszystkich.

– Owszem, zostawiłbyś! – wypaliłam trochę za szybko.

– Kotku, oczywiście że nie!

Ta dziecinna słowna przepychanka do niczego nie prowadziła. Policzyłam do dziesięciu, zanim odpowiedziałam, tym razem próbując zdobyć się na rozsądek.

– Tato, nigdy byś nawet nie pomyślał, żeby porzucać żony i dzieci, gdyby ci nie kazano.

– Nie! Rezygnowałem, bo Bóg mnie o to prosił.

– Wcześniej czy już po tym, kiedy „góra" zwróciła się do ciebie i kazała ci się modlić o znak, czy masz nas zostawić dla bożego dzieła? Taki pomysł nawet nie przyszedłby ci do głowy, gdyby ktoś go tam nie włożył.

– Nie! Pytałem o to w modlitwie i czułem, że takie jest boskie zadanie dla mnie. Poza tym zostawiałem was pod najlepszą opieką.

To mnie na serio wkurzyło.

– Najlepszą opieką! Skąd to wiesz?

– Stąd, że przysyłali mi sprawozdania. Dostawałem listy od was. Zawsze wydawałyście się szczęśliwe i zadbane.

– Więc na ślepo przyjmowałeś ich słowo. – Teraz się uśmiechałam, ale był to zły uśmiech, który bezwiednie wypływa mi na twarz, kiedy jestem na granicy wybuchu. – Nigdy nie pomyślałeś, że twoje dzieci mogą być maltretowane? Każdy może zrobić zdjęcie uśmiechniętych dzieci i powiedzieć, że są szczęśliwe. Każde słowo, jakie pisałyśmy, było cenzurowane. Stroili nas do zdjęć, po czym natychmiast rozbierali, i nigdy więcej nie widziałyśmy tych ładnych ubrań!

Gotowałam się z wściekłości.

– Gdybyś nie robił swojej sławetnej kariery, miałybyśmy ojca. Jak mogłeś pokładać tak ślepe zaufanie w ludziach, których nawet nie znałeś?

– Powierzałem was Panu – odparł – i zostawałyście w najlepszych rękach. Spójrz choćby na siebie! Wyrosłaś na wspaniałą młodą kobietę.

– Nie dzięki Rodzinie czy tobie! Byłam smutną, przerażoną dziewczynką, zdołowaną nastolatką z myślami samobójczymi i niespełnioną dorosłą. Wiedziałeś o tym. Nigdy nie zapytałeś dlaczego?

– Skarbie, na całym świecie są tysiące maltretowanych dzieci i w porównaniu z nimi miałyście bardzo dobrze.

– Och, błagam! Nie próbuj umniejszać naszych doświadczeń przez porównanie z cudzymi. Jedno z twoich dzieci nie żyje, wszystkie pozostałe, z wyjątkiem najmłodszych, odeszły z Rodziny. Ani razu nie przyszło ci do głowy, że może Rodzina nie jest taka, jak sobie wyobrażasz?

– Rodzina to bardzo wyjątkowe miejsce, najlepsze na świecie, oczywiście, ale nie dla każdego. To powołanie.

– Raczej niekończąca się walka! Nie męczy cię wieczne usiłowanie osiągnięcia tego ulotnego stanu doskonałości, który zawsze jest poza zasięgiem? Bo mnie męczyło!

– No cóż, wiem tylko, że kiedy nadejdzie Koniec Czasów, to będzie najlepsze miejsce, w jakim można być! – odparł z niezachwianą pewnością.

– Kiedy nadejdzie Koniec Czasów? A jeśli nie nadejdzie? Cały czas spodziewałam się, że nie przeżyję więcej niż dwanaście lat. A ty przeżyłeś całe życie jak na szpilkach, myśląc „to jest tuż za rogiem". I kiedy będziesz leżał na łożu śmierci, a Jezus nie powróci, będziesz ciągle mówił „jeszcze zobaczysz"?

– Możesz wierzyć, w co chcesz, skarbie, ale kiedy to nadejdzie, przyczołgacie się do Rodziny z podkulonymi ogonami.

– Ciągle wierzysz, że będziecie przywódcami chrześcijan i zbawicie świat? Naprawdę myślisz, że świat szanuje Rodzinę? Wasza przeszłość zbrukała was na zawsze w jego oczach. Naprawdę wierzysz, że będziecie strzelać promieniami światła z palców, strącając z nieba helikoptery Antychrysta? Daj spokój, tato! Życie to nie jest film science fiction!

– Tak, oczywiście, że w to wierzę. Nie wiem, jak to się odbędzie; wiem tylko, że tak powiedział Pan. I to się dzieje już teraz. Spójrz chociażby na naszą audycję radiową, której słuchają tysiące ugandyjskich chrześcijan.

– Widzisz, tato, tkwisz w tej Afryce tak długo, że straciłeś z oczu obraz całości. – Jego naiwność doprowadzała mnie do furii, a jednocześnie było mi go żal. – Rodzina jest na pierwszych stronach gazet, ale to nie jest pozytywny rozgłos – wyjaśniłam – szczególnie od śmierci Davidita. Co twoi chrześcijańscy słuchacze tak naprawdę wiedzą o doktrynach Rodziny? Myślisz, że ktokolwiek szedłby za wami, gdyby wiedział o waszym Prawie Miłości? O waszych wierzeniach dotyczących seksu? O waszym Kochaniu Jezusa?

Milczał przez chwilę, ale w końcu odpowiedział jak zaprogramowany zombi.

– No cóż, zobaczymy! Ja wiem tylko, że skoro Pan tak powiedział, to to się stanie.

– Ponad dwie trzecie naszego pokolenia opuściły Rodzinę. Tysiące z tych osób mają do opowiedzenia koszmarne historie. Wiele jest w depresji, niektórzy popełnili samobójstwo. Czy Biblia nie mówi „poznacie ich po owocach"? Czy to nie jest dobra wskazówka, że coś jest nie tak z owocami waszych doktryn?

– Nie – odparł szybko. – Kiedy odchodzą z Rodziny, nie są już pod ochroną Boga, więc wróg może ich dopaść. Biblia mówi też: „Bo wielu jest powołanych, lecz mało wybranych".

– To okrągłe zdanie, którym was karmiono, żeby poprawić wam samopoczucie, gdy tak szybko kurczą się wasze szeregi. Znam Biblię tak samo dobrze jak ty. Jezus powiedział: „Niepodobna, żeby nie przyszły zgorszenia; lecz biada temu, przez którego przychodzą. Byłoby lepiej dla niego, gdyby kamień młyński zawieszono mu u szyi i wrzucono go w morze". Jestem ciekawa, co by pomyślał o setkach dzieci, które Rodzina molestowała rzekomo w Jego imieniu?

– Nie rozumiem. Dlaczego stałaś się taka mściwa? Dlaczego nie możesz po prostu o tym zapomnieć i żyć dalej? Nie osądzam cię za to, że żyjesz jak Systemici. Dlaczego ty musisz osądzać nas za nasz styl życia?

Wyraźnie było widać stworzony przez sektę syndrom „my kontra reszta świata".

– Ja cię nie osądzam, tato. Chcę tylko, żebyś zrozumiał, że działy się straszne rzeczy, a ty wolisz zamknąć oczy i udawać, że się nie działy.

– Nie zaprzeczam, że działy się w rzadkich przypadkach i okolicznościach, ale za to wszystko przepraszano wiele razy.

– Nie. Rodzina wygłaszała rozwlekłe oświadczenia, jak to im przykro, że niektórzy członkowie posuwali się do ekstremalnych metod i że popełniono błędy. Ale to było o wiele bardziej rozpowszechnione, niż ktokolwiek chce przyznać. I to nie jest przeszłość, skoro tak wielu z naszego pokolenia wciąż cierpi z powodu psychicznych urazów. „Błędy" to bardzo ładna nazwa. Słowo „zbrodnie" jest o wiele bliższe prawdy.

– Teraz mówisz jak mściwa apostatka.

– Co za frazes, tato. Ty mówisz, jakbyś miał wyprany mózg.

Urwałam, żeby się napić, spodziewając się jakiejś żałosnej repliki, ale tata tylko wpatrywał się tępo w stół, więc mówiłam dalej.

– Myślałam, że Bóg nie popełnia błędów.

– Bo nie popełnia. Popełnili je ludzie.

– Ale te wszystkie „objawienia" pochodziły rzekomo do Boga. „Objawienia" promujące wolną miłość z dziećmi. Więc teoria nie była błędna, tylko praktyka... Czy oni kiedykolwiek przyznali, że praktyka była zła?

– Praktyka nie była zła. To System uczynił ją złą. – To dlatego nigdy nie wierzył, że któremukolwiek z jego dzieci działa się krzywda. Nigdy nie uważał tego za molestowanie.

– Obudź się, tato! Ten System, jak go nazywasz, to jest prawo! I kontakty seksualne z dziećmi są nielegalne. Nielegalne jest praktykowanie kazirodztwa! Można za to trafić do więzienia. To jest złe, bez względu na wszystko. I nie mów mi, że pozwoliłbyś jakiemuś staruchowi uprawiać seks z małą Shirley!

– Nie, oczywiście że nie! I nikt nie praktykował kazirodztwa!

– Otóż, to nieprawda! Wasi kochani przywódcy, Zerby... Maria, uprawiała seks z własnym synem. Berg ze swoimi córkami i ze swoją wnuczką Mene!

Twarz taty poczerwieniała z wściekłości.

– Jak śmiesz tak mówić o bożym proroku!

– Bożym proroku? Kto tak twierdzi? Sam tak mówił i to dowodzi jego racji? Każdy może prorokować, ale prawdziwego proroka poznaje się po trafności proroctw. Pokaż mi chociaż jedno proroctwo Berga, które się spełniło!

Nie miał na to odpowiedzi, więc musiał zmienić temat.

– Zerby! Berg! Dlaczego ich tak nazywasz?

– Bo to ich nazwiska, tato! Co jest złego w używaniu ich nazwisk? Dlaczego ci to przeszkadza?

– Czy ja bym cię nazywał Buhring? Czy ty nazywałabyś mnie po nazwisku?

– Ja jestem twoją córką. Oczywiste, że to nie to samo. – Jego argumenty z minuty na minutę stawały się coraz bardziej idiotyczne. Nie mógł mnie przegadać i wiedział o tym. – Kedę nazywałabym Yamaguchi i wiem, że pomogła porwać małego chłopca od matki i fałszowała nielegalne dokumenty i paszporty dla przywódców. Nie mam wątpliwości, że siedzi w Afryce, bo to najbezpieczniejsze miejsce, żeby ukryć się przed prawem.

– Więc co chcesz zrobić, wtrącić ją do więzienia? – Czy tylko mi się zdawało, czy ręka mu się trzęsła, kiedy podnosił drinka?

– Myślę, że przychodzi czas, kiedy wszyscy muszą zapłacić za zbrodnie, które popełnili, czy to w Rodzinie, czy poza nią. Zło mści się na złoczyńcach. I właśnie tego chcą wszyscy skrzywdzeni: sprawiedliwości. Wszystkie tajemnice prędzej czy później wychodzą na jaw. Jak brzmiał ten werset? „Nie ma bowiem nic ukrytego, co by nie miało być ujawnione". I jeszcze: „Coście w izbie szeptali do ucha, głosić będą na dachach".

– Posłuchaj samej siebie! Sprawiedliwość. Zemsta. Przeszłaś na ciemną stronę tak jak oni wszyscy.

– Przeszłam na „ciemną stronę"?

– Tak. Pozwoliłaś, żeby opanowała cię mściwość. Słuchałaś swoich sióstr.

– I teraz jestem opętana przez demony Vandari?

– Tego nie powiedziałem.

– Ale skoro przeszłam na „ciemną stronę", muszę być pod demonicznym wpływem. W to wierzy Rodzina, prawda? Serio, tato! Spójrz mi w oczy i powiedz, że kierują mną demony!

Zrobił to, przez krótki moment, a potem znów zagapił się we własne mętne odbicie w kieliszku.

– Nie wiem – odparł bez przekonania. – To możliwe.

– Nie wiesz? Naprawdę możesz patrzeć na swoją córkę, z którą mieszkałeś przez ostatnie pięć lat, i brać pod uwagę, że może być opętana?

– Wiem jedno: z tego, co mówisz, wynika, że stałaś się wrogiem mojego domu.

– Wrogiem twojego domu?

– Tak, jesteś nim, skoro atakujesz ludzi, których kocham jak własną rodzinę.

– Tato, my nie jesteśmy wrogami twojego domu! My jesteśmy twoim domem! My jesteśmy twoją rodziną!

– Jezus powiedział: „Bo kto pełni wolę Ojca Mojego, który jest w niebie, ten Mi jest bratem, siostrą i matką". Porzuciłaś swoje dziedzictwo i najwyższe powołanie, żeby zostać Systemitką. Moją prawdziwą rodziną są ludzie z Rodziny.

– Więc kłamałeś, mówiąc, że jesteś dumny ze mnie i z tego, co robię? Skąd wiesz, że Rodzina była moim najwyższym powołaniem?

– Bo to najwyższe powołanie na świecie.

– To, co dobre dla jednego, może nie być dobre dla kogoś innego. Jak możesz twierdzić, że znasz myśli Boga? Tato, gdyby Kristina i inne dzieci takie jak ona nie zaczęły mówić, co się dzieje, dziś Rodzina wciąż byłaby taka sama. Równie dobrze to ich Bóg może używać do wypełniania swojej woli.

– Przeżarła cię mściwość! – To była najlepsza odpowiedź, na jaką było go stać, i używał jej do wyjaśnienia wszystkiego.

– Mściwość? Przeciwko komu? – Omal się nie udławiłam.

– Przeciwko mnie.

– Ja chcę się na tobie mścić? Nie, tato, dla ciebie mam tylko litość.

I zdałam sobie sprawę, że naprawdę się nad nim lituję. Uparcie trzymał się doktryn Berga i kosztowało go to wszystkie miłości, dzieci, życie i młodość. Czy podda się wreszcie, kiedy opuści go reszta dzieci? Wszystkie nadzieje pokładał w tych ostatnich, tak jak kiedyś w Celeste, a gdy ona go rozczarowała, we mnie.

– No cóż, skoro tak jasno pokazałaś, że nie jesteś już po stronie Rodziny, zdajesz sobie sprawę, że nie mogę ci już ufać.

– Co masz na myśli?

– Nie mogę powierzać ci dzieci. Nie wiadomo, jakich śmieci nakładziesz im do głów.

– To bzdura, tato! Przez cały ten czas nie powiedziałam im ani jednego złego słowa o Rodzinie, a mogłam. Przecież wiesz. Jeśli zdecydują się odejść, zrobią to z własnej woli, bo szybko zrozumieją, tak jak reszta z nas, jakie to wszystko jest idiotyczne.

– Jeśli kiedykolwiek usłyszę, że mówisz im cokolwiek przeciw Rodzinie, nie pozwolę więcej zabierać ci ich na wycieczki.

– Oczywiście, tato. Obiecuję, że nic im nie powiem, masz moje słowo. Dzięki temu, kiedy zechcą odejść, będziesz wiedział, że podjęły tę decyzję całkowicie samodzielnie.

– One nigdy nie odejdą. Z nimi będzie inaczej.

– Naprawdę? Skąd ta pewność?

– Bo poświęcam im szczególną uwagę i osobiście je nauczam, i jestem dla nich ojcem.

– Więc mówisz, że my byśmy nie odeszli, gdybyś był dla nas ojcem?

– Może nie.

– Wciąż traktujesz to osobiście, tato. W ostatecznym rozrachunku nasze odejście nie miało nic wspólnego z tobą. Winne były okrutne doktryny wdrażane przez Zerby i Berga.

To oni są odpowiedzialni za popełnione przestępstwa i cały zadany ból. I to oni muszą zostać uznani za winnych.

Wzdrygnął się, kiedy wymieniłam ich nazwiska, a ja zadałam sobie pytanie, jak tysiąc razy wcześniej, jak to możliwe, że ludzie potrafią być bardziej lojalni wobec wykreowanej postaci niż wobec własnej rodziny, własnego serca. Berg uczynił z siebie idola równego z Bogiem, a jego słowo było traktowane jak słowo Boga. W oczach taty był bożą tubą i brak szacunku dla niego był tym samym, czym brak szacunku dla Boga.

W końcu zrozumiałam, że cała ta dyskusja jest bezcelowa. Najlepiej było po prostu uścisnąć sobie po przyjacielsku dłonie i zgodzić się, że się nie zgadzamy.

Kiedyś tak desperacko pragnęłam miłości taty, że zrobiłabym dla niego wszystko. Dziś czułam wyłącznie obojętność, nic poza tym. Zniknął cały szacunek, jakim go darzyłam. Dziś jest tylko bladym cieniem człowieka, jakim mógłby być.

Wciąż próbuje mówić, że mnie kocha, ale trudno mi strawić te zapewnienia. Naucza o miłości, ale jeśli sądzić po jego życiu, nie ma pojęcia, co znaczy miłość. Jeśli miłością jest odwracać się od dzieci i nie dostrzegać ich bólu, pozwalać im umierać, zamiast dbać o ich dobro, nazywać oprawców „rodziną" i demonizować dręczonych zrodzonych z własnej krwi, nie akceptować ich osobistych życiowych wyborów i odmawiać im dumy z ich osiągnięć – to tata rzeczywiście jest pełen miłości.

Miłości, która jest ogniem bez żaru, tylko popiołem i dymem. Pobielanym grobem pełnym trupich kości.

Rozdział 29

Potęga miłości

Kristina

Kiedyś, kiedy jechałam autobusem z moim pięcioletnim synem Jordanem, nieznajomy siedzący obok mnie zapytał, czy nie poszłabym z nim na randkę. Grzecznie odmówiłam, ale mój syn natychmiast wtrącił swoje trzy grosze:

– Tak, bardzo chętnie pójdzie! Potrzebuje chłopaka!

Choć sytuacja była żenująca, wiedziałam, że Jordan najbardziej na świecie chce mieć ojca. Moi bracia mieszkali u mnie przez wakacje i Jordan miał mnóstwo dobrych, męskich wzorców, ale to nie było to samo, co ojciec. Dawał mi w życiu mnóstwo radości i trudno mi było słuchać, kiedy pytał:

– Kiedy mi znajdziesz tatę?

Choć po Bryanie byłam w kilku związkach, żaden z nich nie przekształcił się w coś poważniejszego. Szukałam ideału, nic innego mnie nie zadowalało. I nauczyłam się polegać wyłącznie na własnej determinacji i cierpliwości.

Nim poznałam Karla, niemal straciłam już nadzieję na znalezienie bratniej duszy i ojczyma dla synka. Po tylu zawodach i zranieniach po prostu nie wierzyłam sobie, że potrafię dokonywać właściwych wyborów. Zaufanie było oderwanym pojęciem, które wciąż próbowałam zrozumieć do końca, i przyzwyczaiłam się, że jestem sama.

Była śnieżna Wigilia, kiedy obładowana zakupami zrobionymi w ostatniej chwili wpadłam do pubu na drinka z Kironem, który wybierał się w podróż. Urósł tak szybko, nie był już moim małym braciszkiem. Kiedy przyszłam, siedział z Karlem. Znałam Karla przez znajomych z pracy, ale nigdy tak naprawdę nie rozmawialiśmy.

Kiron musiał już lecieć, ale Karl zaprosił mnie, żebym została z nim na jeszcze jednego drinka. Skończyło się tym, że rozmawialiśmy parę godzin i przekonaliśmy się, że mamy ze sobą wiele wspólnego. Przeprowadził się do Nottingham jako dziewiętnastolatek, żeby studiować matematykę, mniej więcej w tym samym czasie, kiedy ja przyjechałam tu z rodziną. Po skończeniu studiów postanowił spełnić swoje marzenie i został producentem muzycznym. Znaliśmy tych samych ludzi, chodziliśmy w te same miejsca. Zadziwiające było, ile razy mogliśmy się spotkać, ale nie trafiliśmy na siebie. Widocznie nie przyszedł jeszcze właściwy moment. Nasze spotkanie tego wieczoru wydawało się przeznaczeniem. Natychmiast pojawiła się między nami chemia.

Troszczenie się o innych od tak dawna było moim sposobem na radzenie sobie z życiem, że trudno mi było przestać. Pozwalało mi zapomnieć o własnym smutku i niepokojach, ale oznaczało też, że nie mogłam pozwolić odpocząć „małej Ninie". Niektóre podjęte przeze mnie decyzje sprawiały, że znów czułam się porzucona i wystraszona. Karl pokazał mi, jak znaleźć równowagę i od czasu do czasu stawiać siebie na pierwszym miejscu. Nauczył mnie, że wolno mi czuć gniew i w jaki sposób uwolnić stłumione emocje. Musiałam się nauczyć, jak wyrażać uczucia bez obawy, że ktoś odmówi mi miłości. Stworzył bezpieczne środowisko, którego potrzebowałam, by dojrzeć jako pewna siebie dorosła kobieta.

Od początku nie było wątpliwości, że mamy być razem. Karl nazywał mnie swoim „księżycowym promieniem", choć jakiś czas później powiedział mi, że nie chciał się ze mną umawiać, dopóki nie nabierze pewności, że przede wszystkim będzie dobrym ojcem dla Jordana.

Któregoś wieczoru oznajmił:

– Jedziemy na tydzień do Krakowa na walentynki.

Uściskałam go i ucałowałam. Był taki romantyczny i troskliwy, uwielbiałam to w nim.

W Polsce było minus 10 stopni, a ziemię pokrywał świeży śnieg. Kraj usiany oryginalnymi wioskami wyglądał jeszcze piękniej przyprószony bielą. Hotel Retro był wygodny, z widokiem na rzekę, o krótki spacer od największego miejskiego rynku w Europie. Kraków to duchowa stolica Polski i jedno z niewielu miast, które przetrwały II wojnę światową. Niesamowicie było wreszcie odwiedzić ojczyznę babki, po której dostałam imię.

Tego wieczoru poszliśmy na rynek; zaproponowałam romantyczną kolację w jednej z licznych restauracji. Zauważyłam, że Karl przez ostatnią godzinę zachowuje się dziwnie, jest jakiś niezdecydowany. Miałam wrażenie, że krążymy bez celu po rynku, a byłam zmarznięta i głodna.

– Pójdę tam na chwileczkę – powiedział i odszedł z aparatem.

Kiedy stałam i czekałam na niego, zaczął padać śnieg. Zapalały się światła, a ja rozglądałam się po magicznej scenerii. Wtedy zauważyłam Karla idącego do mnie zdecydowanym krokiem.

– Zdejmij czapkę – powiedział. – Znalazłem kogoś, kto zrobi nam wspólne zdjęcie.

Zdjęłam swoją wełnianą czapkę, upchnęłam ją w kieszeni i odwróciłam się, żeby z nim pozować. Ale Karl odsunął się o krok i ukląkł na jedno kolano.

– Wyjdziesz za mnie? – Wyciągnął w moją stronę pierścionek.

Zaniemówiłam z osłupienia, ale uśmiechałam się od ucha do ucha.

– Czy to znaczy tak? – musiał zapytać Karl, czekając na przemoczonym kolanie.

Podniosłam wzrok i zobaczyłam, że zebrał się spory tłumek; wszyscy obserwowali tę scenę z wyczekującymi minami.

– Tak! – krzyknęłam i Karl włożył mi pierścionek na palec. Ludzie zaczęli klaskać i gwizdać, a on wziął mnie na ręce i zakręcił mną dookoła. Oboje byliśmy pijani ze szczęścia, a kiedy wychodziliśmy z rynku, uliczny zespół zagrał *All You Need Is Love* – Wszystko, czego potrzebujesz, to miłość.

Zgadzaliśmy się z tym.

Weszliśmy do pierwszej lepszej kawiarni – nazywała się Księżycowy Bar – i wznieśliśmy toast za nasze zaręczyny. Potem zadzwoniliśmy do przyjaciół i rodziny, żeby przekazać im nowinę.

Kiedy zaczęłam się bawić pierścionkiem na palcu i przyjrzałam mu się, zauważyłam, że są na nim inicjały KJ.

– Ten pierścionek dostała moja matka, Kathleen, od mojego ojca – wyjaśnił Karl. – Kiedy ojciec umarł kilka lat temu, dała mi go na pamiątkę. Moja mama, ojciec i ja mamy takie same inicjały, KJ. Kiedy postanowiłem ci się oświadczyć, przypomniałem sobie o nim. To są też twoje inicjały, Kristina Jones.

Poczułam, że moje życie zatoczyło pełny krąg i nie mogłam być szczęśliwsza.

Epilog

Ponad dwie trzecie drugiego pokolenia wyrwały się Rodzinie i odbudowują swoje życie. Następcy Davida Berga: Karen Zerby (Maria) i Steven Kelly (Peter Amsterdam) wciąż żyją w ukryciu, nawet przed własnymi wyznawcami. Za nic nie przeprosili, nikomu nie zadośćuczynili. Zamiast tego nazywają nas kłamcami i mściwymi apostatami, bagatelizują nasze słowa, nazywają je przesadą i przedstawiają nas jako ociekające krwią demony.

Karen Zerby nigdy nie wzięła na siebie odpowiedzialności, nie okazała żalu i nie uznała prawa do zadośćuczynienia tym, którzy zostali skrzywdzeni doktrynami i zasadami, wprowadzonymi przez nią i Davida Berga. Mogą sobie twierdzić, że Rodzina nie praktykuje już brutalnych kar fizycznych i seksu dorosłych z dziećmi, ale czy naprawia to popełnione zbrodnie, czy wymazuje całe pokolenie dzieci, które okradziono z niewinności? Rodzina próbuje się chować za humanitarną fasadą, ale choć twierdzi, że stara się „pomagać światu", nie chce pomóc własnym dzieciom. Większość przestępców nie została postawiona przed sądem, a wielu pozostaje chronionych w łonie Rodziny, która w dalszym ciągu działa na całym świecie bez żadnej konkretnej polityki ochrony nieletnich. Wciąż nie zgadza się zgłaszać przestępstw popełnionych przez członków odpowiednim władzom. W Anglii każdy dorosły pracujący z dziećmi jest sprawdzany pod kątem kryminalnej przeszłości. Ale w komunach Rodziny członkowie mają nie-ograniczony dostęp do dzieci bez żadnych środków bezpieczeństwa, co zwiększa ryzyko molestowania.

Nasi młodsi bracia i siostry wciąż są izolowani, odmawia im się swobodnego dostępu do informacji i właściwej edukacji, nie informuje się o ich podstawowych prawach. Wciąż są indoktrynowani i szkoleni na bożych żołnierzy Końca Czasów; wciąż wierzą w rychły koniec świata.

Zostałyśmy rzucone w dorosłość nieprzygotowane do życia poza murami sekty. Nie miałyśmy tożsamości, kont bankowych, numerów ubezpieczenia ani historii medycznej. Wiele czasu zajęło nam poukładanie w głowach, w co wierzymy i kim jesteśmy. Nigdy nie byłyśmy uczone samodzielnego myślenia, analizowania czy oceniania rzeczywistości. Musiałyśmy określić swoje prywatne granice i odkryć własną wartość. Na świecie jest ogromna liczba dzieci wychowujących się w sektach czy organizacjach wymagających ślepego posłuszeństwa, a kiedy odchodzą, mają bardzo niewielkie możliwości uzyskania pomocy w przystosowaniu się do nowej kultury. Wiele z tych osób nie ma żadnej grupy wsparcia, a poczucie wstydu, wyobcowania i luki w edukacji mogą im bardzo utrudniać integrację ze społeczeństwem.

Jak zapisano w oenzetowskiej Konwencji o Prawach Dziecka, dzieci mają równe prawo do „swobodnej wypowiedzi" oraz „swobodę poszukiwania, otrzymywania i przekazywania informacji oraz idei wszelkiego rodzaju" (Artykuł 13), a także do edukacji, która pozwoli im w pełni rozwijać osobowość i talenty i przygotuje do „życia w wolnym społeczeństwie, w duchu zrozumienia, pokoju, tolerancji, równości płci oraz przyjaźni pomiędzy wszystkimi narodami" (Artykuł 29). Należy znaleźć równowagę pomiędzy ochroną prawa do wolności religijnej a ochroną dzieci przed szkodliwymi czy przestępczymi zachowaniami, usprawiedliwianymi praktykowaniem „religii".

Choć straciłyśmy czas, którego nikt nam już nie odda, jesteśmy wdzięczne za każdy dzień, w którym wspólnie budujemy nowe wspomnienia i przyjaźnie. Czujemy, że historia naszej rodziny jest hołdem dla siły ludzkiego ducha. Kiedy patrzymy na nasze osiągnięcia, widzimy, że mamy co świętować. Nasz brat David ukończył matematykę na Oksfordzie. Jonathan ma dyplom z filozofii zdobyty na Uniwersytecie Durham i jest samodzielnym księgowym. Mariana mieszka w Senegalu ze swoim chłopakiem i pracuje w branży importowo-eksportowej. Victor studiuje prawo. Lily uczy się konserwacji sztuki na południu Francji. Rosemarie skończyła kurs muzyczny w college'u i jest utalentowaną piosenkarką. Christopher zrobił maturę i szkoli się na pielęgniarza. Nie możemy się doczekać, aż Kiron wróci ze swojej podróży po świecie na ślub Kristiny i Karla.

Kristina wraz z siostrami wspiera i współpracuje z fundacją Safe Passage. Celeste pracowała jako wolontariuszka w Parentline Plus i w 2006 roku zdobyła dyplom z Psychologii i Edukacji na Uniwersytecie Nottingham Trent. Teraz mieszka z córką w Somerset i prowadzi praktykę jako psycholog kliniczny. Juliana spełnia swoje pisarskie aspiracje i robi licencjat z psychologii.

Założyłyśmy wspólnie organizację pod nazwą RISE International (Resources Information Socialisation Education), której celem jest ochrona dzieci przed wszelkimi formami przemocy w izolowanych i ekstremistycznych sektach.

Jesteśmy wdzięczne wszystkim, którzy wspierali nas w trudnych czasach i na których możemy liczyć. Mimo trudności, które stawały na naszej drodze, przeżywamy swoje życie, decydując same o sobie i czekając na lepszą przyszłość – przyszłość, która, jak sądziłyśmy, nigdy nie będzie nam dana.